Biblioteca Histórico-Jurídica, 3

ESTUDIOS SOBRE EJÉRCITO, POLÍTICA Y DERECHO EN ESPAÑA (SIGLOS XII-XX)

Coordinadores:
Javier Alvarado Planas
Regina Mª Pérez Marcos

Ediciones Polifemo
Madrid, 1996

Ilustración de portada:

Johann-Lorenz Rugendas II:
Jura de la Constitución de 1812
por la guarnición de Madrid,
el 9 de marzo de 1820
Cobre, aguatinta iluminada
Museo Municipal, Madrid

Biblioteca Histórico-Jurídica, 3
Colección dirigida por Joaquín de Azcárraga Servert

I.S.B.N.: 84-86547-33-4
Depósito Legal: M-11219-1996

Producción: Anjana Ediciones, S.L.
Paseo de la Habana, 150
28036 MADRID

PRESENTACIÓN

Joaquín de Azcárraga Servert
UNED

El Departamento de Historia del Derecho y de las Instituciones de la Facultad de Derecho de la Universidad Nacional de Educación a Distancia publica este libro monográfico bajo el título *Estudios sobre Ejército, Política y Derecho en España (siglos XII-XX)* en el que se recogen las aportaciones de un importante número de especialistas en la materia.

Los *estudios* de este volumen lo constituyen las ponencias presentadas al Curso dirigido por el Departamento y celebrado en Ávila durante los días 10 al 16 de julio de 1995, dentro del Programa de Cursos de Verano organizados por la mencionada Universidad. La oportunidad del tema venía justificada no sólo por el vital papel jugado por el Ejército en la formación del Estado Moderno (consustancial a su propio origen y existencia), sino además por el debate sobre su razonable o inadecuada adaptación a hiatos histórico-temáticos de todo tipo (profesionalización, represión, liberalismo, defensa nacional, pronunciamientos, constitucionalismo, orden público, codificación, guerra civil, transición hacia la democracia, etc.). El éxito de la convocatoria nos dio la razón, y el fruto de esa semana de convivencia, diálogo y reflexión es lo que el lector tiene ahora entre sus manos.

De esta manera el Departamento, una vez más, aprovecha la celebración de un ciclo de conferencias para difundir sus contenidos contribuyendo así, a mi juicio, a potenciar la investigación histórico-jurídica. Por eso no quiero dejar pasar esta ocasión para hacer público nuestro reconocimiento y gratitud a todos los que han contribuido a este proyecto.

Quiero agradecer también a todos los Profesores del Departamento el esfuerzo y dedicación que han dispensado a esta tarea, especialmente al profesor Javier Alvarado Planas y a la profesora Regina Pérez Marcos que se ha ocupado de modo directo de coordinar la edición de esta obra.

LA CABALLERÍA COMO CLASE SOCIAL Y COMO FORMA DE VIDA

Fernando de Arvizu
Universidad de León

I. La caballería es una institución que, incluso en nuestros días, ha podido sobrevivir al olvido merced a las producciones cinematográficas que, desde la reconstrucción histórica o desde la pura ficción, han recreado ese mundo de caballos y armaduras, de escudos y castillos, de caballeros andantes e imposibles historias de amor, de torneos y luchas heroicas.

No obstante, la realidad está lejos de las ficciones más bien esplendorosas del mundo de Hollywood. Incluso en nuestra España, desde hace siglos, la caballería fue definitivamente sentenciada desde que Cervantes escribiera su Quijote.

La caballería solamente encuentra su sentido en el mundo medieval cuando, de manera pareja al feudalismo, la sociedad -ya definitivamente cristalizada en cuanto a su composición- está en condiciones de crear todo un ritual caballeresco. En Europa los caballeros surgen al calor de las Cruzadas. En los distintos reinos españoles lo harán con la Reconquista de los grandes territorios del sur de la Península.

No hace falta remontarse a los guerreros de los pueblos bárbaros para hablar del origen de la caballería. Los visigodos españoles tenían una composición social que el maestro Sánchez Albornoz definió como "protofeudal", y en ella, junto a los magnates de la corte y otros nobles que no residían en ella, estaban los "fideles" y los "gardingos" que, a mi entender, son el precedente más diáfano de los caballeros medievales. Pero el hecho doloroso de la invasión sarracena y la larguísima Reconquista peninsular, motivaron un camino específicamente español en nuestra historia y en nuestras instituciones; semejante y, a veces, divergente del mundo feudal europeo.

No es que debamos considerar a la caballería como algo extraño a nuestro devenir medieval. Al contrario. Desde el Cid, con su séquito de vasallos, hasta Alfonso VIII de Castilla, tenemos abundantes testimonios de que la caballería también existía en España, tanto como clase social como configurando un estilo o forma de vida, que es lo que da título a esta conferencia.

II. Por tanto, examinemos ahora el contexto en el que vive y nace la caballería, para detenernos, en un momento posterior, en lo que configura la vida del caballero. Intentaremos trascender la anécdota, buscando categorías que ni en España ni en ningún sitio se dan en todos sus componentes. Es decir, trataremos de reconstruir un caballero arquetípico, que lo tenga todo, absolutamente todo. Después, en cada tiempo y lugar, cada quien puede ver qué hay de más y qué hay de menos.

En primer lugar, la caballería está impostada en la nobleza como estamento social. En general, no se puede ser caballero sin ser noble, de ahí que importe mucho definir qué sea la nobleza. Una buena vía puede ser la de la exclusión. En una sociedad como la medieval, perfectamente estructurada, la nobleza es el estamento privilegiado no eclesiástico. Aunque muchos eclesiásticos sean nobles, en éstos prima la pertenencia a la Iglesia. Por supuesto, se distingue la nobleza del estamento de libres no privilegiados, ya de las ciudades, ya del campo, y, con mayor razón, de las clases sociales que viven en un régimen de semilibertad o que carecen totalmente de ella.

En España, la antigua nobleza goda, que con la invasión pierde sus tierras, subsiste sin relación con los reyes en un primer momento; aunque conserva su ascendencia en el resto de la sociedad. Pronto se detecta, al lado de la nobleza puramente de sangre, la que pudiéramos llamar de servicio, por acompañar a los reyes en sus desplazamientos o en la Corte, o por regir en su nombre territorios alejados de la misma.

Estos nobles -ya de sangre, ya de servicio- transmiten su condición de padres a hijos, por línea de varón, a no ser que exista un privilegio expreso que autorice la transmisión por línea femenina. Por otra parte, al contraer matrimonio las hijas de los nobles con otros que también lo eran, la condición no se perdía, aunque se transmitiese por línea masculina. Es sabido que la mujer noble que casa con villano pierde su condición, aunque puede recuperarla una vez viuda. El Fuero Viejo de Castilla describe este rito de manera muy colorista.

El noble es noble porque presta servicio con su propia persona y con sus bienes al rey. Este servicio puede consistir en ir armado a la hueste, solo o acompañado de sus mesnadas, armadas a su costa; también en acompañar al rey en su vida cotidiana, o representarle en el gobierno de los territorios. Viven de su propia fortuna, adquirida o heredada, de la dote de su mujer y de las mercedes que el rey le conceda. No trabajan con sus manos ni ejercen oficios viles ni bajos, porque tal cosa sería un ataque frontal a su condición.

¿En qué consiste ésta? Es difícil de concretar, puesto que los nobiliaristas -por ejemplo, Arce y Otalora- se han ocupado más de describir lo que ven, o de decir qué no es la nobleza, que de estudiar de manera lógica la condición nobiliaria. Creo que, sin demasiado compromiso pero también sin demasiada concesión al error, pueden darse las siguientes notas:

a) limpieza de sangre y profesión de la Fe Católica,
b) servicio militar a caballo con sus propias armas y a a merced del rey,
c) condición concedida expresamente o bien públicamente reconocida,
d) privilegios inherentesa tal condición y
e) estilo de vida distinto de los otros estamentos sociales.

Son de sobra conocidos por los historiadores los privilegios de los nobles: usar armas y caballo, tener blasón, gozar de inmunidad en sus palacios y señoríos, ser juzgados por el tribunal real, la posible caída en "ira regia" si desobedecen al monarca, exención de impuestos a cambio de prestar servicio militar a caballo u otros servicios de guerra, juramento privilegiado sobre los no nobles, pena de composición por la muerte de un noble más elevada que por la de uno que no lo es, solventar sus diferencias por un duelo, no someterse a pruebas vulgares, ser degollado y no ahorcado en caso de ser condenado a muerte...

Pero, como ocurre siempre en la vida, hay nobles y nobles. Existen condes y títulos, ricos hombres y caballeros, infanzones y fijosdalgos. Los primeros son los ricos e influyentes, los otros viven una vida miserable o, simplemente, que no se diferencia de la de cualquier otro labriego. Pensemos en la nobleza que en los reinos pirenaicos se concede a valles enteros, en la condición de hidalguía de sangre de la que desde tiempo inmemorial han blasonado los guipuzcoanos: ¿en qué cambia la vida de un dueño de casa -etchekojaun- del valle de Baztán o de Aézcoa antes y después de recibir la condición nobiliaria? En nada: siguen haciendo lo mismo que antes, sólo que ahora son nobles y antes no lo eran.

III. Pero va siendo ya hora de acercarnos a la caballería, que es un grupo especial dentro de ese amplio abanico que abarca la nobleza. Propiamente considerados, los caballeros son los que, desde la época romana, hacen la guerra a caballo y hacen de su profesión, fundamentalmente, la guerra. Mucho más tarde, con las Cruzadas, los caballeros se agrupan en Órdenes de Caballería (Santo Sepulcro, Hospitalarios o Templarios), que también existen en España (Santiago, Calatrava, Alcántara y Montesa), a las que la Iglesia consigue imprimir un tinte cristiano para defensa de la Religión Católica y de la justicia.

La existencia de estas Órdenes siempre exige un reconocimiento pontificio, y la entrada en ellas comporta determinados requisitos, tanto en lo referente a pruebas de nobleza, como juramentos y aún de votos. Así surgen esos caballeros "mitad monjes y mitad soldados" que viven en castillos a lo largo del camino a los Santos Lugares, que tienen incluso los votos monásticos (caballeros profesos), o que, como en España, tienen lugar destacado en la reconquista de la mitad sur de la península. El hábito, las armas, la forma de vida y el peculio de la Orden son las notas definitorias de estas Órdenes de Caballería.

Pero no todos los caballeros forman parte de las Órdenes. Muchos, simplemente son caballeros, porque han seguido el estilo de vida del caballero, que comienza con el nacimiento y termina con la muerte, porque tienen su equipo militar o "atondo", y porque han sido armados caballeros. Veamos estos hitos sucesivos de su vida.

IV. Obviamente, comienza con el nacimiento, y aun antes, con la ansiosa espera del padre de que su esposa dé a luz un varón. Una vez nacido éste, tiene lugar el bautismo, que es el primer paso hacia el momento, todavía lejano, en que el niño sea armado caballero.

El bautismo del *barón* -adoptemos este nombre por ser el más corto- no se distingue de los de otros niños, a no ser por su mayor solemnidad e importancia de los asistentes. La pregunta del sacerdote al padrino, el soplo en la cara, la signación, la imposición de las manos, la sal en los labios, la renuncia a Satanás, a sus pompas y vanidades, la vestidura blanca, el cirio y, finalmente, el agua bautismal, son los mismos ritos que en cualquier otro bautismo.

Después, el niño es criado por su madre o, si la posición social lo permite, por nodrizas. Y el barón pasará sus siete primeros años al cuidado de mujeres. Desde esta edad, el niño acompaña a su padre, fortalece su cuerpo con ejercicio físico, juega al ajedrez y comienza la educación del pequeño noble.

En primer lugar, la enseñanza religiosa y los buenos modales, la inculcación de los ideales de justicia, generosidad, prudencia y respeto. Se enseña al niño a admirar a San Miguel, príncipe de la Caballería, y a luchar contra las pasiones.

En cuanto a la educación intelectual, no pasa de una somera explicación del Universo y de la geografía plana de la tierra, primeras letras -que muchas veces se quedaron exactamente en primeras- de la Historia de su patria y de otras partes del mundo, así como de la Historia Sagrada.

A partir de los doce años, el *barón* suele abandonar la casa de su padre para ir a vivir con quien será su maestro, más ilustre, pero también más severo; incluso puede llegar a ser el propio rey, si el padre puede alcanzar tal privilegio. En un primer estadio, hasta los quince años, se ejercitará en la esgrima y la caza, y aprenderá a obedecer y a respetar a los mayores y a las mujeres.

V. A partir de los quince años, comienza la educación como escudero. El escudero se levanta pronto, va a la cuadra a limpiar los caballos, empezando por los del señor, y acabando por el suyo. En este menester humilde, se va forjando la vocación del caballero.

El maestro ha de valorar la educación recibida en la casa paterna, para afianzar los aspectos más débiles de su carácter y reforzar los más positivos. En esta etapa de adolescencia, el escudero no ha cuajado como hombre: es valiente, pero colérico; es responsable, pero "travieso" y frívolo. Es rudo, a veces bárbaro. En una palabra, es un caballero en estado "magmático", que ha de enfriarse y cristalizar antes de llegar a la edad adulta, sobre los dieciocho años, para que pueda considerarse terminada su formación.

El caballero no podía ser siervo, ni persona deshonrada. Pero tampoco tenía que ser noble desde su nacimiento, aunque fuera lo más común. Los villanos podían pretender alcanzar la caballería por medio de hazañas o actos de valor extraordinario. Pero esto fue siempre la excepción.

VI. Llegaba, por fin, el día propicio. Se escogían las grandes fiestas del año litúrgico, con preferencia: Navidad, Pascua, Ascensión, Pentecostés y San Juan. Pero el deseo de que la ceremonia se hiciera con actos al aire libre y nutrida participación de público hacía desechar la Navidad. No obstante, también podían aprovecharse otros días festivos más íntimos que alteraban la monotonía de la vida en el castillo o palacio. Incluso en la noche de alguna batalla, o aun en plena lucha, sin más artificio ni más fastuosidad que la que pueda encerrar ese momento más terrible que grandioso.

El campo de batalla, con ceremonias de escasos minutos, fue un sitio cada vez más escogido en Europa entre los siglos XIII y XVI, pero si bien podía concederse la caballería antes del combate, era preferible y más señalado concederla después, como recompensa por el comportamiento en la lucha.

En tiempos de paz, las ceremonias se desarrollaban en un castillo o iglesia, con muchos novicios y sus familias. Los primeros actos del ceremonial (darle la espada) podían celebrarse dentro, pero el final requería siempre el aire libre, pues el nuevo caballero debía galopar un rato y batir al estafermo.

En principio, todo caballero tiene derecho a armar caballeros, tantos como quiera y sin limitación alguna. Pero este principio no era ejercido en la práctica por todos los caballeros. Podía ser el padre, o un pariente cercano si éste había fallecido. Pero a ellos se prefería el señor, el propio u otro, de suficiente consideración, incluso la más alta, hasta llegar al rey. Aunque los reyes y emperadores reclamaron la confirmación de los nuevos caballeros, no consiguieron desarraigar el uso antiguo.

No obstante, la vida impone sus limitaciones con crudeza. Ir a la corte para ser armado caballero por el rey acarreaba muchos gastos, en armas, ropajes, cabalgadura, sirvientes y alojamiento. Muchas veces, solamente al mayor de la familia podía permitirse ese gasto; otras muchas, ni siquiera a éste.

Es excepcional el ser armado caballero por una mujer. Concretamente Cecilia, hija de Felipe I, armó a muchos caballeros que iban a Tierra Santa. Es igualmente excepcional que el consagrante esté muerto. Se conoce el caso de un caballero francés, mal herido, que pidió a su hijo que fuera a matar a su agresor, para lo cual le dio su espada en el momento de expirar. El rey legitimó esta consagración excepcional.

A partir del siglo XII, los Obispos o el Papa comenzaron a armar caballeros. El primero fue un uso inglés, prohibido por el concilio de Westminster.

El ritual se compone de los siguientes pasos: en primer lugar, se le calzaban las espuelas, pues el caballero hace la guerra únicamente a caballo. Después, se le vestía con cota de malla y casco. Por último, un caballero veterano, que podía ser el mismo rey, le entregaba la espada, dándole un abrazo o bien tocándole en los hombros con la espada del consagrante. Posteriormente, salía al campo a galopar y derribar de un solo golpe de lanza uno o varios monigotes o estafermos, sin dejar de galopar y, por supuesto, sin caerse.

En estos actos no había ninguno que tuviera carácter religioso. Por ello se introdujeron otros ritos. Así, la vela de las armas durante la noche anterior, ante el altar de alguna iglesia o monasterio. Luego el caballero oía misa y su espada era bendecida. A continuación tenían lugar los ritos profanos.

VII. El caballero debía casarse, a no ser que hubiese ingresado como caballero profeso en alguna Orden de Caballería. De esta manera, no sólo continuaba su apellido, sino que podía proporcionar al rey nuevos guerreros, y a sus bienes, nuevos amos.

La edad era de quince años como mínimo, con mujer de al menos doce, persona no emparentada en los grados más próximos (variando la exigencia entre el cuarto y el séptimo grados). Debían obtener, los b*arones*, el consentimiento de su señor, y las mujeres el de sus padres.

La novia no viste de blanco en esta época. Solamente un vestido de fiesta, sus joyas, y un esmerado aseo modifican su presencia con respecto a los días de diario. Lleva el cabello recogido.

El aseo nupcial del hombre no dura tanto. Viste sus mejores ropas, y lleva espada y espuelas. No así armadura ni cota de mallas.

VIII. Después del matrimonio, el caballero se integra de lleno en la vida doméstica de cualquier país feudal. Se levanta con el alba, cuando las campanas anuncian la misa de la aurora. Si tiene castillo, abrirá sus puertas a las cinco. Si vive en su casa solariega, lo mismo.

El caballero se asea con agua y toalla. Si es rico, se vestirá con ayuda; de otro modo, lo hará solo. Recita sus oraciones, en verso, pues así son más fáciles de recordar. Come algo, y se ocupa de hacer pasar el día lo menos aburridamente posible: ordena el servicio de su casa, recibe a los que llegan, cuidad de sus caballos, los atiende.

Se come a mediodía. Viene luego la esgrima de los jóvenes y los juegos de damas o de naipes de los veteranos. Posteriormente, hay música y baile. Cena a la puesta del sol, y larga tertulia ante la chimenea. Luego, desvestirse y acostarse dejando en la habitación un cirio encendido durante toda la noche.

La vida doméstica del caballero es por demás monótona. No puede decirse lo mismo de la vida que el caballero desarrolla fuera de su casa.

En primer lugar, el torneo. Es un simple juego, que puede tener consecuencias fatales, y que consiste en derribar un adversario con lanza y a caballo. Es una especie de puesta en escena de un lance de guerra, cuando dos caballeros se acometen. Es presenciado por damas, caballeros y pueblo, y al ganador o ganadores se les adjudica un trofeo, como corona de laurel, lazo, flor, etc.

En segundo lugar, la caza. El caballero la practica a caballo, con perros o con aves de presa. Los perros agarran la pieza, y es honor ser el primero en darle muerte con lanza o cuchillo. El Libro de los Fueros de Castilla contiene una fazaña en la que se relata que don Diego López de Haro andaba cazando por Barrio de Viña. Su azor mató una gallina, y el dueño de ésta, a su vez, mató al azor. Le causó mucho enojo a don Diego la pérdida de este ave, por lo que mandó poner al labriego aspado en un madero hasta que muriese.

Pero el cometido que es propio de la condición de caballero es la guerra. Es el rey o el emperador quien decide el destino y el itinerario de la hueste. Ya fuese la reconquista de Tierra Santa, ya campañas ocasionales, o aun estacionales, contra los moros españoles.

El caballero viste sus armas y parte solo o en compañía de su escudero o de otros amigos y vasallos, también caballeros o no. Deja dinero en limosnas y expresa sus últimas voluntades, aunque también puede hacerlo en combate, si está en peligro de muerte.

La batalla muchas veces carece de estrategia, salvo la de matar los más enemigos posibles. Por ello, se ven banderas con blasones que permiten seguir a los jefes, o yelmos emplumados o con figuras que permiten reconocer las caras cubiertas bajo la celada. El caballero puede morir o volver victorioso, o puede caer prisionero. El vasallo tiene obligación de ofrecerse a ocupar el lugar de su señor, y éste la de rescatarle en cuanto pueda.

No puedo pasar por alto el desafío solemne, que es como un juicio de Dios, y decide por sí mismo la suerte de una contienda. De entre todos, el que más me ha emocionado es el reto de Diego Ordóñez de Lara a la ciudad de Zamora, a la que acusa de traición por la muerte de Sancho II ante sus murallas, por la mano asesina de Bellido Dolfos. Se decide que la acusación se resuelva por desafío de Ordóñez contra los hijos del conde don Pedro Arias y éste mismo. Diego Ordóñez mata sin problema a dos de ellos, pero el tercero, cuando está cayendo, no del todo muerto, le corta las riendas y el caballo abandona el real, desbocado. El Cid, juez de campo, después de lamentarse de que no usase riendas de cadena, tiene que declarar vencedora a Zamora y levantar el campo castellano.

IX. Muchas canciones de gesta relatan la muerte de muchos caballeros. En ellas no se menciona el purgatorio, pero sí -para dar mayor dramatismo- el Infierno y el Paraíso. No se menciona la resurrección de la carne, puesto que el espíritu del caballero siempre está vivo. Todo ello aderezado, cuando es el caso, con aterradoras descripciones del juicio final.

El caballero puede morir en batalla, como Roldán en Roncesvalles, o puede morir en su casa y lecho. Es de rigor que en tales casos mantenga una estoica compostura. Ordena sus últimas voluntades, sufre con paciencia a la mortífera casta de los cirujanos y físicos, y se reconforta con la compañía de su esposa, hijos y deudos.

Una vez ha expirado, se le extiende muerto en su cama, se aleja a la familia, y se procede a su embalsamamiento. Se le sacan las entrañas, que se guardan en urnas selladas, y se entierran en conventos o iglesias. El cuerpo se lava con cocimientos de hierbas aromáticas, se rellenan las cavidades y luego se vuelve a cerrar. A veces, este ceremonial es por demás macabro.

Sabido es que, muerto don Juan de Austria en Flandes, su hermano Felipe II mandó que se lo trajeran embalsamado. Y vino troceado en tres baúles, fue cosido con hilos de cobre, revestido de sus armas y presentado al rey. Dicen los cronistas que aún se asemejaba algo a lo que fue en vida.

El cuerpo es expuesto durante un tiempo. Luego, es envuelto en un sudario, a veces un lienzo traído de Tierra Santa, y en una piel de ciervo. Se le deposita en el ataúd, que se rocía con perfumes. El ataúd se sella y deposita en una iglesia o capilla, entre dos cirios, hasta después de la misa de Requiem.

Si en la propia iglesia no tiene sepulcro habilitado, se le entierra en el campo, a la sombra de un árbol. Luego será traído al sepulcro, que cubrirá una lápida con su nombre, sus armas y una cruz.

X. El alma del caballero parte hacia el Paraíso. Pero antes, tiene que superar su juicio particular, en el que será examinado, además de los Mandamientos de la Ley de Dios, acerca del cumplimiento del decálogo del caballero. Hélo aquí:

1. Creerás en todo aquello que la Iglesia enseña, y observarás todos sus mandamientos.

Los caballeros, como cristianos, nunca deben permitirse la menor duda sobre Dios. Tienen sus particulares devociones, entre las que destacan la de Santa María Magdalena y, sobre todo, la Sma. Virgen.

Les afectan los mismos deberes de piedad que a los no caballeros, pero tienen unos inciertos privilegios sobre su vida sacramental. Oyen misa diaria, siempre que pueden. Antes de la batalla, oían misa cantada. Se confiesan antes de la batalla, al salir de viaje, antes de un duelo judicial, etc. Incluso si no pueden recibir la comunión en la forma establecida, se admite una forma simbólica con tres briznas de hierba o tres hojas de árbol. Y, si se le ofrece la posibilidad de conservar su vida a cambio de apostatar, debe morir en la Fe y por la Fe.

2. Protegerás a la Iglesia.

El caballero se considera la "Fuerza Armada al servicio de la Verdad Desarmada". Guardan la puerta de los Concilios, las de las Iglesias o monasterios, protegen a las órdenes religiosas, y tienen como ideal la reconquista de la Tierra Santa, como aún decía don Alonso de Idiáquez, virrey de Navarra, al duque de Gramont en pleno siglo XVI.

3. Tendrás el respeto de los débiles y te constituirás en defensa de ellos.

El caballero será defensor de viudas, huérfanos y de toda persona que haya sufrido injusta violencia.

4. Amarás el país donde has nacido.

Este mandamiento no necesita comentario.

5. No retrocederás ante el enemigo.

El caballero ha de ser valiente. Prefiere sentir al adversario cuerpo a cuerpo y desprecia los cobardes arqueros. Aman la batalla por sí misma, pues Dios irá en su auxilio.

6. Mantendrás con los infieles una guerra sin tregua y sin piedad.

Contra los sarracenos que cerraban el camino a Tierra Santa o contra los que habían invadido España, la guerra ha de ser constante.

Se me ocurre que, de no haber sido por la Caballería, el Occidente actual hubiera sido muy distinto, y el Oriente hubiera implantado en él su cultura.

7. Cumplirás exactamente los deberes con tu señor si no son contrarios a la ley de Dios.

El mayor de ellos es la fidelidad. El señor es más que un padre, y el vasallo más que un hijo. Antes pasa el señor que la familia.

8. No mentirás y serás fiel a la palabra dada.

El caballero siente odio hacia la mentira, del mismo modo que para él es sagrada la palabra dada, sea cual sea la forma en que se ha dado.

9. Serás tolerante y generoso con todos.

Se trata de un mandamiento general de caridad, llevada al ideal caballeresco. La tolerancia es esencia de la caballería, al igual que la generosidad.

10. Serás, siempre y en todo lugar, defensor de la Justicia y el Bien contra la injusticia y el mal.

Esto abarcaba toda causa que mereciese ser defendida. Desde la violación de una doncella por el señor de un castillo, hasta la evitación de las guerras privadas.

XI. Si el caballero había superado el examen, es decir, si había luchado y sufrido en la tierra como debe luchar y sufrir un caballero, tenía un lugar en el Paraíso. Algunos cantares de gesta sustituyen lugar por "lecho", puesto que para estos hombres, que muchas veces dormían armados y en el santo suelo, una cama en el Paraíso era mucho más Paraíso.

Además, la corona de flores de la virtud, la abnegación y el valor. Nada mejor para terminar que el versículo 13 del poema de Charroi de Nimes: "Tanto hizo en la tierra, que en el cielo fue coronado".

DE LA PRESTACIÓN MILITAR GENERAL AL INICIO DE LA IDEA DE EJÉRCITO PERMANENTE (CASTILLA: SIGLOS XII-XIII)

Remedios Morán Martín
UNED

SUMARIO:

I. Introducción
II. El deber de prestación militar y su desarrollo en los textos de caracter local anteriores al siglo XII
  II.1. La regulación inicial en los reinos asturleonés y castellano antes del siglo XII
  II.2. Personas obligadas al servicio militar y forma de la prestación
III. La plasmación del cambio en la legislación castellano-leonesa
IV. El predominio del derecho territorial: Alfonso X
  IV.1. Poder real y prestación militar
  IV.2. El retorno a la generalidad en la prestación militar
V. El mantenimiento de la tendencia
  V.1. La prestación del servicio militar y las Cortes castellano-leonesas
  V.2. Los Reyes Católicos
  V.3. Alguna refencia a los ideólogos de la organización de un ejército permanente durante el siglo XV
Conclusiones

I. INTRODUCCIÓN

Es distinta la idea de defensa y la de ejército profesional y permanente, de tal forma que la defensa fue una necesidad a la que el Estado tenía que hacer frente, nacida unas veces de la existencia de pueblos distintos, otras de intereses diferentes dentro del territorio. El ejército permanente fue un modo de resolver la necesidad de la defensa. Por lo tanto es un modo, una forma más, diferente, de satisfacer una necesidad, pero ni la única forma ni la más extendida en el tiempo ni en las distintas formas de Estado.

Por otra parte, no coinciden los conceptos de ejército permanente y de prestación militar. El primero obedece a la organización por el Estado de un grupo de personas contratadas y formadas para la defensa; la prestación militar estaría dentro de un grupo más amplio de prestaciones personales al Estado o entidades públicas, entre ellas, en el período que nos ocupa, desde las vigilias, reparación de muros y caminos, etc., hasta llegar al deber de consejo y al *auxilium* militar, con prestaciones que se pueden englobar en este deber de *auxilium*, aunque diversas, como la anubda, la arrobda o la castellaria.

Temporalmente la prestación militar precede al origen del ejército permanente, para llegar a confluir como dos formas de mantener un número de hombres dispuestos para la protección y defensa del Estado o de organizaciones supraestatales, como se aprecia en la actualidad.

Me arriesgaría a afirmar que una y otra institución (ejército permanente y prestación o servicio militar) no son una consecuencia de la otra o distintos momentos de la evolución de una misma institución, sino que, por el contrario, son instituciones diferentes, aunque confluyan temporal y espacialmente a partir de determinado momento.

Considero que la trayectoria a la que asistimos desde el principio de la reconquista hasta que se esboza el Estado Moderno no es más que la utilización por parte del poder real de los recursos que tiene en cada momento para la consecución de los fines que le son propios; en palabras del profesor Pérez-Prendes: la protección de sus súbditos y la conservación de la integridad de su territorio. En esta *idea central* se sitúa el derecho y el deber de proteger, tomando las armas, los territorios y súbditos sobre los que ejerce la soberanía [1].

El ejército permanente romano y las posibles tropas permanentes visigodas, se desintegran tras la descomposición del Estado visigodo, agudizándose a partir de este momento un tipo de sociedad trifuncional en la que predomina la función militar en razón del nacimiento, nobles, sin perderse la obligación general de prestación [2], en virtud del deber de auxilio que todo súbdito debe a su señor.

El deber de prestación militar no va a estar aislado de los condicionantes propios de la Reconquista, de modo que va a haber una importante diferencia entre los distintos espacios conquistados, la forma como se accede a ellos y la regulación del asentamiento de la población en los mismos, creándose un derecho propio de la frontera que posteriormente va dando lugar a planteamientos más propios de territorios consolidados. En este sentido, el núcleo del proceso que nos interesa destacar lo vamos a encontrar entre los siglos XI y XIII, en lo que los estudiosos del tema de la Reconquista van a encuadrar como la llegada al Tajo y la consolidación del espacio entre el Duero y el Tajo (1085) y la llegada a Sierra Morena y consolidación de la zona entre el Tajo y aquélla (1212) y el control de la Andalucía Bética (1264) [3].

Las necesidades de la reconquista van a dar lugar a un tipo de regulación que las atienda, modificándose su sentido inicial u olvidándose cuando dichas necesidades han desaparecido o cuando ha surgido una concepción distinta de la prestación militar. La regulación del deber de prestación militar y la tendencia al cambio que se produce en Castilla en torno al siglo XIII hasta la consolidación de esta tendencia en el siglo XV es el objeto del presente estudio: se trata de esbozar el momento en el que, existiendo obligación de prestar servicio militar, se pasa a un punto en el que se vio la necesidad de organizar un ejército permanente por parte del Estado y la base institucional, jurídica e ideológica en la que se apoya.

---

[1] J.M. Pérez-Prendes: "La prestación militar en el derecho indiano", en: *Temas de historia militar. Ponencias. Congreso de Historia Militar*, Servicio de Publicaciones del E.M.F., Zaragoza, 1988, p. 19; Id.: *La Monarquía indiana y el Estado de Derecho*, tomo 3 de *La Corona y los pueblos americanos*, Asociación Francisco López de Gomara, Valencia, 1989, p. 274.

[2] L. García de Valdeavellano: *Historia de España antigua y medieval. 2: Del siglo X a las Navas de Tolosa*, Alianza Editorial, Madrid, 1988, pp. 114-116. Sobre este tema vid. J. Alvarado Planas: *De la ideología trifuncional a la separación de poderes*, UNED, Madrid, 1993, especialmente pp. 131 y ss.

[3] M.A. García de Cortázar: "Introducción", en García de Cortázar y otros: *Organización social del espacio en la España medieval. La Corona de Castilla en los siglos VIII a XV*, Ariel, Barcelona, 1985, p. 14.

Para cumplir este objetivo se trata esencialmente un tema, la regulación de la obligación general de prestación del servicio militar y la tendencia al cambio que sufre dicho deber.

La acotación temporal que fijo es el período entre el siglo XI y finales del siglo XIII, y si bien considero que no se plasma la idea de ejército permanente hasta finales del siglo XVIII, concluyo el estudio con una breve referencia sobre el proceso plasmado a finales del siglo XV, por entender que es en este momento cuando se esbozan las premisas fundamentales del futuro ejército permanente, dejando atrás la consideración de que la prestación militar era la base imprescindible y mayoritaria del ejército en momentos de necesidad.

II. EL DEBER DE PRESTACIÓN MILITAR Y SU DESARROLLO EN LOS TEXTOS DE CARÁCTER LOCAL ANTERIORES AL SIGLO XII

Salvador de Moxó considera que durante la Edad Media los preceptos que conservamos relativos al Derecho Militar se basan, casi exclusivamente, en el deber de prestación del servicio militar y obligación de concurrir al ejército, de cuyo incumplimiento derivaba sanción pecuniaria. La regulación de esta prestación no sólo se recogía en fueros municipales o en algunas disposiciones de mayor alcance territorial, sino también en las relaciones de dependencia privada, no teniendo una verdadera regulación militar hasta los fueros del siglo XII y XIII, principalmente de la familia de Sepúlveda y Cuenca-Teruel[4]. Coincido plenamente con esta idea, según se desprende de las páginas siguientes.

II.1. La regulación inicial en los reinos asturleonés y castellano antes del siglo XII

Sánchez-Albornoz, para el reino leonés, recoge la obligatoriedad general del deber de servicio militar, de tal modo que, ni siquiera en concesiones de inmunidad de la primera del período asturleonés, ha encontrado sino tres en las que se exime de acudir al fonsado[5].

---

[4] S. de Moxó: "El derecho militar en la España cristiana medieval", en *Revista Española de Derecho Militar* (Madrid), 12 (julio-diciembre, 1961), pp. 11-13.

[5] C. Sánchez-Albornoz: *Una ciudad en la España cristiana hace mil años*, Rialp, Madrid, 1982, 9ª ed., pp. 86-92, especialmente nota 14, p. 90. Muñoz y Romero recoge alguna otra inmunidad que afecta a la prestación que tratamos, impidiendo la entrada del sayón para exigirla, así, en la donación y Fueros de Valpuesta, en 804, Alfonso el Casto, concede "ut non habeant kastellaria, aut anubda, vel fossadaria, et non patiantur injuriam Sajonis neque pro fossato, neque pro furto...", *Colección de Fueros municipales y cartas pueblas*, Madrid, 1847, p. 14. Fueros de la Alberguería de Burgos, concedidos por Alfonso VI en 1085, Ibid., p. 264.

En este sentido se podría hablar de "movilización general" como aglutinante de la primera época, anterior al siglo XII. Un estudio de alguno de los textos de carácter local de este período nos lleva a considerar que desde el primer momento existen matizaciones a esta afirmación, puesto que fueron frecuentes las exenciones, lo que no viene sino a ratificar que la prestación del servicio era lo general.

En León, la fórmula de la obligatoriedad, siguiendo el derecho tradicional, la recoge el Fuero de León, en el precepto XVIII : "Illi etiam qui soliti fuerunt ire in fossatum cum Rege, cum comitibus, cum maiorinis, eant semper solito more" [6].

Como otros preceptos del Fuero de León, esta ley ha sido interpretada de distinta manera: Sánchez-Albornoz, a tenor de la regulación de Castrojeriz, en el 976, considera que se da en León un sistema que se asemeja al *adjutorium* franco [7]; opinión que se sigue en el comentario a dicha ley de la edición citada, dirigida por García de Valdeavellano, se interpreta *eant semper solito more* como un respeto a la costumbre difundida en León siguiendo los preceptos de Castrojeriz, expuesto por Sánchez-Albornoz. Justiniano Rodríguez interpreta que la referencia a la costumbre se remite a la aplicación del *Liber*, que para este autor sigue el Fuero de León en este y otros temas [8].

Si hacemos la doble comparación de la escasa regulación del Fuero de León, por una parte, con la *Lex Visigothorum* y, por otro, con los textos de carácter local en torno a la fecha del Fuero de León, se podría hacer una aproximación al tema del principio de obligación general de la prestación militar.

El texto visigodo dedica el Libro IX, Título II, leyes 1-9, a la regulación del deber de prestación militar. La inclusión de este tema en el Libro IX es significativa, se titula "De fugitivis et refugientibus", e incluye tres títulos: "De fvgitivis et occultatoribvs fvgamqve praebentibus", "De his qvi ad bellum non vadvnt, avt de bello refvgivnt", y "De his qvi ad ecclesiam confvgivnt". Aparentemente ninguna relación guardan los títulos primero y tercero con el segundo, sin embargo, la inclusión entre ellos evidencia el tratamiento penal que se le da al tema, equiparando a los que no acuden al llamamiento real con los fugitivos; incluso tienen una redacción paralela el título primero y el segundo, abordando en las primeras el deber de denuncia de los conocedores de los hechos y en su defecto la consideración de encubrimiento y en las últimas la comisión del delito.

A su vez el incumplimiento del servicio militar está abordado desde dos puntos de vista: en las dos primeras leyes y en las *leges antiquae* (3-7) se observa la pena en

---

[6] *El Fuero de León* (ed. Seminario de Historia Medieval de España, Director Luis García de Valdeavellano, Coordinador edición Rogelio Pérez-Bustamante, Madrid, 1983, p. 70), desde ahora *F.L.*

[7] C. Sánchez-Albornoz: *Una ciudad de la España Cristiana...*, p. 91 y nota 18.

[8] J. Rodríguez: *Los Fueros de León. I: Estudio crítico*, Ediciones Leonesas, León, 1981, p. 91.

la que incurre el que siendo responsable de acudir al llamamiento con un número de hombres no lo hace, bien por cohecho, bien por otro motivo. Las leyes 8 y 9, ambas de Wamba, son las más interesantes porque tratan directamente el tema de los que no acuden a la prestación. En esencia se diferencia el incumplimiento de los ricoshombres y de los demás obligados, imponiendo la pena de confiscación de bienes a los primeros y confiscación y azotes a los segundos, en cualquier caso obligando a todos a la prestación del servicio junto con la décima parte de sus siervos, que deben acudir armados (en la versión romanceada se modifica la cuantía, pasando a ser la mitad de los siervos los que deben aportar a la guerra)[9].

Relacionando la referencia a la costumbre con los Fueros del Reino de León, se puede llegar a la conclusión de que ninguno de los textos consultados recoge este precepto. El motivo principal puede estar en que este precepto se dio con carácter territorial, luego se aplicaba a falta de un mandato distinto recogido en los textos privilegiados de carácter local, por lo que posiblemente la remisión a la forma en que "solía" acudir al fonsado fuera la consecuencia de los textos de la *Lex Visigothorum* citados: la obligatoriedad general de la prestación militar, con independencia de la forma.

Son pocas las referencia al modo de realizar el servicio que se encuentran en los textos de carácter local, tampoco de la forma que ha expuesto Sánchez-Albornoz, sin embargo es significativa la recogida en el convenio entre los moradores de Toldanos y el obispo de León, Juan, sobre el fuero que habían de cumplir, concertado en 1165:

> "Ut omnes redirent ad Toldanos et popularent eam et facerent antiquos foros quos solebant facere, excepto asino quem solebant dare quando episcopus ibat in fossato, a quo foro habitatores de ipsa uilla amplius erunt liuerati"[10].

Este precepto tiene dos elementos importantes, por una parte la referencia a la prestación de asnos cuando el abad acudía al fonsado, de forma similar a la mencionada por Sánchez-Albornoz. En segundo lugar, y esto es lo más interesante la referencia a *antiquos foros quos solebant facere.* Posiblemente esta sea la clave de la práctica inexistencia de una regulación del tema militar en los textos locales

---

[9] "(...) Et ideo id decreto speciali decernimus, ut quisquis ille est, sive sit dux, sive comes atque gardingus, seu sit gotus sive romanus, necnon ingenuus quisque vel etiam manumissus, sive etiam quilibet ex servis fiscalibus, quisquis horum est in exercitum progressurus, decimam partem servorum suorum secum in expeditionem bellicam ducturus accedat: ita ut haec pars decima servorum non inermis existat, sed vario armorum genere instructa permaneat...", *Fori Iudicum,* IX, II, p. 9 (Ed. *Códigos españoles concordados y anotados,* Tomo I, Madrid, 1847, p. 68).

[10] J. Rodríguez: Los *Fueros del Reino de León,* Tomo II, p. 101.

hasta muy avanzado el siglo XII, lo que nos lleva a una aproximación a la naturaleza de la prestación del servicio militar como eminentemente pública, y, por lo tanto, fuera del ámbito de regulación de los textos de carácter local.

Por el contrario, los Fueros del Reino de León, desde mediados del siglo XI mantienen una evidente relación con el precepto XXIV, en el que se recoge una exención, dentro del sentido del derecho privilegiado local [11], después confirmado por doña Urraca [12].

Pero si bien es verdad que se encuentran exenciones como las mencionadas, especialmente en el reinado de Fernando I [13], no menos cierto es que son más frecuentes los textos donde se recoge, aunque muy superficialmente, el deber de prestación, pero sin incluir exención, de lo que puede deducirse que prima el principio general de obligatoriedad del servicio, exigido bien por el rey, bien a quien éste designe, sea el servicio personal, sea su pago sustitutorio, dentro de la práctica general en este momento de cesión a particulares del cobro de prestaciones públicas (Véase Ap. Doc. I).

Lo que en un principio se trata más de una omisión, que se interpreta como un seguimiento del régimen general, a partir de Alfonso IX se recoge la asistencia o el pago expresamente [14].

---

[11] "Clericus uel laicus non det ulli homini rausum, fossataria aut manneria", *F.L.*, XXIV.
Fuero dado por Alfonso VI a los clérigos de la ciudad de Astorga (1087):
2. "Idcirco omnino aufero a vobis clericis supradictae Sedis Nunctium, Magneriam, Fossatia, Rausum, homicidium, parricidium, poena calida, pausatarias invitas tam ex parte Regia quam Episcopalia".
Exención de la Reina Dª Urraca a los hombres de Castrillo (1113):
1. "Et saquo uobis inde rauso et omicidio et fosadera, quos non detis de ea neque uos neque qui eam habuierit post partem uestram euo perenis".
J. Rodríguez: *Los Fueros del Reino de León,* Tomo II, p. 43, también pp. 51, 65, 117, 107, passim.

[12] T. Muñoz y Romero: *Colección...*, pp. 94-95.

[13] Fuero de Santa Cristina (1062), Privilegios del monasterio de S. Martín de Tera (1063), Ibid., pp. 222, 227.

[14] F. de Matanza, concedido por Fernando I a la diócesis de Astorga (1046):
2. "Et pro rauso, homicidio, fossataria, unquam ibi non permittimus introire, sed fixa et intemerata permaneat per partem Ecclessiae per saecula cuncta".
Pacto foral establecido por el abad de San Isidro, Martín, y el concejo de Noceda del Bierzo, dividiéndose el término con el rey (1175):
1. "Unde placuit utrique parti ut solos nouos et arrotelas et raucadas et maiolos et diuisas cum medietate de rengalengo et de infantadigo, scilicet de ueteri hereditate, et cum medietate de molendinis et pratis et arboribus fructuosis et infructuosis eant ad benefactoriam et persoluant abbati Sancti Ysidori annuatim suas fossaderas et unum iantar bonum abbati uel cui ipse iusserit...".
5. "Omnes homnes qui nobiscum diuiserint rengalengum aut infantadigum, ubicumque morauerint, persoluant suas fossaderas abbati Santi Ysidori".
Fuero de Villafranca del Bierzo, concedido por Alfonso IX (1192):
1. "Outrosi, que todos os pobradores de Villafranca non den portazgo eno alfoiz nen en termino de vostra villa, non de fonsadeyro, nen ayuda non paguen a nengun principe nenguna cosa, si non al rey y a otro

Asimismo, se aprecia una diferenciación entre guerra ofensiva y defensiva, de tal modo que se exime a algunos lugares de la primera, prestación en hueste (o de su pago sustitutorio), pero no de la asistencia a la segunda, apellido [15].

II.2. Personas obligadas al servicio militar y forma de la prestación

Tenemos muy pocos datos sobre este tema antes del siglo XII, de lo que puede deducirse la generalidad del servicio.

No obstante, a tenor del precepto XXIX del Fuero de León, se puede apreciar una equiparación entre los habitantes de León, tanto de la villa como del alfoz, que señala en el mismo precepto, obligando a todos en tiempos de guerra a la vigilancia y reparación de los muros, lo que Muñoz y Romero interpreta como un signo de la existencia ya en este momento de milicias concejiles organizadas [16], lo que puede ratificarse con textos como el Fuero de Burgos concedido por Alfonso VI en 1073, donde se confirma un texto anterior desconocido [17].

La interesante regulación que recoge el Fuero de Castrojeriz, del 976, de prestación del servicio como peones sólo por dos de cada tres hombres, debiendo el tercero aportar una acémila o animal de carga, en un sistema que Sánchez-Albornoz

---

principe que touer la villa".
Carta de behetría a favor de los moradores de Tierra de Aguiar, dada por Alfonso IX (1228):
2. "Volo tamen et mando, quod regia voci in unoquoque anno singulos pro fonsadera persolvere".
J. Rodríguez: *Los Fueros del Reino de León*, Tomo II, pp. 31, 133, 135, 151, 215.

15 F. de Valdesaz de los Oteros, concedido por la reina Dª Sancha (1064):
1. "Ut non pectetis rousum nec homicidium nec nuncium nec manneriam nec iudicatum nec hebraycam nec osas nec fonsaderam, foras quando fueren iugueros et molineros, ortolanos et rabadanos".
13. "Et sonando apellido in no coto uillanus qui ibi non exierit pectet unam uacam de quinque morabitinos ad concilium".
Fuero dado por Alfonso VI a los pobladores de la villa de Sahagún (1085):
1. "In primis, ut non eatis in expeditionem, sed quando fuerit Rex obsesus aut suum castellum, et tunc quum fuerint ante vos tertia die usque ad Valcarcer".
Fuero de Ribas de Sil, concedido por Alfonso IX (1225):
5. "Debent autem moratores ipsius terre ire in apellidum domini qui terram tenuerit, ita quod eadem die qua iuerint ad casas suas reuertantur; et qui ire noluerit in villa, debet pectare unum carnarium aut XVIII denarios".
Ibid., Tomo II, pp. 33, 35, 37, 211.

16 T. Muñoz y Romero: *Colección...*, p. 149.

17 "(...) quam ad illos qui venientes in ellas villas populaturi essent, regali voluntate do et concedo vobis supernominatis hominibus Burgensis civitatis forum, ut in omnibus diebus vitae seculi interim mundus extiterit illud Burgense forum habeatis vos er filii vestri, cuncta generatio et posteritas vestra idem forum, eandem consuetudinem, eandem faciendam in omnibus iis, quibus Burgenses homines utuntur, volo et regali iussione confirmo, ut vos homines habeatis qui in illas villas populatis estis, et non permito aliquem hominem qui vobis hominibus in illas villas aliquam inquietatem faciat, ut alium forum non accreccat; sed qualen fonsaderiam, qualem anubdam, quale servitium, qualem faciendam quale servitium, Burgenses homines habent, talem et vos habeatis, sicut et illi coeteri homines, qui illas morantur villas", Ibid., p. 257.

emparenta con el *adjutorium* franco, como se ha dicho arriba, parece extraña en este momento ("Et varones de Castro non dent portazgo,... neque fonsaderan... Et si illo Comite tenuerit arcatò, faciant se tres pedones in uno, et de uno illo asino, et vadant illos duos"). Si se tiene en cuenta que lo que se conservan son adiciones y confirmaciones posteriores, que posiblemente alteraran el texto primero, se puede pensar que se introdujera alguna modificación en el tema del presente estudio. En los textos consultados de este momento no se hacen matizaciones tan claras como en el de Castrojeriz diferenciando infanzones o caballeros del resto de los pobladores; asimismo el introducir en la regulación el pago de *espensam* en el fuero inicial concedido por el Conde García Fernández resulta raro ("Caballero de Castro, qui non tenuerit prestamo, non vadat in fonsado, nisi dederint ei espensam"), si tenemos en cuenta que en la confirmación de Alfonso X, que es la que se conserva, introduce claramente el cobro de expensas para el caso de acudir soldados de Castro a la corte ("contra me vel meos homines, totum sit absolutum, et quando fuerint milites de Castro in mea corte, habeant suam rationem de expensa") [18].

Considero que esta referencia está más en relación con lo que se establecería más tarde y que se recoge en el *Fuero Viejo de Castilla* [19], después recogida en *Partidas*, IV, XXV, 7 y 9. No obstante lo que sí parece cierto es que se estaba creando una costumbre conducente a diferenciar el modo de prestación del servicio militar, de la forma que se recoge en el texto de Castrojeriz o en el Fuero de Nájera, concedido por Sancho el Mayor de Navarra, para Martínez Marina coetáneo del Fuero de León y de gran influencia en el derecho castellano, tras la confirmación de Alfonso VI, en 1076 [20].

---

18 Ibid., pp. 38, 42. Vid. G. Martínez Díez: *Los fueros locales en el territorio de la provincia de Burgos*, Burgos, 1982, pp. 22-24. Sobre el valor de los textos apócrifos y el problema de la transmisión, así como de la formación de las familias de fueros, A. Barrero García: "El proceso de formación de los fueros municipales (cuestiones metodológicas)", en J. Alvarado Planas (Coord.): *Espacios y Fueros en Castilla-La Mancha...*, pp. 59-88, especialmente pp. 62-66.

19 "Esto es Fuero de Castilla: Que todo Fijodalgo que rescivier soldada de suo Señor, e gela dier el Señor bien, e compridamente, deve gela servir en esta guisa: Tres meses compridos en la gueste, dole ovier menester en suo servicio: E si non le dier el Señor la soldada comprida ansi como puso con él, non irá con él a servirlo en aquella gueste, si non quisier, e el señor non le a que demandar por esta raçon; E si el vasallo toma la soldada comprida de suo Señor, si non gela sirvier devengela pehar dobrada; e si el Señor dier cavallo, o loriga a suo vcasallo, con que le sirva, puedelo pedir, si quisier, e el devengelo dar, e si non gelo dier, puedel, prendar por el cavallo, e por la loriga, e decir mal ante el Rey por ello, si quisier", *Fuero Viejo de Castilla*, I, III, 1 (Ed. *Códigos Españoles concordados y anotados*, Tomo I, Madrid, 1847, p. 257).

20 "Homines de Nagara non habent fuerum dare asinos, nec azemilas, neque ullam bestiam, pro ad fonssado, nisi ad suos vicinos quando fuerint in fonssado.
Quando plebs de Nagara fuerit in fonssado tres homines prendant bestiam de quarto homine in qua portent suas sarcinas, et ille homo cuius fuerit illa bestia non vadat in fonsado, nec pariat fonssadam.
Plebs de Nagara non debent ire in fonssado, nisi una vice in anno ad litem campalem.
Villano qui non fuerit in fonssado non debet nisi duos solidos et medium.

A tenor de la regulación de los textos mencionados, existiría ya una diferenciación primero entre la prestación del servicio y su pago sustitutorio, puesto que exime de éste y obliga al servicio; en segundo lugar, en cuanto al modo de prestación militar entre peones y caballeros[21]. Éstos sólo acudirán al fonsado si tienen préstamos o se les sufragan los gastos; los peones prestarán el servicio de cada tres hombres, dos, y el tercero deberá aportar una acémila, de lo que debe deducirse que este tercero debiera tener un cierto nivel económico. Por otra parte, la prestación con acémilas no era exclusiva del pago sustitutorio de la prestación militar, sino que fue una prestación muy generalizada, unida a veces a la forma de realizar las sernas, la mandadería o el mismo deber de consejo o prestación de acémilas, dependiendo si son caballeros o no, recogido en el Fuero de León[22].

Finalmente, en la confirmación de doña Urraca, se recoge una matización respecto a las dos formas de acudir a la guerra, fonsado y apellido, estando obligado a acudir a éste, junto con los de Castro, todos los del alfoz.

En relación con este planteamiento, puede hacerse extensiva a la zona castellano-leonesa la apreciación de Martínez de Vega sobre las dos formas de reclutamiento, basadas en la estratificación social de la época, el estado llano y la aristocracia: "El pueblo llano, el que *paga pechas*, va a la hueste en cumplimiento de un deber político que de manera transitoria le aparta de su trabajo habitual; es *paisano* y se militariza por accidente, pues está organizado para la paz. El señor, por el contrario, hace profesión de las armas, es general nato de su mesnada, consagra la existencia á la guerra que le proporciona riqueza y poderío"[23].

Otra de las tendencias que se aprecia desde muy pronto es la generalización de la sustitución de la prestación personal por la prestación en dinero, la fonsadera, de modo que se hace necesario el especificar en las concesiones de privilegios que no vayan al fonsado ni paguen fonsadera[24]. En alguna ocasión se diferencia entre

---

Si inffancion de Nagara non fuerit in fonssado habet calupniam X solidos, et pro fuero pectabit exinde medietatem.

Inffancion de Nagara non debet aliud facere, nisi tantum modo una vice in anno ire in fonssado cum rege.

Homo de Nagara, sive inffancion, sive villano, si in tempore guerre aliquid ganaverit non debet quintam.

(...) Clericus de Nagara non debet ire in fonsado, nec fossaderam pectare...".

T. Muñoz y Romero: *Colección...*, p. 289.

21 Que en líneas más abajo especifica "caballeros villanos", sobre los que tendrán prioridad en la testificación los peones de Castro si son de fuera estos caballeros.

22 *F.L.*, XXVII y XXVIII.

23 J. Martínez de Vega y Zegrí: *Derecho militar en la Edad Media (España-Fueros municipales)*, Biblioteca del Boletín de Justicia Militar, Madrid, 1912, p. 19.

24 Fuero de San Miguel de Escalada, según la pesquisa realizada por el abad de San Isidro, por orden del rey Fernando II (1173):

20. "Rex Fernandus pro anima sua et parentum suorum dat populatoribus Sancti Michaelis de Scalada

nobles y los que no lo son, eximiendo a los primeros de fonsado y fonsadera y a los segundos sólo de fonsado[25], lo que parece una evidente contradicción.

El pago sustitutorio sigue la tendencia general de otras prestaciones, primero en especie y después en dinero. Puede ser que el pago en especie se realizara en un principio mediante la prestación de acémilas, según puede deducirse del texto del privilegio de exención de dos mulos a San Millán, de 1089, en el que Alfonso V especifica: "facio ingenuitatem ad Sancti Emiliani qui solebant ad regem nacarensem in fosato donare" [26].

Gibert considera que posiblemente el pago de la fonsadera pudiera hacerse en dinero o en especie, de ahí los frecuentes preceptos que permite excusarse a los que entregen yelmo, loriga u otras armas[27].

En la evolución que sufre la prestación del servicio militar es interesante la diferencia que hay entre el texto latino del privilegio concedido al monasterio de Santa Juliana por Fernando I en 1045 ("...ad nullum regem... tan in itinere, quam in chorte nulo labore in Castellos, et nula expeditione, quod dicitur fonsato" [28]), y la versión romanceada de Alfonso X ("y confirmamosgelo y mandamos que vala y sea guardado, segun que valió é fue guardado en tiempo del Rey Don Alonso nuestro visabuelo, y del Rey Don Sancho nuestro abuelo, y del Rey Don Fernando nuestro padre, que Dios perdone, en tal manera que en el logar que dice *fonsado*, que se entienda por *fonsadera*, é quel año pague los vasallos del dicho Abad" [29]). Considero que este texto viene a ratificar la teoría que defiendo en el presente trabajo sobre la evolución que sufre la prestación del servicio militar a partir del siglo XIII, tal como se desarrollará en las páginas siguientes.

Este y otros textos vienen a demostrar cómo la prestación militar ha evolucionado en el sentido que recoge Palomeque: "en los primeros siglos de nuestra reconquista la obligación de acudir a la hueste alcanzó a todos los ciudadanos, y casi nadie pudo escapar de ella; pero más tarde comienzan las excepciones y privilegios de dispensa,

atque dimidit ut non eant in fossado neque dent fossaderia". J. Rodríguez: *Fueros del reino de León*, Tomo II, p. 127.

Donación de Fernando I de las villas de Villafría y Orbaneja al monasteri de Cardeña (1045): "Item statuo, ut villani in predictis villis conmorantes sint liberi, et inmunes ab omni opere castellorm, et castelleriae, et portatico, et montatico, fonsado, et fonsadera".

Fuero de Valle, concedido por el Conde D. Ramón, marido de la infanta Dª Urraca (1094): "...nec vadatis in fosato, neque detis fossadam".

T. Muñoz y Romero: *Colección...*, pp. 206, 332.

[25] Fuero de Miranda de Ebro, concedido por Alfonso VI (1099): "Nec habeat supra se forum malum de sajonia, nec de fonsato... El nobiles non habeant forum eundi ad fonsatum, nec pectent fosaderam...". T. Muñoz y Romero: *Colección...*, p. 547.

[26] Ibid., p. 14, nota 5.

[27] R. Gibert: "Estudio histórico-jurídico", en *Los fueros de Sepúlveda*, ed. cit., pp. 458-462.

[28] T. Muñoz y Romero: *Colección...*, p. 198. Es la misma expresión utilizada en la concesión al monasterio de Cardeña de 1039, Ibid., p. 188.

[29] Ibid., p. 201.

que a medida que avanzó el tiempo fueron más numerosas y menos justificadas, hasta que al fin llegan a anular casi por completo la obligación de este servicio militar, del cual llegaron a redimirse por el pago de una cantidad, variable según los casos", y no sólo se redimieron por dinero, sino también por otros motivos[30].

Esto justifica que a partir de este momento se empiecen a utilizar los términos hasta ahora empleados de una forma desdibujada, general, perdiéndose las antigua diferencias entre fonsado, hueste, cavalgada, apellido, expeditio, algara, azaria, refala..., pues cuando aparecen en los textos de carácter local lo hacen más de un manera explicativa que de otra forma, avanzándose, en cambio, hacia la naturaleza de la prestación militar, que se reduce a la prestación del servicio militar sólo cuando el ejército era convocado por el rey. En realidad, lo que se desprende de los textos de carácter local a partir de este momento es un recorte de la prestación militar, por una parte en cuanto a esta convocatoria y por otra, como se ha dicho más arriba, la permuta de la prestación personal, debida por todos los naturales, por una contribución pecuniaria, dentro de un proceso general de evolución de las prestaciones personales hacia la aportación de una suma de dinero[31], reduciéndose la obligatoriedad a los caballeros y aún éstos con tendencia a sucesivas excenciones y reducción del número según los concejos, lo que, en definitiva, viene a demostrar la decadencia del sistema y el inicio de una forma distinta de atender a la defensa del Estado.

En la serie de cambios que se aprecian en el tema de estudio, hay uno, aún no suficientemente analizado, pero que considero podría obedecer al proceso de evolución que sufre la prestación militar y el posterior pago sustitutorio: la fonsadera. A partir principalmente del siglo XII, en numerosos textos se recoge el pago de cantidades en marzo, lo que por distintos autores se ha denominado "marzazga" y que frecuentemente se ha identificado, a mi parecer erróneamente, con prestaciones tan distintas como la infurción, la martiniega o la fumazga[32]. En otro momento

---

30 A. Palomeque: "Contribución al estudio del ejército en los Estados de la Reconquista", en *A.H.D.E.* (Madrid), 15 (1944), pp. 238-239.

31 Mª I. Alfonso Antón: "Las sernas en León y Castilla. Contribución al estudio de las relaciones socioeconómicas en el marco del señorío medieval", en *Revista de Economía Moneda y Crédito* (Madrid), 129 (1974), pp. 153-210. R. Morán Martín: *Infurción y martiniega durante la vigencia del Régimen señorial,* Tesis doctoral inédita, UNED, Madrid, 1989. Mª E. González: "Anubda y arrobda en Castilla", en: *C.H.E.* (Buenos Aires), XXXIX-XL (1964), pp. 5-42. Conde de Clonard: "Opúsculo primero de la introducción a las memorias para la Historia de la organización del ejército permanente", en *La Revista Militar* (Madrid), II (feb-1848), p. 136. A. Palomeque Torres: "Contribución al estudio del ejército...", pp. 225-231, 342-344; para el caso de la anubda, pp. 319-342, sobre la fonsadera; pp. 344-346, sobre la castelaria. Sobre esta prestación personal, hasta ahora poco estudiada, vid. J. Alvarado Planas: "Las prestaciones personales y económicas en la Edad Media castellana: la castellaria", en *La Orden de Santiago en la provincia de Cuenca* (en prensa).

32 Véanse las posturas sobre este tema en R. Morán Martín: *Infurción y martiniega....* Id.: "Naturaleza jurídica de la infurción. I: Concepto y evolución", en *Boletín de la Facultad de Derecho,* UNED (Madrid), Segunda época, 2 (invierno, 1992), pp. 77-108. Id.: "Naturaleza jurídica de la infurción. II: Figuras afines y evolución hasta el siglo XVI", en *Id.,* Segunda época, 3 (primavera, 1993), pp. 153-199.

consideré que podrían identificarse martiniega, fumazga y marzazga (en ningún caso infurción), pero ya entonces el tema me parecía problemático. Hoy me arriesgo a decir que la marzazga es un tributo que puede proceder de la evolución de la fonsadera, una vez que ésta empieza a desdibujarse.

Son tan frecuentes las exenciones de fonsadera que llega un momento en el que por este concepto en las arcas del Estado entran escasos recursos para sufragar los gastos de los que asisten al fonsado. Es en este momento cuando en los textos empiezan a ser más frecuentes pagos en marzo, con el sentido que aquí indico, a veces en especie, en la primera época, después en dinero, en muchas ocasiones dos sueldos (a veces fraccionados en dos pagos, marzo y San Miguel, posiblemente sean también por este concepto los pagos en Pentecostés o Pascua). Todas estas épocas del año son propicias para las incursiones militares, por lo que se paga antes de partir hacia la hueste, posiblemente de ahí el pago en estas fechas, como se hacían pagos de otros impuestos después de finalizado el ciclo de las cosechas (Santa María de agosto o San Martín), sin que siempre fueran fechas exactas.

Este tema fue abordado por Sánchez-Albornoz, llegando a la conclusión de que los pagos en marzo obedecían a la práctica difundida desde Honorio y Teodosio II de fraccionar el cobro del *tributum*, práctica que posiblemente mantuvieron los francos y los visigodos[33].

Las principales razones que me llevan a esta afirmación son:

- El pago, generalmente, por peones, es decir, por los que solían pagar la fonsadera, puesto que los caballeros, en general, iban al fonsado y estaban exentos de aquélla[34]. El mismo Sánchez-Albornoz, en el estudio citado, recoge dos preceptos del Fuero de Palencia de 1181 en el que se aprecia la diferencia que mantengo y donde claramente se relaciona el pago de la marzazga con una contribución militar[35], no con el *tributum*, cuya reminiscencia medieval considero que es la martiniega.

---

[33] C. Sánchez-Albornoz: "El tributum quadragesimale", en *Viejos y nuevos estudios sobre las instituciones medievales españolas*, Espasa Calpe, Madrid, 1976, tomo II, pp. 800 y ss. Considero que la diferenciación de cobros en distintas épocas del año obedece a distintas figuras, R. Morán Martín: *Infurción y martiniega...*, I, pp. 264-267.

[34] Fuero de Tardajos (1127-1147): "Et de illos pedones donet unusquisque per domos suas in mense marci unum solidum et cum festum de sancti Michaelis reddant alium solidum".

Fuero de Briviesca (1123):

[1]: "Ut coacti in appellito nec in fonsato neque in castello custodiendo minime incedant.

[5]: Tale etenim forum dominis suis seruiendum impono ut unusquisque illorum persoluat domino suo quindecim denarios in março et ad festum beati Michaelis allios XV; et de huiusmodi foro mulieres vidue medietatem conferant".

G. Martínez Díez: *Fueros locales en el territorio de la provincia de Burgos...*, pp. 55, 135.

[35] "De collaciis. Habeat episcopus in solares militum vel in collacios aliorum hominum ville sex denarios ad marcium...

De solutionibus marcii: In Palencia, nullus miles armatus de senioribus det solidum pro marcio vel

- La fonsadera era un tributo que había quedado obsoleto en el siglo XII-XIII, de tal modo que se tiene que aclarar su sentido en textos como el Fuero de Balbás[36]. En otros, como el de Ibrillos (1199?) parecen contraponerse dos tipos de fonsadera, una la tradicional, otra la nueva imposición[37]. En privilegios de exención posteriores, de Fernando III y Alfonso X se exime de marzazga y fonsado, en paralelo a las citadas exenciones de fonsadera y fonsado[38].

- Las identificaciones que desde el siglo XIII se recogen en los textos, relacionando el pago de ciertas cantidades con la no prestación del servicio militar[39].

---

aliquid, nec eo mortuo, uxor eius usque nubat; et postea, cum quali nupserit, tale forum faciat. Similiter filius militis non det marcium usquequo perveniat ad tempus idoneum milicie; et tunc, si acceperit arma ab aliquo domino, ulterius non det marcium. Quicumque fuerit de Palencia et habuerit patrem militem, ex quo casatus fuerit, si noluerit esse miles, faciat forum sicut alii pedites. Preter hec omnes alii vicini Palencie unum et eumdem forum habeant, salvo in omnibus et per omnia iure canonicorum", C. Sánchez Albornoz: "El tributum...", pp. 802-803, nota 34. E. de Hinojosa: *Documentos para la historia de las instituciones de León y de Castilla (siglos X-XIII)*, Madrid, 1919, pp. 188 y 191.

36 [16]: "Omnes homines de Balbas qui debent dare Regi tributum de fonsadera, illi qui in una domo habitaverint et unum focum fecerint et panem comederint et unam ollam fecerint, non dent nisi una fonsadera".
[17]: "Omnis homo qui voluerit habitare in Balbas, nisi haeres fuerit, non det fonsadera; illa domus, quae fuerit data cuilibet homini propter amorem Dei, sine precio nummorum non det fonsadera".
G. Martínez Díez: *Fueros locales del territorio de la provincia de Burgos...*, p. 146.

37 [1]: "Caballero qui fuerit populator ad Ivriellos non pectet nada in fonssado, si soldada non prisiere de señor et non pectet nuncio.
[2]: Tot caballero et tot villano et tot clerigo, vel aliquis homo aut mulier, qui in suo corrale hominem aut feminam habuerit, el collazo non pectet fossadera.
[3]: Tot home de Ivriellos qui caballum habuerit non pectet fossadera.
[4]: Tot home qui equum habuerit, vel vidua fuerit, non det posada.
[5]: Tot clerigo qui ullum gradum habuerit, habens dominium in domo, non pectet fossadera et non faciat ulla facendera. Suam hereditatem, et suam substantiam det cui voluerit.
[6]: Do foro a festo Sancti Michaelis usque in annum, II solidos in fossadera de la moneda que andidiere in Castella; mulier vidua vel viduus fossadera non pectet, set si habuerit filium laboratorem, medium persolvat; omnis populator de Ivriellos usque ad annum non pectet".
Ibid, pp. 176-177. Véase, Fuero de la Villa de Oña (1190), *Ibid.*, pp. 197-198.

38 Fernando III otorga al concejo de Albelda (1218): "Absoluo itaque dictum concilium tam christianorum quam iudeorum de marçadga et de fonsado in perpetuum". J. González: *Reinado y diplomas de Fernando III. Tomo II: Diplomas (1217-1232)*, Monte de Piedad y Caja de Ahorros de Córdoba, 1983, nº 37, p. 46.

39 Fuero de Abelgas, concedido por el obispo de León, Rodrigo (1217):
7. "Si maiorinus apellitum dederit, qui ad illud non uenerit dabit unum carnerum.
16. In kalendis Marcii dabunt singulos solidos de unaquaque domo pro fossadaria".
J. Rodríguez: *Fueros de León*, Tomo II, pp. 199-201.
Concesión del Fuero Real y otros privilegios a Burgos:
[8]: "E demas desto les otorgo que el anno que el concejo de Burgos fuere en la hueste por mandado del rey, que non pechen marzadga aquellos que fueren en la hueste. E mando e defiendo que ninguno non sea osado de ir contra este privillegio deste mio donadio, nin de quebrantarle...".
G. Martínez Díez: *Fueros locales del territorio de la provincia de Burgos...*, p. 209.

Puede apreciarse cierta similitud entre los textos citados en el pago de la marzazga y los escasos que se conservan sobre la forma de pago de la fonsadera (Véase Ap. Doc. I, aunque se trate de un convenio de hombres de behetría con un obispo).

III. LA PLASMACIÓN DEL CAMBIO EN LA LEGISLACIÓN CASTELLANO-LEONESA

A partir de finales del siglo XI y principios del siglo XII existe una diferencia entre León y Castilla en cuanto a los instrumentos jurídicos de organización de la prestación militar.

Alfonso VII hace frente a un avance importante de la Reconquista, teniendo que asegurar una amplia frontera[40]; en la organización y defensa del territorio el monarca inicia una trayectoria que llevará a incluir en los textos de carácter local una regulación de tipo militar que hasta ese momento posiblemente se había desarrollado consuetudinariamente, fraguándose un derecho local con una gran cohesión y una tendencia similar que caracterizará al derecho propio de la frontera castellana[41].

Pero el avance territorial ya no tiene sólo el sentido de conquista del territorio, sino que detrás se esconde una carga ideológica que se intenta encubrir con las acciones bélicas: la idea de imperio, retomada por Alfonso VII. Sin embargo, en este momento se está fraguando un cambio, que empieza a producirse imperceptiblemente, hacia la consideración de la guerra no sólo como modo de reconstrucción del *ordo,* sino la creación de una nueva estructura social, basada en el predominio de lo económico y en la protección jurídica de este "interés". Posiblemente la separación pueda fijarse en la figura del Cid, antes y después de la jura de Santa Gadea y la trayectoria que inicia desde este momento. Considero importante el estudio que he iniciado de esta modificación, que repercutirá esencialmente en la configuración de una forma de entender el derecho y el "hombre" de frontera.

---

40 Vid. J. González: *La repoblación de Castilla la Nueva,* Universidad Complutense, Madrid, 1975, 2 vols. E. Portela: "Del Duero al Tajo", en J.A. García de Cortázar y otros: *Organización social del espacio...*, pp. 91-122. J. Alvarado Planas: "Los Fueros de concesión real en el espacio castellano-manchego (1065-1214): El Fuero de Toledo", en *Espacios y Fueros en Castilla-La Mancha (siglos XI-XV). Una perspectiva metodológica* (Coord. Javier Alvarado Planas), Ed. Polifemo, Madrid, 1995, especialmente pp. 96 y ss.

41 A. Mª Barrero García: "Los derechos de frontera", en *Las sociedades de frontera en la España medieval. Aragón en la Edad Media. Sesiones de trabajo. II Seminario de Historia Medieval,* Zaragoza, 1993, pp. 69-79. A. García Gallo: "Los Fueros de Toledo", en *A.H.D.E.* (Madrid), 45 (1975), pp. 341-488. Recientemente ha sido reelaborado el tema por J. Alvarado Planas: "Los Fueros de concesión real...", p. 102.

En Castilla, los textos locales anteriores a la segunda mitad del siglo XII reflejan, si bien muy parcamente, la obligación general de asistencia a la hueste o fonsado [42], con la diferenciación de la asistencia a caballo o a pie, siendo aquélla una opción que se gratifica y no, en principio, una obligación en razón de la fortuna, como se recoge en León. No obstante, es general la opinión de que la obligatoriedad de la prestación militar con el tiempo se va haciendo cada vez más gravosa, de modo que en los textos de carácter local se va limitando la forma (especialmente en la obligación del servicio sólo cuando sea en hueste del rey y cuando éste vaya personalmente a la batalla), el período de la prestación y los gastos que ocasionen el servicio, siendo uno de los aspectos más regulados en los textos locales de este momento, cuyo paradigma podemos encontrar en los fueros de Sepúlveda o en los de la familia de Cuenca [43].

La convocatoria a la guerra por el rey, las personas obligadas, el pago de soldadas, el reparto del botín, los delitos, los fraudes en la prestación del servicio, etc., están ampliamente recogidos en los fueros de Sepúlveda y después elaborados en los de la familia de Cuenca, teniendo el Fuero de Cuenca un capítulo dedicado a "De regimine exercitus" y el siguiente al Apellido (capítulos XXX y XXXI de la forma sistemática [44]), siguiendo, asimismo, esta regulación los fueros de la familia de Teruel.

Rafael Gibert ha estudiado el tema en los fueros de Sepúlveda, llegando a la conclusión de que "el privilegio militar es uno de los puntos esenciales del Fuero de Sepúlveda, que justifica su difusión" [45].

Según este autor, existe una forma de prestar el servicio militar "a fuero de Extremadura", formulada en la redacción latina del Fuero de Sepúlveda (29 y 30) [46]. Esta misma línea la mantienen la redacción romanceada del Fuero de Sepúlveda (75), el Fuero de Cuenca (I, 15) y el Fuero de Teruel (5). En todos ellos se perfila claramente la obligación exclusiva de los caballeros de ir al fonsado, y sólo en caso

---

[42] A. Palomeque Torres: "Contribución al estudio del ejército...", p. 213. J. Martínez de Vega y Zegrí: *Derecho militar en la Edad Media...*, p. 22. Esta obligatoriedad ha sido constatada recientemente en los fueros eclesiásticos de Toledo anteriores al siglo XIII, J. García Martín: "Fueros eclesiásticos de Toledo: ¿Derecho territorial o derechos locales integrados en un régimen señorial?", en *Espacios y fueros...*, pp. 206, 208.

[43] S. de Moxó: "El derecho militar...", pp. 21-35. A. Palomeque Torres: "Contribución al estudio del ejército...", pp. 232-238.

[44] *El fuero de Cuenca* (Ed. de Alfredo Valmaña Vicente, Editorial Tormo, Cuenca, 1978, 2º ed, pp. 221 y ss.).

[45] R. Gibert: *Los Fueros de Sepúlveda*, p. 458.

[46] 29: "Et non habeant fonsadera nisi pro sua uoluntate.
30: Et ad fonsado de rege si uoluerit ire non uadan nisi los caualleros, si non fuerit a cerca de rege aut a lide campal, et ad isto uadan caualleros et pe [dones los] uezinos". Fuero latino de Sepúlveda (confirmación de 1076), *Los Fueros de Sepúlveda* (Ed. crítica y apéndice documental por Emilio Sáez, Diputación, Segovia, 1953, p. 48).

de que asista el rey, pudiendo sustitutoriamente pagar fonsadera, el régimen de excusados y el pago a los que asisten con la fonsadera que pagan los que no acuden, así como la fijación de la obligación en tres meses como máximo[47].

A conclusiones similares llega S. de Moxó en su estudio del ejército, principalmente a partir de los fueros procedentes de la familia de Cuenca, y Martínez de la Vega y Zegrí, en el caso del Fuero de Teruel[48].

Es clara la diferencia en los fueros de la Extremadura entre el servicio militar que deben prestar los caballeros villanos y los peones, lo que va a matizar muchos de los aspectos de la vida ciudadana. El estatuto personal de los primeros toma como modelo el de los hidalgos, pero con condición del servicio militar, de ahí que Gibert los denomine "caballería de servicio", que a medida que avanza el tiempo también irá obteniendo exenciones, lo que en sí mismo los diferencia de los hidalgos, que estaban exentos por su condición[49].

Analizando los textos de época de Alfonso VI y Alfonso VII es evidente que se inicia una regulación más pormenorizada en los textos de carácter local, dirigidos, a primera vista, a recortar la prestación militar tanto en el número de personas obligadas al servicio como en el tiempo de realización de tal prestación, lo que en esencia considero que significa lo contrario de lo que en principio parece: no es que se trate de ampliar las exenciones, sino de obligar a la prestación, asegurando un número de personas disponibles y un tiempo de servicio.

Ejemplo de esta línea de actuación puede ser la confirmación y adición de los fueros de Burgos hecha por Alfonso VII, en relación con los anteriores privilegios de exención (incluso de inmunidad) de Alfonso VI. En 1124 Alfonso VII exime a Burgos de fonsadera y de fonsado: "nisi ad bellum campale, nisi per tres dies itineris, aut attertam Regis nostri"[50].

Asimismo, a partir de este momento empiezan a hacerse cada vez más frecuentes las penalizaciones en caso de incumplimiento del deber de prestación militar[51], y, si bien se generaliza la exención de gran parte de las prestaciones económicas y personales (o su redención por dinero), no se extienden al servicio militar en general,

---

[47] R. Gibert: "Estudio histórico-jurídico", en *Los fueros de Sepúlveda*, ed. cit., pp. 457-462. Estos preceptos se recogen en textos como los de Uclés, Toledo, Escalona...

[48] J. Martínez de Vega y Zegrí: *Derecho militar en la Edad Media...*

[49] R. Gibert: "Estudio histórico-jurídico", en *Los fueros de Sepúlveda*, ed. cit., p. 417.

[50] T. Muñoz y Romero: *Colección...*, p. 266.

[51] Fuero de Toledo (c. 1166) (recopilación atribuida a Alfonso VII en 1118): "Adhuc autem, et milites illorum non faciant abnudbam, nisi uno fossato in anno. Et qui remanserit ab illo fosato sine veridica excusacione, solvat Regi decem solidos". J. Alvarado Planas: "Los Fueros de Toledo...", p. 132. Moxó ha demostrado suficientemente cómo a partir del siglo XII es cuando se recoge la materia penal en los textos de carácter local, S. de Moxó: "El derecho militar...", op. cit.

sino que, por el contrario, la regulación a partir de los fueros fronterizos intenta recortar la generalización de las exenciones, obligando a los concejos a aportar un número de hombres, asegurando, asimismo, la defensa de las poblaciones y estimulando el cumplimiento de la prestación con el sistema de compensación de las pérdidas (*erechas*).

Posiblemente se va creando una "costumbre" que hace asemejarse la regulación del tema de la prestación militar recogida posteriormente en los textos de carácter local, especialmente en la organización de la zona de la frontera del Tajo[52], luego ampliada regulando pormenorizadamente cada uno de los aspectos dichos en los fueros extensos de la familia de Cuenca, con el matiz de dar predominio a la autonomía concejil, siendo los concejos los que, convocado fonsado por el rey, llevan el peso de la organización, para terminar por asumir la mayor parte de las funciones el rey a partir de la regulación del tema en las *Partidas* y *Fuero Real*.

En esta elaboración del tema de la prestación militar, aparecen textos, de origen confuso, como el *fuero sobre el fecho de las cavalgadas*[53], que no llegó a ser un texto de carácter legal, atribuido, para darle fuerza, a Carlomagno, si bien parece recoger parte del derecho de los fueros tanto de la extremadura castellana, coincidiendo parte de sus preceptos con los Fueros de la familia de Cuenca, especialmente de Alcaraz, en algunos aspectos también con los de la extremadura leonesa, como el de Usagre (que incluye en el precepto 179: *El fuero uieio de las caualgadas*[54]) y a veces coincidente con *Partidas*, especialmente en las *erechas. El Fuero sobre el fecho de las cavalgadas*, así como la regulación que se hace en los textos de la familia de Cuenca no es más que la plasmación jurídica de una nueva concepción de la conquista, como forma de adquirir. Alfonso X en el *Espéculo* y las *Partidas* no hace sino plasmar el interés que tiene el Estado por asegurar un cierto número de personas para la guerra durante un tiempo o ciertas circunstancias, utilizando para ello los medios que tiene: galardones y penas[55].

En este momento también se están produciendo una serie de cambios en la forma de elaboración del derecho, algunos aún imperceptibles, que empiezan a modificar una serie de concepciones anteriores, entre ellos destaco la labor legislativa iniciada por los reyes, plasmación de la cual es la convocatoria de Cortes, con la

---

[52] Vid. J. Alvarado Planas: "Los fueros de Toledo...", pp. 102 y ss. J. García Martín: "Fueros eclesiásticos de Toledo...", pp. 210 y ss. R. Morán Martín: "La organización de un espacio de la Orden de Calatrava en el siglo XII: La Alcarria", en *Espacios y Fueros...*, pp. 271-272. Id.: "La carta puebla de Aurelia de 1139: la frontera de un derecho local", en *Interpretatio. Revista de Historia del Derecho*, III (1995), pp. 75-114.

[53] *Memorial Histórico Español*, Real Academia de la Historia, Madrid, 1851, II, pp. 437-506.

[54] R. de Ureña y Smenjaud y A. Bonilla San Martín: *El Fuero de Usagre (siglo XIII), anotado con las variantes del de Cáceres*, Biblioteca Jurídica Española, Madrid, MCMVII, pp. 67-69.

[55] *P.*, II, XXVI. *E.*, III, V.

presencia de burgueses en las reuniones de la Curia, y a partir de ahora la promulgación de leyes con carácter territorial. Esta evolución tiene un sentido más profundo dentro del proceso que nos ocupa, en palabras del profesor Pérez-Prendes: "la caracterización esencial del proceso legislativo con vigencia general, ahora creciente, debe hacerse recordando siempre que su eje conductor y único es la potestad regia, sin que la circunstancia de promulgar la norma dentro o fuera de Cortes suponga otra cosa que una variante respecto de la publicidad de ella, no la existencia de un rango normativo superior en el Derecho aparecido en Cortes, por la presencia de éstas"[56].

Con Alfonso IX de León se fija por escrito la tendencia que se ha descrito en la regulación de los temas militares, tanto por su labor de promulgación de textos de carácter territorial, a través de Ordenamiento de Cortes, como en la creación de un modelo de recluta de hombres a caballo y la generalización de sanciones por incumplimiento del servicio militar a través de textos locales.

Sin embargo, en uno y otro reino se mantiene una misma evolución: se parte del principio de obligación general de prestación del servicio militar, evolucionando hacia el recorte de la misma, por medio de las exenciones o de la prestación económica sustitutoria, por una parte, y de la limitación temporal del servicio, por otra. A su vez, en uno y otro reino empieza a apreciarse una similar diferenciación entre el reclutamiento de peones y el de hombres a caballo, que desembocará en la creación de una clase nueva, distinta a los fijosdalgo y en una forma diferenciada de prestación militar que asegure la defensa del territorio.

El profesor Pérez-Prendes considera que es en la repoblación de la extremadura leonesa donde por primera vez aparece la obligación de que todo el que tenga una fortuna, cuya base mínima se especifica en los textos de carácter local, preste el servicio militar a caballo, costeándose por sí mismo el caballo y armas necesarias para la guerra. Por otra parte, es en los textos locales otorgados en la labor repobladora de Alfonso IX de León donde la cuantía como base del servicio militar a caballo se desarrolla de una forma nítida, pasando de un privilegio a una obligación, consolidando un derecho ya existente y realizando dicho monarca una labor de aumento de la base patrimonial para el deber de prestación del servicio militar a caballo, lo que fue, asimismo, acogido en textos castellanos, posiblemente en las versiones romancedas; por tanto, los textos castellanos reciben influjo de los textos leoneses. De forma que se crea un "sistema leonés", basado en la coactividad, en la medida que la tenencia de una determinada cuantía conlleva la obligatoriedad de mantenimiento de caballo y armas, frente al "sistema castellano", que trata de

---

[56] J.M. Pérez-Prendes: "Derecho y poder", Separata de *Historia General de España y América*, Tomo IV, Rialp, Madrid, 1984, p. 13.

asegurar un número de hombres que mantengan caballo y armas estimulados por privilegios[57].

En los Ordenamientos de Cortes de época de Alfonso IX de León el tema de la defensa está muy poco recogido, diría que el único precepto importante es el 3 de los Decretos de León de 1188 donde el rey promete someter al consejo de las Cortes la declaración de la guerra o la firma de la paz o tratado. Sin embargo, lo que aparentemente parece una concesión a las Cortes considero que es en realidad un recorte fundamental de las facultades de la nobleza, el texto dice: "Promissi etiam, quod non faciam guerran vel pacem vel placitum, nisi cum consilio episcoporum, nobilium et bonorum hominum, per quorum consilium debeo regi"[58]. De estas palabras y del contexto general de los Decretos se desprenden varias ideas:

- Promete que pedirá consejo porque le deben consejo, pero no vincula su decisión a éste.

- Promete que dicho consejo lo pedirá a las Cortes, no a la Curia, luego le interesa la posición de los burgueses, no la de los nobles y eclesiásticos, de lo que se deriva que, como en otros aspectos, puede estar más pensando en el modo de sufragar los gastos de la guerra, que en el consentimiento de los presentes, lo que se hará patente en repetidas peticiones de servicios para este fin.

- Este precepto, por otra parte, parece presentar un cambio de posición del rey si se compara con anteriores recogidos en asambleas similares, como, por ejemplo, el Concilio de León de 1020, arriba mencionado, en el que se confirman los antiguos modos de acudir al fonsado.

En esta primera etapa, en los Ordenamientos de Cortes se recogen preferentemente otros temas, dirigidos al control de la administración de justicia y a la obtención por el rey de nuevos recursos.

En la variada regulación que se viene recogiendo existían dos puntos de cohesión que daban sentido a la existencia de Estado a lo largo del sistema jurídico altomedieval:

---

[57] *Id.*: "El origen de los caballeros de cuantía...", pp. 129, 140-143, 147. C. Pescador aprecia una diferenciación entre la zona leonesa y la castellana, pero aboga en favor de la primacía castellana en la consolidación de la caballería popular, si bien constata la existencia de la obligatoriedad del mantenimiento de caballo y armas en la legislación de Alfonso IX de León en los fueros concedidos a la zona de la frontera del Duero. C. Pescador: "La caballería popular en León y Castilla", en *C.H.E.* (Buenos Aires), XXXIII-XXXIV (1961), pp. 146-147, 177-179 y passim.

[58] *Cortes de los antiguos reinos de León y Castilla*, publicadas por la Real Academia de la Historia, Madrid, 1861 (desde ahora cito *CLC*), I, p. 40.

- La convocatoria correspondía al rey, si bien no formaban en ningún caso un cuerpo organizado, sino que cada facción tenía y obedecía a su jefe, y cada una, dependiendo de su procedencia y de la aplicación de su propio derecho privilegiado local o de clase, tenía un régimen económico, personal y temporal, distinto en el mismo servicio; sobre estos aspectos nos aporta mucha luz el estudio citado de Palomeque Torres desde el principio de la reconquista hasta el siglo XIII.

- Se prestaba el servicio en virtud de una relación jurídico-pública, como la más importante prestación personal de los súbditos.

Sin embargo, se hacía imprescindible unificar la dispersa e irregular normativa recogida en los textos de carácter local en el tema que nos ocupa. La respuesta es la regulación en textos de carácter territorial, dejando nítida la naturaleza de la prestación.

Considero que éste es el motivo por el cual en el *Fuero Viejo* se inicia el libro I, Tít. I, ley 1 con las siguientes palabras: "Estas quatro cosas son naturales al señorío del Rey, que non las deve dar a ningund ome, nin las partir de si, ca pertenescen a el por razon del señorio natural: Justicia, Moneda, Fonsadera è suos yantares".

En este momento, fonsadera tiene un sentido de prestación económica que sufragaban los que no asistían a la guerra, pero además está recogiendo el antiguo sentido de prerrogativa real en la convocatoria del ejército para la principal acción guerrera del período anterior al siglo XIII: el fonsado y por lo tanto la exclusiva competencia real para cobrar el pago sustitutorio en un momento posterior.

En el tema que aquí se aborda, tanto a través de la regulación que se hace en los textos locales castellanos de la familia de Cuenca, como en la labor legislativa de los reyes leoneses, puede ratificarse la idea apuntada por el profesor Pérez-Prendes: la regulación de la defensa del territorio con el hilo conductor de afianzamiento de la potestad regia; utilizando medios distintos pero con el mismo fin, la unificación jurídica, proceso que con una doble perspectiva utilizará Alfonso X a través del *Fuero Real* o de la modificación de algunos preceptos a través de las confirmaciones de fueros.

Pero a partir del siglo XIII empieza un punto de inflexión en el que se han perdido conceptos y han evolucionado instituciones, al mismo tiempo que se han hecho muchas de ellas obsoletas en territorios donde la guerra con los musulmanes ya no es lo cotidiano, como había sido hasta este momento, lo que había favorecido la regulación de este tipo de prestación en los textos de carácter local.

IV. EL PREDOMINIO DEL DERECHO TERRITORIAL: ALFONSO X

IV.1. Poder real y prestación militar

Me parece especialmente interesante y sugerente el estudio del profesor Alvarado Planas sobre el trifuncionalismo en nuestro Sistema Jurídico Altomedieval. Dicho autor observa series binarias complementarias u opuestas en los textos locales de la primera época de la reconquista: caballeros-peones, clérigo-laico, caballero-villano, infanzón-labrador, infanzones-villanos y las más genéricas de mayores-medianos, máximos-mínimos. Estas series binarias aparecen con frecuencia en redacciones más antiguas, mientras que en las más recientes se introduce la estructura trifuncional, con la inclusión de los clérigos. No obstante, en textos como el Fuero de Nájera de 1076, la división tripartita se aprecia en las penas que se imponen por incumplimiento del servicio militar, con penas distintas para villanos e infanzones, eximiendo del servicio a los clérigos. Realmente hasta el siglo XV puede decirse que la sociedad medieval estaba dividida en estas tres funciones, sin embargo, dentro del proceso que hemos ido desarrollando, desde el siglo X empieza a favorecerse a la caballería villana, para asegurar un número de ciudadanos que acudan a la guerra a su propia costa, lo que les proporciona unas ventajas y privilegios ampliándose el concepto de nobleza. Cuando esto ocurre, empiezan a diferenciarse funciones: interés de la caballería villana en el mantenimiento de su estatuto y resistencia del pueblo llano a la participación en campañas militares[59].

La idea de la nobleza guerrera empieza lentamente a dejar paso a otro tipo de idea, más entroncada con la salvaguarda del honor y del *status* que hasta ese momento había sido un hecho incuestionable y que ahora debe demostrarse, fenómeno que no sólo se constata en nuestra historia peninsular, sino en toda Europa[60], y cuya teoría en Castilla empieza a elaborarla Alfonso X en la Segunda Partida. Es en esta misma Partida donde el rey intenta retomar el sentido inicial del deber general de prestación del servicio militar, que permanecerá a lo largo del período estudiado.

A partir del siglo XIII empezamos a asistir a un intento por parte del poder real de organizar el ejército, retomando ideas recogidas en textos visigodos y elaborando una nueva organización jurídica del mismo, considero que en parte debido a varios motivos.

---

59 J. Alvarado Planas: *De la ideología trifuncional...*, pp. 136-137 y nota 118.

60 Vid. M. Keen: *La caballería*, Ariel, Barcelona, 1986. M. de Riquer: *Caballeros andantes españoles*, Madrid, 1967. L. Suárez Fernández: *Fundamentos de la unidad española ante la integración de América*, Universidad, Piura-Perú, 1984, pp. 19-24. L.A. de Cuenca: *Floresta española de varia caballería. Raimundo Lulio, Alfonso X, Don Juan Manuel* (Prólogo de Carlos García Gual), Editora Nacional, Madrid, 1984. J. Alvarado Planas: *De la ideología trifuncional...*, pp. 141-145.

En primer lugar, la dispersión normativa, propiciada por la Reconquista, había facilitado todo un sistema de exenciones a la obligación general de prestación del servicio militar y había llevado a la reducción del servicio por parte de la nobleza, que no siempre llegó a cumplir su función con presteza, siendo necesario que apareciera un nuevo estamento militar, los caballeros cuantiosos, a nivel local y las Órdenes Militares a nivel general.

En segundo lugar, a partir de este momento, la Reconquista había llegado a un límite en el que prácticamente la defensa de las fronteras estaba muy limitada a un solo sector, en cuanto a la guerra con los musulmanes, y de práctica tranquilidad en las fronteras con los otros reinos cristianos (e incluso con el reino de Granada), sin embargo se presenta un problema importante con las continuas rivalidades entre facciones de la nobleza, especialmente en períodos de minorías reales o de debilidad de la monarquía, que hacen patente la necesidad de una estructura militar diferente.

Para llegar a ello se tienen que reorganizar una serie de aspectos, siempre con una clara tendencia homogeneizadora, principalmente la exclusividad de la convocatoria del ejército por parte del rey, la retribución del servicio militar y la recluta y adiestramiento basados en criterios de profesionalización. Para ello aún se debe recorrer un largo camino.

En la base de todas estas reformas debe estar el fortalecimiento del poder real, eje de toda la política legislativa de Alfonso X. Esto lo posibilita el que precisamente en este momento entramos en una etapa en la que el rey intenta hacerse con los resortes del poder, que se refleja en los textos de carácter territorial y actualiza en los Ordenamientos de Cortes.

En el tema de la organización militar, con Alfonso X se empieza a evidenciar un punto de inflexión en la línea que hasta ese momento se había seguido, recogida en el *Fuero Viejo* y en los textos más primitivos de carácter local.

Alfonso X plantea el tema desde la obediencia al rey, en sentido general, volviendo a la vieja idea del *auxilium y consilium*, y, en particular en lo que se refiere al servicio militar, claramente afecta a todos los naturales del reino, si bien dedica un lugar privilegiado dentro de la regulación a los que teniendo un deber específico de asistencia, en razón de la tierra o acostamiento real, no acuden a la prestación. Por lo tanto, la reconducción del tema es a nivel general, no solo a nivel de "pueblo llano".

De este modo, tanto en los textos de carácter local, *Fuero Real*, como en los de carácter territorial, *Espéculo* y *Partidas*, recoge esta idea:

"**De los que non obedecen al mandamiento del rey** [Ley 1].

Tod omne que fuere llamado por mandado del rey que uenga antél o que faga otra cosa e despreciare su mandado o non quisiere uenir o su mandamiento non quisiere fazer, peche C morauedís al rey; e si non ouiere de qué los pechar, el cuerpo e lo que ouiere sea a merçed del rey. Pero si el que non uiniere podier mostrar enbargo alguno por qué non uino, como enfermedat o prisión o auenidas de rríos o grandes nieues o otros embargos derechos e uiniere ante él e mostrare razón derecha por qué non fizo so mandamiento non aya pena. Esto non se entiende por aquellos que son llamados a iudizio..." (*FR*, I, IV, 1).

Asimismo, en el *Fuero Real*[61] (IV, XIX) se recoge una breve normativa: "De los que uan a la hueste e se tornan", volviendo al principio recogido en la legislación visigoda de regular el tema desde la perspectiva de desobediencia a un precepto real, y no, como lo recogen generalmente los textos de carácter local, incluidos los de la familia de Cuenca, de considerar el tema desde el interés de los concejos, penalizándolos en caso de incumplimiento si no acuden a la hueste (IV, XIX, 3). Es significativo que el tema de la hueste venga regulado en el Libro IV, precisamente el dedicado al derecho penal, planteando la normativa desde el punto de vista de incumplimiento del servicio militar de los que están obligados a ello en razón del acostamiento o de la tierra que tienen del rey, lo que claramente recuerda a la *Lex Visigothorum* y su traducción en el *Fuero Juzgo.*

Igualmente se observa en el privilegio general concedido a las Extremaduras en 1264. En el mismo hay una serie de preceptos que me parecen especialmente significativos y que reflejan el pulso político que mantiene Alfonso X con concejos y nobleza y que tiende a la atracción hacia su autoridad de las distintas facetas del Estado: después de confirmar en el capítulo 8 (no de todas las cartas de concesión a los distintos concejos) el número de excusados que tenían los caballeros cuando iban en hueste, y concederles por el capítulo 12 parte de la fonsadera como pago de su soldada (fijada en 500 sueldos), en el capítulo 13, posibilita a los caballeros de infantes y ricos hombres, anteriores al privilegio de 1264, para disfrutar de los privilegios de los caballeros de Extremadura si se presentan ante el monarca y reciben cartas de ser vasallos regios. Del mismo modo que en el aspecto judicial, el Privilegio General puede suponer un retroceso respecto a la labor alfonsina[62], sin

---

61 *Fuero Real,* Edición y análisis crítico por Gonzalo Martínez Díez, Ávila, 1988 (desde ahora cito por esta edición *FR*).

62 "Otrosí por facerles mayor mercet otorgamos que los otros cavalleros que fueron fechos fata el dia del era de este privilegio de los infantes o de los ricos omes, que quisieren venir a nos et que nos dieremos nuestras cartas de otorgamiento cuemo son nuestros vasallos, que hayan aquesta honra de los quinientos sueldos et todas estas franquezas et las otras que han por nuestro previlegio. E lo que de esta guisa non vinieren, et nos non les dieremos nuestras cartas, et fueren vasallos de los infantes o de los ricos omes, que non hayan los quinientos sueldos, nin ningún portiello en la villa, nin ninguna de estas franquezas que en este previlegio dice, nin de las otras, que antes les habemos dadas". A. Iglesia Ferreiros: "El Privilegio General concedido a las Extremaduras en 1264 por Alfonso X. Edición del ejemplar enviado a Peñafiel de 15 de abril de 1264", en *A.H.D.E.*, 52 (1983), pp. 489, 518-519.

embargo este precepto me parece un avance en el sentido de limitar el poder nobiliario en favor del control del ejército por parte del monarca, que pretende esté formado por vasallos suyos y no de los nobles. Era un paso, pero no decisivo, atado aún a la fórmula del vasallaje. El Privilegio General es recogido en parte en las Cortes de Valladolid de 1293 dadas a petición de los procuradores de León[63].

Respecto a los textos de carácter territorial, haciendo una comparación entre *Espéculo* y *Partidas* se observa cómo en éstas se dedica una mayor atención al tema de la defensa en un sentido amplio, recogiéndolo en la Segunda Partida. Como la obra en su conjunto, la Segunda Partida de Alfonso X es un tratado teórico-práctico sobre la guerra y todos los elementos que coadyuban en ella[64].

Después de haber tratado en la Primera Partida de lo que pertenece a la fe católica, la estructura de la Segunda Partida ya nos indica la línea que pretende seguir Alfonso X:

- Dedica once títulos a tratar la figura del rey, su mujer, hijos y parientes, su casa, sus deberes y su reino.

- Los títulos XII al XX los dedica al pueblo y el deber que tiene de guardar lo recogido en los títulos anteriores respecto a lo que rodea al rey.

- El título XXI es un verdadero tratado de caballería dedicado a la moral caballeresca.

- Desde el título XXII al XXIX recoge el tema de la guerra.

- Para terminar con un título sobre un tema ajeno a los anteriores: los estudios.

Luego la línea argumental de la Partida es el Rey, su potestad[65], su tierra[66] y su pueblo[67] (podríamos decir que los tres elementos del Estado) y el modo de salvaguardarlos.

---

[63] *CLC*, I, pp. 123 y ss, nota.

[64] J.G. Martínez Martínez: *Acerca de la guerra y de la paz, los ejércitos, las estrategias y las armas, según el Libro de las Siete Partidas*, Universidad de Extremadura, Cáceres, 1984.

[65] "Sabuda cosa es que todos aquellos poderes que desuso deximos que los enperadores an e deven aver en las gentes de su inperio, que esos mismos an los Reyes en las de sus rreynos, e mayores...". *P.*, II, I, 8. (Cito por la ed. de Aurora Juárez Blanquer y Antonio Rubio Flores: *Partida Segunda de Alfonso X El Sabio. Manuscrito 12794 de la B.N.*, Granada, 1991).

[66] "Regno es llamado la tierra que a Rey por sennor, e el a otrosy nonbre Rey por los fechos que a de fazer en ella manteniendola con justiçia e con derecho...". *P.*, II, XIX, 3.

[67] *P.*, II, X, 1: "...pueblo llamaron el ayuntamiento de todos los omnes comunalmente de los mayores, e de los menores e de los medianos...".

Es la primera vez que en un texto de carácter legal castellano se recogen con tanta claridad dichos elementos y se dedica tan amplia regulación a su defensa.

Asimismo, en *Espéculo* (III, I, Proemio) hace un planteamiento general del deber de obediencia a la ley, a la llamada real, para después tratar esta llamada a la prestación del servicio militar:

> "**De los que llama el rrey**
> Commoquier que en el ssegundo libro ffablamos de la guarda e de la onrra del rrey e de ssu mugier e de ssus ffiios en ssí missmos e en ssus cosas, enpero dezimos en este terçero libro que la guarda e la onrra non sse puede ffazer en todo complidamiente, ssi los del rregno estas quatro cosas non ffezieren: la primera que vengan quando los el rrey llamare, la segunda que vayan o los enuiasse, la terçera que estén o los [él] possiere, la quarta que acorran o mester ffuere maguer que los non llamen; e de cada vna della diremos commo deuen sseer, mas primero queremos ffablar de cómmo deuen de uenir los que llamaren. E los llamados dezimos que sson en muchas maneras ca o sson para corte o para conçeio o para enbiarlos do mester ffuere o para rresponder a los que sse querellan dellos o para tomar cuenta dellos o para ssaber fecho de su tierra o para en hueste. E de cada vna déstas diremos cómmo an de venir, e ssi non venieren quál pena deuen auer"[68].

En *Espéculo,* título III del libro tercero se titula: "**Que los vasallos deuen estar o les el rrey mandare**", y ya en el proemio apunta las distintas formas que pueden acaecer: "assí commo en frontera o en hueste o en batalla o en otro logar o menester ffuere".

IV.2. El retorno a la generalidad en la prestación militar

¿Quiénes son los obligados a tales servicios? *Espéculo* III, III, ley 1, habla de: "Si manda el rrey a rricos omnes o a órdenes o a otros caualleros, o a conçeios", sin embargo, el título IV de este libro tercero esclarece totalmente el ámbito de

---

[68] Cfr. este precepto con el de *P.*, II, XIII, 16: "...E por ende verdaderamente el pueblo non deve seer atrevido para perder verguença de su Rey, mas devenle seer obedientes en todas las cosas que el mandare, asy commo de venir a su corte, ca su consejo por los que al enbiare, o para fazerle hueste, o para darle cuenta, o para fazer derecho a los que dellos oviesen querella; ca estas son las mayores cosas en que vasallos son tenudos de venir obedesçiendo mandamiento de su sennor: e esta mesma obediençia le deven aver para yr do los enbiare, asy commo en mandaderia, o en hueste, o en guerra, o en otro lugar do los mandase yr senaladamente. E syn todo esto, deven otrosy aver obediencia, para estar do los posiere, asy commo en frontera, o en çerca, o en bastida de villa o de castiello, o en otro lugar do el rey entendiese que mas estarien en su serviçio...".

aplicación de la prestación, que es una obligación general tanto de los vasallos como de los naturales[69], ya recogida en otros preceptos, como en el de la defensa de castillos y villas[70].

Asimismo se recoge en *Espéculo* (II, VI, 1): "Los vasallos otrossí e los naturales deuen guardar otrossí el ssennorío por que ssea sienpre vno e lo aya el ssennor natural, e deuen punnar acreçentarlo e en deffenderlo por la naturaleza que á en el rregno".

Sin embargo hay una matización en razón del tipo de guerra de la que se trate, siendo la principal la hueste, que puede ser de tres formas: para defender el reino invadido por otro rey, para defender villa o castillo o para conquistar tierra al enemigo (*E.*, III, V, 1).

En el primer caso deben acudir: "todos aquéllos a qui él [el rey] llamare o aquél que la tierra touire por él", explicitando unas límeas más abajo que en este caso: "los que llamare aquél que touiere la tierra del rrey; non sse entiende ssinon por aquéllos de aquella tierra missma o de otras tierras que comarcan con ella, que sson mas açerca para acorrer", y deben acudir con lo que tengan, a pie o a caballo, y en este tipo de guerra se debe acudir rápidamente, sin plazo, y permanecer el tiempo necesario (*E.*, III, V, 2).

En caso de cerco de villa o castillo, deben acudir los que llame el rey, en el plazo que los llame, pero sin plazo para volver (*E.*, III, V, 3).

En la guerra de conquista, igualmente "deuen todos ssus vassallos e ssus naturales venir ayudar a ssu rrey e a ssu ssennor natural llamándolos él, quanto más aýna podieren e meior guisados de armas de los que les ffuere mester. E los que assí viene ffazen ssu derecho en ayudar ssu ssennor, lo que sson tenudos de ffazer

---

69 "**De cómmo deuen acorrer los vasallos o ffuere mester.** Las tres maneras auemos dichas de cómmo deuen fazer los vassallos lo que el rrey les mandare, assí commo venir quando los él llamare o de yr o los enbiare o de estar o los possiere; agora queremos ffablar de la quarta que es [de] cómmo deuen acorrer o ffuer mester, maguer el rrey non los llamare. E esto dezimos que deuen ffazer por dos cosas: la vna por naturaleza e por el ssennorío que á el rrey ssobrellos, e la otra por la naturaleza que ellos an en el rregno. E esta naturaleza puede sseer en muchas maneras, assí commo por sseer ý nasçido, assí commo por heredamiento quel venga de padre o de ssu linage o de parte de ssu mugier o ssi porffiió algún natural de la tierra o a otro estrano o por conpra o por donadío o por morança que ffaga ý de dos annos conplidos o dende arriba o ssi es ssieruo el afforran en aquella tierra; onde por todas estas rrazones sson tenudos de acorrer o meester ffuere, E este acorrer dezimos que es primeramiente a ssu cuerpo del rrey, assí commo ssi los henemigos veniessen a darle batalla e dentro en la batallo [*sic.*] ssil derrribassen ol fferriessen ol prissiessen ol viessen entre ssus henemigos o ssil matassen el cauallo. E esto missmo dezimos que deuen affazer en otro logar qualquier o viessen que ffuesse meester. E otrossí deuen acorrer a ssu ssenna e a ssu pendón, ca todo esto [a] tane el rrey missmo e al rregno. Otrossí deuen acorrer ssi algunos quissiessen ý ffazer mal o çercassen villa o castiello o sse alçassen en el rregno o ffeziessen ý otro danno. E estos acorros deuen affazer assí commo diremos de cada vno dellos e allí do conuiene". *E.*, III, IV.

70 *E.*, II, VII, 4 y 5. Cfr. con *Partidas*, II, XVIII, 17: "Acorridos deven seer los castillos non tan solamiente de los aldaydes que los tovieren, mas aun de los otros del rregno que lo sopiesen e estodiesen en lugar que lo podiesen fazer...".

ffasta a la muerte, e demás guárdansse de caer en la pena de los que non vienen a tal hueste" (*E.*, III, V, 4).

Esta ambivalencia se aprecia igualmente en *Partidas*, puesto que, después de definir al pueblo como la suma de mayores, medianos y menores, trata a los caballeros como los encargados de la defensa, dentro de las distintas funciones que asigna a cada uno de los estamentos[71].

Sin embargo, en los siguientes preceptos se habla del pueblo en general para tratar el tema de la defensa del reino, especialmente en el título XIX de la Segunda Partida[72], donde se recogen tanto los levantamientos internos, como, sobre todo, la guerra con el enemigo exterior, la hueste y sus tipos.

Los importantes pasos que da Alfonso X en los textos de carácter local y territorial elaborados durante su reinado, sin embargo no pueden tener una evolución homogénea, puesto que, debido a distintas presiones, Alfonso X con frecuencia debió retroceder en algunas de sus normas, volviendo a situaciones anteriores. Lo que sí queda claro en su labor legislativa, y en el caso concreto que nos ocupa, es que inicia una tendencia que ya no volverá a dar marcha atrás.

Esto se aprecia en la regulación, si bien somera, de dos tipos de oficiales permanentes encargados de la defensa, por una parte de la persona del rey y por otra de la guarda de los castillos.

Entre los oficiales que regula el título IX de la Segunda Partida, la ley 9 trata de los mesnaderos del Rey y de su función. Es función primordial de estos oficiales la guarda del rey, tanto física como su honra, debiendo actuar con eficacia y lealtad, siendo penalizado el incumplimiento de sus deberes como los que son acusados de traición[73].

Estos mesnaderos, según *Espéculo*, deben ser caballeros, vasallos del rey y viven en su casa[74].

---

[71] *P.*, II, X, 3. La Segunda Partida dedica todo el título XXI a los Caballeros, a los que denomina "Defensores", como uno de los "estados", sin embargo, el título es más un código de honor de los caballeros que un precepto legal, sobre derechos y deberes de éstos.

[72] "E por ende los Españoles catando su lealtad, e queriendo se guardar desta verguença, tovieron por bien, e quisieron que todos fuessen muy acuciosos, en guardar de su Rey. Ca en guardando a el guardaran assi mismos e a la tierra onde son". *P.*, II, XIX, 2.

[73] "...ofiçiales que an a servir al Rey a guarda, e a mantenimiento a gobierno de su cuerpo. E commo quier que todos los del rreyno que son tenudos de guardalle, con todo eso algunos y a dellos que sennalada mente lo deven fazer, tan bien de dia commo de noche; estos son los mesnaderos, e por eso los llaman asy segunt lenguage antigo de Espanna, porque ellos non se deven partir del fasta quel amesnen salva mente. E esta guarda que ellos le an de fazer es que non rreçiba danno en su cuerpo defuera, asy commo de feridas o de muerte, o de otra cosa que se le tornase en mal e en desonrra: e esa misma guarda le deven fazer desde que fuere amesnado, ca ellos le an a velar e a guardar quando dormiere. E porque ellos an a estar sienpre aparejados de poner los cuerpos a muerte o a vida por el Rey, por eso los llamaron antigua mente companneros de su palaçio. E estos atales deven aver en sy seys cosas, que sean de buen linaie, e leales, e entendudos, e de buen seso, e aperçebudos e esforçados...". *P.*, II, IX, 9.

[74] *E.*, II, XIII, 6.

Los concejos de Extremadura, en las Cortes de Valladolid de 1293, solicitan a Sancho IV y éste concede, que estos caballeros sean elegidos de las tierras de la Extremadura y que realicen su servicio durante seis meses, siendo sustituidos los seis meses siguientes[75]. Asimismo en las Cortes de Valladolid de 1295, celebradas durante la minoría de Fernando IV, se le pide que sustituya a todos los oficiales de su casa que estuvieron con Sancho IV y que sean hombres buenos de las villas, como lo habían sido con Alfonso X[76].

Se podría seguir haciendo una evolución de esta guarda personal del rey y se llegará a la conclusión de que son fuerzas utilizadas políticamente, cambiando los criterios de selección según el momento político en el que nos encontremos.

La guarda de los castillos era en este momento importante por dos razones: por ser elemento fundamental de la defensa de las fronteras y por ser foco de mantenimiento del orden público (en ocasiones tuvieron el efecto contrario en momentos de debilidad real, minorías, bandos nobiliarios, etc., de ahí la frecuencia de la regulación de este tema en los Ordenamientos de Cortes). Por los dos motivos dichos, en *Partidas* (II, XVIII, 9) se regula el que el alcayde provea de hombres suficientes y adiestrados para la manutención y defensa del castillo cuya guarda se le encomienda[77].

V. EL MANTENIMIENTO DE LA TENDENCIA

V.1. La prestación del servicio militar y las Cortes castellano-leonesas

Hasta Alfonso X conservamos pocos ordenamientos de Cortes castellanos y este rey reguló en los textos dichos prácticamente todos los temas. Sin embargo, me parece significativo que Sancho IV, en las primeras leyes del primer ordenamiento que conservamos, las Cortes de Palencia de 1286, marca la línea a seguir en cada una de las actuaciones del Estado:

- Leyes 1-2: protección del realengo y de los recursos de la Corona.
- 3: Circulación monetaria.
- 4: Administración de justicia.
- 4: Manutención real, yantar.
- 5: Convocatoria del ejército sólo por el rey y pago de fonsadera.

---

[75] *CLC*, I, p. 126, nota 6.

[76] *CLC*, I, Ley 3 y 4, p. 131.

[77] **"Commo el alcayde deve meter en el castillo tantos omnes e tales con que lo pueda bien guardar e mantener"**, *P.*, II, XVIII, 9.

¿No recuerda la ley primera del Fuero Viejo de Castilla? Es sugerente que en esta fijación de criterios el rey trate puntualmente de la convocatoria a hueste, restando poder a los concejos: "Et otrossi que non llame a huestes los conceios sinon quando yo ffeziere huestes que sea menester de guisa quesse non pueda escusar, elos que ffueren ala hueste que aya sus escusados e sus ffranquezas, segunt quelo han por ffuero o por priuilegios o por uso cada unos en sus lugares; et ssi mandar ffincar los conçeios depues quelos llamar queles non demande ffonsadera nin otro pecho ninguno por ello"[78].

Ya en las Cortes de Burgos de 1338 se empieza a afianzar la idea de cómo los vasallos debían servir al rey con soldadas, que recibían en tierras o en dinero, cuántos peones debían servir con cada caballero, la gente que había de seguir cada pendón y otros temas sobre la aparición del *soldado*: hombre que recibe soldada, pagado por el rey para servirle, no por deber natural, ni por imposición política, sino en virtud de un contrato. Más tarde, en las Cortes de Guadalajara de 1390, se dictan las Ordenanzas de las lanzas, en que se señalan las armas que debe tener para su uso cada vecino según la cuantía de sus caudales[79].

La consolidación de esta política quizás la exponga claramente Juan I en el preámbulo del Ordenamiento de las Cortes de Valladolid de 1385, en el que al atribuirse la potestad legislativa, aclara que tanto será en tiempo de paz como en guerra[80]. En su virtud, Juan I vuelve a plasmar la idea de la obligación de prestación militar, fijando la edad de prestación del servicio entre los 20 y 60 años, tanto clérigos como legos y de cualquier ley o condición que sean[81]. En este ordenamiento se sigue la línea ya iniciada en las Cortes de Burgos de 1338, en el Ordenamiento de Alcalá de 1342 y en distintos textos de carácter local donde se regula la prestación de los "caballeros de quantía", como una forma de implicar a la población con posibilidad de mantener armas y caballo en la defensa del territorio,

---

78 *CLC*, I, p. 96.

79 Vigón: *El ejército de los Reyes Católicos...*, pp. 13-14.

80 "...Por quanto alos rreyes e alos principes que han poder de fazer e ordenar leyes para quelos sus subditos en tienpo de paz se ayan de rregir por las leyes que fablan delos estados que pertenesçen a cada vno, esson tenudos de guardar en tienpo dela guerra, e otrosi fazer e ordenar leyes que sson nesçesarias en tienpo dela guerra, e otrosi fazer e ordenar leyes que sson nesçesarias en tienpo dela guerra, e por que sse ayan de gouernar e guardar los sus subditos en tienpo dela guerra, por que assi en tienpo dela paz commo de la guerra se puedan derecha miente guardar... E por que especialmiente cunple agora anuestro seruiçio e a prouecho delos nuestros rregnos ordenar algunas cosas, espeçial mente çerca delos negocios delos cauallos e delas armas e delas soldadas que son adar alos caualleros e escuderos e otras perssonas que fueren en nuestro seruiçio; por ende mandamos ordenar e ordenamos estas leyes que sse siguen". *CLC*, II, pp. 314-315.

81 Cortes de Valladolid de 1385, ley 1: "...ordenamos e mandamos que todos los delos nuestros rregnos asi clerigos como leygos, e de qualquier ley o condicion que sean, que ayan de veynte annos arriba e de ssessenta ayuso sean tenudos de auer e tener armas en esta guisa...". *CLC*, II, p. 315.

dentro de la política dirigida desde el poder real a restar poder a la nobleza[82].

No obstante esta política no debió ser demasiado efectiva, puesto que dos años después, en las Cortes de Briviesca de 1387 se le pide al rey una reforma de las personas dedicadas a la guerra, para que se lleve una contabilidad de la tierra y acostamientos que tienen del rey y las personas armadas que deben mantener, cuestiones que el rey por primera vez legisla minuciosamente en las leyes 40 a 44. En el tema que nos ocupa se da un avance, diría, espectacular, puesto que por primera vez se manda hacer un registro de todos los hombres armados disponibles, quiénes son, cuánto cobran por ello e imposición de prestar juramento al rey[83]. Para ello faculta al Consejo Real para que desde ahora entienda en los asuntos relacionados con este tema en particular y con la guerra en general, lo que está dentro de la tesis que mantenemos de intento, pertinaz aunque no manifiesto abiertamente, por parte del rey de luchar con todas las armas a su disposición contra el poder nobiliario, siendo el Consejo Real un instrumento eficaz en este sentido[84]. Sin embargo no debió el Consejo ser lo suficientemente eficaz en este tema como era de esperar, puesto que en las Cortes de Burgos de 1430 se pide a Juan II que se solventen todos los "encubrimientos" que con motivo de la convocatoria a hueste realizaban los obligados a la prestación[85].

Juan II había proyectado desde el inicio de su reinado emprender la guerra de Granada. Para ello consideraba la posibilidad de un ejército casi permanente compuesto por 3.000 lanzas y veinte mil peones, que esperaba sostener con el botín de guerra, los servicios votados en Cortes y el subsidio de la Bula de la Cruzada. Para ello creó una especie de regencia de ultrapuertos poniendo a su frente al arzobispo Carrillo y al Conde de Haro, iniciándose una guerra lenta, de pequeñas batallas, que causaron el descontento popular, lo que unido a la mala gestión de los recursos y a las ligas nobiliarias que llevaron a la guerra civil (1458), provocó el fracaso del proyecto y al final, incluso, la reducción de la fuerza militar permanente al servicio, como consecuencia de la sentencia de Medina del Campo, publicada en 1465, en la que sus secretarios, que dominaban el Consejo Real (Pacheco, los Condes de Haro y Plasencia y tres obispos, entre ellos el obispo Carrillo), traicionaron la confianza del rey en pro de los intereses nobiliarios y personales, y a pesar de la denuncia del pacto por el rey, su figura quedaría muy deteriorada[86].

---

82 Vid. N. Tenorio: "Las milicias de Sevilla", en *R.A.B.M.* (Madrid), 17 (julio-diciembre, 1907), pp. 222-263. J.M. Pérez-Prendes: "El origen de los caballeros de cuantía y los quantiosos de Jaén en el siglo XVI", en *Revista Española de Derecho Militar* (Madrid), 9 (1960), pp. 111-174.

83 *CLC*, II, pp. 291-394.

84 *CLC*, II, pp. 391-395. Vid. S. de Dios: *El Consejo Real de Castilla (1385-1522)*, Centro de Estudios Constitucionales, Madrid, 1982, pp. 77 y 84-85.

85 Cortes de Burgos de 1430, ley 1, *CLC*, III, pp. 80-81.

86 L. Suárez Fernández: *Nobleza y monarquía...*, pp. 188-189, 210-211.

Por lo tanto los primeros intentos serios para conseguir un control sobre las disponibilidades con que se podía contar en caso de ser necesaria la convocatoria del ejército no llegaron a solucionarse.

V.2. Los Reyes Católicos

Desde el siglo XII asistimos a una serie de cambios que afectan no solo a la parcela militar, sino a todas las facetas del Estado; existe una verdadera lucha por el poder, ganando el pulso el rey, en una búsqueda continua del fortalecimiento de su figura:

- Se esbozan las líneas fundamentales de la actividad legislativa del monarca, principalmente a través de Ordenamientos promulgados en Cortes y normas de tipo administrativo emanadas de la cancillería real.

- Se va vertebrando una organización administrativa central y territorial piramidal, arrastrada por la organización judicial, cada vez más sometida a la jurisdicción real, en detrimento de la señorial.

- Se arbitran nuevos medios de financiación del Estado, a través de un sistema impositivo nuevo, a partir de los servicios de Cortes.

- Finalmente, se pretende elaborar un modelo nuevo de defensa, basado en un ejército permanente, ajeno a la nobleza en cuanto a su reclutamiento, financiación y formación, motivado principalmente por las continuas luchas y bandos nobiliarios enfrentados por el control político del reino.

Con estos cuatro elementos se está configurando una forma nueva de Estado, que conocemos como el Estado Moderno, que no surge en un momento determinado, sino que es el fruto de una importante evolución que se produce en nuestro territorio desde el Sistema Jurídico Altomedieval y que culminará después del reinado de los Reyes Católicos, siendo este período uno de los fundamentales en dicha configuración. Por lo tanto no puede considerarse aislada la plasmación de la idea del ejército permanente, ni siquiera tratar de ver en la actuación de los Reyes Católicos un cambio radical, sino que hay que encuadrarla dentro de este contexto de lenta evolución hacia el Estado Moderno.

Existían precedentes: La Hermandad de colmeneros y ballesteros de Toledo, Talavera y Villarreal. La Hermandad de Toledo era una organización creada en el siglo XIII por estos tres concejos, interesados en la explotación de colmenas y en la seguridad de caminos y cañadas. Poseían sus propios alcaldes de hermandad, que aplicaban a golfines y bandoleros una justicia sumarísima, y disponían de grupos armados de cuadrilleros. El nombre, al parecer, guardaba relación con el arma que utilizaban, el venablo, llamado cuadrillo, que se dispara con ballesta. Juan I y los monarcas que le sucedieron habían proyectado la extensión del sistema a todo el reino, cuestión que se trató en las Cortes de Segovia de 1386, donde se ordenó a cada concejo que proporcionase 20 jinetes y 40 peones, o la parte proporcional que de acuerdo con su población le correspondiera, para crear una fuerza de seguridad con la que se cubría el reino entero.

Tanto esta iniciativa como la que más tarde ideó Enrique IV fracasaron, siendo las villas las que organizaron hermandades regionales, en general poco duraderas, pero que crearon el ambiente de eficacia del procedimiento, a la vez que temor por los compromisos económicos y militares que entrañaban[87].

En 1473 se crea la Hermandad de Villacastín, que ejerce su autoridad sobre el conjunto de un territorio y tiene como misión el orden público. Esta idea la perfecciona Isabel la Católica y la actualiza, pero no la crea[88].

Para ello, de nuevo los RR.CC. utilizan a las Cortes para esbozar su programa de reformas, especialmente dirigidos a la reorganización de la administración central y la administración de justicia y al control del orden público. Es por ello significativo que los RR.CC. convoquen Cortes en 1476 y 1480, donde se dan los Ordenamientos de Cortes que tratan los temas dichos, y no se vuelvan a convocar hasta 1498, justo para Supresión de la Hermandad General. Al parecer hubo un proyecto de supresión de las Cortes por la Junta General de la Hermandad, que fracasó. Realmente, entre 1480 y 1498 el puesto de las Cortes fue ocupado por la Hermandad General, en cuyas Juntas estaban representadas todas las ciudades y villas cabeceras de comarca y la contribución de la Hermandad sustituyó a los subsidios votados en Cortes, siendo la idea de los RR.CC. que esta contribución, junto con las prestaciones personales de los habitantes, fuera destinada a organizar compañías militares permanentes. Sin embargo, parece que la Hermandad tuvo mejor acogida en los pequeños lugares que en los grandes[89].

En 1476 se presentan dos concepciones:

Una monárquica que pretende asociar a todas las ciudades, pueblos y señoríos del reino uniformemente bajo el poder real e imponerse como poder político sobre la dispersión de ámbito local.

---

[87] L. Suárez Fernández: *Fundamentos de la unidad española...*, pp. 52-53.

[88] J. Pérez: *La España de los Reyes Católicos*, Swam, San Lorenzo de El Escorial, 1986, pp. 36-37.

[89] L. Suárez Fernández: *Los Reyes Católicos. Fundamentos de la monarquía...*, pp. 61-66.

Otra, ciudadana, en la que el rey solo actúa confirmando la actuación local, tendencia propugnada por la ciudad de Burgos y la tierra de Campos.

Sin embargo esta iniciativa surge después de que la Corona ya hubiera iniciado la difusión de su proyecto de 1475, por lo que queda desbordada por éste, especialmente gracias a la intervención de Alonso de Quintanilla y Juan de Ortega, que ya tenían perfectamente esbozado el proyecto que se aprobaría en las Cortes de Madrigal, continuación del de 1475, aunque con evidentes diferencias, plasmada fundamentalmente en el paso gigantesco de rebasar el ámbito local, para desarrollar un proyecto territorial, pero que en esencia no era sino aprovechar por parte del poder real el potencial económico y humano de las ciudades, al servicio de intereses superiores.

El tema de la Santa Hermandad ha sido estudiado desde distintos puntos de vista y no se pretende en el presente trabajo abordarlo [90], sólo apuntar los cauces barajados por los Reyes Católicos para resolver el problema que se presenta de una prestación militar que por distintas razones dejó de tener su sentido inicial de deber general.

La pragmática de 29 de julio de 1498 eliminó la contribución y la totalidad de los organismos de la Hermandad con excepción de alcaldes y cuadrilleros [91].

A partir de la desaparición de la Hermandad los hombres que formaban parte de ella engrosaron las Guardias Reales [92].

Con esta experiencia, los RR.CC. dieron un paso más en la creación de un ejército permanente y profesionalizado: Las compañías de la Guardia, que debían absorber casi la mitad de los ingresos del monarca, pero de extraordinaria utilidad para la defensa de las fronteras y para la atención a los lejanos frentes.

Desde 1502 estas compañías, bajo el mando de Gonzalo de Ayora, se organizaron como fuerza estable. Además de esta fuerza, existían las que eventualmente se movilizaban, un vecino de cada doce, en casos urgentes, para labores defensivas, pequeñas guarniciones repartidas por castillos y fortalezas y los vasallos llamados de "acostamiento", que percibían una renta conocida como "tierra", aunque no estuviese ligada a ninguna entidad agrícola, que representaban 1.000 hombres de armas y otros tantos jinetes.

---

[90] A. Álvarez de Morales: *Las Hermandades, expresión del movimiento comunitario en España*, Universidad, Valladolid, 1974. J. Pérez: *La España de los Reyes Católicos...*, pp. 37 y ss. J.Mª Sánchez Benito: "Castilla, los Reyes Católicos y la Hermandad General (1475-1498)", en *Revista. Centro Asociado de Cuenca*, UNED (Cuenca), anexo 3 (1988-89).

[91] *Libro de las Bulas y Pragmáticas de los Reyes Católicos*, Ed. García Gallo, Madrid, 1973, ff. 177r.-180r.

[92] Sobre la actuación de Alonso de Quintanilla, C.D. Morales Muñiz: *Alonso de Quintanilla. Un asturiano en la Corte de los Reyes Católicos*, Madrid, 1993, en este punto, especialmente p. 85.

Cada vez más se reclutarían voluntarios, atraídos por el sueldo, que permanecían en el servicio un tiempo indefinido[93].

En todo caso, en el reinado de los RR.CC. no se consigue un ejército profesional permanente, lo que queda patente en la conquista de Granada, donde participan tropas tradicionales con cuerpos modernos: Capitanías de la guardia personal y de la Hermandad (pagados con soldadas), vasallos del rey (retribuidos por el sistema de acostamiento o "tierra"), milicias concejiles, señoriales, "homicianos" (condenados que redimían su condena con el servicio de armas), combatientes extranjeros (entre los que tienen una importate actuación las tropas aragonesas), asimismo, la marina actuó en misiones de vigilancia de costas para impedir el aprovisionamiento de Granada[94].

V.3. Alguna refencia a los ideólogos de la organización de un ejército permanente durante el siglo XV

Detrás de decisiones políticas generalmente existe un acopio de ideas y de teóricos que propician y elaboran, en última instancia, la decisión. En este caso hay un número de personas, muy relacionadas con los Reyes Católicos, que marcan las pautas a seguir, entre otros Alonso de Quintanilla, Gonzalo de Ayora, Rodríguez de Almela, etc.

Rodríguez de Almela traslada su formación humanista a los Reyes, rememorándoles la unidad de la monarquía con el Reino de Toledo. A partir de la formación que recibe de su maestro, Alonso de Cartagena, se adelanta en sus escritos en pro de la unidad peninsular al programa político de los Reyes Católicos[95].

Figura esencial es la de Alonso de Quintanilla, contador de Isabel la Católica, que influyó grandemente en el pensamiento de la reina y con sus palabras ante los procuradores inclinó los ánimos de éstos hacia la conveniencia de la creación de la Hermandad General.

Gonzalo de Ayora, participa más en la adaptación del ejército a las nuevas técnicas que se desarrollan en el resto de Europa, que en la elaboración de la idea de un ejército permanente, ya esbozado cuando él entra al servicio de los Reyes Católicos, pero de cuya teoría participa, manteniendo la necesidad de que es aconsejable

---

[93] L. Suárez Fernández: *Los Reyes Católicos. Fundamentos de la Monarquía...*, pp. 67-68.

[94] M.A. Ladero Quesada: *Castilla y la conquista del reino de Granada*, Diputación, Granada, 1987, pp. 105-150.

[95] A. Hoyos Ruiz: *La política de los Reyes Católicos en Rodríguez de Almela*, Diputación, Murcia, 1952, especialmente pp. 15, 25 y 60-61.

un ejército bien ordenado, aunque poco numeroso[96]. Ejemplo claro de lo dicho son sus cartas a distintos personajes y al mismo Fernando el Católico, que son una especie de parte de guerra detallado, entre técnico y de servicio de espionaje[97].

CONCLUSIONES

La principal conclusión a la que he llegado después del análisis de las fuentes y la bibliografía consultada es la gran coherencia que esconde la dispersión normativa en la regulación de la prestación del servicio militar.

La aparente contradicción que parece traslucirse del hecho de que en los primeros momentos del reino asturleonés apenas aparezca regulación, excepto para conceder exenciones, cuando es la época en la que menos problema plantea la guerra ofensiva y defensiva, evidencia el general cumplimiento del deber. A medida que la reconquista avanza, que la sociedad se "pacifica", que la ciudad adquiere poder, etc., empieza a quebrar el principio, con lo que la regulación debe hacerse cada vez más pormenorizada, con cláusulas muchas veces redactadas en sentido negativo, dentro de preceptos de carácter penal, tal como había ya ocurrido en el Estado visigodo. A través de este tipo de preceptos se puede traslucir un segundo momento en la evolución de la prestación militar: cuando quiebra el principio general de la prestación militar obligatoria, a través de la concesión de exenciones, y ante la necesidad de atender a la defensa del territorio, los reyes hacen penetrar en los textos de carácter local una pormenorizada regulación "privilegiada", que no hace sino esconder la vuelta a la prestación, diferenciando el modo según se trate de caballeros o peones, defendiendo un interés económico como arma para conseguir un fin, que luego quedará plasmado en los textos de carácter territorial del siglo XIII.

Es en este momento cuando asistimos a un cambio importante de perspectiva en el tema que se trata en el presente estudio: el paso del interés por el control del territorio al del control de los resortes del Estado. Esto conlleva un cambio en la forma de convocatoria del ejército, cada vez más bajo la autoridad real y, asimismo, se produce una modificación en la regulación de la convocatoria, abandonándose poco a poco su inclusión en textos de carácter local para ser objeto de regulación en textos de carácter territorial: a distintas circunstancias distinta respuesta jurídica.

Después de un período en el que el servicio militar era una obligación general, se recurrió por diversos sistemas a la exención casi general del mismo, a cambio de

---

[96] *BAE*, Tomo XIII, pp. 61-63, nota.

[97] "Cartas de Gonzalo de Ayora", en *BAE*, Tomo XIII, Madrid, 1945, pp. 63-75.

una contraprestación económica; cuando se generaliza, de nuevo se inicia un proceso de exenciones que llevará a la creación de otra contribución pecuniaria nueva: la marzazga.

Considero que la vuelta a la obligatoriedad de la prestación personal al Estado, general para todos los súbditos, es una de las recreaciones del Estado moderno, por lo que sus líneas empiezan a esbozarse en el preciso momento en el que el rey inicia la tendencia a tomar sobre sí las principales funciones del Estado, entre ellas el orden público y la defensa de sus súbditos y su territorio. Idea que nunca había desaparecido, pero que a veces aparecía, para nosotros, diluida en la dispersión normativa de la Alta Edad Media, en otros momentos mediatizada por intereses de clase.

La creación de un ejército permanente es la respuesta de la monarquía al predominio que hasta ese momento había tenido la nobleza en esta faceta, aunque al rey correspondiera la convocatoria.

Con el reinado de los Reyes Católicos la nobleza consigue un poder como nunca lo había tenido ningún otro monarca, pero referido a su consolidación económica y social [98]. Por otra parte, hay una doble maniobra por parte de los Reyes Católicos de asegurar esta consolidación económica y social para desviar su atención en el plano político, en el que el predominio, al menos de la vieja nobleza, queda menoscabado, lo que se aprecia claramente en los Ordenamientos de Cortes de este período y en las recopilaciones que se hacen en este momento, tanto el Ordenamiento de Montalvo y especialmente en *El libro de las Bulas y Pragmáticas de los Reyes Católicos* [99], donde se dedican escasas páginas dentro del total de las obras a la regulación de las prerrogativas de los hijosdalgo, restringiendo su nombramiento para no ampliar su número, y más referidas a sus privilegios en materias fiscales y procesales que de otro tipo.

Con anterioridad a los Reyes Católicos existían cuerpos permanentes, principalmente las guardias personales de los reyes, con independencia de esta guardia personal, existían guarniciones permanentes en las fortalezas, que disminuyen sensiblemente en la época de los Reyes Católicos, debido al papel importante que tuvieron en la guerra civil y de los múltiples desórdenes que cometieron y que tan reiteradamente se denuncian en las reuniones de Cortes desde la época de Alfonso X.

Sin embargo, la creación del ejército permanente es un paso más en la atribución exclusiva del Estado para el uso legítimo de la fuerza, iniciando los primeros

---

98 L. Suárez Fernández: *Nobleza y monarquía. Puntos de vista sobre la Historia política castellana del siglo XV*, Universidad, Valladolid, 1975, p. 11.

99 Ed. Facsímil, Instituto de España, Madrid, 1973, pp. CCCXXVII-CCCLI.

pasos en la administración de justicia, en la labor legislativa, etc. Es significativo que se creen las primeras fuerzas permanentes para cuestiones de orden público (defensa de castillos, que no necesariamente eran en la frontera, guarda del rey, prevención de delitos...) y sólo posteriormente se emplean ejércitos profesionales para la guerra.

De este modo al finalizar el siglo XV se había producido un importante cambio en la organización y concepción del ejército, de tal modo que se había iniciado la superación del ejército medieval, basado en la caballería y nutrido de mesnadas nobiliarias y milicias concejiles. El ejército monárquico en esta época se nutría de vecinos de realengo obligados al servicio militar como vasallos. La aparición de las tropas estables y pagadas continuamente las encontramos por primera vez en las guarniciones de las fortalezas y en las guardias personales reales.

El paso intermedio lo marcan las tropas de acostamiento que los RR.CC. organizaron con motivo de la guerra civil, pero éstas se disolvían al finalizar el conflicto. Por eso las tropas de la Hermandad supusieron un importante avance, porque eran tropas disponibles en todo momento, financiadas con unos medios específicos y con una organización territorial que difería de las locales o señoriales hasta el momento existentes, a lo que se unía el cambio en la concepción misma del ejército, practicada en la guerra de Granada, con una importante infantería apoyada por la caballería y la artillería.

Estas bases, unidas a las teorías de Maquiavelo y la puesta en práctica de las mismas por Gonzalo Fernández de Córdoba, conllevará el cambio hacia el ejército moderno, si bien para la consolidación del ejército permanente habrá que esperar aún hasta su implantación en el siglo XVIII.

APÉNDICE DOCUMENTAL

I

1156, diciembre 30

Convenio entre los hombres de Behetría de Pobladura de la Mata y el obispo legionense Juan

Archivo de la Catedral de León, nº 1405

[Ed. C. Sánchez-Albornoz: *Estudios sobre las instituciones medievales españolas,* Univ. de México, México, 1965, Ap. VII, pp. 308-309.

J. Rodríguez: *Los Fueros del Reino de León,* II, pp. 83-85 (reproduzco esta edición)]

Sub era Mª Cª LXXXXª et quot IIIº kalendas ianuarii. In Dei nomine, ego Iohannes, Dei gratia legionensis ecclesie episcopus, et omnes eiusdem ecclesie canonici facimus talem conuencionem cum hominibus morantibus in Pobladura de la Mata, uidelicet:

1. Quod unusquisque illorum hominum de benfetria qui ibi morantur in pace et sine omni pignora det IIIIor. solidos merguliensium episcopo legionensi in unoquoque anno ad festiuitatem omnium sanctorum pro fossataria.

2. Post mortem uero illorum qui modo ibi morantur, filii eorum qui hereditates patrum diuiserint, si hereditates et solos habuerint, unusquisque det IIIIor. solidos. Ille uero qui solum habuerit sine omni hereditate, det duos solidos.

3. Et si illi qui hereditatem de benfetria in illa uilla habent et modo ibi non morantur uoluerint cum istis hanc conuenientiam tenere, teneant. Sin autem dent totam suam fossatariam.

4. Clericus uero illius uille cum alio bono homine querat et colligat illos denarios et adducat eos ad Legionem ad domum ipsius episcopi et ibi det eos episcopo uel cui ipse iusserit, et sic sint paccati ex utraque parte; quod si ipsi homines supradictos denarios in pace dare noluerint et pro eis se pignorari fecerint, dent totam fossatariam quam dare debent, et insuper pectent LXª solidos parti Sanct Marie.

5. Si uero ex precempcione regia in exercitum ire compulsi fuerint quicumque illuc ierit, eo modo quo ire debet, in ipso anno illos denarios non cogatur persoluere.

Talem preterea cum supradictis dominibus facimus conuenienciam: quod, si ipsi ab isto pacto resilire uoluerint, pectent ad partem Sancte Marie LX solidos et dent totam fossatariam quam dare debent. Similiter, si episcopus cum canonicis Sante Marie hoc pactum frangere uoluerit et fregerit, pectet ipsis hominibus LXª solidos.

Ego Iohannes predictus episcopus cartam quam fieri iussi propria manu roboro et confirmo. Iohannes. Facta karta imperante domno Adefonso imperatore cum uxore sua domna Rica imperatrice in Hispania. Poncio de Minerua turres Legionis tenente. Petro Balzan uillicante.

(1ª columna). Domnus Henricus decanus cf. Archidiaconus domnus Fernandus cf. Archidiaconus domnus Arias cf. Archidiaconus domnus Hugo cf. Archidiaconus Petrus Dominici cf. Archidiaconus domnus Wlielmus cf.

(2ª columna). Domnus Albertinus cantor cf. Domnus Thomas thesaurarius cf. Johannes Michaelis prior cf. Johannes Pelagii cf. Magister Hernulfus cf. Fernandus Martini cf.

(3ª columna). April cf. Nunnus Melendiz cf. Fernandus Brauolio cf. Didacus Fernandiz cf. Johannes Martini cf. Pelagius Tablatello cf.

(4ª columna). Petrus Carnota cf. Ponzardus cf. Domnus Alcherius cf. Martinus Garin cf. Martinus Galuam cf. Johannes Olla cf.

Qui presentes fuerunt et audierunt Petrus testis, Johannes testis, Martinus testis. Vermudus notuit".

EN LOS ORÍGENES DEL EJÉRCITO MODERNO: LAS ORDENANZAS DE BUJÍA DE 1531

Regina Mª Pérez Marcos
UNED

SUMARIO:

I. Introducción: planteamiento y objetivo
II. Bujía en el marco estratégico mediterráneo del ejército castellano a comienzos de la Edad Moderna
III. El discurso jurídico-institucional en las Ordenanzas militares de Bujía
IV. A modo de Conclusión
V. Apéndice documental

I. INTRODUCCIÓN: PLANTEAMIENTO Y OBJETIVO

La jurisdicción militar en cuanto jurisdicción especial (que presenta como connotaciones específicas el dirigirse exclusivamente a ciertas personas que cometen determinados delitos en ciertos lugares; que no se ejerce por magistrados; y que es sólo penal) alcanzó su expresión formal en la Edad Moderna a través de las Ordenanzas militares. Constituye un lugar común en la historiografía especializada [1] considerar las Ordenanzas militares de Alejandro de Farnesio [2] como punto de partida, en el Derecho moderno, de la justicia militar sustantivizada o independiente de otras ramas de la administración de justicia [3]. Sin que esto pueda ser puesto en tela de juicio, por nuestra parte entendemos que tal afirmación debe quedar matizada desde la consideración y el análisis de alguno de los precedentes de la referida pieza normativa.

Las Ordenanzas son disposiciones reales (que emanan del rey o de aquellos organismos en los que delegue) para regular y controlar, al gusto del poder central, el

---

[1] N. González-Deleito y Domingo: "La evolución histórica de la jurisdicción penal militar en España", en *Revista Española de Derecho Militar*, nº 38 (Madrid 1979), pp. 9-66; E. Baldovin Ruiz: "El fuero militar en las Ordenanzas, en *Revista de Historia Militar*, nº 77, Año XXXVIII (Madrid 1994), pp. 61-106; F. Salas López: *Ordenanzas militares en España e Hispanoamérica*, Madrid 1992.

[2] *Ordenanza de 13 de mayo de 1587, dispuesta por Alejandro de Farnesio Duque de Parma y Plasencia, Gobernador y Capitán general de los Estados de Flandes, sobre lo que toca al cargo de Auditor general y particulares del Ejército; Fuero de los que sirven en él y sus testamentos,* también conocida como *Ordenanzas e Instituciones del Duque de Parma y de Plasencia, Lugarteniente, Gobernador y Capitán general por S. M. en los Estados de Flandes sobre el ejercicio y administración de la jurisdicción y justicia de este felicísimo Exército.*

[3] Pese a que la jurisdicción militar gozaba ya en la Edad Media de organización propia, fue en la Edad Moderna cuando adquirió una mayor importancia como jurisdicción especial propiamente dicha. Sobre este aspecto véase B. González Alonso: "La justicia", en *Enciclopedia de Historia de España*, dirigida por Miguel Artola, T. 2: *Instituciones políticas e Imperio*, Madrid 1988, pp. 377-394.

funcionamiento jurídico y las competencias de una determinada actividad. Mediante este tipo de ordenación especial, que tienen valor no de ley sino de reglamento, se regularon, con carácter unitario, actividades de índole mercantil, fiscal, administrativo y militar.

Técnicamente consideradas las Ordenanzas militares son, por tanto, un género de ordenamiento jurídico-administrativo propio de la administración del Estado Moderno[4]; y, desde el punto de vista del contenido, son un conjunto de preceptos que determinan, dentro exclusivamente de la esfera castrense, un régimen para el gobierno de las tropas y de los asuntos militares, en el cuadro de la jerarquía, de la disciplina y de los actos del servicio, de manera que en la práctica tuvieron un carácter de código penal para el ejército durante los siglos XVI, XVII, y XVIII.

Hasta finales del siglo XVI, al no existir ejército permanente, no pudo haber Ordenanzas militares en sentido completo de reglamentos orgánicos. Pero con anterioridad es posible constatar que las tropas, más o menos organizadas y disciplinadas, del Estado Moderno se regularon por "Ordenanzas militares" -de carácter local- emanadas de la Corona para la buena gobernación de las gentes de guerra y sus oficiales, que constituyen un precedente inmediato de las Ordenanzas militares propiamente dichas.

Dentro del cuadro general de este tipo de "Ordenanzas militares" destaca numéricamente el bloque de las promulgadas durante el reinado de Carlos I para quien los asuntos bélicos tuvieron un interés de primer orden: Ordenanzas que Hernán Cortés dio en Taxcatecle en 1520; Ordenanzas dadas por Carlos I en Madrid en 1525; Ordenanzas dadas también por el Emperador en Génova en 1536 para la infantería española; Ordenanzas de Augusta, dadas en 1551 para el régimen de pagas de guardas de Castilla, Navarra y Granada; Ordenanzas dadas en Silesia por el duque de Alba a su ejército.

A esta relación -incompleta- hay que añadir las "Ordenanzas militares" de Bujía[5] dadas por el Emperador Carlos I y su madre Doña Juana en 1531, cuyo análisis y significación, desde el punto de vista institucional, van a constituir el objetivo del presente trabajo[6].

---

[4] En la segunda Ley de Las Partidas se instituyeron ya un buen número de órganos jurisdiccionales castrenses tales como el Alférez del Rey y el Adalid en las tropas de tierra y el Almirante y el Cómitre en las de marina, que denotan una decidida intervención de la Corona en la organización del ejército propia del Estado Moderno.

[5] No se ha encontrado en la historiografía militar relación alguna de "Ordenanzas militares" previas a las de Farnesio que incluyera la mención de las Ordenanzas de Bujía de 1531. Un panorama general de las "Ordenanzas militares" al uso puede verse en J. Almirante: *Diccionario Militar Etimológico, Histórico, Tecnológico*, Madrid 1989, voz ORDENANZA, Tomo II.

[6] El texto de las Ordenanzas militares de Bujía de 1531 que aquí se incluye en el apéndice documental, por servir de base al presente análisis, fue transcrito del texto original (Archivo de Simancas, Secc. Diversos de Castilla, Leg. 48, n. 20) y publicado junto con un estudio introductorio por A. Riesco Terrero, en *Revista de Historia Militar*, nº 71, Año XXXV, Madrid 1991, pp. 105-145.

Partiendo de la definición anterior, las "Ordenanzas militares" de Bujía no pueden ser consideradas como Ordenanzas militares propiamente dichas, pero constituyen un elemento representativo de la elaboración histórica del Derecho militar en la transición del ejército medieval al ejército moderno, concebido por la monarquía feudal centralizada como la fuerza armada del Estado que debe ser ordenado mediante los criterios organizativos de una función pública.

II. BUJÍA EN EL MARCO ESTRATÉGICO MEDITERRÁNEO DEL EJÉRCITO CASTELLANO AL COMIENZO DE LA EDAD MODERNA

La fortaleza de Bujía, situada en la costa NE de Argelia, protegía un puerto que pese a haber sido utilizado por cartagineses y romanos (Augusto llegó a establecer allí una colonia en el siglo I) no tuvo un papel relevante hasta su incorporación al mundo musulmán. A partir del siglo XII se convirtió en un activo centro comercial y de piratería así como en un codiciado enclave de la costa norteafricana de gran importancia estratégica para el control del Mediterráneo, dada su proximidad con la isla de Sicilia.

En la primera década del siglo XVI, como consecuencia de la política internacional de Fernando el Católico centrada en Italia antes que en América, la acción militar de la Corona castellana se orientó a la toma de una cadena de plazas-fortalezas ubicadas en la costa africana desde el Estrecho hacia el Este: el Peñón de los Vélez; la Gomera, Orán, Bujía[7], Argel, Túnez, La Goleta, Trípoli[8], como modo de preservar el Mediterráneo occidental de la acción musulmana.

Desde el punto de vista ideológico la toma de estas plazas se argumentó como derivación de las guerras de Granada, en un contexto de cruzada[9] de defensa de la cristiandad contra el infiel.

---

[7] La plaza de Bujía fue conquistada en el mes de enero de 1510 por el conde Pedro Navarro en nombre del Rey Fernando, y su hija la Reina Doña Juana, quien hizo merced de la tenencia de ella a Don García de Toledo, hijo del duque de Alba, a quien se hizo proveer una armada de guerra la cual comenzó a juntarse en Málaga desde abril de ese mismo año.

[8] La toma de todas estas plazas quedó recogida en las crónicas oficiales de la corte del Rey Católico, siendo Andrés Bernáldez quien diera cuenta puntual y detallada desde una valoración de los hechos altamente significativa, Véase: *Historia de los Reyes Católicos Don Fernando y Doña Isabel, escrita por el Bachiller Andrés Bernáldez, cura que fue de la villa de Los Palacios y Capellán de Don Diego Deza, Arzobispo de Sevilla*, en *Crónicas de los Reyes de Castilla*, III, Biblioteca de Autores Españoles, T. LXX, Madrid 1953, pp. 336-345.

[9] El Rey Católico concibió esta empresa, en todo momento, como una derivación de la guerra de Granada siendo también las mismas las bases ideológicas del planteamiento. Para ello contó con el ímpetu apostólico del Cardenal Cisneros y con la dirección estratégica y táctica del conde Pedro Navarro, un militar formado en la escuela de Gonzalo Fernández de Córdoba, el Gran Capitán, que fue el máximo especialista de su tiempo en la captura y defensa de plazas fuertes.

Pero este orden se rompió pronto, con la caída de Rodas en manos sarracenas en 1522 quedando abiertas las puertas del Mediterráneo al dominio de la flota turca y de sus aliados los piratas berberiscos y provocando una gran ofensiva marítima por parte del Emperador Carlos V para recuperar la supremacía en el "mare nostrum" que le asegurara indirectamente el triunfo sobre el Rey de Francia Francisco I [10]. Finalmente, el poderío otomano se traduciría en la pérdida de casi todas las plazas españolas de las costas mediterráneas del Norte de África, y Bujía fue tomada en 1555 por los argelinos, cuando era ya únicamente un presidio español custodiado por una pequeña guarnición militar [11].

La organización del Ejército a comienzos del siglo XVI era consecuencia de las reformas militares que los Reyes Católicos realizaron en su mayoría para las guerras de Granada que depararían la caracterización nacional del ejército tendiendo a poner las fuerzas armadas, al igual que otros ramos de la Administración, bajo la dirección inmediata de los monarcas.

A partir de 1496 se había introducido una forma parcialmente nueva de alistamiento como primera medida para sustituir las levas medievales por un ejército nacional reclutado, controlado y pagado por la Corona. Se buscaba con ello ir sustituyendo las mesnadas señoriales, las milicias concejiles y los grupos de caballeros de Órdenes Militares por tropas de mercenarios o soldados voluntarios. Y a pesar de que el ejército de Carlos V ya sería una fuerza compuesta básicamente por soldados voluntarios profesionales y articulada en virtud de criterios estratégicos modernos [12] y de marcado carácter internacional, se mantuvieron en él no pocos usos medievales al tratar siempre de asegurar el privilegio como base de la inscripción para lograr una adhesión firme a la institución monárquica.

La dirección del ejército correspondía al monarca, quien canalizaba el funcionamiento de todas las unidades con el auxilio de los Consejos de Guerra y de Estado en los que recaía la coordinación del esfuerzo militar y la conducción política, respectivamente, aunque sus funciones se veían mermadas por la actividad de otros Consejos como el de Hacienda o el de Castilla.

---

[10] Para este aspecto véase F. Braudel: *El Mediterráneo y el mundo mediterráneo en la época de Felipe II*, T. II, Madrid 1980 (1ª reimpresión de la edición en castellano), pp. 221-275 y 339-340; también J. Lynch: *España bajo los Austrias. Imperio y Absolutismo (1516-1598)*, T. 1, Barcelona 1970, pp. 116-117.

[11] De ser Bujía, en 1531, una ciudad poblada por 10.000 habitantes había pasado a ser en 1555 una pequeña zona fortificada, de forma triangular, en cada uno de cuyos ángulos se elevaba un fuerte, un gran castillo, y el pequeño castillo del mar. Cfr.: F. Braudel: Op. cit. supra, p. 379.

[12] Antes de la creación del "tercio" en 1534, la eficacia de las unidades españolas había aumentado gracias a las reformas de Gonzalo Fernández de Córdoba, quien había introducido cambios radicales en su organización consistentes en el aumento del armamento con picas y arcabuces, y en una mejora de la táctica atendiendo a la movilidad desde la coordinación de varias armas. Cfr.: J. Lynch: Op. cit. supra, p. 105.

La justicia militar se ejerció en el siglo XVI, cuando no existían Ordenanzas militares, antes de agruparse las compañías en tercios y regimientos, por los jefes militares basándose en los bandos generales que se publicaban al abrirse la campaña, aunque para ciertos delitos regía el fuero común.

III. EL DISCURSO JURÍDICO-INSTITUCIONAL EN LAS ORDENANZAS DE BUJÍA [13]

Las Ordenanzas militares que el Consejo de Guerra, en nombre del Emperador Don Carlos y su madre Doña Juana, dirigió a las autoridades militares y civiles de la plaza militar de Bujía en mayo de 1531 trataban de acometer la reorganización de aquella guarnición costera ante el eminente peligro del ataque de Barbarroja (18) y otros turcos [14]. Pese a que el argumento con que se presentaba la empresa se fundamentara en la defensa de ideales de cruzada y sea la consideración de la plaza de zona fronteriza (27), el interés real del Emperador en ese momento se centraba en la necesidad de fortalecer sus enclaves mediterráneos para poder resistir los efectos de la alianza franco/turca.

Desde que en 1510 se conquistara la plaza militar de Bujía, se habían descuidado algunos extremos esenciales en su organización, tales como la permanencia fija de la población para el mantenimiento de la guarnición. Con demasiada frecuencia se venían concediendo licencias y costas no justificadas o muy prolongadas para viajar a Castilla (27) provocando la escasez de gente en Bujía, que se desatendiera la guarda de la fortaleza y que además se defraudara a la Hacienda real. En adelante las licencias serán concedidas en número muy restringido y por tiempo limitado (27).

También se habían detectado fraudes en el sistema de abastecimiento (30),(31) y (33) llegando los abusos hasta el extremo de haberse jugado o revendido por parte de los administradores y oficiales las raciones (32) de la tropa.

Con tales motivaciones de fondo se acometía, en un momento en que las necesidades estratégicas lo aconsejaban, una nueva planta para la guarnición regulada en las Ordenanzas militares de 1531 que articulaban el establecimiento y la permanencia de un contingente humano (compuesto por oficiales del Rey allí destacados

[13] Han sido respetados los criterios de transcripción aplicados por A. Riesco Terrero: Art. cit. supra, en el documento base que aquí se reproduce en apéndice documental, dado que permiten, gracias a los numerales que aparecen entre paréntesis, localizar en él cada uno de los puntos que se van analizando en el discurso.

[14] Hasta 1531 la plaza militar de Bujía había estado dotada con 360 hombres para su defensa, pero en adelante lo estaría para más seguridad y mejor guarda con 600 hombres de guerra y nuevas fortificaciones.

para gobernar en su nombre la plaza, y por las tropas) y una dotación de recursos materiales, en forma de asignación presupuestaria.

Los oficiales[15] *del Rey*

- El alcaide-capitán, era nombrado por el Rey para mandar en su nombre, con rango de capitán general, las fuerzas armadas de la ciudad y sus fortalezas. Cuando el Rey disponía la creación de una compañía nombraba a quien había de mandarla otorgándole una patente de capitán (19) en la que se fijaban y, al mismo tiempo, limitaban las competencias de su actuación. La autoridad conferida permitía al alcaide-capitán un amplio radio de acción: para reclutar hombres si era preciso; para organizar la vigilancia de la plaza (16); para distribuir las tropas según las necesidades (4); para tomar decisiones acerca de la fortificación de la guarnición (42), recabando el consejo de los expertos (44); para organizar las existencias de alimentos de manera que asegurasen la resistencia en casos de asedio (17); para poner espías nativos, con cargo al presupuesto de la Hacienda real, que permitieran conocer en todo momento los movimientos estratégicos del pirata corsario Barbarroja y de los otros turcos y moros (18) y (46). Para todas estas tareas el alcaide-capitán podía estar ayudado por un teniente de alcalde.

El nombramiento de Perafán de Ribera como alcaide-capitán de Bujía el mismo año de la provisión de las Ordenanzas quedó testimoniado en la correspondencia que dirigió durante su ausencia de España el Emperador a su mujer la Reina gobernadora:

> "(...) En lo que toca a la provisión de Alcaide de Bujía (...) me parece bien lo contenido en el memorial de los del dicho Consejo de Guerra, pero será bien, señora, que en caso que Jorge Ruiz de Alarcón haya por bien dexar aquel cargo, vaya allá Perafán de Ribera, antes que él salga, (...) porque en este tiempo y estando Barbarroxa como está, no se halle aquella fortaleza sin la persona principal que ha de tener cargo della(...)"[16].

---

[15] Se emplea aquí el término "oficial" para designar a los servidores del poder público, hoy funcionarios. Con anterioridad al siglo XIX los funcionarios fueron siempre amovibles, y se podía apreciar en muchos casos una relación de cuasifamiliar o de fidelidad y encomendación. Pero a partir de la recepción del Derecho común se fue configurando lentamente el perfil de los cargos como oficios y desde entonces la función desempeñada por los empleados públicos, lejos de ser ya una mera comisión real, aparecerá dotada de un contenido eminentemente objetivo y jurídico-público.

[16] *Carta* de Carlos a Isabel, fechada el 10 de marzo de 1531 en Bruselas, en M. Fernández Álvarez (edición dirigida, prologada y anotada): *Corpus Documental de Carlos V, I (1516-1539)*, Salamanca 1973, p. 277.

Aunque la necesidad que apremiaba al Rey cuando urgía este nombramiento no dejara de suscitarle objeciones:

"(...) Después de tener acordado lo susodicho que toca al dicho Perafán (...) he havido desplazer así por la pérdida de la gente que con él fue como por el peligro en que ha puesto o pudiera poner aquella fortaleza por cosa de ynterese particular suyo (...)" [17].

La remuneración fija del alcaide-capitán ascendería en Bujía a 250.000 mrs. (1) al año [18]. Aparte contaba con otras vías de cobro, como el botín, no cuantificadas pero sí asumidas por parte de la Corona [19].

Por otra parte, se permitía al alcaide-capitán tener en su casa y compañía 4 ó 5 como servidores particulares (25) no sometidos, en principio, a la reglamentación militar [20]. Destacan estos personajes en las Ordenanzas como agentes -en nombre de su señor- de actividades censurables (39) y (40), como la reventa de alimentos procedentes de las raciones asignadas a los soldados o de la propia soldada, por lo que se fomenta la posibilidad de que entren en el orden militar.

- El veedor, que en Bujía era en 1531 Francisco Pérez Idiacaiz, era un funcionario real que vigilaba las pagas y justificaba el gasto. Tenía un sueldo tasado en las Ordenanzas en 60.000 mrs. (2) y actuaba como inspector encargado por el rey del control y del reconocimiento de las compras y las ventas de alimentos y otros enseres destinados a la plaza, así como del estado y conservación de víveres, material bélico, enseres, contratos y realizaciones de obras y reparaciones de edificios públicos.

- El contador, funcionario real, que en Bujía era Marcos Ruiz de Medina, cuyo cometido consistía en controlar la gestión de los recursos asignados a la plaza. Al

---

[17] *Carta* de Carlos a Isabel de 10 de Octubre de 1531, desde Bruselas. Ibid., p. 310.

[18] A comienzos de la Edad Moderna la moneda-tipo de oro en España era el "excelente de Granada", acuñado por Fernando e Isabel y conocida ordinariamente con el nombre de "ducado", que tenía una ley de 23 3/4 quilates y era computado a 375 maravedíes. Cfr.: J. Lynch: Op. cit. supra, p. 455.

[19] "(...) Que se le escriba -a Perafán de Ribera- y mande por preçepto ynviolable que para facer caualgadas de sus yntereses o semejantes cosas, voluntarios no saque de las dichas fortalezas la gente de la guarda dellas. Y que si quiere facer guerrerías o ardides de probecho suyo, sea con gente suya (...) pero que no se entienda que del todo le haveys de proyvir la guerrería de la comarca de las dichas fortalezas". *Carta* del Emperador Carlos V a su mujer la Reina Isabel, fechada en Bruselas el 10 de octubre de 1531, en M. Fernández Álvarez (edición dirigida, prologada y anotada): *Corpus Documental de Carlos V, I (1516-1539),* Salamanca 1973, p. 310.

[20] La existencia de estos personajes es indicativa de que los oficios eran desempeñados con un sentido patrimonial del cargo. El lazo que unía a estos sirvientes con su señor era de tipo clientelar, es decir jurídico-privado.

igual que el pagador-tenedor, no tenía asignado un sueldo en las Ordenanzas (3), cobrando únicamente lo que traían tasado por las cartas y poderes de dichos cargos (20), y siendo este dato indicativo de que la función que desempeñaban tenía un perfil más técnico y menos político [21] que en los casos del veedor o del alcaide-capitán.

Tenía a su cargo el contador, junto con el veedor, la custodia de los libros de sueldos (19) y de asientos ("libros concertos") en los que figuraban las cartas y poderes, cédulas e instrucciones que habían sido dadas para la buena guarda y gobernación de la ciudad (20), así como todos los contratos de alistamiento personal (21).

- El pagador y tenedor de los bastimentos de la ciudad de Bujía, Diego Pérez de Lequeitio en 1531, era el intendente mayor de los víveres, ropas, utensilios y otros enseres y provisiones necesarias para la tropa de la plaza. Entre sus obligaciones figuraba la organización y almacenaje en buen estado de víveres y mantenimientos (29). Estaba también encargado de cobrar las rentas reales [22] en Bujía (48) desde el 1 de enero de 1531 en adelante, cuyo importe debía ser aplicado para la paga de soldados.

Tanto el alcalde-capitán como su teniente, el veedor, el contador, y el pagador tenedor de bastimentos habrían de ser remunerados exclusivamente con el salario en efectivo que tuvieran asignado (14) quedando al margen del pago en especie que acogía a la tropa. Así mismo, antes de ser recibidos en Bujía habían de jurar que usarían bien de los oficios y cargos que llevaran por nombramiento real y también que guardarían las Ordenanzas en servicio del Rey (19), pudiendo llegar, en caso de incumplimiento, a perder el cargo por corrupción (37) y a responder de las distorsiones ocasionadas con sus propios bienes (28).

Las Ordenanzas prohíben que los oficiales vendan, ni den a cuenta del sueldo, a la gente de guerra de Bujía mercaderías ni mantenimientos de ningún tipo, ni tengan tiendas ni tabernas (46) so pena de ser privados de sus oficios y ser multados con 300.000 mrs. [23]. Ni tampoco podrán vender artículos suntuarios (36) por ser

---

[21] En el siglo XVI la renovación de la táctica militar constituyó uno de los factores que orientaron definitivamente la actuación del Estado hacia campos nuevos y pese a que no se daría aún en toda la Edad Moderna una consideración unitaria de la gestión administrativa si fue posible una acción coordinada en términos de Función Pública. Véase sobre este punto: R. M. Pérez Marcos: "Notas para una teoría histórico-jurídica de la Función Pública", en *Revista A Distancia*, Primavera 1995, pp. 65-70.

[22] Que eran la alcabala; el almojarifazgo por las mercaderías que se contrataban allí en Bujía; y el quinto de cualquier presa o botín. El importe de esta recaudación había de ser aplicado para la paga de las tropas de Bujía.

[23] La mitad para la cámara del rey y el fisco; y la otra mitad para el acusador.

gente que tiene un sueldo moderado [24] y de frontera, práctica que se castiga con la pérdida del duplo.

Las tropas

El contingente militar destacado en Bujía formaba una compañía o capitanía [25], unidad compuesta por soldados voluntarios [26], de mar y de tierra, que suscribían con la Corona un contrato de alistamiento personal, que sólo podía rescindirse a voluntad del rey.

El grupo más numeroso habría de ser, según las Ordenanzas, el de soldados de infantería formado por 320 peones piqueros (6), 100 escopeteros y 50 ballesteros (5). Y aunque con una importancia subordinada, respecto de la infantería, también el arma de caballería estaría representada por 40 lanzas ginetas (4) y (22). La artillería había de estar formada por 10 artilleros competentes (7) y 30 zapadores (9). Mientras que la armada quedaría compuesta por 25 hombres de mar (8).

Además de estos habría 3 capellanes (10); 1 cirujano (11); y 1 teniente del castillejo del mar (12).

La organización interna de estas tropas estaba prevista por la existencia de un cabo de escuadra por cada 50 hombres (12) y (17), y de un alférez capitán para salir con los peones de infantería al campo a los rebatos (12).

La remuneración de los soldados se efectuaba a través de un sistema híbrido en el que se combinaba el pago en dinero con el pago en alimentos (14). Cada mes el soldado [27] recibiría de manos del tenedor de bastimentos, bien pesado y sin fraudes ni engaño (30): 10 celemines de trigo; 2 arrobas y media de harina. Aparte se le proporcionaba vino y tocino a precio tasado, cuyo importe se le descontaba de la nómina (31).

---

24 En términos generales una soldada era inferior a un jornal en una cantidad significativa, cobrando el "mílite" casi la mitad que el jornalero. Cfr.: J. Beneyto Pérez: *Historia de la Administración Española e Hispanoamericana*, Madrid 1958, p. 404.

25 Las capitanías estuvieron formadas, desde la remodelación técnica del ejército del Gran Capitán, por tropas de infantería (piqueros y arcabuceros) y de caballería a las que pronto se añadió la artillería como arma de combate de importancia creciente En el reinado de Carlos I seguían siendo la pieza básica del ejército en el orden administrativo, orgánico y de instrucción.

26 Los soldados podían ser voluntarios (también llamados particulares) o aventureros, que no obtenían otra remuneración que el alimento.

27 Quedaban exceptuados del pago en especie los diez artilleros competentes, a quienes por razón de la cualificación que las Ordenanzas les exigían, se les asignaba una retribución elevada.

Las lanzas ginetas cobrarían, según las Ordenanzas de 1531, cada una 16.000 mrs. por año, aunque uno de ellos -el aventajado- recibía 5.000 mrs. más que los demás[28] (4). Los escopeteros y ballesteros serían retribuidos a razón de 8.250 mrs. anuales (5); mientras los peones piqueros (6) con 6.850 mrs. por año, habiendo entre ellos un herrero que llevaba asignados a su paga 5.000 mrs. más de ventaja al año. Los artilleros cualificados cobrarían 14.600 mrs. (7) por año; y los hombres de la mar (8), al igual que los zapadores (9) serían retribuidos con 10.800 mrs. al año. Los capellanes (10) y el cirujano (11) con 10.900 mrs. al año.

La retribución de los soldados en las Ordenanzas quedaba directamente relacionada con la revista[29] de las tropas o alarde (22) a que cada uno o dos meses había de ser sometida la gente de guerra de Bujía por parte del capitán, el veedor y el contador de la plaza para ver y saber (23) las que en ella están y residen y si son hábiles para la guerra y tienen todo el armamento propio a punto[30].

Con frecuencia se les adeudaban a algunos soldados sueldos y pagas llegando a pasar por ello necesidad, y como no cobraban ni parte de ello, vendían a bajo precio su sueldo a los oficiales o a alguno de sus criados (40), que por este medio juntaban gran cantidad de mrs. que posteriormente recaudaban. Por esta causa estaba la gente continuamente pobre y necesitada siendo el motivo de que dejasen de ir a servir a Bujía gentes de valía. Se ordena por esto, en las Ordenanzas, que sean pagados los sueldos a los soldados como queda mandado (39) y, cuando no sea posible hacerlo que sean socorridos para que puedan sostenerse, de manera que no tengan que vender lo que se les debe de sueldo.

Quedaban prohibidas las deudas entre particulares (28) que se "situaban" por iniciativa suya en la paga de soldado (llamadas "pasaquentas"), involucrando a los oficiales que computaban la deuda en la nómina del deudor y a veces adelantan su importe al acreedor. En las Ordenanzas se indica que en adelante se salden las deudas entre soldados después de haber recibido la paga, respondiendo en caso contrario el veedor y el contador con sus propios bienes. Igualmente quedaba prohibido que los soldados se jugasen en los tablajeros (51) las armas con que

[28] El soldado aventajado era aquel que por su veteranía o especialización recibía un sobresueldo o ventaja. Se iba configurando así la actividad militar más que como un oficio como una carrera, dentro de la cual la antigüedad podía conferir ciertas ventajas.

[29] Una vez realizado el alarde se actualizaban las nóminas para incluir o excluir a los soldados del cobro de la paga.

[30] El equipo de un soldado, ya de infantería ya de caballería, corría por cuenta propia así como su mantenimiento, siendo esta una de las características de los ejércitos medievales. En torno a esta circunstancia se originaba una demanda de artículos de armamento que según las Ordenanzas de Bujía debía de ser atendida exclusivamente por la Corona, aunque sin interés de lucro, quedando penalizada cualquier distorsión que en este sentido fuera realizada por los oficiales de la plaza en favor de su interés particular.

habían de pelear o el trigo y otros bastimentos que habían de comer o la ropa que habían de vestir, bajo pena de que el alcaide-capitán o el justicia o el veedor se lo hicieran devolver doblado al que lo había tomado, siendo una mitad para el acusador, y otra mitad para el juez que lo sentenciara.

Algunos soldados con cierta significación social y dentro de la tropa [31] acudían a los alardes acompañados de sus paniaguados o criados para aumentar la proporción de cobro en su favor. Esta costumbre feudal basada en lazos clientelares queda atajada en las Ordenanzas que establecen que en algunos casos se permita al soldado "de calidad" acudir acompañado de mozo que sea mayor de 23 años y hábil para la guerra, siempre y cuando la soldada sea para ellos y no para el patrón y realicen las mismas tareas [32] que los demás hombres de guerra (24).

La fortificación

La fortificación de la plaza militar de Bujía -mejor la refortificación- había de hacerse según las Ordenanzas, lo mejor y más rápidamente posible (44) bajo la dirección del capitán, costeada por la Corona (42) y realizada por los especialistas que allí residen y por otros de la guarnición que se podían liberar de las tareas que hace la gente de guerra y emplear trabajando a jornal en la fortificación, pero teniendo en cuenta que como cobraban sueldo el jornal había de ser moderado ya que "los que llevan sueldo, por razón de ello son obligados a servir en lo que fuere menester" (43).

En estas obras no habían de trabajar por jornal ni criados ni esclavos ni mozos ni allegados del capitán o del veedor, so pena de que el que librare algún sueldo por ello lo pague con setenas [33](45).

Como es propio en una plaza militar se restringía la entrada de nativos con mercancías para vender (46) "porque a través de esta práctica podían estos conocer las fortificaciones", aunque se fijaba un lugar en los arrabales para que dicha gente viniera a vender.

---

[31] Las Ordenanzas mencionan a capitanes, a ciertos soldados de a caballo y a cabos de escuadra, grados que probablemente estaban reservados a miembros de la baja nobleza, a hidalgos que con frecuencia, en esta época, encontraron en la milicia un recurso de subsistencia.

[32] El pretendido papel de la milicia como espacio en que se diluyen las diferencias sociales obedeció, durante toda la Edad Moderna, más que a una voluntad desintegradora de la sociedad estamental, a la necesidad de fijar contingentes militares que consolidaran las unidades y aseguraran la permanencia de fuerza armada.

[33] Multa que equivale al séptuplo de la cantidad de referencia.

El abastecimiento

La organización del abastecimiento de la ciudad de Bujía adquiere gran relieve en las Ordenanzas por cuanto su fluidez dependía de manera exclusiva del avituallamiento por mar al estar la plaza fuerte implantada geográficamente en un territorio hostil[34] siendo por ello su relación con el entorno exterior muy escasa.

Quedaba encomendada la organización del abastecimiento al tenedor de bastimentos (29) y al pagador para que la gente de guerra de Bujía tuviera asegurada las existencias de alimentos. Para ello se les autorizaba a invertir cuando fuera necesario (35) los dineros que recibían para pagar los sueldos en la compra de artículos perecederos que no llegaban directamente desde los puertos de la Península. Siempre que tales operaciones no originasen ni pérdidas ni ganancias para la Corona[35]. Se indica asimismo a los oficiales que si no tuvieren dinero para adquirir esas mercancías den sus cédulas firmadas a los mercaderes para que les sean pagadas por el tesorero real. Se establece el mismo régimen para los bastimentos (37).

Así mismo el tenedor de bastimentos debía proveer almacenes en que se puedan guardar en buenas condiciones alimentos (17) y otros mantenimientos. Y también asegurar que hubiera abundancia de moliendas y tahonas, privadas o públicas (55), en las que se pudiera moler todo lo que hiciera falta, pagando una tasa moderada de maquila del pan, que se establecería con conocimiento oficial del Consejo de Guerra (53).

La Corona reclamaba para sí el monopolio sobre la venta de artículos de consumo (34), aunque se permite que los residentes de Bujía compren lo que allí se les ofrece por parte de los nativos, pero no que alguno tome mercancías para revenderlas, y menos que los oficiales (47) se enriquezcan por esta vía.

La plaza de Bujía había de estar asistida por 2 bergantines de 13 bancos cada uno siempre a punto para navegar, cuyo cometido asegurar el abastecimiento (35). Estos bergantines eran contratados por la Corona a través de un sistema de asiento[36], uno con el alcaide-capitán y otro con el veedor (15). Los gastos de reparación y aderezo de estos barcos corrían por cuenta de estos particulares a cambio de una dotación en dinero que la Corona asignaba a cada uno de los barcos. El

---

[34] "(...) porque si los moros sintiesen que no pueden ser ofendidos dellas -refiriendose a las fortalezas- les quitarían la leña y el agua y otras cosas sin las quales no podrían bibir. (...)". En *Carta* cit. supra, en nota 18.

[35] Es decir que lo carguen a la gente añadiendo al coste únicamente los fletes, las costas y los desperdicios.

[36] El asiento era un contrato en virtud del cual se confiaban funciones públicas a individuos privados y ajenos a la administración real. Venía a constituir una especie de feudalismo administrativo. Véase I. Thompson: *Guerra y decadencia. Gobierno y administración en la España de los Austrias, 1560-1620*, Barcelona 1981 (1ª ed. en castellano), pp. 314-315.

mantenimiento de las naves corría por cuenta del asentista aunque no así la gente para navegarlas, que era de la que había en Bujía a costa del Rey.

La organización

A pesar de tratarse de una población acuartelada[37], de las Ordenanzas se deduce la existencia en Bujía de un abanico de clases socio-económicas y jurídicas que reproduce fielmente la estratificación social castellana: oficiales; soldados[38]; hidalgos[39]; paniaguados; menestrales; nativos; y esclavos. Respecto a estos últimos queda prohibido (49) en las Ordenanzas tenerlos[40], bajo pena de perderlos.

La organización que en su día se impuso en Bujía (y muy probablemente en otras plazas fuertes de la costa africana) y que en 1531 se trataba de modernizar a través de las Ordenanzas, era la propia de una colonia militar sometida a un régimen de vida previamente planificado y en estado de alerta permanente en el que cada uno debía de saber en todo momento lo que tenía que hacer (16) "para que no haya en ello descuido ni desorden".

La administración de justicia en Bujía estaba encomendada a un alcalde ordinario en primera instancia (Julián Fuentes). También contemplaban las Ordenanzas que hubiera un procurador solicitador de negocios en la Corte (13).

La sanidad quedaba proyectada en las Ordenanzas como un servicio público al prever la existencia de un hospital "que esté lo mejor proveeido, rregido e governado que ser pudiere" costeado por la Corona (56) mediante una dotación de 2 peonías[41] y un mayordomo nombrado por el Rey que deberá reflejar la gestión de estos recursos en un libro de cuenta y razón.

Pese a que las Ordenanzas permitían algunos tipos de juegos, quedaban prohibidos los tablajeros[42] públicos, bajo pena de que los que los consientan -alcaide-capitán o justicia- "caigan en las penas establecidas en las leyes de nuestros reinos que acerca de ello disponen" (52) y además pierdan el salario de medio año.

---

37 Circunstancia que diluye, en gran medida, las diferencias sociales.

38 Algunos, sobre todo localizados entre la marinería, procedían de los presidiarios de guerra.

39 Para los que en el siglo XVI era preferible probar suerte en la carrera de las armas antes que en cualquier oficio manual.

40 En el caso de tenerlos habrían de enviarse a Castilla, salvo que se trate de "moros de rescate", por los que suelen dar los moros trigo u otros bastimentos.

41 Que son 36 ducados y 20 fanegas de trigo que se entregarán al mayordomo del hospital "por tercios de cada año".

42 Juegos de dados sobre tablero de apuestas que se organizaban en algunos establecimientos o lugares y que dejaban como beneficio al dueño de los tableros una parte de lo que obtenía el ganador de la apuesta.

IV. A MODO DE CONCLUSIÓN

Las Ordenanzas de Bujía de 1531 constituyeron un marco jurídico en sí mismo subsidiario de la legislación general castellana, y específico de una actividad administrativa: la defensa militar encomendada a un contingente de tropas de soldados voluntarios alistados al efecto, que eran administrados y gobernados en nombre del Rey por sus oficiales, de acuerdo con los principios organizativos del Estado Moderno. En ellas se establecía, por una parte, un esquema orgánico de la unidad de defensa allí destacada; por otra, el procedimiento administrativo para su sostenimiento; y por otra, el control de la Corona por medio de la intervención estricta del gasto.

La evolución institucional hacia el ejército permanente tradicionalmente asociada al Estado Moderno tardó en consolidarse según se desprende de las Ordenanzas, que reflejan que en las guarniciones que defendían las plazas norteafricanas se daba una mezcla de ejército real y de aventureros, una organización militar de transición aún no plenamente encuadrable en el ámbito jurídico-público y cuajada de usos feudales como el alarde, el vasallaje militar, el autoequipamiento del soldado, o la misma ausencia en ellas de jurisdicción militar que más adelante se revelaría como uno de los elementos más representativos de la Edad Moderna.

Estuvieron encaminadas más bien a subsanar abusos de los oficiales allí destacados que indudablemente detentaban un sentido patrimonial y privado del cargo, pero cuya gestión iba siendo poco a poco canalizada por la Corona como un servicio público manejado para dar un nuevo impulso a las plazas africanas ante una nueva acometida del turco.

En línea con esta orientación es posible identificar en las Ordenanzas algunos de los elementos que conferían el perfil funcionarial a la actuación de los oficiales: el juramento de que ejercerían los oficios en servicio del Rey; las patentes en las que se acota el contenido de las competencias que les han sido delegadas; El sistema de remuneración esencialmente fija, aun con ciertos elementos contradictorios, y vinculada al buen cumplimiento de sus funciones; el establecimiento de un sistema disciplinario y de control basado en la denuncia/acusación de los administrados de las posibles actuaciones irregulares.

También el sistema penal que en las Ordenanzas se desglosa para consolidar la potestad disciplinaria que en ellas se contiene, presenta un traza eminentemente administrativa: contempla penas pecuniarias de corte medieval: el doblo (duplo) del precio (36) por el que se hubieran vendido artículos suntuarios a la población de Bujía; las setenas (45) por pagar jornales con fondos públicos a los paniaguados de los oficiales; el "cuatro tanto" (37) por consentir los oficiales que cargaren en las soldadas porcentajes muy elevados sobre mercaderías, armas y municiones. El reparto de estas penas debía de efectuarse con arreglo a la proporción: del primer tercio la mitad para la cámara del Rey y la otra mitad para el hospital; otra tercera parte sería para el acusador; y la otra tercera parte para el juez que lo sentenciare.

El control que ejercía la Corona sobre la actividad militar en Bujía se manifiesta, además, por medio de la intervención estricta del gasto dentro de un orden presupuestario. La racionalización contable de los gastos y los ingresos de las actividades públicas pasó a ser imprescindible desde comienzos de la Edad Moderna dada la penuria de recursos de la Hacienda real en relación con las necesidades. Las Ordenanzas recogen una significativa preocupación por los libros de registro contable (56), así como la sensibilización por el ritmo presupuestario al estructurar el ejercicio anual en períodos de cuatro meses. Pero pese a tales tendencias en Bujía, tal y como recogen las Ordenanzas, se refleja una situación de penuria endémica de las arcas reales. Se admitía implícitamente en ellas que las guarniciones como Bujía están abandonadas a su suerte, y se parte de la base de que la llegada de numerario para hacer frente a los gastos comprometidos es prácticamente fortuita y no regular y normalizada.

Las disposiciones de las Ordenanzas de Bujía no trascienden de lo económico y organizativo, orgánico y de jurisdicción administrativa. No hay en ellas ninguna regulación de actividades jurisdiccionales puramente militares más allá de lo orgánico castrense, no pudiendo ser por tanto consideradas como unas Ordenanzas militares propiamente dichas, pero apuntan, en la etapa de transición entre el ejército medieval y el moderno, hacia una ordenación de la actividad militar articulada por la administración de Estado como una función pública ordenada presupuestariamente y orientada por la idea de servicio.

V. APÉNDICE DOCUMENTAL

Transcripción de LAS ORDENANZAS DE BUJÍA DE 1531 conforme al texto original (Archivo General de Simancas, Secc. Diversos de Castilla, Leg. 48, n. 20)

" Don Carlos -por la divina clemencia Emperador semper augusto, Rey de Alemania/, Doña Iohana, su madre, por la gracia de Dios Reyes de Castilla, de León, de Aragón, de/ las doss Seçilias, de Navarra, de Granada, de Toledo, de Valencia, de Galizia, de Mallorcas/, de Sevilla, de Cerdeña, de Cordova, de Corçega, de Murçia, de Iahen, de Los Algarbes, de Algezira,/ de Gibraltar, de las Yslas de Canaria e de las Yndias Yslas y tierra firme del mar Oçéano,/ Condes de Barcelona, Señores de Vizcaya e de Molina, Duques de Athenas e de Neopatria, Condes/ de Ruisellón e de Cerdania, Marqueses de Oristán e de Goçiano, Archiduques de Austria/, Duques de Borgoña e de Bravante, Condes de Flandes e Tirol etcétera, -a vos el nuestro allcaide e/ capitán de la çiudad de Bugia e a vuestro lugartheniente e veedor e contador e pagador/ e thenedor de bastimentos e capitanes particulares e alferez e cabos d'escuadra/ e la otra gente que estais e rresidis y estovierdes e rresiderdes en la dicha çibdad de Bugia/: Salud y graçia.

Sepades que nos somos ynformados que lo que toca a la gente que a d'estar/ e residir en la dicha çibdad e sus fortalezas y en la paga del sueldo d'ella y en los/ bastimentos, paños e otras cossas que se les dan para en quenta de su sueldo y en las quentas/e fenesçimientos que con ellos se hazen, y en los rreparos y edifiçios e obras que han hecho/ y hacen en la dicha çiudad y en las otras cossas a ella tocantes, no se a tenido ni guardado/ la horden que conviene e que en los tiempos pasados se an hecho en ello algunos/ fraudes e colupsiones e cossas que son en deservicio de Dios nuestro Señor e nuestro, y en dapnno/ de la dicha gente, e por remedio d'esto mandamos que de aquí adelante se tenga/ e guarde la forma e horden siguiente:/

Como quiera que hasta aquí a abido en la dicha çiudad/ de Bugia e sus fortalezas trezientas e sesenta ombres/ para la guarda e defensa d'ella e no más y estos bastaban/ para ello, pero porque la dicha çiudad esté mejor guardada e/ mas segura e a mejor rrecabdo, mandamos que por a/gora, entre tanto que la dicha çiudad se acaba de fortaleçer/ e fortificar e otra cosa mandamos, aya en la dicha/ çiudad de Bugia seisçientos hombres, en el número de los cuales entre el capitán e sus lugaresthenientes y el/ veedor e contador e pagador e thenedor de los/ bastimentos e doss peonías que se an de dar para/ los gastos del ospital de la dicha Bujía como adelante será declarado, e los maravedís que ha de aver el dicho capitán/ con el dicho cargo en cada un año en todo el tiempo que lo syrviere/ e asy missmo los ofiçiales e gente de las dichas forta/ lezas, es lo siguiente:// (fol. 1 v.)

(1) Primeramente, el dicho allcaide e capitán a de aver por/ el salario de su persona por el dicho cargo, en cada un/ año, dozientos e çinquenta mill maravedís.

(2) Yten, Françisco de Ydiaques, nuestro veedor de las dichas fortalezas,/ a de ver a rrazon de sesenta mill maravedís por año.

(3) A de aver un contador e otra perssona que sea uestro pagador e/thenedor de bastimentos e muniçiones, los quales/ an de aver lo que les fuere tasado por las cartas e poderes/ que llevaran de los dichos cargos.

(4) A de ver quarenta lanças ginetas que gane cada una/ d'ellas a rrazon de diez y seis mill maravedís por año e más/ çinco mill maravedís de ventaja para un d'ellos que sea lu/gartheniente de capitán, que monta el sueldo de todos ellos/ en un año seisçientos e quarenta e çinco mill maravedís, los quales/ an de tener sus caballos que sean buenos e para poder/ bien servir con ellos e todas sus armas e adereço de la/ gineta. E sy al capitán paresçiere que conviene acresçentar/ otras diez lanças más, que lo pueda hacer con tanto qu'el/ sueldo d'ellas se disminuya e abaxe del numero de los/ peones que a de aver en la dicha Bugia.

(5) A de aver çien escopeteros e çincuenta ballesteros/ a rrazon de veynt e doss ducados por año a cada uno d'ellos, que /son todos, en un año, un quento e dozientas e treynta e siete/ mill e quinientos maravedís.

(6) Ytem a de aver trezientos e veynte peones piqueros a/ diez e ocho ducados por año, en que han de entrar un/ herrero que, de más de los dichos diez e ocho ducados, a de aver/ çinco mill maravedís más de ventaja por año, que montan/ doss quentos e çiento e sesenta e çinco mill maravedís.

(7) Yten, a de aver diez artilleros a rrazón de catorze/ mill e seisçientos maravedís or año, que sean diestros y se/pan bien cargar e tirar los tiros y hacer lo otro que competa/ a los dichos ofiçios, que monta çiento e quarenta e seis mill/ maravedís.

(8) Yten a de aver veynte e çinco hombres de la mar a/ rrazón de diez mill e ochoçientos maravedis por año que/ monta en un año dozientos e setenta e çinco mill maravedís// (fol. 2 r)

(9) A de aver treynta hombres de canpo a rrazón de otros/ diez mill e ochocientos maravedís por año, que montan tre/zientos e veynte quatro mill maravedís.

(10) A de aver tress capellanes, a rrazón de diez/ mill e nuevecientos maravedís por año cada uno, que/ montan treynta e dos mill e seteçientos maravedís.

(11) A de aver un çirujano, a diez mill e nueveçientos/ e çincuenta maravedís.

(12) A de aver, para cada çincuenta hombres de los suso/dichos un cabo d'escuadra e no más, e otra persona para theniente de alcaide del castillejo, e otra para que salga al canpo a los rrebatos con la gente de pie,/ cuando fuere menester, y éstos an de ganar ca/da uno a tress ducados por mes, qu'es paga doble e no a de/ aver otros capitanes ni ventajas.

(13)A de aver un soliçitador de los negocios de la dicha Bugia en nuestra Corte, con veynte e çinco mill maravedis cada año.

(14) Otrosy, ademas del dicho sueldo a de aver cada una de/ las dichas perssonas diez çelemines de trigo o doss arro/vas y media de harina cada mes para su mante/nimiento, ecepto el capitán e su theniente y el proveedor e contador e pagador e thenedor de bastimentos,/ sy los oviere; e los dichos diez artilleros, que no an de a/ver nin les a de ser pagado el dicho trigo ni harina sino/ el salario e sueldo, que desuso va declarado.

(15) Otrosy, a de aver en la dicha Bugia doss vergantines/ de a treze vancos cada uno; el uno de los quales a/ de comprar e thener el allcaide e capitán de la dicha/ Bugia e el otro el veedor, a cuyo cargo a de ser el riessgo/ e pérdida e rreparo e adobo e armazon e rremos e xar/çias de ello e todo lo otro nesçesario, los quales an de/ tener continuamente bien rreparados e artillados/ e adereçados para poder navegar con ellos e yr a/ todas las partes que fuere menester; e an de aver de sueldo/ cada uno de los dichos vergantines trezientos maravedis/ cada mes e quinientos maravedis para sevo e manguardas del/ caxco, e no se a de dar para los dichos vergantines e a/dobo e rreparo d'ellos ninguna cosa de nuestra muniçion// (fol. 2 v) e si se lo dieren, an lo de pagar al preçio que justamente/ valiere, eçebto que la gente que fuere menester para navegar/ con los dichos vergantines a de ser de la que estoviere/ e rresidiere en la dicha Bugia nuestro sueldo; e a se/ de tomar a los dichos vergantines quando/ se tomare a la gente que estoviere en la dicha Bugia para que/ se vea como estan bien rreparados e adereçados/ e a punto para navegar e servir en todo lo que fuere menester; e quando no lo estovieren no se le a de/ pagar ni librar ningun sueldo./

(16) La qual gente, o la que mas o menos estoviere e rre/sydiere en la dicha Bugia, el capitán que fuere d'lla,/ con acuerdo e pareçer de personas que d'ello sepan,/ ponga e rreparta en la fortaleza mayor y en el/ castillejo y en las otras partes donde ovieren de estar/ para la buena guarda e reparo d'ellas con el cabo/ de escuadra e personas que tengan d'ello cuidado, para / que esten bien governados e hordenados, para que sepa cada/ uno lo que a de hazer e no aya en ello descuido nin/ deshorden./

(17) Otrosy, que en la dicha fortaleza e castillejo hagan que/ aya continamente trigo e otros bastimentos del/ rrespeto, que esté a mucho rrecabdo e donde no se pueda/ perder ni dañar para que cuando se ofreçiere alguna nessçesidad la gente se pueda sustentar d'ello./

(18) Otrosí, mandamos que el dicho capitán tenga mucho/ cuidado de saber continamente las cosas que hazen/ y enprenden Barvarroxa e los otros turcos e moros de aquellas partes para nos avisar d'ello e para proveer/ lo que convenga; e que para ello tenga e ponga/ los espias que fueren nessçesarios, a los quales se les/

pague lo que conviniere por libramiento del capital/ e veedor e contador hasta en contya de treynta/ mill maravedis cada año./

(19) Otrosy, mandamos que quando algund capitán o contador/ o veedor e pagador o thenedor de bastimentos/ fuere a la dicha Bugia a estar e rresidir en ella, que,/ antes e primero que sea rresçibido ni husen los ofiçios,// (fol. 3 r) juren en forma que husarán bien e fielmente cada uno/ del ofiçio e cargo que llevare e que guardara nuestro/ serviçio y estas hordenanças como en ellas se contiene,/ e que donde quiera que vieren nuestro serviçio lo procuraran/ e allegaran, e las cosas de nuestro deserviçio las desviarán,/ e que si vieren o supieren que se haze algund fraude / o colupçion en la gente de la dicha Bugia o en la paga/ d'ella o en los bastimentos que se dieren o en los gastos/ que se fizieren en las obras e rreparos, o que no ay/ la guarda e rrecabdo que conviene en la dicha çibdad/ e sus fortalezas o otra cosa alguna que sea contra/ nuestro serviçio en qualquier manera nos lo notyficarán/ e harán saber por sus personas o cartas o mensajeros/ o en otra manera para que se rremedie, so pena de caer por/ ello en mal caso, e que este messmo juramento haga el/ theniente de allcaide e de la justiçia e capitanes particulares que/ ovieren de ser o fueren de la gente que rresidiere en la dicha/ Bugia, e que el veedor e contador, sy lo oviere, tengan sus libros/ en que asyenten los dichos juramentos, e qu'el dicho juramento hagan/ luego el capitán e allcaide de la dicha Bugia e sus thenientes/ y el veedor que agora es e los capitanes particulares/ e cualesquier contador e pagador e thenedor de bastimentos/ que fueren, e se asyenten en los dichos libros e firmen el/ dicho veedor e contador, si lo oviere, e las personas/ que hizieren los dichos juramentos; e que hasta que se hagan/ los dichos juramentos e se asyenten, como dicho es, no se les / libre ni pague sueldo alguno, so pena que el capitán e/ veedor e contador que lo libraren e pagaren lo pa/guen con el quatro tanto./

(20) Otrosi, mandamos que el veedor de a dicha Bugia y el contador si lo/ oviere, tengan cada uno d'ellos sus libros conçertos,/ en la cabeça de los cuales tengan estas nuestras orde/ nanças y las cartas e poderes que se an dado os se dieren/ para los que son o fueren allcaides e veedor e contador/ e pagador e thenedor de bastimentos e otras cartas e çe/dulas e instrucciones que estan dadas o se dieren/ para lo que toca a la buena guarda e orden e gover/naçion de la dicha çibdad de Bugia e de la gente que en ella a//(fol. 3 v) de estar e rresidir e de las otras cosas a ellos tocantes/ por manera que de todo tengan entera rrazon en/ los dichos libros para lo que conviniere./

(21) Otrosí, que en el dicho libro tengan rrelaçion de toda la/ gente que estoviere e rresidiere en la dicha Bugia, asy de/ cavallo como de pie y la rrazon de lo que todos/ ellos e cda uno particularmente ganan e an de / aver, y el dia que a cada uno se rreçibe e asyenta, e quando/ se va o despide o muere alguno, e quien se

asyenta/ en su lugar y en que dia, para que no se libre a ninguno/ mas de aquello que verdaderamente oviere de aver del/ tienpo que sirviere./

(22) Otrosí, mandamos que en fin de cada mes o a lo menos de/ dos a doss meses, el capitán e veedor e contador/ que ovieren en la dicha Bugia se junten e tomen e rres/çiban alarde de la gente estoviere e rresidiere en ella/ para ver e saber los que en ella estan e rresiden, e si son/ abiles para la guerra, e si los que son de cavallo tienen/ sus cavallos e armas como son obligados, e los de pie/ los arcabuzes y escopetas e otras armas que han de/ tener, e los que no fueren abiles para la guerra los despidan/ e rreçiban otros en su lugar, y los que no tovieren/ las armas que an de thener, provean como luego/ las compren e mejoren e se le de a quenta de su suel-do/ lo que asy les faltare si lo ovier, e si la gente de cavallo no/ tovieren cavallos cuales conviene para pelear, se los/ hagan mejorar de manera que toda la dicha gente, asy la/ de cavallo como la de pie, sean utiles e quales coviene/ para el exerçiçio de la guerra y esten armados e a cavallo/ e como conviene para ello, e si non fueren abiles nin/ estovieren armados como dicho es, no les libren ni pa/ guen sueldo ninguno e los quiten e tresten de/ los libros e nominas e pagas que se hizieren./

(23) Otrosí mandamos que fechos los dichos alardes, se hagan/ sus nominas de libranza, firmadas del capitán e veedor/ e contador, si lo oviere, librando a cada un de los que/ se hallaren presentes en los dichos alardes lo que ovieren//(fol. 4 r) de aver de los dichos doss meses e non librando nin poniendo en las dichas nominas ninguno de los que estovieren absentes;/ por virtud de las cuales dichas nominas mandamos que el dicho/ nuestro pagador pague a cada uno lo que oviere de aver,/ descontando lo que toviere rresçebido en bastimentos e otras cosas, en prenseçia del dicho capitán e veedor e/ contador, los quales an de dar fee al pie de las dichas/ nominas de la paga que hizieren, con que se rresçiba en quenta al dicho pagador./

(24) Otrosi, somos ynformados que en los alardes/ e pagas que se hazen de la dicha gente, se pasan e libran/ a los capitanes e gente de cavallo e a otras personas/ moços que biven y estan con ellos y los syrven e que con/ esto se deminuye el numero de la gente que ay en la dicha/ Bugia; Por ende mandamos que de aqui adelante/ no se rreçiban nin pasen los dichos alardes, ni se libre/ ni pague a los dichos capitanes ni escuderos ni otras/ perssonas nigunos moços que con ellos estén, pero si/ los dichos escuderos de cavallo o alguno de los capitanes/ e cabos de escuadra fueren de calidad, que por justos/ rrespetos e consideraçiones que para ello aya, se pueda dis/pensar con ellos, sy estos tales tovieren en su compañía hombre, que sea de hedad de veint e tress años o dende arriba, que sea/ abile e sufiçiente para la guerra; que en tal caso, se puedan pasar e librar a cada uno de los suso dichos escuderos e cabos/ de escuadra un ombre más, con tanto que el sueldo sea/ para los dichos hombres e no para los dichos capitanes ni es/cuderos ni cabos de escuadra, e que los dichos velen e/ rronden e salgan al campo e hagan todas las otras cosas/

que hizieren e debieren hazer los otros hombres de guerra que/ estovieren en la dicha Bugia, que sean abiles para ello e/ no en otra manera./

(25) Otrosy, que el nuestro capitán e allcaide que fuere/ de la dicha Bugia pueda tener e tenga en su casa e compañía hasta quatro o çinco hombres,/ e enuestro veedor un hombre, que sean de/ la edad e calidad de suso contenida,/ y que estos tales puedan ganar e/ llevar sueldo por la forma que de suso esta/ declarada.//(fol. 4 v)

(26) Otrosi, por que somos ynformados que los que ganan e llevan plaças de artilleros no saben cargar los/ tiros ni tirar con ellos, ni tienen experiençia de lo que/ an de hazer tocante a sus ofiçios e que a esta cabsa/ se an rrebentado e quebrado muchos de los tiros que/ se an ebiado a la dicha Bugia; e porque a nuestro serviçio/ e a la buena guarda e defensa de la dicha çibdad con/viene que los dichos artilleros sean abiles e diestros/ en los dichos ofiçios, porque quando subçediere nesçesydad/ sepan bien cargar e tirar los dichos tiros e hazer lo/ otro que conviene a sus ofiçios, mandamos que los que de/ aqui adelante ovieren de ganar palças de artilleros,/ primero que sean rresçibidos, sean vistos y exssaminados/ para que se vea que saben bien cargar e tirar e hazer todo/ lo demas que conpete a los dichos ofiçios, e que de otra/ manera no sean rreçibidos, ni se les pasen los alardes, ni se/ les libre ni pague sueldo alguno, e que si los que agora estan/ asentados por artilleros no son abiles se despidan/ e tomen e rreçiban otros en su lugar que sean a/biles para ello, no enbargante cualesquier/ çedulas e mandamientos nuestros que tengan para ser/ asentados e rresçibidos en la dicha plaça de artilleros./

(27) Otrosi, somos ynformados qe a la gente que/ rreside en la dicha çiudad de Bugia se les a dado e/ da çedula para venir a Castilla por tress o quatro/ meses e mas, e que los que vienen se estan mucho tiempo,/ e que después llevan testimonio de como no ha/llaron fustas en que poder enbarcar e se tornan/ y están todo el tyenpo que quisieren, e que con esto se/ les libra toda la dicha liçençia e lo que de ella pasan, e que/ muchos d'ellos luego que la cobran se tornan e buel/ven a Castilla, e que a esta cabsa continamente/ ay falta de gente en la dicha Bugia, de que somos deservidos/ e nuestra hazienda defraudada, e porque estando, como la/ dicha Bugia está, en frontera de moros, enemigos de/ nuestra santa fe catolica, la gente que en ella syrve/ no se a de venir ni ausentar syn aver/ muy justa causa para ello, mandamos// (fol. 5 r) que a la gente que agora está e de aqui adelante estoviere/ e rresidiere en la dicha Bugia no se les dé ni consienta/ dar liçencia alguna, salvo si no fuere hasta tress o quatro personas, en caso que convenga, para venir a/ nuestra corte a nos hazer saber lo que subçede en aquellas/ partes e a negoçiar e procurar cosas de nuestro serviçio o las/ librianças e despachos conplideros a la dicha gente, e/ para esto solamente se les de liçencia por tienpo limitado/ e moderado; e los que a esto vinieren an de llevar/ fee de nuestro secretario de guerra del

tiempo que se deto/vieron para que aquello e la venida e tornada se les libre/ e pague e no más. E sy otors algunos de los que esto/ vieren e rresidieren en la dicha Bugia tovieren nes/çesidad de venir a Castilla a comprar cavallos o armas, / aviendo dos años o más que están en la dicha Bugia, e no/ an traido liçençia, e no en otra manera, se les de liçencia/ para ello con tanto que la dicha liçencia no se pueda dar/ ni dé en un mesmo tiempo para lo suso dicho sino hasta/ un numero de quatro o çinco personas; e que si los que asi/ llevaran la dicha liçençia no teniendo e mostrando/ justo ynpedimiento no bolvieren dentro del termino/ d'ella, no se les libre el al de las dichas liçençias ni lo/ que d'ellas pasaren; pero si alguno toviere e mostrare/ justo inpedimento, por el qual no pudo bolver dentro/ de la liçencia e treynta dias después, que volviendo e/ mostrando el tal ynpedimento dentro del termino/ de la dicha liçencia e treynta dias después que -en tal caso-/ se les libre el termino de la liçencia e no lo que d'ella/ pasare, pero que pasados los dichos treynta dias aunque/ tengan e muestren justo ynpedimento no se/ se les libre la dicha liçençia ni lo que d'ella pasare; e con este/ aditamento e declaraçion se den las dichas liçençias/ e se guarde e cumpla lo en este capitulo contenido/ e no en otra manera./

(28) Otrosi, porque somos ynformados que quando algunos/ de los que estan e rresiden en la dicha Bugia deven/ alguna debda a otro van al veedor e contador/ para que lo pongan a su quenta por pagado e lo pongan/ e pasen por deuda a sus acreedores, e que los dichos // (fol. 5 v) contador e veedor lo hazen asi, e que esto comunmente se llama/ pasaquenta; e porque en esto puede aver muchos yerros/ y enbaraços e ynconvenientes, mandamos que de/ aqui adelante no aya las dichas pasaquentas ni se dé/ lugar a ello, e que en las nominas que se hizieren e ovieren/ de hazer para pagar la dicha gente se libre a cada uno/ lo que oviere de aver del tienpo que oviere servido de/ que se hiziere nomina e paga, porque sy aquello o parte/ d'ello pertenesçiere a alguna persona o personas lo puedan/ cobrar al tienpo de la paga, e no avran las dichas paga/quentas ni enbaraços; e mandamos a los que son/ o fueren veedor e contador e pagador de la dicha gente que, con/tra el thenor e forma de lo suso dicho, no den ni libren/ ni paguen cosa alguna con aperçibimiento que sera rresibido/ en quenta e lo pagarán de sus propios bienes./

(29) Que el dicho thenedor de los bastimentos tenga el trigo/ e la harina e vino e rropas e otros manthenimientos/ e cosas que oviere de thener en lugares, casas e al/mazenas donde esté bueno e seco e linpio e que no se/ pueda perder ni dapnnar, e que para esto se tomen quales/quier casas e almazenas e sytios que oviere en la/ dicha Bugia.

(30)Que en principio de cada mes el dicho thenedor de los/ bastimentos de cada uno de los que estovieren e ser/vieren en la dicha Bugia, que le an de ser dados por/ copia firmada del capitán e contador e veedor, diez/ çelemines de trigo, dos arrovas e media de harina para su manthenimiento, medido e pesado por buena medida/ e peso derecho, de la medida e peso que se usa en estos/ nuestros rreynos de Castilla, syn que en ello aya falta;/ e que dar al dar el trigo e harina este presente el veedor/ e contador, sy lo oviere, para que vean que se les da con buen peso/ e medida derecha, como dicho es. E porque la gente sea sa/tisfecha, para que en ello no se les haga fraude, man/damos que el dicho thenedor de bastimentos esté/ presente a dallos para que vea que se da a cada uno lo que a de/ aver, e que por parte de la dicha gente se ponga e nonbre// (fol. 6 r) una persona, qual ellos quisieran e nonbraren, para que/ asy mismo este presente al dar el trigo e harina/ e de todos los otros bastimentos e rropas e cosas/ que se les ovieren de dar para que vean que se dan con/ buen peso e medida, e que no se haze en ello ningund/ fraude ni engaño./

(31) Otrosi, mandamos que el dicho tenedor de los bastimentos/ de a la dicha gente el vino e toçino e otros man/tenimientos e cosas que ovieren menester para su provisión/ e sustentamiento a quenta de lo que ovieren de aver/ de sus sueldos, a los preçios que verdaderamente costaren,/ cargando todos los fletes e gastos e costas e des/perdiçios e menoscabos segund lo averiguare/ e diere por fee el capitán el veedor e contador,/ si lo oviere, e lo pudieren averiguar por las conpras/ que d`ello se hizieren e fees e testimonios que d`ello se/ llevaran o en otra manera, y sy no pudieren ave/riguar, por lo que a ellos justamente les paresçiere/ que vale e lo tasaren e diren tasado por sus nominas/ e mandamientos, firmados de su nombre, cargando/ en todo ello demás de lo que costare veynte mill/ maravedis por un año para salario de un ofiçial que tenga/ los dichos bastimentos e la quenta e rrazon d'ellos/ e no mas, e porque el dicho pagador sepa lo que a de dar e/ la gente lo que ha de rresçibir, que - en prinçipio de cada/ mes- el capitán e veedor e contador le den copia firmada/ de sus nombres de lo que a de dar a cada uno particu/larmente para mantenimiento de aquel mes, e lo que en ello/ montare lo descuente el dicho pagador de lo que por las / nominas les fuere librado, e lo rrestante les pague/ en dineros, sy los oviere, e si alguno se muriere/ o fuere o despidiere antes de ser conplido el dicho/ mes, que lo que montare en lo que se les oviere dado se le/ descuente de qualquier cosa que se le deva de su sueldo/ o se cobre de sus bienes, sy los oviere./

(32) Otrosy, porque somos ynformados que algunas veces/ los soldados, con neçesidad que tienen, venden / el pan e otros bastimentos que les an de dar para/ sus mantenimientos e que se lo conpran los tene/dores de bastimentos e los otros dichos ofiçiales //(fol. 6 v) e sus criados e otras personas de los que rresiden en la/ dicha Bugia, e otras vezes los juegan, e que los/ que asy venden o juegan las dichas rraçiones/ se quedan syn lo que an menester para su sustentaçion/ e mueren de hambre, e porque esto es cosa a que no se/ deve dar lugar, mandamos que de aqui

ade/lante los dichos provvedores e ofiçiales ni sus/ criados ni allegados, por/ poco ni por mucho preçio, ni los jueguen con ellos,/ e que las dexen para sustentaçión de las personas/ a quien se ovieren de dar, e que los dichos capitán/ e veedor e contador tengan cargo de hazer que se /guarde e cumpla asy, e para que si alguno/ lo vendiere o conprare o jugare o baratare/ no se le de ni pague de manera alguna./

(33) Otrosy, porque somos ynformados, que quando algund trigo/ e çevada o harina se carga en Malaga o en Cartagena o en otros puertos para llevar a la dicha Bugia,/ que yendo por la mar con la umidad creçe e se aumenta/ e que después de llegado a la dicha Bugia e medido, lo que/ sobra, los maestres e marineros de las naos en que van,/ dizen que es suyo y que les pertenesçe e lo quieren/ tomar e llevar para si, e que después de descargado/ el dicho trigo e çevada e harina y enxuto torna/ a deminuir y el thenedor de los bastimentos a de/ perder la dicha mengua o la a de cargar a la dicha gente/ o ponerlo a nuestra quenta; por ende mandamos/ que de aqui en adelante los dichos maestres e marineros e personas que llevaran el dicho trigo e harina e çevada den y en/ treguen al thenedor de los bastimentos de la/ dicha Bugia o a quien lo oviere de aver todo lo que/ rresçibieren en el puerto donde lo cargaren, sin que/ falte d'ello cosa alguna, aunque se aya cresçido e au/mentado en peso e medida pues llevando como llevan/ su flete e sueldo no an de llevar lo que se acresçienta/ e aumenta por rrazon de la dicha umidad; E mandamos/ que el allcaide e ofiçiales de la dicha Bugia lo hagan asy tener/ e guardar e conplir.// (fol. 7 r)

(34) Ssomos ynformados que acaesçe que en la dicha Bugia/ ay rropas e mercaderias e mantenimientos e/ otras cosas que son nuestras y estan a cargo del nuestro/ pagador e proveedor e thenedor de bastimentos/ para que lo den a la gente a quenta de su sueldo a/ preçios justos e moderados, como esta acordado,/ e syendo asy, algunas vezes, el capitán veedor/ e contador toman rropas e mercederias e bastimentos/ de otros que los tyenen e llevan a vender al preçio/ que quieren e lo dan e rreparten a la gente,/ e de lo que en ello monta hazen sus libranças en el pagador o/ proveedor, e porque esto no es buena horden para lo que/ toca a la gente ni para la quenta que con ella se a/ de tener, ni tanpoco para la quenta del pagador e/ ay en ello otros inconvenientes, mandamos que/ de aqui adelante esto no se haga, e quando / algunos mantenimientos e otras mercaderias e/ cosas se llevaran a vender a la dicha Bugia e la gente/ lo quisyere conprar e tomar e pagar, que lo/ pueden hazer, e hagan que la gente/ conpre y tenga bastimentos e manteniminetos/ lo más barato e a mejor precio que ser pueda, pero si/ las dichas mercaderias y mantenimientos fueren/ menester y convinieren tomarse para provision de la/ gente y ellos no tovieren con que lo pagar, que no/lo pueda tomar ni tome otro ninguno para ge lo/ rrevender, e que el dihco nuestro pagador y proveedor lo tomen/ e conpren con acuerdo e paresçer del capitán e vee/dor e contador a preçio justo e

moderado, e lo paguen a sus dueños sy tovieren dinero, e si no lo to/vieren le rrespondan para ge lo pagar a termino/ convenible como fuere asentado, para que en aquel/ preçio que verdaderamente costare e no a más/ se de e rreparta a la gente que lo oviere menester,/ porque todo lo que se oviere de dar a la gente en quenta/ de su sueldo o lo que d'ello buenamante se pudiere/ fazer, se les de por el pagador o proveedor a preçios// (fol. 7 v)justos e moderados, y él pueda tener quenta e/ rrazon con cada uno de lo que tiene resçibido/ para ge lo descontar de su sueldo al tienpo que/ se ovieren de hazer las pagas, por virtud de las/ nominas que se an de hazer e fizieren, e aya entera/ claridad e rrazon e no pueda aver en ello/ embaraço alguno teniendo tadavia atençion/ e rrespeto a que la gente sea proveyda y abasteçida/ lo mas barato e en mas moderado preçio que/ ser pueda; e que los bastimentos e cosas neçesarias/ esten contynamente sobradas y en abundançia,/ e que los mercaderes e personas que traxeren a vender/ los dichos bastimentos e mercaderias sean bien rresçibidos, tratados e acogidos, e lo que se les oviere de dar e/ pagar por lo que asy traxeren se les pague e cunpla/ con toda brevedad, e se guarde con ellos lo que se a/sentare enteramente syn que en ello aya falta./

(35) Otrosi, mandamos al pagador e thenedor de los basti/mentos de la dicha çiudad de Bugia que de los dieneros/ que tovieren e que se les enbiaren para la paga de la dicha gente,/ quando vieren que conviene y es neçesario, con a/cuerdo e parecer del capitán e veedor e contador,/ enbie -a las Yslas de Mallorca, Menorca e Çerdeña/ e Ybiça e a las otras partes donde supiere que lo ay/ mejor e a más convenibles preçios- por trigo e/ vino e quesos e toçino e legunbres e otras cosas/ nesçesarias para el mantenimineto e provision de la/ dicha gente por manera que esten proveydos e no aya/ falta; e que lo den e carguen a la gente en lo que/ costare verdaderamnte con los fletes e costas e/ marinas d'ello e no mas, de manera que no nos tengamos/ en ello perdida ni ganançia, como esta dicho; e quando/ no tovieren dineros para ello, el dicho pagador e ten/edor de bastimentos, con acuerdo de los dichos ca/pitan e veedor e contador, lo tomen e rresçiban fiado/ de mercaderes e personas que lo traian e tengan/ al mejor preçio que ser pudiere, e les salgan por la paga// (fol. 8 r) d'ello, e si quisieren por mas brevedad sy no tovieren/ dineros, den sus çedulas firmadas del capitán e/ veedor e contador e del dicho pagador, dirigidas/ a nos y al nuestro thesorero, para que se paguen los maravedis/ que asy se tomaren de bastimentos e mercaderias/ a las personas que lo ovieren de aver en quenta de lo que montare/ la paga de la dicha Bugia; lo qual nos mandaremos pagar, a quien asy fuere librado, a/ las personas en quien se libraren, a los plazos que/ fuere asentado syn que en ello aya falta; e para enbiar / por los dichos mantenimientos e mercaderias e lo traer,/ mandamos que el allcaide e veedor de la dicha Bugia/ den los vergantines, que han de thener bien ar/mados e adereçados de todo lo neçesario para na/vegar, e asymismo den las otras fustas/ que ay e oviere en la dicha Bugia./

(36) Otrosi, porque somos ynformados que hasta aqui/ los proveedores de la dicha Bugia e otras personas/ an llevado e lleven para vestir e proveer/ la dicha gente sedas e granas e paños finos/ e que se da e carga a la gente en dicho preçio e se/ gastan y enpeñan, en tomando e conprando/ aquello no les queda para se mantener ni sustentar,/ e porque estando como la dicha gente esta en guerra e frontera, e teniendo, como tienen, sueldo/ moderado, no tienen neçessidad de las dichas/ sedas e granas e paños finos, mandamos/ e defendemos que los nuestros pagadores e proveedores/ ni otros mercaderes ni personas, de ninguna ca/lidad que sean, no lleven ni enbien a vender ni contra/tar a la dicha Bugia, ni vendan ni contraten/ ni den a la gente el pago de sus sueldos terçiopelos/ ni rrasos, ni damascos, ni otras sedas, ni tafe/tanes, ni arzahanes, ni terçeneles de ninguna / color que sean, ni granas, ni paños finos, so pena que/ el que lo llevare e vendiere e contratare e diere/ a la gente en pago de sus sueldo lo aya perdido e pierda todo o el preçio por lo que lo vendieren o dieren o contrataren// (fol. 8 v) con el doblo; E mandamos que para la provision de la/ dicha gentese lleven e gasten solamente paños/ de Alicante e de tierras de Baeça enruviados/ e paños pardillos comunes e burieles de la Mancha/ e veynt y quatrenes de Cordova de colores, e veynte/ y seisenes de Toledo, e cordellates de calças e frias (¿frisas?) bureladas de todas colores, e otros paños comunes/ de poco preçio, porque d'esto la dicha gente se podra bien vestir/ e a menos costa./

(37)Otrosi, mandamos que el veedor e contador, sy lo oviere,/ tengan libro e quenta e rrazon de todos los/ bastimentos e mercaderias e armas e muniçiones/ e otras cosas que agora estan e de las de aqui/ adelante se llevaran a al dicha Bugia, e los preçios que/ costaren con los fletes e costas para hazer cargo/ de todo ello al pagador e thenedor de bastimentos,/ para que lo den e carguen a la gente en quenta de/ su sueldo en los preçios que verdaderamente costare/ e no mas, cargando las dichas costas e desperdiçios,/ como dicho es, de manera que nos no tengamos/ en ello ni perdida ni ganançia, com dicho es, so pena que si se/ diere e cargare a mas preçio, que el que lo diere o cargare, el veedor e contador que lo consintiere, lo pa/guen con el quatro tanto e sean privados de los oficios./

(38) Otrosi, mandamos que el veedor e contador ten/gan quenta e rrazon de todo el dinero que se llevare/ en dinero para la paga de la dicha gente y que hagan/ que aquello que asy se llevare en dinero se dé e rreparta/ por el capitán e ofiçiales e por toda la gente y/gualmente a cada uno por rrata (a prorrata) segund el salario/ e sueldo que toviere, por manera que todos gozen y/gualmente del dinero que se llevare para se proveer de las/ cosas que ovieren menester, e que el pagador tenga/ cargo de lo hacer e complir asy./

(39)Otrosi, porque somos ynformados que quando algunos/ de los que rresiden en la dicha Bugia se les debe/ alguna contía de maravedis o otras cosas de sus sueldo // (fol. 9 r) d'el? tienpo que an servido y tienen nessçesidad porque/ no ge lo pagan ni socorren con ello ni con parte d'ello,/ lo venden o baratan al capitán e ofiçiales e a sus criados e paniaguados e a otras personas/ por mucho menos contra de lo que se les deve, e que/ d'esta manera ay algunos que conpran lo que se les deve/ a la dicha gente e juntan grande suma de maravedis e les/ hazen librança de todo ello en el pagador e pro/veedor de la dicha Bugia y ellos lo cobran, e que por/ esto la gente esta continamente necesitada e pobres,/ e que por esto dexan de yr a servir e rresidir a la/ dicha Bugia personas utiles e de calidad que yrían/ a servir a elle si fuesen bien pagados; Por ende, manadamos y encargamos las conçiençias al capitán/ e veedor e contador e pagador e a la gente que estoviere/ e rresidiere en la dicha Bugia los traten e hagan/ tratar bien e hagan que sean pagados de sus sueldo,/ como por nos está mandado, syn que en ello aya/ falta, e quando no pudieren ser pagados entera/mente hagan que sean socorridos para que se pue/dan sostener y entretener e conplir sus nesçe/sydades, de manera que no tenga cabsa de vender/ ni baratar a menos preçio de lo que se les deve de sueldo./

(40)Otrosi, mandamos e defendemos qu'el capitán, ni veedor/ ni contador de bastimentos ni/ los capitanes particulares, ni sus criados, ni parientes/ ni allegados, ni algunos d'ellos, ni otro por ellos,/ direte ni yndirete, no conpren ni baraten el/ sueldo que se les deviere a la dicha gente que rresidiere/ en la dicha Bugia ni a ninguno d'llos, so pena de lo/ aver perdido e caher en las otras penas/ en que caen los oficiales e pagadores e personas/ que ferian e baratan librанças.

(41)Otrosi,/ mandamos que el dicho capitán, ni vehedor,/ ni contador no consyentan hazer las/ dichas conpras ni baratos de sueldos,/ ni hagan librанças d'ello a ninguna/ persona syno que libren a cada uno lo que oviere/ de aver por sus nominas, segund e como de suso les está dicho e mandado.// (fol. 9 v)

(42)Otrosi, mandamos que las obras y hedifiçios/ e rreparos que se ovieren de hazer e hizieren/ en la dicha Bugia se procuren de hazer en los lu/gares e partes que mas convenga para la fortifi/caçion e defensa d'ella como pareçiere al capitán/ de la dicha Bugia, tomando para ello consejo e paresçer/ de personas que d'ello sepan e tengan espe/riençia, e que los gastos que en ello se ovieren de hazer e hizieren, les dé e pague el pagador que fuere/ de la dicha Bugia por nominas firmadas del capitán/ e veedor e contador, e que con las dichas nominas/ e pagas, e no en otra manera, se les rresçiba en quenta; Y en/cargamos las conçiençias a los dichos capitán e veedor/ e contador que vean que en las dichas obras e rreparos/ no se gaste ni distribuia más de aquello que fuere/ menester e no se pudiere escusar./

(43)Otrosi, mandamos que se procure con la gente de/ guerra que estoviere en la dicha Bugia que, pues aquello es/ para su guarda e defensa, ayuden lo que buenamente/ pudieren hazer en las dichas obras e rreparos,/ pues estando la dicha çibdad bien fortificada, ellos/ estarán seguros e sin peligro, e que si algunos maestros/

o otras personas por neçesidad ovieren de andar a jornal/ en las dichas obras, sean ofiçiales e trabajadores e per/sonas que lo sepan bien hazer e trabajar con jornales/ justos e moderados, teniendo consideraçion que,/ sy algunos d'ellos llevan sueldo, se les a de dar mucho/ mas moderado jornal, pues los que llevan sueldo por/ rrazon d'ello son obligados a servir en lo que fuere/ menester, e por esto, en caso que se les aya de dar el dicho/ jornal, a de ser muy moderado como dicho es./

(44)Otrosi, mandamos que si el capitán e veedor e contador vieren/ que conviene para que se hagan los dichos rreparos mejor/ e más prestamente e a menor costa, que algunos/ señaladamente se tomen e resçiban para que entiendan/ en las obras e rreparos y edificios e no en otra cosa// (fol.10 r) los tomen -hasta en la cantidad que les pareçiere, con salario e jornal moderado- a cuenta del numero de la gente/ que a de aver en la dicha Bugia y que estos solamente/ entiendan en trabajar en las dichas obras e rreparos/ y hedifiçios hordinariamente, e sean sobrellevados/ de descobrir e atajar e velar e rrondar e de las o/tras cosas que son obligados a hazer la gente de guerra./

(45)Otrosi, mandamos que en las dichas obras e rreparos y e/difiçios no anden ni trabajen por jornal ningunos/ criados, ni esclavos, ni moços, ni allegados del capitán/ e veedor e contador e pagador e thenedor de bastimentos,/ ni de los capitanes particulares, so pena que si se les/ librare e pagare algund sueldo por ello, que el que el que lo/ librare lo pague con las setenas y que el pagador que/ lo pagare no lo sea rreçibido en cuenta./

(46)Otrosi, mandamos e defendemos que de aqui a/delante ninguno de los capitanes e veedores/ e contadores e pagadores e thenedores de los bastimentos/ e otros ofiçiales que son o fueren de la dicha Bugia, ni al/gunos d'ellos, ni otros por ellos, direte ni yndirete,/ publica ni secretamente, no vendan ni contraten/ con la gente que rreside o rresidiere de aqui adelante/ en la dicha Bugia, ni con otras personas ningunas, mer/caderias ni mantenimientos de ninguna calidad, que sean en poco ni en mucha cantidad, que sean tiendas, ni tavernas, ni almazenas d'ellas, so pena de ser privados/ de los dichos ofiçios, e pierdan todas las mercaderias/ e mantenimientos e cosas que asy vendieren e con/trataren o su valor, e más paguen de pena tre/zientas mill maravedis, la mitad para la nuestra camara/ e fisco, e la otra mitad para el que lo acusare; Mas/ porque somos ynformados que alugunos, que llaman ladrones, vienen a la dicha çibdad de/ Bugia e traen vacas e otras cosas a vender/ e contratar e que estos los meten de noche e de dia/ en las fortalezas de la dicha çibdad e andan publicamente/ por las plaças e torres e veen los edifiçios de la/ dicha Bugia e el artilleria e otras cosas que/ en ella ay e dan aviso a los enemigos// (fol. 10 v). de todo ello, de que se podria rresultar mucho dapnno, e/ por evitar estos mandamos e defendemos que los/ dichos moros que asy vinieren con bastimentos e otras/ cosas no entren dentro de la dicha çibdad de Bugia/ dende la

Puerta de los Leones adentro en las fortalezas/ e casas e calles d'ella ni ven ni les muestren el artilleria/ ni edifiçios que oviere hechos ni otra cosa alguna;/ e que en el arrabal de la dicha çiudad tengan e/ señalen casa e lugar donde los dichos moros/ vengan a vender e contratar lo susodicho e donde/ sean acogidos e bien tratados, pero si el allcaide e ca/pitan de la dicha Bugia vieren que conviene meter/ en la dicha çibdad alguno de los dichos ladrones/ para ser avisado d'el de cosas que convengan, que lo/ puedan hazer e hagan.

(47)Otrosi, porque somos ynformados que en la carne e/ bastimentos e otras cosas que asy traen a vender/ los dichos moros, lo toman e conpran el allcaide de la dicha çibdad o la persona a quien él lo da en no otro al/guno, e que después lo vende a la gente al preçio que/ quiere, por ende mandamos que toda la carne e o/tros bastimentos e cosas de comer que los dichos moros/ traen a vender a la dicha çibdad, lo den e contraten/ con el nuestro thenedor de bastimentos d'ella, se/yendo presentes el allcaide e veedor e contador/ sy quisieren o la persona que nombraren para ello, e que el/ dicho thenedor de bastimentos tenga cargo e cuidado/ de tener syenpre bordates e otras cosas por que/ los dichos moros dan e contratan los dichos bastimentos, / e que lo que asy se conprare e oviere se dé a la gente/ que rresidiere en la dicha Bugia en preçio justo e moderado,/ e sy en ello oviere algund ynterese e ganançia qu'el/ veededor o contador de la dicha Bugia hagan cargo d'ello / al dicho tenedor de bastimentos./

(48)Otrosi, mandamos qu'el dicho nuestro pagador e thenedor/ de los bastimentos rresçiba e cobre todo lo que/ an rrentado e montado e valido e rrentaren e valieren los derechos que nos pertenesçen/ de cualquier contrataçion e mercaderias e otras cosas// (fol. 11 r) que se ayan vendido e contratado e vendieren e con/trataren en la dicha Bugia e su puerto dende primero/ de henero d'este año de quinientos e treynta e uno/ en adelante, e los quintos de cualesquier pesas (presas?)/ e cavalgadas que se han fecho o ficieren, e les sea/ acudido con todo ello para la paga de la dicha gente;/ e que el nuestro veedor e contador, sy lo oviere, le hagan cargo / de todo ello e tengan quenta e rrazon de lo que/ montaren e valieren en cada un año; E por la presente/ damos poder conplido al dicho thenedor de bastimentos/ e pagador para qu'el o quien su poder oviere, pidan e demanden e rreçiban e cobren todo lo suso/dicho, e si algo d'ello está cobrado en poder de alguna/ perssona, mandamos que ge lo den e paguen e le a/cudan con ello, que con su carta de pago les será rresçibido/ en quenta./

(49)Otrosi, porque somos ynformados que en la / dicha Bugia ay muchos esclavos que andan sueltos/ por ella, con hierros e sin ellos, e qu'estos dan a/viso a los moros que vienen a la dicha çibdad, e otros/ se van e sueltan e ynforman a los moros de/ lo que quieren saber ~~e ser~~ avisados, de que puede/ subçeder mucho peligro; por ende, mandamos/ que ninguno tenga en la dicha Bugia ningund es/clavo ni moro e que los envien luego a Castilla/ o a otra parte donde quisyeren, so pena de los/ aver perdido, salvo sy no fuere algund moro/ de rescate, porque por estos suelen dar los moros/ trigo e otros bastimentos e que estos tales se provea/ e tenga mucho cuidado que no puedan hablar/ ni conversar con los moros que vinieren a la dicha / Bugia, ni les dar aviso de ninguna cosa, e qu'el/ allcaide e capitán e justicia e el veedor e contador ten/gan prinçipal cuidado para que esto se haga e cunpla/ asy./

(50)Otrosi, porque somos ynformados que quando de la/ dicha Bugia viene alguna nao o fusta a estos nuestros/ rreynos, sy algunos de los que allá estan que quieren/ escribir e avisar de algo de lo que haze el capitán e allcaide/ e veedor e ofiçiales, o de otras cosas conplideras// (fol. 11 v) a nuestro serviçio, no dexan nin consienten traer ninguna/ carta nin tanpoco dexar dar ningunas de las que/ de acá llevan, syn que primero las vean e lean,/ e porque esto no se deve fazer e cada uno a de tener/ libertad de nos escrevir e avisar de las cosas que pa/saren en la dicha çibdad e lo que conviene a nuestro serviçio,/ mandamos que a todos los que estan y estuvieren en la/ dicha Bugia puedan escrevir y enbiar a nuestros rreynos/ las cartas que quisieren y rresçibir las que les/ llevaran libremente syn que les sea puesto enbargo nin en/pedimento alguno./

(51)Otrosi, somos ynformados que en la dicha Bugia ay/ tablajero publico donde juegan los que quieren li/bremente e que no pueden jugar en otra parte, e que/ de lo que se gana en los dichos juegos se lleva çierto derecho de tablageria, e que alli juegan e pierden muchos/ las armas con que an de pelear y el trigo e otros bas/timentos que han de comer e la rropa que han de vestir,/ e dizen blasfemias, en que Dios nuestro señor es o/fendido e que algunos después que han perdido lo que/ tienen se van a tornar moros, e por rremediar/ esto, mandamos e defendemos que de aqui adelante/ ninguno juegue armas nin bastimentos so pena/ que si alguno lo ganare qu'el allcaide e capitán e justiçia/ e veedor e contador de la dicha Bugia syn pedimento/ de parte ge lo hagan bolver e buelvan e más caya/ en pena de otro tanto como valiere lo que asy ga/naren, e sea la mitad para el acusador e la otra mitad para el juez que lo sentençiare.

(52)E otrosi, mandamos/ e defendemos que de aqui adelante no aya nin se con/sientan los dichos tablajeros publicos nin se pidan/ nin lleven nin paguen los dichos derechos de tablagería/ en manera alguna, so pena qu'el el allcaide e capitán o justicia/ que lo consintiere o llevare las dichas tablagerías/ o las consintieren llevar, cayan en las penas/ contenidas en las leyes de nuestros rreynos que cerca d'ello disponen, e más pierdan el salario que/ tovieren con el dicho ofiçio de medio año y, en caso// (fol. 12 r) que algunos jueguen los juegos que de derecho son permisos/ e que se pueden jugar, mandamos que no aya los dichos/ tablajeros publicos nin se pidan nin lleven nin se/ consyentan pedir nin llevar los dichos derechos de ta/blagería nin cosa alguna d'ellos so las penas (establecidas), como dicho es./

(53) Otrosy, porque nos es fecha rrelaçion que en la dicha çibdad/ ay doss atahonas e que se fizieron de piedra e ma/dera e clavos e materiales de nuestra muniçion/ que para ello se dieron, e que son nuestras, e que en las/ dichas atahonas y en algunos molinos de mano que/ ay, se lleva -del pan que se muele para la gente- de/ cada diez celemines dos rreales e más çiertas calças (talegas)/ de trigo de maquila, lo qual es derecho, e cosa muy/ exorbitante e de que la gente rresçibe mucho agravio/ e daño, por ende mandamos que el allcaide de la dicha çibdad/ juntamente con el thenedor de los bastimentos e/ contador, sy lo oviere, e con otras doss buenas per/sonas, quales fueren nombradas por parte de la gente,/ con juramento que hagan que en la tasaçion e mo/deraçion d'ello se avrán bien e fielmente syn/ afiçion alguna, tasen e moderen lo que se deve/ llevar de maquila del pan que de aqui adelante/ se moliere en las dichas atahonas e molinillos (e) fagan hornenança d'ello, e que aquello se lleve e no más;/ e la tasaçion e hordenaçion que d'ello fizieren se/enbie ante nos al nuestro Consejo de la Guerra para que/ veamos si está bien e justamente hecha e aya/ rrazon d'ello./

(54)E otrosi, mandamos que el allcaide sepa e/ averigue sy las dichas atahonas o la una d'ellas se hizo de madera e piedra e clavos e muniçion nuestra,/ e si suere nuestro, provea cómo la dicha atahona quede/ por nuestra e para nos, e se entregue al thenedor de los/ bastimentos e si fuere de otro pague la madera e otros/ materiales que para ello se ovieren tomado preçio/ que justamente valian e se acuda con ello al nuestro pagador./

(55)E otrosi, mandamos que sy las atahonas que agora estan/ fechas en la dicha çibdad no bastan para moler todo el pan e qu'es/ menester se dé orden cómo luego se hagan las que más/ fueren menester, de manera que aya abundançia de moliendas/ e por falta d'ellas la gente no rresçiba fatiga nin dapno// (fol. 12 v).

(56) Otrosi, mandamos que para los gastos del ospital que ay/ e oviere en la dicha Bugia e para curar e sostener/ los enfermos se den e paguen dos peonías, que son en/ cada año treynta e seis ducados e veynte fanegas de trigo, lo qual se dé e pague por tercios de cada año/ al mayordomo que lo fuere del dicho ospital, el qual dicho/ mayordomo nos ayamos de nonbrar e nonbraremos/ como e quando fuere nuestra merçed y, entretanto que nos non/lo nonbraremos, mandamos que lo ponga e nonbre/ el capitán e veedor e contador e pagador e tene/dor de bastimentos que hay e/ oviere en la dicha Bugia que sean buenas personnas, qual para/ ello convenga e que el dicho capitán e ofiçiales tengan/ cargo e cuidado de ver qu'el dicho ospital esté lo mejor/ proveydo, rregido e governado que ser pudiere, e que/ los dichos maravedis e pan e lo demás qu'el dicho ospital toviere/ se gaste bien e como se deve en curar e tener los/ heridos y enfermos, dando para ello toda

la buena/ horden que sea menester, e que en fin de cada año le to/men quenta de los dichos maravedis e pan e de todo lo otro/ que el dicho ospital toviere, e tengan de todo ello libro/ e quenta e rrazon./

(57)E por quanto por estas hordenanças estan puestas/ algunas penas a los que contra ellas fueren, e non/ está declarado quien las a de aver, mandamos que las dichas penas sean e se rrepartan en esta manera:/ que la terçia parte d'ellas sea la mitad para la nuestra camara,/ e la otra mitad para el ospital de la dicha çibdad, e la otra terçia parte para el que lo acusare, e la otra/ terçia parte para el juez que lo sentençiare./

Lo qual todo que dicho es, mandamos que asy se haga e cumpla/ de aqui a delante segund e como e de la forma e/ manera que desuso se contyene, syn enbargo de quales/quier çedulas e mandamientos, ussos e costunbres que/ en contrario aya, lo qual todo rrevocamos e anulamos//(fol. 13 r) e damos por ninguno, e sy alguna çedula o mandamiento/ se diere contra estas dichas hordenanças o contra alguna d'ellas,/ mandamos que no sea obedecida, guardadad ni cumplida,/ salvo sy e la tal çedula o mandamineto fuere ynserta la/ hordenança contra quien se diere e rrevocara espresamente;/ E los unos nin los otros non fagades ni fagan ende al por/ alguna manera so pena de la nuestra merçed e de çinquenta mill maravedis para/ la nuestra camara a cada uno que lo contrario fiziere. Dada/ en la villa de Ocaña a diez dias del mes de mayo, año del/ nasçimento de nuestro Salvador Yhesu Christo de mill e quinientos e treynta e un años./

Yo la Reyna (firma y rúbrica autógrafas)/. Yo Andrés Martínez de Ondarça, secretario de sus çesarea e católicas magestades/ las fize escrivir por mandado de su magestad.

"En la çibdad de Bugia, en el alcaçar mayor d'ella a veynte e ocho dias/ del mes de jullio, año del nasçimento de nuestro Salvador Yeshu Christo de mill e/ quinientos e trynta y un años ante el muy magnifico Señor Pedro Afan de Ribera,/ alcayde y capitán en estas fortalezas por sus magestades, y ante Francisco Perez Ydia/cayz, vehedor, y ante Marcos Ruiz de Medina, contador y Pedro de Çorita, tenien/te alcayde y capitán, y Francisco de Acosta, alcayde de castillejo de sobre la mar,/ y Françisco de Xerez, capitán del canpo y Julian de Fuentes, allcalde ordinario de la dicha çib/dad, y en presençia de mi Sebastina del Castillo, escrivano, e de los testigos de yuso escriptos/ pareçio Diego Perez de Lequeitio, pagador de la gente y tenedor de los bastimentos de la dicha/ çibdad, y presentó las Ordenanças de sus magestades antes d'esto contenidas, escriptas/ en treze hojas de papel con esta, y les rrequirió las cunplan e guarden y hagan guardar/ y cunplir como en ellas se contiene, haziendo la solemnidad del juramento que por las dichas Ordenanças sus magestades manadan y pidiolo por testimonio, a lo qual fueron presentes por testigos./

Luego el dicho señor Pedro Afan de Ribera y los sobredichos y el dicho Diego Perez de Lequeitio to/maron las dichas Ordenanças y las pusieros sobre su(s) cabeza(s) y las besaron y las obe/decieron con el acatamiento y rreberençia devida y, en cunplimiento de lo por ellas man/dado, pusieron sus manos derechas sobre la señal de la cruz y juraron en for/ma de derecho, que bien y fielmente guardarian y cunplirian y harian guardar y cunplir y/ mantener todo lo contenido en las dichas Ordenanças, segund e commo en ellas se/ contiene y por sus magestades les es mandado, guardando el serviçio de Dios nuestro señor/ y de sus magestades y el bien y pro comun de la gente que rreside en la dicha çibdad; testigos los dichos./

E después de lo sobredicho, a veynte e nueve dias del dicho mes de jullio del dicho año,/ el dicho señor capitán, presentes los sobredichos y la mayor parte de la gente de/ guerra que en esta dicha çibdad y fortaleza mayor rreside, en presençia de mi el/ dicho escrivano y de los testigos de yuso escriptos hizo leer por/ mi y pregobar publicamente en la plaça publica de la dicha çibdad por boz de Santos de Xerez, pregoneros las dichas Ordenanças y todo lo en ellas contenido, segund en/ ellas se contiene. Por ende, en testimonio de verdad fiz aqui este mio acos/tumbrado syg- (signo notarial) no/ a tal/ (Se cierra el texto con la firma y rúbrica del notario: Sebastian del/ Castillo, escrivano).

SOLDADOS Y JUSTICIA EN LA CORTE (FINALES S. XVI-PRINCIPIOS S. XVII)

Enrique Villalba Pérez
Universidad Carlos III (Madrid)

SUMARIO:

I. Introducción
II. El fuero militar
III. Milicia y corte
IV. Soldados y delincuencia en la corte

I. INTRODUCCIÓN

La colaboración que ofrezco en este trabajo colectivo emprendido por el Departamento de Historia del Derecho de la UNED va a ocuparse de unos aspectos muy específicos relacionados con el tema general del mismo y en los que confluyen algunas circunstancias que estimo de interés.

Soldados y Justicia. Ese será el eje de nuestro estudio. Entre las funciones principales de la administración militar -bien representada, sobre todo, por el Consejo de Guerra- destacaban las de agente del gobierno real en la ejecución de una parte de su política, representante del estamento militar y el ejercicio de una jurisdicción privativa que respondía a sus propios intereses corporativos [1]. Nos ocuparemos, por tanto, de esa última atribución, una de las fundamentales; pero no sólo de ella -pues hubiéramos titulado la jurisdicción militar en la Corte...-, sino también de las relaciones de la justicia con la milicia: por un lado -como queda dicho-, la justicia que le corresponde ejercer en razón de su fuero; pero, por otro, los choques que sus aforados tienen con la Justicia real ordinaria: tanto en los conflictos jurisdiccionales como en los delitos cometidos por soldados.

Pero también hemos acotado el trabajo especialmente en la Corte a finales del siglo XVI y principios del XVII, ámbito y período del que nos hemos ocupado en repetidas ocasiones. La combinación de ambas coordenadas ofrece una perspectiva privilegiada del asunto que tratamos. Una Corte recién establecida en Madrid que sufre multitud de cambios de toda clase -demográficos, socio-económicos, culturales,

---

[1] Puede verse al respecto el ya clásico trabajo de I. A. A. Thompson: *Guerra y decadencia. Gobierno y administración en la España de los Austrias, 1560-1620,* Barcelona, Crítica, 1981, p. 55. Sobre el Consejo de Guerra pueden verse también: José Luis Bermejo Cabrero: "El Consejo de Guerra en el XVIII", en *Estudios sobre la Administración Central Española (siglos XVII-XVIII),* Madrid, 1982, pp. 61-73. Juan Carlos Domínguez Nafría: *El Real y Supremo Consejo de Guerra,* Madrid, Universidad Complutense, 1988.

de mentalidad, institucionales...-, un período crucial y enormemente dinámico de los siglos modernos en la Monarquía Hispánica, que afecta también, claro, a la administración en general, y a la justicia y el ejército.

II. EL FUERO MILITAR

No es necesario recordar la coexistencia, junto a la justicia real ordinaria [2], de otras justicias especiales o de privilegio, jurisdicciones particulares correspondientes a grupos con fuero especial, con jueces o tribunales propios que intervienen en los casos referidos a aquél.

Un lugar destacado entre esa justicia privilegiada le correspondía al **fuero militar**, que amparaba a los soldados en activo, veteranos y cualquiera que perteneciera al Ejército [3].

La existencia misma de ese fuero coincide con la creación de un Ejército permanente, aunque, como es sabido, las primeras Ordenanzas Militares no se dieron hasta el reinado de Felipe II y el primer Fuero militar hasta el de Felipe V, en 1701. La jurisdicción militar en el siglo XVII comprendía -como recoge el profesor de las Heras [4]- todos los delitos castrenses sin excluir los de lesa majestad ni el pecado nefando; entendiendo en las causas, en primer lugar, los capitanes de los implicados -que, naturalmente, tendían a ser más comprensivos con los excesos y debilidades de sus subordinados-, de cuyas sentencias podía apelarse a los auditores generales y, en última instancia, al Consejo de Guerra [5]. Si bien algunos autores

---

[2] Sobre la que pueden verse para este período numerosísimos estudios, entre ellos: José Luis de las Heras: *La Justicia penal de los Austrias en la Corona de Castilla*, Salamanca, Universidad, 1991; Richard L. Kagan: *Pleitos y pleiteantes en Castilla, 1500-1700*, Salamanca, Junta de Castilla y León, 1991; Francisco Tomás y Valiente: *El Derecho Penal de la monarquía absoluta (siglos XVI-XVII-XVIII)*, Madrid, Tecnos, 1969; Enrique Villalba Pérez: *La administración de la justicia penal en Castilla y en la Corte a comienzos del siglo XVII*, Madrid, Actas, 1993.

[3] R. L. Kagan: *Pleitos y pleiteantes...*, p. 52; G. Loi Puddu: *El virreinato de Cerdeña durante los siglos XIV al XVIII*, Barcelona, 1965, nota 43; J. J. Salcedo Izu: *El Consejo Real de Navarra en el siglo XVI*, Pamplona, 1964, p. 221; I. A. A. Thompson: *Guerra y decadencia*, p. 58; E. Villalba Pérez: *La administración de la justicia penal...*, p. 33.

[4] J. L. de las Heras: *La justicia penal...*, p. 26, citando las Ordenanzas Militares de 28 de junio de 1632, cap. 65, A.G.S., *Guerra Moderna*, leg. 4698.

[5] Como dice Thompson, "el Consejo [de Guerra] era un cuerpo consultivo formado por expertos militares y diplomáticos que se ocupaban de todos los aspectos de la defensa peninsular, planificación estratégica y logística, **justicia militar**, reclutamiento, nombramientos, ascensos, etc. Sin embargo, el Consejo se limitaba a recomendar las decisiones definitivas dependían siempre del rey, quien las tomaba siempre, al menos formalmente". I. A. A. Thompson: *Guerra y decadencia...*, p. 50.
Según Núñez de Castro el Consejo de Guerra en materias de justicia atendía, dentro del fuero militar, cuestiones de contrabando, renunciaciones y presas. Alonso Núñez de Castro: *Libro histórico-político. Sólo Madrid es Corte y el cortesano en Madrid*, Madrid, Imprenta de Roque de Miranda, 1675 (3ª impres.), cap. VI, ff. 59-60.

deseosos de destacar los servicios, disciplina y obediencia de los soldados señalan entre los rigores que sufren precisamente el fuero militar, así lo hace Pérez de Herrera que insiste en el:

> "respeto y temor que tienen a su justicia, que son sus auditores y preboste general, y capitán de campaña y sus ministros. Porque los excesos y delitos que el soldado comete son castigados con penas más terribles y extraordinarias que las que el derecho común, y leyes de griegos y romanos, imponen a los otros delincuentes..." [6].

III. MILICIA Y CORTE

Un caso singular, como ya adelantamos, es el de la Corte y la efectiva vigencia de ese fuero particular allí donde la Sala de Alcaldes de Casa y Corte hacía valer sus prerrogativas y jurisdicción, de modo muy particular en los asuntos de justicia criminal, muy celosa de sus competencias, con gran libertad de maniobra, respetada y amparada en el Consejo Real [7].

Esa circunstancia estaba destinada a provocar, como era común en la época, frecuentes conflictos de jurisdicción: entre la Sala y el Concejo de Madrid con su corregidor a la cabeza, con la jurisdicción eclesiástica, entre la Sala y los Grandes -protegidos por sus inmunidades-, con la jurisdicción palatina -responsabilidad del mayordomo mayor-, etc.

Una situación que preocupaba especialmente -derivada de la estancia de la Corte en Madrid- era la propiciada por la presencia en la Villa y Corte de los **soldados de las guardias del rey** y de numerosos **militares** que acudían a solicitar remuneraciones por sus servicios, plazas, destinos o ascensos, acogidos tanto unos como otros al fuero militar.

Entre los variados oficios que se integraban en la Casa Real estaba el de soldado de cualquiera de las tres guardias del rey -monteros de Espinosa, amarilla o alemana-, con más de cien hombres en cada una [8]. Núñez de Castro incluía en el capítulo

---

[6] Cristóbal Pérez de Herrera: *Amparo de pobres*, Madrid, Espasa-Calpe, 1975. Edición, introducción y notas: Michel Cavillac. [*Discursos del amparo de los legítimos pobres y reducción de los fingidos, y de la fundación y principio de los Albergues destos Reynos, y amparo de la milicia dellos*, Madrid, Luis Sánchez, 1598], p. 278.

[7] La Sala de Alcaldes de Casa y Corte ostentaba un lugar de privilegio en el Madrid cortesano tanto en tareas de gobierno, como administrativas, económicas -sobre todo en relación con los abastos- y, especialmente, de *policía* y justicia. Lugar reforzado por su propia esencia y competencias especialmente desde que la Sala adquiere una jurisdicción territorial estable. Sobre ella en este época puede consultarse: Enrique Villalba Pérez: *La justicia penal en Castilla y en la Corte...*; para finales de siglo: Rosa I. Sánchez Gómez: *Estudio institucional de la Sala de Alcaldes de Casa y Corte durante el reinado de Carlos II*, Madrid, Ministerio del Interior, 1989.

dedicado al *lustre y magnificencia de la Casa Real* a las "guardas de las personas reales" que eran: los Monteros de Espinosa -"oficio antiquisimo, de mas de seisçientos años"- en número de cuarenta, naturales todos de Espinosa de los Monteros; Guarda de los Arqueros -que "vino de Flandes con el señor Rey Felipe I, son cien Archeros"-; Guarda Española, originada en el año 1504, formada por cien soldados españoles; y Guarda Vieja -"que llaman de la Lancilla"- integrada por cien españoles, que tenían entre sus funciones la de acompañar los cuerpos de las personas reales cuando eran trasladados al gran panteón de El Escorial[9].

Los soldados, por su propio carácter, por la inactividad que suponía la vida cortesana, por ser algunos de ellos extranjeros, por contar con la presión y el valor añadidos para sus cuestiones y excesos que suponía el que fuesen a menudo en grupo -o, en cualquier caso, sabiéndose al menos con el respaldo solidario de sus camaradas- y siempre armados, y por disfrutar de un fuero mucho más preciso y efectivo que otros que los juzgaba más con complicidad que con benevolencia, eran un adversario temible para los alcaldes de casa y corte que apenas podían perseguirles cuando cometían delitos o infracciones.

Así lo refleja el *Libro de noticias para el gobierno de la Sala* -que era, en cierto modo, la sedimentación de la experiencia de los alcaldes, el legado profesional a quienes se sucedían en sus cargos-, que dedica uno de sus puntos a los soldados de las guardas[10] de los que dice:

> "Una de las cosas que mas embaraça la execuçion de justicia y el buen gobierno en la corte son los soldados de las guardas porque con este titulo y ser exentos de la jurisdiccion ordinaria y berseles disimular sus demasias y aun que algunos de los jefes que suelen tener les alientan a ellas ni tienen respecto ni ay atrevimiento que no ejecuten y asi es menester con ellos gran prudencia".

Insistían además los alcaldes en su queja sobre las exenciones y derechos de que disfrutaban los soldados y la constante oposición entre la Sala y los guardas por sus

---

[8] Alfredo Alvar: "Aspectos de la vida diaria en la Corte del rey de España", en J. Alcalá-Zamora (dir.): *La vida cotidiana en la España de Velázquez.* Madrid, Temas de Hoy, 1989, pp. 91-108, p. 93.

[9] A. Núñez de Castro: *Libro histórico-político...*, pp. 205-207.
Castillo de Bovadilla estimaba que "los archeros y guardas han de ser hijosdalgo". Jerónimo Castillo de Bovadilla: *Política para corregidores y señores de vassallos, en tiempo de paz y de guerra...*, II tomos, Madrid, Instituto de Estudios de Administración Local, 1978. Edición facsímil de la de Amberes, Juan Bautista Verdussen, 1704 [1ª ed. 1596], p. 54.

[10] A.H.N., *Consejos*, libro 1173, cap. 60, ff. 82v.-83v.

frecuentísimos excesos, si bien distinguían de entre ellos a los arqueros de los que afirmaban que "son jente de muy honrado proceder" [11].

La Sala registraba también las *Preeminencias de que gozan los soldados de las guardas de Su Magestad que son la de Archeros, Hespañolas y Alemana*, remitidas en 1607 por el rey para tratar de aclarar la confusa posición de sus alcaldes frente a sus soldados [12]; en ellas el monarca se hace eco de las quejas del marqués de Camarasa, "capitán de nuestras guardas españolas de a pie y de a caballo [13]", quien acusaba a la Sala de no respetar el derecho de sus hombres a llevar armas ofensivas y defensivas tanto en todos los reinos como en la Corte [14], que el rey ordena aquí a la Sala que se respetase.

Castillo de Bovadilla recordaba a los corregidores el derecho de todos los soldados a portar armas salvo "en la mancebía y en otros lugares donde para evitar escandalos se prohibe traer armas no podrán traerlas"; aunque reconoce que hay cierta picardía en esto, puesto que "algunos se alistan por soldados y hombres de armas por gozar desta prerrogativa" [15].

Pero no sólo la cuestión de las armas enfrentaba a los alcaldes con los capitanes de las guardas -como valedores de sus soldados-. Veámos algún ejemplo de cómo efectivamente se repetían con cierta asiduidad los altercados, no sólo por el dudoso comportamiento de los miembros de las guardias reales, sino también por la obstinación de los alcaldes en intervenir en esos casos que les estaban vedados. Así, en 1620 la Sala apresó y procedió criminalmente contra dos soldados de la guarda española -uno de a caballo llamado Juan Gallego de Moya y otro de la guarda amarilla que se llamaba Alonso Jiménez-, por lo que tiene que intervenir directamente el monarca, que en una orden real recordaba a los alcaldes que:

> "en otras ocasiones tengo mandado que las causas que tocaren a los soldados de mis guardas se remitan a sus capitanes y que solo ellos conozcan de ellas",

---

[11] Covarrubias dice de ellos: "Archero, de arco, es el soldado que antiguamente se llamava sagitario; agora los archeros de la guarda del Rey nuestro señor son la guarda de a cavallo alemana, y quedáronse con el nombre de archeros por aver sucedido en su lugar, aunque sus armas son diferentes y es de ordinario gente principal y luzida". Sebastián de Covarrubias: *Tesoro de la lengua castellana*, voz "archero".

[12] A.H.N., *Consejos*, libro 1173, "Autos de buen gobierno probeidos por la Sala de los señores alcaldes de Casa y Corte de Su Magestad", ff. 1-4v. de los relativos a las guardas.

[13] En 1616, a 24 de julio, se dio ese título al Marqués de Pobar, gentilhombre de la cámara del rey y del Consejo de Guerra.

[14] Derecho concedido por provisión real en 1599, sobrecartada en 1606 y, de nuevo, en este documento de 7 de marzo de 1607.

[15] J. Castillo de Bovadilla: *Política para corregidores...*, Libro I, cap. XIII: "De las Rondas de los Alguaciles y toma de armas", punto 77, p. 164.

por lo que les mandaba que:

> "dareis horden que luego sin replica ni dilaçion se rremitan estos soldados a su capitan con el proçeso que se hubiere fulminado contra ellos para que proçeda en su causa" [16].

Sin embargo, los alcaldes no se daban por vencidos y no sólo trataban de intervenir siempre que podían, sino que incluso replicaban a estas órdenes reales. Por ejemplo, en un curioso escrito en el que apelaban a sus prácticas tradicionales y a cómo anteriormente habían entendido en dichas causas:

> "Mandaron [los alcaldes] que se aga ynformacion de como de uno diez veinte treinta quarenta años a esta parte an visto y oydo deçir a sus pasados que aquellos lo oyeron deçir a los suyos que de tanto tiempo que memoria de hombres no hes en contrario la Sala de los dichos señores alcaldes a proçedido contra los soldados de las guardas de Su Magestad en todos los delitos que an cometido que no an tocado al exerçicio de sus oficios y los an castigado sin que ayan visto savido oydo ni entendido que los capitanes de las guardas ayan conoçido de los dichos delitos contra los dichos soldados y que tal hes la publica boz y fama y comun opinion sin aver visto ni oydo deçir lo contrario, y lo señalaron" [17].

En vista de la resistencia de la Sala, el rey tuvo que intervenir de nuevo en 1625 para zanjar la cuestión de una vez por todas -o, al menos, así lo pretendió- atribuyendo todas las causas criminales de estos soldados a sus capitanes

> "El Rey
>
> Por quanto entre los capitanes de mis tres guardas que son la de harcheros, española y alemana y alcaldes de mi casa y corte a havido diversas competençias sobre el conozimiento de los delitos que cometen los soldados de las dichas mis guardas de que an rresultado muchos ynconbenientes y encuentros enbarazandose a mis ministros y quitando el tiempo que menester an para cosas mas preçisas conbiene provecer de rremedio conveniente y para que le tenga aviendo visto diferentes consultas de los del mi Consejo bienen el conozimiento de los delitos que cometen los soldados toca a los capitanes he resuelto que todos los casos criminales de los soldados de las dichas mis tres guardas de archeros, española o alemana, general y unibersalmente se rremitan a los capitanes dellas, a cada uno el que le tocase asi en las causas

[16] A.H.N., *Consejos*, libro 1207, f. 438, 1620, diciembre, 16. Madrid. Orden Real.

[17] A.H.N., *Consejos*, libro 1208, f. 186, 1621, marzo, 3, Madrid. Auto de los alcaldes. Seguido de los correspondientes informes hasta el f. 205.

que al presente hubiere pendientes, como las que suçedieren adelante sin que los dichos alcaldes ni justicia desta villa de Madrid reserven en si ninguna por grave que sea aunque intervenga alevosía, moneda falsa, resistencia o otro qualquiera pero bien permito que ynfragante delito los alcaldes de la dicha mi casa y corte, juezes y justicias della puedan prender a los dichos soldados y presos en virtud desta mi zedula los rremitan luego a sus capitanes sin esperar para ello mandato ni nueba consulta.... [18]

Los alcaldes se veían así, con respecto a los soldados, despojados de sus atribuciones judiciales -las que les otorgaban prestigio y el verdadero poder- y conservaban sólo algunas policiales -las más arriesgadas y las que podían provocar altercados más violentos-. Parece ser que tales privilegios no hicieron sino aumentar la rivalidad, envalentonando a los guardias frente a los alcaldes y tratando éstos de reducir sus excesos, que debieron llegar a tales extremos que, con el tiempo, se dio, en cierta manera, marcha atrás y se autorizó a los alcaldes a "proceder contra los soldados que les hicieren resistencia, aunque sean de la Guarda de Su Magestad y pretendan gozar del privilegio de serlo" [19]; de ese modo no quedaban tan indefensos ante quienes nada tenían que perder por resistirse -incluso con las armas- a unos jueces que no podían juzgarlos ni siquiera por ese delito cometido contra sus personas.

No obstante, la polémica no terminó ahí, sino que en 1643 vuelve a darse un auto al respecto, resultado de las deliberaciones de una Junta formada expresamente [20]. En él se establecía que los miembros de las guardias reales -"los soldados de las Compañias de mi Guarda de a pie, i de a cavallo, Vieja, Negra, i Amarilla, tudesca, i de Archeros"- gozasen plenamente del fuero militar en todas las causas criminales, conociendo en primera instancia sus Capitanes. No obstante vuelven a exceptuarse del privilegio "las resistencias, desacatos injuriosos, que hicieren a la justicia, los delitos que cometieren por salir a los caminos en tiempo de necessidad de pan, o acudiendo a las plazas o a otras partes publicas a tomarlo por fuerza, porque en estos casos es mi voluntad, i assi lo ordeno i mando, queden en todo sujetos a las Justicias Ordinarias" y lo mismo se decía de los transgresores sorprendidos *in fraganti*.

Asímismo se hacía un esfuerzo por contentar a la Sala, estableciéndose que cada

---

18 A.H.N., *Consejos*, libro 1173, "Autos de buen gobierno probeidos por la Sala de los señores alcaldes de Casa y Corte de Su Magestad", ff. 7v.-8v., de los relativos a los soldados de las guardas; 1625, noviembre, 6, Madrid.

19 *A.A.*, II, 6, 24, 1637, septiembre, 26, Madrid.

20 *A.A.*, II, 6, 27. Felipe IV en Madrid a 7 de junio de 1643.

capitán de la guarda tendría como asesor a uno de los alcaldes de casa y corte que podría rondar, proceder de oficio o a instancia de parte, hacer sumarias, recibir informaciones, prender y sustanciar causas "hasta ponerlas en estado de sentencias", con tal de que para darlas informase al capitán y ambos las firmasen, el capitán como juez y el alcalde como asesor. De ese modo se salvaguarda la jurisdicción militar y el carácter de jueces de los capitanes, al tiempo que se daba casi plena libertad de acción a los alcaldes, convertidos para ello en asesores de la justicia militar -título bajo el cual intervenían y no propiamente como alcaldes de casa y corte-, subterfugio de utilidad para romper ese enfrentamiento de preeminencias y jurisdicciones. Para dejar aún más clara la competencia preferente de los alcaldes asesores en estos asuntos, se prohibía a los capitanes que intervinieran en la instrucción de las causas de ningún modo -lo que correspondía en exclusiva a sus asesores-, pudiendo sólo participar en la sentencia como se ha dicho.

La Sala, como hemos visto, se quejaba siempre de cualquier restricción a su poder y de las inmunidades y exenciones de que disfrutaban los soldados y especialmente los miembros de las guardas reales; no obstante éstos y sus capitanes trataban de defender su posición jurisdiccional y no faltaban quienes se quejaban de su desamparo. Así, Francisco Santos, buen conocedor de la corte y del mundo militar de las guardias reales [21]. En el transcurso de una visita a la cárcel de corte -frente a lo repetido de los privilegios del fuero militar- comenta:

> "Si le sucediera esto a un capitán harto de pasar malas noches y peores días, atento al servicio de su rey, siempre buscando la muerte, opuesto a qualquier empeño y el cuerpo con más cicatrices que ochavos su bolsa, con el informe de un apasionado ministro y lo escrito de un mal agasajado escribano, le encerraran quince dias, hasta que el consejo de guerra le embargara, y luego le formaran competencia entre las dos justicias, que no hay cosa que más apure la paciencia, pues siempre aguardan los martes, y para el preso llegan aciagos; y cuando llega a verse su negocio, ya el vestido con que entró en la cárcel a puro remiendo no se le conoce su primer origen, ni a su dueño si tiene cara, pues le tienen tal las barbas que parece casería pequeña entre alameda grande, y ya el que era hombre robusto está tan cenceño que le pasarán de parte a parte con una paja

[21] Francisco Santos (Madrid, 1617-1698) fue miembro de la llamada Guardia Vieja Española, al servicio de Felipe IV y de Carlos II. Además, su obra -*Día y noche de Madrid...*- está dedicada a Juan Martín Vicente, Familiar del Santo Oficio y "de la Real Guardia de a cavallo de Su Magestad"; e incluso entre las composiciones laudatorias que la preceden se recoge un romance de Pedro de Guzmán "soldado de la Real Guardia Vieja Española, amigo del autor".

de centeno. A éste con rigor se le escriban sus pecados, que es soldado y pobre y no ha podido guiar la pluma ni enroscar la vara"[22].

No era, por tanto, el punto de vista de los alcaldes de casa y corte -deseosos siempre de mantener el control *policial*[23] sobre la vida madrileña- el único existente, aunque, como veremos, razón no faltaba a la Sala si nos atenemos a los casos en que fueron encausados soldados de dichas Guardas reales.

Sin embargo, no eran los hombres de las guardas los únicos protegidos por el fuero militar que causaban trastornos a la Justicia madrileña. Por la Corte deambulaban, desocupados, buen número de soldados *pretendientes*[24] de alguna merced y que, en tanto, se entretenían en labrarse una merecida fama de valientes en pendencias, desafíos y desacatos a cualquier autoridad que pretendiera poner coto a sus desmanes -con más frecuencia que cualquier otra, la Sala de alcaldes de casa y corte-. La literatura está llena de estos personajes fanfarrones, actores del papel a que su propia imagen les obligaba. Francisco Santos deja también constancia de algunos de estos tipos y de su presunción -cuando no de sus embustes- y de las pendencias que ocasionaban:

> "Inquietólos de su conversación las voces que dos soldados, al parecer, daban sobre el volar una mina, y más volaban sus levantadas voces, pues llegaban al campanario. Uno decía:
> - Señor capitán, Vuesa merced ha lidiado siempre en partes que no ha habido necesidad de abrir minas, y así mal puede entender lo que no ha visto.
> Pero algo picado el tal que escuchaba, le respondió:
> - Por eso he abierto muchas bocas en pechos contrarios, lo que vuesa merced no ha llegado a hacer.

---

22 Francisco Santos: *Día y noche de Madrid. Discursos de lo más notable que en él passa*, Madrid, Comunidad de Madrid, 1992 [Madrid: Melchor Alegre, 1666], pp. 99-100. Santos aprovecha no sólo para exaltar la dureza de la vida militar, su pobreza e indefensión frente a la jurisdicción ordinaria, sino también para denunciar la corrupción y venalidad propia de la justicia de la época, tantísimas veces reflejada en la literatura -las sátiras que Quevedo hace de los alguaciles son espléndidas- y corroborada por la documentación.

23 En el sentido más amplio que se daba entonces al término. "Término ciudadano y cortesano. Consejo de policía, el que govierna las cosas menudas de la ciudad y el adorno y limpieza della". De ahí, "Política, la ciencia y modo de governar la ciudad y república". Sebastián de Covarrubias: *Tesoro de la Lengua castellana*, voz "Policía".

24 Zabaleta dice, "de las necesidades de la república y de los merecimientos de los hombres se hace un pretendiente. Este viene a la Corte, que es la fuente que distribuye los premios". Juan de Zabaleta: *El día de fiesta por la mañana y por la tarde*, Madrid, Castalia, 1983 [1ª parte, Madrid, María de Quiñores, 1654; 2ª parte, Madrid, María de Quiñones, 1660], p. 211.

Enojáronse y púsolos en paz un hombre de madura edad, con su espada en el lado, y en las manos una muleta, y el vestido harto trabajoso.
- ¿Has visto la pendencia de los dos? -preguntó Juanillo a Onofre-, pues aquel de las plumas en el sombrero es tropista y nunca ha servido de otra cosa, y cuando va a llegar gente se le muda el color del rostro, pues el que le ves ahora, afrenta de tomate maduro, se le vuelve pálido, siendo causa el perder la vista los bodegones de la Puerta del Sol, y el otro es de estos que buscan gente, a quien con promesas hacen sentar plaza de soldados, administrando este ejercicio peor que el de los moros corsarios de Argel, por lo que de cada uno les toca; y aquel buen viejo se nota en él el ser soldado en el vestido que le adorna, y aunque la edad le ha jubilado algo los bríos, no por eso ha desechado la espada del sitio que siempre ocupó..." [25].

Tenemos también el testimonio de alguno de esos insignes aventureros que nos regalaron sus fabulosas autobiografías -exageradas en cuanto a su propio papel en las hazañas en que participaron, en su heroicidad, tal vez; pero no tanto en los hechos y, menos aún, en los datos que nos aportan sobre algunos comportamientos-: el capitán Alonso de Contreras, que acudió a Madrid con credenciales del Gobernador de Puerto Rico y "una carta para el Rey y una certificación honrada" del Duque de Medina Sidonia. Según escribe, acudió a Palacio y dió cuenta de sus méritos al mismo don Baltasar de Zúñiga y entregó personalmente al rey las dos cartas que llevaba, informándoles de los últimos hechos en que participó -en África, socorriendo la fortaleza de la Mámora-, enterando asimismo al Consejo de Estado. Avisado al día siguiente por Zúñiga, se le prometió -siempre según él-, a petición propia, una plaza de almirante de una flota, aunque pronto comienzan a dársele largas dado que "Su Majestad, al presente no puede más en materia de maravedises" y el Consejo no quería consultar la plaza, por lo que comenzaron a pasar los meses con el resultado de que el puesto que esperaba le fue adjudicado a otro. De nuevo, acudió ante el rey y, en los corredores de Palacio, le abordó con un memorial, el monarca "cogió el memorial arrebatándomelo de las manos, y volviendo la espalda se fue y nos dejó a todos confusos, porque era recién heredado" [26]. Pasaron otros seis meses hasta que el Conde de Olivares le comunicó que tendría plaza como uno de los dieciséis capitanes nombrados por la Junta de

---

[25] Francisco Santos: *Día y noche de Madrid*, p. 145.

[26] Era el breve intervalo en que Zúñiga preparaba el terreno a su sobrino Olivares, recién ascendido al trono el joven Felipe IV. Zúñiga era desde 1617 consejero de Estado, comendador mayor de León de la Orden de Santiago y ayo del rey. El mismo día de la muerte de su padre -31 de marzo de 1621- el heredero entregó formalmente a don Baltasar los despachos, tras ordenar a Uceda que los dejase. Zúñiga murió en octubre de 1622, por lo que entre esos dieciocho meses debió producirse la comparecencia de Contreras. Véase J. H. Elliott: *El Conde-Duque de Olivares*, Barcelona, Crítica, 1989, pp. 61-101.

Armadas en la flota que se iba a constituir para la vigilancia del Estrecho, acrecentándole el salario que como capitán ya tenía y autorizándole a levantar su compañía en la Corte [27].

Por tanto, estuvo el capitán al menos ocho o nueve meses en Madrid sin destino; y, de quien había dicho -o, más probablemente, hubiera querido decir- a don Baltasar de Zúñiga "busco reputación y no dinero", no podemos creer que estuviese mano sobre mano en ese tiempo, sin hacer valer la valentía que a un capitán español se suponía.

Pero al cabo de ese período tampoco estaba garantizado que dejase de ser un soldado ocioso, pretendiente en la Corte, puesto que, por ejemplo, en su mismo caso, tras levantar en menos de un mes una compañía de más de trescientos hombres con la bandera enarbolada en Antón Martín y salir con ellos, pasar algunos meses de marchas y embarcados, tuvo el mando de quinientos hombres que marchaban a las galeras de Génova, pero que fueron enviados a Lisboa a embarcar en la armada que iba a enfrentarse con la inglesa, estuvieron varios meses en Cascaes y Belén, para, finalmente, con la reforma que hizo el general de mar y tierra tocarle volver con su tropa a Madrid en espera de nuevas órdenes para ir a galeras, pero ese "proyecto se fue enfriando [...], con lo cual nos quedamos **pobres pretendientes** en la Corte". Esa fue la ocasión en que Lope de Vega lo acogió en su casa por más de ocho meses. Y esta vez, su posición en la Corte como pretendiente no le pareció airosa: "me pareció vergüenza estar en la Corte, sobre todo no teniendo con qué sustentarme, que allí **parecen mal los soldados**, aunque lo tengan" [28], apreciación bastante correcta y, desde luego, suave desde el irritado punto de vista de los alcaldes de casa y corte, que se quejaban con frecuencia de esos soldados sin sustento y peligrosamente ociosos en la agitación madrileña, tal como notificaron al rey:

"Señor

los alcaldes dizen que en esta corte **andan muchos soldados pobres** con ocasión de lo qual ay muchos delitos y juegan publicamente en los campos a los dados y para este efeto es fuerça que hurten y capeen = la sala los a preso y proçedido contra ellos pero como no pueden ser castigados corporalmente pareçe convendria tomar por mayor el

[27] Alonso de Contreras: *Aventuras del capitán Alonso de Contreras, 1582-1633*, Madrid, Revista de Occidente, 1943, pp. 184-190. La referencia a Olivares -tras seis meses- nos delimitaría aún mejor la fecha anterior entre abril y octubre de 1622.

[28] Alonso de Contreras: *Aventuras...*, p. 195.

remedio desto para que se hechen desta Corte. Vuestra Magestad lo mandara ver y proveer lo que mas convenga a su rreal serviçio, de la Sala = março 28 = de 1612" [29].

Efectivamente, no era un problema de fácil solución, los alcaldes, desde luego, no podían ir contra el fuero militar y ni siquiera lo pretendían. La única solución recurrente era la que tantas veces se propuso: expulsión de la Corte; la misma que se recomendaba para los vagabundos y falsos pobres, también desocupados, socialmente peligrosos e indeseables y atraídos por los posibles beneficios que podía depararles Madrid -vida más fácil, posibilidad de pasar desapercibidos en una ciudad populosa y de cobijarse entre compañeros de camino-.

Pérez de Herrera, entendido también -por su dedicación profesional- en los hábitos de la milicia y en los asuntos cortesanos, y consciente de los problemas que podían originar en ella los soldados ociosos o los que -ancianos o tullidos- no tenían con qué mantenerse, dedica todo un capítulo de su más famosa obra a esos asuntos [30]. Para solucionar el problema de los militares que acuden como pretendientes a la Corte y del desamparo de los soldados pobres, propone la creación en Madrid de "una congregación de caballeros de caridad, calidad y hacienda, soldados viejos", entre los que se elegiría "un protector general de la milicia cada año" y dos diputados que se ocuparían de "solicitar y favorecer en el Consejo de Guerra de V.M. el buen despacho de los capitanes, soldados y otros oficiales que vinieren a pretender a esta Corte, para que sean premiados y acrecentados y para que se les pague lo que se debiere de sus sueldos que no han podido cobrar".

Esa prevención hacia los pretendientes no responde sólo a un deseo de garantizar su bienestar, sino, sobre todo, de salvaguardar el orden público, tan frecuentemente alterado en la Corte por las prolongadas estancias de soldados desocupados; de modo que a los que acudieran a ella, si no era por tiempo limitado "los harán volver a su ejercicio de guerra y a cumplir con sus obligaciones, dándoseles alguna ayuda de costa a los que pareciere merecerla [...] y así no gastarán

[29] A.H.N., *Consejos*, libro 1201, f. 269.
Véase Carmelo Viñas Mey: *Forasteros y extranjeros en el Madrid de los Austrias*, Madrid, 1963, pp. 9 y 10. Al respecto de los soldados escribe:
"deambulaban en patrullas por las calles matritenses, llenando las tabernas, participando en toda cuestión y en todo tumulto, favoreciendo a unas autoridades contra otras en los frecuentes conflictos de jurisdicción, escalando casas y allanando conventos, y realizando, en suma, toda clase de desmanes. A la sombra de los soldados acogíanse otros elementos del hampa, estableciéndose una especie de continuidad entre los excesos de aquéllos y de éstos...".

[30] Cristóbal Pérez de Herrera: *Amparo de pobres*. "Discurso nono. Al Rey Don Felipe, nuestro señor, Del ejercicio y amparo de la milicia destos reinos", pp. 267 y ss.

tanto tiempo en esta Corte, consumiendo sus haciendas sin servir a V.M. en las ocasiones y mudando costumbres en ella, aventurar algunas veces su crédito y honor"[31].

Debía incluso intentarse -según el célebre médico y arbitrista- que se excusara la presencia de pretendientes en la Corte, sustituida por relaciones de servicios de sus generales y capitanes, evitándose de ese modo "que los soldados, a quien los ejercicios militares habían hecho robustos, valientes y virtuosos, se pierdan con la ociosidad, vicios y regalos de la Corte...".

No obstante, como vimos, Pérez de Herrera es un defensor de la condición militar a pesar de su mala imagen popular y resaltaba la dureza de su fuero y su disciplina que les llevaría no sólo a obedecer la jurisdicción militar sino incluso a mostrarla "respetando a los demás ministros de V.M.", en manifiesta contradicción con los constantes conflictos a los que venimos refiriéndonos.

En realidad, los problemas que hemos mencionado entre los hombres de armas -particularmente los de las guardas- y la Sala en la Corte son un reflejo a distinta escala de los que surgían constantemente en todos los lugares entre la justicia ordinaria y los soldados, sobre todo entre los corregidores y la autoridad y práctica militar.

Los testimonios acerca del género de vida transgresor de los soldados eran muy frecuentes; hemos comentado el caso de los pretendientes, ociosos, convertidos en valentones y pendencieros. No sólo la literatura nos ofrece esa imagen, sino que, por ejemplo, Castillo de Bovadilla en su *Política para corregidores* alude con frecuencia a ello, insistiendo en la necesidad de mantener la más estricta disciplina militar para evitar que aflorase el natural violento de los soldados y se produjesen males mayores[32]. En cierto modo, Castillo refuerza esa mala imagen popular y ese tópico literario de los soldados dedicados a todo tipo de desmanes y excesos, como cuando dice:

> "Ay algunos, que el dia que toman la pica para ser soldados, esse dia renuncian a ser Christianos, no siendo, como no es, repugnante lo uno a lo otro: y son tal desalmados,

---

[31] C. Pérez de Herrera: *Amparo de pobres*, p. 276.

[32] Llega a decir, "por falta de obediencia las insolencias. Por esta falta las sediciones, los robos, los incendios, los escándalos, el violar los templos, el profanar las cosas sagradas, y finalmente la destruycion y perdida de los Exercitos...". J. Castillo de Bovadilla: *Política para corregidores...*, p. 309.

que les parece repugnante el temor de Dios a la soldadesca, y no ay genero de maldad que ignoren y no intenten, como lo significan y detestan varios autores, cada uno destos parece **caudillo de amotinadores** y **capitán de ladrones**: no dexan huerta ni jardin que no talen, vituallas que no tomen, deshonestidad que no intentan, ni insolencias que no cometan, sin que aya justicia que los castigue, miedo ni verguença que los enfrene [...]. Los enemigos saltean un dia y vanse: pero nuestras guarniciones hurtan cada dia y quedanse, y assi ay mas quexas de ordinario de los capitanes y soldados que de todos los enemigos del Reyno..." [33].

Todo ello lo explica en parte porque la mayoría de esos soldados "son labradores, gente ignorante, mal inclinada y con ellos se junta otra suerte de hombres que son la hez de los pueblos". Pero, además, piensa Castillo que "la mayor culpa destos excessos tienen los capitanes y oficiales de las compañías", puesto que lejos de reprimir los desafueros de sus hombres muchas veces les ayudan y dirigen en esos desórdenes. Naturalmente, como adelantábamos, eso provocaba gravísimos conflictos de jurisdicción, puesto que la instancia que había de entender de esos desmanes eran sus propios capitanes, copartícipes, con frecuencia, de ellos o, al menos, excesivamente comprensivos y complacientes con las acciones de su tropa.

Castillo advierte que las causas concernientes estrictamente a la milicia -"desamparar la vandera, huyr, passarse a los enemigos, revelar los secretos, jugar o vender las armas y otras..."-, y los delitos y causas civiles leves debían verse ante sus capitanes; pero los delitos graves que cometieran en la jurisdicción del corregidor le corresponderían a éste, aunque para evitar mayores tensiones "prevenga al Capitán" [34], "porque el juez ordinario, que tiene el mayor imperio, conviene y deve hazer alli el escarmiento donde se dio el mal exemplo, sin andar en remissiones a su Capitan, o al Rey o al Consejo de Guerra".

Esa actitud responde a una necesidad práctica de eficacia pero también -no lo olvidemos- a la celosa defensa que de las prerrogativas de los corregidores hace Castillo, quien, pese a su opinión, tiene que reconocer que las disposiciones reales establecían "que indistintamente de las causas y negocios de soldados conozcan sus capitanes y las justicias ordinarias se inhiban y se los remitan", y que así debían obedecerlo y cumplirlo los corregidores -aún en los casos graves de muertes, escándalos y desórdenes-, por el buen entendimiento entre los distintos ministros del rey [35].

---

[33] J. Castillo de Bovadilla: *Política para corregidores...*, p. 310.

[34] Como vimos que debían hacer los alcaldes asesores en la Corte con los capitanes de las guardas.

[35] J. Castillo de Bovadilla: *Política para corregidores...*, p. 351.

IV. SOLDADOS Y DELINCUENCIA EN LA CORTE

Un modo de completar nuestro acercamiento a las relaciones entre milicia y justicia en este período es a través de la transgresión. Hemos repetido que muchas de las actitudes y comportamientos de los soldados -tanto ociosos y desocupados, como los que estaban en activo- y aún de los oficiales eran motivo de constantes quejas, alteraciones del orden y conflictos jurisdiccionales, que se reflejan en opiniones de autores de todo tipo y en la legislación. Veremos ahora si esa apariencia tiene una correspondencia delictiva en el caso que más hemos comentado, el de Madrid.

Analizaremos unos datos referidos a los militares encausados por la Sala de Alcaldes de Casa y Corte (cuya jurisdicción era Madrid y sus cinco leguas), en el período 1580-1621, según los datos obtenidos de un Inventario General de Causas Criminales de la propia Sala. En consecuencia, la primera consideración que ha de tenerse en cuenta es que el número responde sólo a los encausados y no, claro, al total de soldados delincuentes[36]. Debemos también hacer notar que, conforme a lo ya expuesto y pese a la preeminencia de la Sala -en comparación con justicias ordinarias de otros lugares-, muchos militares acusados pudieron substraerse de la jurisdicción de los alcaldes y ser juzgados por sus Capitanes o el Consejo de Guerra, matización importante que tal vez pudiera explicar la enorme proporción de oficiales -puesto que los soldados serían más fácilmente amparados por la justicia de sus capitanes, mientras que éstos, en primera instancia, caerían en manos de la Sala antes que de un auditor o del Consejo de Guerra- y ser causa de un menor peso de los delitos "leves" -que con mayor facilidad serían vistos también por los capitanes-.

Dicho esto, con los datos de que disponemos, podemos hacer tres tipos de clasificaciones generales de esos aforados militares encausados por la Sala, atendiendo a una distribución cronológica, una distribución por la graduación y empleo de los encausados y una última según la tipología de los delitos de los que se les acusaba.

SOLDADOS ENCAUSADOS. DISTRIBUCIÓN POR AÑOS (1580-1621)

1581 - 0	1591 - 5	1601 - 1	1611 - 4	1621 - 7
1582 - 0	1592 - 0	1602 - 4	1612 - 3	
1583 - 1	1593 - 2	1603 - 2	1613 - 2	
1584 - 6	1594 - 2	1604 - 0	1614 - 4	
1585 - 3	1595 - 1	1605 - 0	1615 - 7	
1586 - 4	1596 - 3	1606 - 1	1616 - 3	
1587 - 1	1597 -10	1607 - 13	1617 - 4	
1588 - 3	1598 - 6	1608 - 7	1618 - 6	
1589 - 1	1599 - 1	1609 - 5	1619 - 4	
1590 - 3	1600 - 1	1610 - 5	1620 - 3	

[36] Aunque la "muestra" juzgada por la Sala no tiene por qué estar deformada.

SOLDADOS ENCAUSADOS.
DISTRIBUCIÓN POR GRADOS Y EMPLEOS (1580-1621)

Generales	1	0,7%
Capitanes	50	36,2%
Alféreces	35	25,4%
Sargentos	7	5 %
Soldados de la Guarda	4	2,9%
Soldados de la Guarda Española	1	0,7%
Soldados de la Guarda Tudesca	11	7,8%
Arqueros	4	2,9%
Alabardero de S.M.	1	0,7%
Arcabucero de S.M.	1	0,7%
Ballesteros	4	2,9%
Soldados	20	14,5%
Alabarderos	1	0,7%

TOTAL MILITARES ENCAUSADOS 138

SOLDADOS ENCAUSADOS.
DISTRIBUCIÓN POR DELITOS (1580-1621)

DELITOS DE PALABRA...10 (6,7%)

PALABRAS INJURIOSAS 6
CUESTIONES, ALBOROTOS 2
AMENAZAS 1
BLASFEMIAS 1

DELITOS CONTRA LA INTEGRIDAD
Y LA VIDA DE LAS PERSONAS 62 (41,6%)

AGRESIONES 35
Heridas.................................29
Cuchilladas............................ 4
Malos tratamientos................. 2
MUERTES 27

DELITOS CONTRA
LA PROPIEDAD 7 (4,7%)

LADRONES 1
HURTOS 6

DELITOS ECONÓMICOS 2 (1,3%)

USURA 1
CONTRABANDO 2

FRAUDES 10 (6,7%)

CONTRA LA VERDAD 5
ESTELIONATO 2
ENGAÑOS Y ESTAFAS 3

INCUMPLIMIENTOS 4 (2,7%)

JUEGO ILÍCITO 4

DELITOS CONTRA LA JUSTICIA 19 (12,7%)

RESISTENCIAS
A LA JUSTICIA 16
QUEBRANTAMIENTO
DE DESTIERRO 3

DELITOS CONTRA LA MORAL
SEXUAL Y MARITAL 29 (19,5%)

LENOCINIO 1
MARITALES 5
Adulterio 4
Disputas conyugales 1
AMANCEBAMIENTO 9
ESTUPROS 13
PECADO DE SODOMÍA 1

VARIOS 6 (4%)

EXCESOS 3
DAÑOS 1
QUEDARSE CON
ESCLAVOS 2

TOTAL DELITOS **149**

Del análisis de los tres cuadros se extraen interesantísimas conclusiones, pero de un modo especial de la combinación de todos ellos. Algunas de las oscilaciones anuales pueden explicarse por razones históricas, pero en la mayoría de los casos no ocurre así, puesto que lo limitado de las cifras anuales hace poco significativos los cambios y que una causa con varios encausados, por ejemplo, deforme el panorama, de modo que para apreciar secuencias cronológicas significativas sería más apropiado fijarnos en períodos antes que en la evolución anual detallada. En general, podríamos apreciar una tendencia al incremento medio de militares encausados por la Sala, lo que se explicaría por razones generales relacionadas con el enorme crecimiento demográfico que experimenta Madrid y con el consiguiente incremento en el número total de procesados por la Sala. Las bajas cifras de los primeros años se corresponden también claramente a unos momentos en los que los alcaldes de Casa y Corte no tienen aún una actividad tan sistemática y en los que la Corte apenas está iniciando su despegue poblacional. Un período con una presencia algo mayor es el de 1595-1598, que, curiosamente, coincide con la reforma realizada en el Consejo de Guerra al que, en 1594, se le retiran sus poderes judiciales regulares que pasan a una junta de alcaldes de Corte, devolviéndosele dichas atribuciones precisamente en 1598 [37], lo que podría explicar dicho incremento en las causas de militares vistas por la Sala. Desde ese año hasta 1606 hay unos años de menor intensidad en cuanto a la actuación de los alcaldes contra miembros de la milicia, debidos, por una parte, a esa recuperación de las funciones judiciales ordinarias por el Consejo de Guerra -desde 1598-, y, por otro lado, a la estancia de la Corte en Valladolid -entre 1601 y 1606-, años en general de menor actividad de la Sala por lo que la mudanza supuso de trastornos, inestabilidad, una Corte con menor peso demográfico..., efectos que se reflejan no sólo en éstas, sino en el total de causas criminales vistas por los alcaldes de casa y corte. El repunte elevadísimo de 1607 puede muy bien deberse a una acumulación de causas pendientes debida al nuevo cambio a Madrid, manteniéndose, como dijimos, hasta el final del período una media más alta que se corresponde con las circunstancias generales.

Los otros dos cuadros por separado ofrecen datos destacados pero si los cruzamos su riqueza se multiplica al comprobar la relación de determinados empleos o grados militares con delitos concretos. Así pues, analizaremos con detenimiento cada tipo de delito, atendiendo también a esos otros aspectos.

- Delitos de palabra -

	Palabr. Injur.	Cuest.	Amena.	Blasf.	TOTAL
Capitán	3	1	1	1	6
Sargento	1	1	2		
G. Tudes.	1				1
Soldado	1				1
TOTAL	6	2	1	1	10 (6,7%)

---

[37] I. A. A. Thompson: *Guerra y decadencia...*, pp. 52-54.

Es un grupo de delitos con no demasiada representación numérica por lo que apenas podemos señalar algunas conclusiones fiables[38]; apenas se podría reseñar la destacada presencia de capitanes (6 de 10 encausados) y también el predominio de las palabras injuriosas de entre los delitos incluidos en este grupo.

La proporción de militares encausados en este grupo es baja un 6,7% aunque no mucho más que la existente para el total de las personas encausadas en ese período por la Sala -más de 15.400- que es de un 10% aproximadamente.

- Delitos contra la integridad y la vida de las personas -

	Agresiones	Muertes	TOTAL
Capitán	3 (8,5%)	7 (25,9%)	10 (16,1%)
Alférez	11 (31,4%)	8 (29,6%)	19 (30,6%)
Sargento	2 (5,7%)	1 (3,7%)	3 (4,8%)
Guarda	3 (8,5%)	1 (3,7%)	4 (6,4%)
G.Españ.			
G.Tudes.	3 (8,5%)	2 (7,4%)	5 (8%)
Arquero		3 (11,1%)	3 (4,8%)
Ballest.	4 (11,4%)		4 (6,4%)
Soldado	9 (25,7%)	5 (18,5%)	14 (22,5%)
TOTAL	35	27	62

Muy interesante resulta la comparación de estos porcentajes con los globales, sobre todo en ambos extremos de la escala:

Los capitanes suponen un 8,5% (3) por agresiones (heridas, cuchilladas y malos tratos), casi un 26 % (7) por muertes y algo más de un 16% para el total de delitos contra la integridad de las personas (10), proporción sensiblemente inferior al 36,2% (50) que suponen los capitanes de entre el total de militares encausados. Además mientras que de ese total estudiado están acusados por estos delitos el 41,6 %, de los militares, de todos los capitanes juzgados por los alcaldes, sólo el 20 % lo fueron por estos delitos contra la integridad y la vida de las personas.

Los alféreces no siguen la pauta de sus inmediatos superiores. En este grupo de delitos, se registran 11 por agresiones (31,4%), 8 por muertes (casi un 30%); es decir 19 para el total de estos delitos (el 30,6% de los militares encausados en ellos -mientras que en el total, los alféreces representan sólo un 25,4%-). Es decir, un

[38] En él hemos distinguido cuatro subgrupos: *palabras injuriosas* -el grupo predominante-, *cuestiones* -caracterizadas por una tendencia a lo tumultuario, a disputas tal vez callejeras o que exteriorizan viejas tensiones que se manifiestan en este tipo de actos-, *amenazas* -algo diferentes, pues no se trata de un atentado contra el buen nombre de alguien, sino que pretenden tener un carácter intimidatorio- y *blasfemias* -con un carácter bien diferente, mucho más grave en esa concepción de delito/pecado de la época-.

54,2 % de todos los alféreces procesados lo fueron por estos delitos (que, recordamos, suponen el 41,6 % del total de encausados).

Por su parte, los soldados se aproximan más al comportamiento de los alféreces que al de los capitanes: son un 25,7% por agresiones (9), un 18,5% (5) por muertes; lo que suma un 22,5 (14) para el total de delitos contra la integridad de las personas, frente a su 14,5% (20) en el total de militares encausados. Es decir 14 de los 20 soldados procesados por la Sala en esos años lo fueron por esta causa (el 70%), frente al 41,6% de militares encausados por la misma razón.

De todo ello se deduce no sólo que hay un desequilibrio que relega a los capitanes a un tercer lugar tras alféreces y soldados en estos delitos (mientras que son, destacados, los más procesados por la Sala), sino que casi todos los soldados encausados (70%) lo fueron por esta razón, mientras que sólo lo fueron uno de cada cinco capitanes[39]. También puede ser interesante destacar un comportamiento diferencial: de entre todos los grados y empleos con representación significativa en este grupo de delitos, los capitanes son los únicos que están más acusados de muertes que de agresiones, y además no por poco sino en más del doble, lo que puede indicar que los capitanes se veían implicados con más frecuencia en peleas "serias", tal vez en duelos y desafíos, que les hacían llegar hasta el final -el honor y la fama de valentía, quizá, de por medio-, mientras que el resto sería más proclive a esos desmanes, alborotos y altercados tan citados. Es decir, estos comportamientos violentos, coincidentes con la imagen tantas veces repetida de soldados pendencieros, se ajustarían más a los soldados y a los alféreces que a sus capitanes.

Además, éste de los delitos contra la integridad y la vida de las personas resulta el grupo de delitos con más encausados, doblando al siguiente, lo que confirma el temor de la justicia a las alteraciones de orden público expresado en la legislación, por Castillo Bovadilla o, reiteradamente, por la Sala de Alcaldes que en esta ocasión se encuentra también con su principal quebradero de cabeza entre los militares: las guardias reales. Aparecen cuatro miembros de las guardias sin especificar, cinco de la Guarda Tudesca y tres arqueros, es decir 12 encausados en total, que suponen un nada desdeñable 19 % (por encima de los capitanes).

Para el total de las personas encausadas por los alcaldes de casa y corte en ese período 1580-1621, también este grupo de delitos contra la integridad de las

[39] Esto podría tener relación con la hipótesis que antes aventurábamos: los soldados, en general, escapan a la jurisdicción de la Sala poniéndose bajo el amparo de la de sus capitanes, salvo en algunos casos. Si recordamos lo que decía la legislación, uno de los casos en que se reconocía la competencia de los alcaldes de casa y corte era en los que se sorprendiese in fraganti a los soldados, y precisamente las violencias, heridas, cuchilladas, etc. son -por su propio carácter- delitos en los que, con relativa frecuencia, intervendría la justicia mientras se producía el incidente -sobre todo, cuando éste era tumultuario, como los provocados asiduamente por los soldados-.

personas es el que cuenta con un mayor número de encausados, si bien con un porcentaje sensiblemente inferior (33%) que en el caso de los militares (41,6%) lo que refuerza esa impresión del carácter violento y problemático de los soldados.

- Delitos contra la propiedad -

	Ladrones	Hurtos	TOTAL
Capitán		1	1
Alférez		2	2
Sargento		2	2
G.Tudes.		1	1
Soldado	1		1
TOTAL	1	6	7 (4,7%)

Un porcentaje bajísimo y poco representativo (4,7%), en el que por su escaso número de encausados (7) no se puede hacer una pormenorización de participación; a lo sumo destacar la presencia de un único capitán entre los encausados; así como la práctica ausencia de ladrones *profesionales*, sólo un soldado capeador y escandaloso puede considerarse tal, el resto dedicados a hurtos ocasionales.

El contraste con los porcentajes generales de delincuentes encausados por la Sala es, en este caso, enormemente significativo, puesto que en ese panorama general están mucho más presentes que éste 4,7%, (en el total de delincuentes un 29% de procesados por esta causa). Lo que, sin duda, nos da uno de los parámetros para perfilar qué tipo de transgresiones representaban los militares en la Corte, más inclinados hacia la violencia -física y verbal, e incluso frente a la justicia- y las transgresiones morales y sexuales (curiosamente también con un extraordinario peso de las más violentas como el estupro) que hacia otras formas de delincuencia también tradicionales como los robos y hurtos.

- Delitos económicos -

	Usura	Contrab.	TOTAL
Capitán	1	1	2

La presencia de un capitán encausado por usura y otro por "introducción en estos reinos de naypes de Francia" debemos tomarla casi como algo anecdótico, que completa con estas excepciones el panorama general. Quizá podamos apuntar que no debe ser casual que estos dos casos de delitos económicos, que exigían un capital inicial para comenzarlos y algunas relaciones, sean cometidos por oficiales y no por soldados.

- Fraudes -

	Falsed.	Estel.	Estaf.	TOTAL
Capitán	2	1	2	5
Alférez	2	1		3
Arquero			1	1
Soldado	1			1
TOTAL	5	2	3	10

En este grupo de delitos incluimos los engaños hechos con malicia, con los que el encausado perjudica a otros y se beneficia a sí mismo. Dentro del mismo los militares incurren en varios delitos: en primer lugar las falsedades o delitos contra la verdad, en cuatro de los cinco casos por comparecer como testigos falsos -los que "deponen falsamente en una causa" como dice la documentación en ocasiones- y en el quinto un capitán por fingir una deuda; a continuación el estelionato, esto es, el encubrimiento o extracción de alguna escritura de un proceso, representado por un capitán -encausado junto a su mujer, lo que era bastante frecuente en este tipo de delito- y un alférez; y, por último, las estafas, de las que se acusaba a un capitán -también encausado por amenazas-, a un arquero por tener cuños de hacer moneda y a otro capitán por "malganar una partida de dinero".

El porcentaje que representa este grupo de delitos sobre el total de los militares encausados (6,7%) no difiere mucho del total de delincuentes que pasaron ante la Sala (un 5%).

- Incumplimientos -

	Juego
Capitán	3
Alférez	1
TOTAL	4

Es un clarísimo ejemplo en el que queda desvirtuado un grupo de delitos más amplio, pues nos encontramos tan sólo con los encausados por juego indebido. El juego era una actividad restringida legalmente por multitud de causas, ya que su práctica incluso llegaba a ser un impedimento para el buen cumplimiento de las obligaciones en los oficios, además de ser causa de multitud de alborotos y pendencias, por lo que los garitos requerían licencia de la Sala y algunos juegos de naipes y de dados con apuestas fueron prohibidos y, en general, se limitó la cantidad que podía jugarse. Transgredir esas normas o bien jugar con ventaja, empleando trucos -"flores"- eran las razones que podían llevar a la Sala a proceder contra alguien por juego, como lo fueron tres capitanes y un alférez. Es curioso reseñar que de entre las 87 personas que los alcaldes de casa y corte encausaron por esta razón sólo se registra el oficio de cinco -estos cuatro oficiales y un alguacil-, lo que contribuye a hacer verosímil la imagen de los soldados pendencieros y jugadores. De hecho mientras que esos 87 jugadores suponen apenas un 0,5% del total de encausados por la Sala, los cuatro oficiales acusados de ese delito representan un 2,7% del total de militares que se vieron ante los alcaldes, una proporción baja pero sensiblemente superior a la del resto de delincuentes.

- Delitos contra la justicia -

	Resist.	Quebrant. destierro	TOTAL
Capitán	3	2	5
Alférez	1	1	2
Sargento	1		1
G. Españ.	1		1
G. Tudes.	6		6
Soldados	4		4
TOTAL	16	3	19 (12,7%)

Este grupo resulta bastante homogéneo; los encausados en él van contra la justicia bien estorbando o impidiendo que ésta llevase a cabo su cometido, bien incumpliendo de algún modo las penas impuestas por ésta -en este caso sólo la de destierro-. Este sería el apartado estrictamente relativo a los problemas de jurisdicción entre la Sala y los militares, en el que la inmensa mayoría (16 de los 19 procesados) se corresponde a resistencias a la justicia, de las que incluso en algún caso se especifica resistencias "al señor alcalde", con manifestaciones de distinta gravedad -que llegan incluso a "quitar un preso a la justicia"-. Tres datos son bien significativos respecto a estas *resistencias a la justicia*: En primer lugar, es el delito en el que mayor porcentaje de indiciados actúa en grupo y en el que los grupos son mayores; de los 16 encausados 14 son acusados en grupo -un grupo de cinco y tres de tres-, lo que puede ofrecer una imagen de conflicto con una clara conciencia de fuero, con un enfrentamiento palpable y consciente con la justicia de la Corte, tal como la documentación de los alcaldes sugería. En segundo término, una buena parte de los que se ven ante la Sala por estas resistencias estaban acusados también de otros delitos (indicio de muerte, heridas, excesos...), todos ellos violentos, lo que da idea de su peligrosidad y de ese carácter de valentones que actuaban amparados en grupo, que tanto los acercaba al mundo del hampa y de los jaques. Por último, resulta interesantísima la distribución por empleos entre estos militares, pues es el único caso en el que el grupo más numeroso de encausados corresponde a soldados de las Guardas reales -uno de la Española y seis de la Tudesca-, confirmándose de nuevo la veracidad de las quejas de los alcaldes y demostrando que el conflicto de jurisdicción entre la Sala y las Guardas no se refleja sólo en autos y peticiones al rey, sino en una muy activa resistencia de los miembros de las Guardas a la autoridad de la justicia de la Corte. Es también digno de señalar que mientras que del total de personas que pasaron ante la Sala sólo algo más del 2 % fueron encausados por resistencias a la justicia, del total de militares juzgados por los alcaldes de casa y corte cerca de un 11 % lo fueron por esa causa, lo que refuerza aún más esa impresión de hostilidad o de no reconocimiento de la autoridad de esa justicia.

Además, no hay que desdeñar que, posiblemente, los casos de encausados por "testigos falsos" (5) tengan también un cierto sentido de resistencia a la justicia, de desacato o no colaboración con un fuero al que consideraban incompetente, lo que incrementaría aún más este porcentaje.

Por último, aparecen también dos capitanes y un alférez acusados de quebrantamiento de destierro. El destierro de la Corte y cinco leguas -a veces se ampliaba a diez leguas- era una de las penas características aplicadas por la Sala en especial a vagabundos, rufianes y gentes de mal vivir [40]. Los alcaldes encontraban, desde luego, enormes dificultades en hacer cumplir estas penas, puesto que resultaba prácticamente imposible controlar los movimientos de los condenados y evitar su vuelta antes del término dictado por la sentencia -lo más frecuente era por cuatro años-. Por eso, la Sala reiteró la conveniencia de que los escribanos del crimen de la Corte tomasen sus señas y anotaran la causa por la que se les desterraba [41]. A pesar de eso parece que fue muy frecuente el quebrantamiento de esta pena como se constata con las numerosas causas criminales emprendidas por los alcaldes por esta causa [42], entre las que se encontraban las de estos tres militares citados.

---

[40] La pena de destierro de la Corte y cinco leguas se entendía también de las ciudades en las que estaban establecidas las chancillerías y, por auto del Consejo de 1592, se hizo extensible también a Alcalá e Illescas -posiblemente por el carácter universitario de la primera y por tratarse del corregimiento más cercano la segunda-. *A.A.*, II, 6, 14.

[41] A.H.N., *Consejos*, libro 1202, f. 79, 1613, septiembre, 7, Madrid. Auto de la Sala.

[42] Eso obligó incluso a que se diesen órdenes de búsqueda y captura de desterrados que hubieran vuelto a la Corte, en las que se ofrecían recompensas de cuarenta reales por cada uno que se prendiese, dando poder a los porteros de la Sala para hacerlo. A.H.N., *Consejos*, libro 1202, f. 257, 1614, septiembre, 4, Madrid.

- Delitos contra la moral sexual y marital -

	Lenoc.	Adult.	Amanc.	Estup.	Sodom.	Malos tratos	TOTAL
General				1			1
Capitán	1	3	4	9		1	18
Alférez			4	1	1		6
Guarda			1				1
Soldado		1		2			3
TOTAL	1	4	9	13	1	1	29 (19,5%)

Resulta interesantísimo el elevado número de capitanes encausados (18 sobre 50 capitanes en todos los delitos) y su alta proporción en estos delitos 18 (62%) sobre 29 encausados, muy superior a su participación media; es difícil de explicar esa presencia, salvo quizá si admitimos que un mayor status y consideración social podía facilitar determinados excesos y aventuras galantes ilícitas. Interesante también es el considerable mayor porcentaje con que se dan estos delitos entre los militares (casi un 20%) que entre el total de encausados (un 12%), importancia numérica que viene marcada, como veremos, por los estupros y los amancebamientos, esto es, por la tendencia a una sexualidad violenta y a las aventuras amorosas transgresoras.

En cuanto a los delitos comprendidos en este grupo, aparece un único capitán acusado de lenocinio, delito vinculado al trato ilícito y las tercerías -a las relaciones sexuales ilícitas o al ejercicio de la prostitución ilegal-.

Entre los delitos que iban contra el buen orden marital y los comportamientos que debían guardarse en el matrimonio, encontramos cuatro militares -tres capitanes y un alabardero [43]- indiciados por adulterio [44] y otro capitán por disputas conyugales y malos tratos a su mujer.

Un lugar destacado lo ocupan los amancebamientos [45] por los que fueron encausados cuatro capitanes -uno de ellos reincidente-, cuatro alféreces -uno acusado también de una muerte- y un soldado de la guarda (nueve en total).

---

[43] Una vez más de entre todos los encausados de los que se recoge el oficio destacan estos militares, lo que realza su conocida disposición para las aventuras y los lances amorosos.

[44] El adulterio es un delito perfectamente definido; en la jerarquía de los pecados de lujuria es más grave que los anteriores, "porque en él hay por medio un acto sexual que produce ofensa, la ofensa al marido (porque en el adulterio el engañado siempre es el marido) y, sobre todo, la ofensa a la realidad sacramental que une a las personas dentro del matrimonio". Francisco Tomás y Valiente: "El crimen y pecado contra natura", en *Sexo barroco y otras transgresiones premodernas*, Madrid, Alianza, 1990, pp. 33-56, p. 37.

[45] Eran culpados por esta causa los hombres y mujeres que estaban unidos, llevando vida marital, sin estar casados. Como dice Covarrubias: "El que trata de assiento con la que no es su legítima muger, y amancebada la que de propósito cohabita con el que no es su marido. Amancebamiento, el tal ilícito ayuntamiento...". Sebastián de Covarrubias: *Tesoro de la Lengua Castellana*, voz: "Amancebado".

Muy destacable es también el alto número de estupros[46] -sobresale aún más en ellos la proporción de capitanes: 9 sobre 13 encausados-, que comparándola con las cifras globales de estupros en relación a los delitos contra la moral, aquí alcanzan nada menos que un 44,8%, mientras que sobre el total de encausados por la Sala no alcanza el 30%; dato revelador de esa actitud violenta a la que venimos refiriéndonos aplicada también a los delitos contra la moral sexual, lo que se ve más claro aún en dos de los casos que van acompañados de rapto -como, por otra parte, era relativamente habitual-.

En último término, se recoge también el caso de un alférez acusado junto con dos mujeres de "pecado de sodomía", aunque el inventario no da más datos sobre el tipo de prácticas sodomíticas de que se acusaba al trío. En general son muy pocos los acusados de pecado nefando[47] -figuran como "nefandistas" en el inventario-, sólo 35 en cuarenta años.

- Varios -

	Excesos	Daños	Esclav.	TOTAL
Capitán	2	1	1	4
Alférez	1		1	2
TOTAL	3	1	2	6

En este apartado de *varios* hemos reunido delitos muy heterogéneos y de difícil clasificación, si bien su escaso número los convierte también casi en anecdóticos. En primer lugar, hemos recogido dos capitanes -uno de ellos procesado también por resistencias a la justicia- y un alférez encausados por *excesos*, muy frecuentes en el Inventario de Causas Criminales y que se consignan escuetamente de ese modo, sin consideraciones ni observaciones de ninguna clase; podemos, por ello, suponer que no debieron ser delitos de gran entidad ni de consecuencias graves -aunque hay innumerables casos en los que a una acusación principal se añade "y excesos"-.

---

[46] Una agresión sexual en la que las mujeres eran siempre las víctimas, salvo en los casos de ser cómplices. Considerado más grave que la simple fornicación, por estupro se entendía "no sólo, aunque también, la relación sexual entre hombre y doncella, distinguiendo si es púber o impúber, como la relación sexual mediante dolo. Es decir, aquí la gravedad del pecado viene dada por la no adhesión voluntaria, libre, espontánea de ambas partes al acto sexual". F. Tomás y Valiente: "El crimen y pecado contra natura", p. 37.

[47] Al respecto pueden verse, el ya citado artículo de Francisco Tomás y Valiente: "El crimen y pecado contra natura", o el estudio sobre una realidad concreta de Rafael Carrasco: *Inquisición y represión sexual en Valencia. Historia de los sodomitas (1565-1785)*, Barcelona, Laertes, 1986.

Los *daños* también son frecuentes entre los encausados, aunque sólo un capitán compareció ante los alcaldes por daños con sus ganados en viñas, es decir por un perjuicio ocasionado a propiedades ajenas sin una intención delictiva -este caso de daños a viñas con ganados es relativamente frecuente-.

Por último nos encontramos un alférez acusado de no querer volver un esclavo a su dueño y un capitán procesado por ocultación de una esclava, si bien nos resulta imposible saber las motivaciones y los intereses que les movieron a actuar así.

De este análisis pormenorizado se deduce un distinto comportamiento transgresor propio de los amparados por el fuero militar, unos específicos hábitos delictivos de entre el total de perseguidos y encausados en la Corte por la Sala de Alcaldes. Un conjunto de militares procesados que viene condicionado por su mismo carácter de aforados que -como ya apuntamos- influiría en una preselección del grupo, al excluir a los soldados delincuentes cuyos casos fuesen vistos por la justicia militar en alguna de sus instancias [48]. Grupo que manifiesta unos comportamientos particularmente violentos en sus más variadas formas -agresiones, violencia sexual, resistencias a la justicia...- y unas actitudes transgresoras que confirman la imagen que la literatura, los costumbristas, la legislación o la misma justicia nos transmitía.

Por otra parte, relacionar la justicia y la milicia en el concreto campo geográfico, social y jurisdiccional de Madrid justifica sobradamente esa doble perspectiva desde la justicia y desde la transgresión; desde el entramado institucional multifuncional de la época y desde los complejos comportamientos sociales del Barroco -no siempre fáciles de explicar-. Conflictos jurisdiccionales y pautas transgresoras pueden tener -por muy contradictorio que parezca- algunas raíces comunes. El caso de los soldados de las guardias reales y la Sala de alcaldes de casa y corte es bien significativo: la estructura jerárquica de los primeros, su corporativismo y su conciencia de grupo, sus hábitos de violencia y de actuación colectiva, su imagen y valores que se le atribuyen -valentía, cuando no temeridad, concepto del honor y de la fama aún más exacerbado que el común...- y, por supuesto, el privilegio de su fuero, les eran muy útiles en su enfrentamiento con la justicia ordinaria -encarnada por la Sala de alcaldes en este caso de la Corte- tanto negando su competencia y jurisdicción en unos casos, como transgrediendo las leyes y desafiando su autoridad en otros.

---

[48] Selección que, como advertíamos, supondría una menor presencia en estas estadísticas cortesanas de los soldados sin graduación -con un "paraguas jurisdiccional" de superiores mucho más amplio- y de las causas menores, consideradas más leves -en las que la Sala no pondría tanto celo por arrebatárselas a la justicia militar-.

LA JUNTA DE EJECUCIÓN: EL ÓRGANO RECTOR DE LOS DESTINOS DE LA MONARQUÍA

Dolores M. Sánchez González
U.N.E.D

SUMARIO:

I. El sistema de juntas y la administración militar
II. La junta de ejecución de las prevenciones de la defensa de 1634: características y composición
III. La junta de ejecución de 1637
1. Consideración de la Junta en su época
2. Actuación de la Junta en la revuelta catalana
3. Inoperatividad de la Junta: la nueva planta de 1642
a) Configuración material de la Junta
b) Normas sobre actuación
IV. La extinción de la junta
V. Valoración general

I. EL SISTEMA DE JUNTAS Y LA ADMINISTRACIÓN MILITAR

La creación de Juntas, dentro de los distintas ramas de la administración, es una constante de la España Moderna. La vertiente militar no podía ser menos. Pero si hubiese que destacar una Junta cuyo papel hubiese sido esencial dentro del panorama social y militar de los siglos XVI y XVII, sin duda alguna destacaría la llamada **Junta de Ejecución** por su especial configuración institucional y por el papel desempeñado en la llamada "guerra de los segadores" o rebelión catalana de 1640, que llegó a poner en peligro los cimientos de la Administración central del Estado.

Como se recordará la Administración Central en el Estado Moderno se estructura en torno a un sistema de Consejos, cuyo núcleo generador son los Consejos altomedievales de cada uno de los territorios y de entre los que destacan tres cuya importancia fue esencial en cuanto eslabón de unión de la Monarquía: el Consejo de Estado, el Consejo de Guerra y el Consejo de la Inquisición. Creemos que la esencia de los Consejos en la Edad Moderna fue la misma que poseían las Cortes castellanas altomedievales, y a la cual deben incluso su denominación: el **deber de consejo** que tienen todos los súbditos con su rey (no sólo los que tienen un vínculo de naturaleza especial) [1] y que también prestó su fundamento jurídico a las Juntas en el sistema jurídico de la recepción del derecho. Porque paralelamente al sistema de Consejos, hasta el punto de llegar a constituir la verdadera forma de gobierno, funcionaron en la España Moderna las Juntas, que ante la ineficacia y lentitud de los Consejos para cumplir su misión, se erigen en el verdadero representante del deber de consejo, tratando de imprimir movilidad al pesado engranaje

---

[1] Sobre la presencia del deber de consejo en las Cortes véase J. M. Pérez-Prendes: *Cortes de Castilla*, Madrid, 1974.

de la Administración articulando con ello el principio de flexibilidad adaptativa de las instituciones [2].

No obstante, hay que tener presente que con el término Junta se designan múltiples realidades, aunque en el fondo, y como su propio nombre indica, se está haciendo referencia al hecho de "juntar" o reunir a un grupo de personas para que deliberen y asesoren al monarca, personas que por lo general pertenecían a los Consejos de la Monarquía que estaban relacionados con la materia sobre la que tendría que tratar la Junta. No obstante, según los rasgos que dicha reunión presente podemos hablar de la existencia de una diferencia clara entre Juntas "ad hoc" y Juntas Ordinarias, dejando a un lado otros tipos de Juntas, siendo tal la multiplicidad de Juntas de un tipo y de otro que es imposible realizar una enumeración exhaustiva de las mismas.

Las primeras, las juntas "ad hoc", tienen un carácter temporal, por cuanto son convocadas para la deliberación sobre un asunto muy concreto, terminado el cual la Junta se extinguiría, por lo que en principio este tipo de Juntas carecería de regulación y de un lugar fijo para las reuniones, por lo que sus miembros se reunían en la "posada" de su Presidente [3].

Las Juntas Ordinarias, por contra, son auténticos Tribunales Permanentes, y, como si fuesen un Consejo más, se ocupan de una determinada materia sin limitación de tiempo, contando igualmente con normas procedimentales y un lugar fijo, una sala del Palacio, para las reuniones [4].

Por lo que respecta a la esfera militar, el órgano que se sitúa en la cúpula de la administración es el Consejo de Guerra cuyas competencias se sitúan en un ámbito doble: de un lado técnicas y de otro de ordenación del personal militar. Pero sus competencias van a estar limitadas por las de los otros Consejos, básicamente el Consejo de Estado, pues, en cuanto que era el primero de los Consejos, y quien asumía las tareas de Estado, y el Consejo de Hacienda, no siendo preciso recordar que guerra y dinero son dos términos que van uno detrás de otro.

Precisamente por razones de inoperatividad del Consejo de Guerra, se acude con frecuencia a las Juntas, sobre todo en el reinado de Felipe IV dada la intensa situación bélica soportada, pudiendo citar como ejemplos de Juntas "ad hoc" a la "Junta encargada de reorganizar la marina" de 1622 creada a raíz de la guerra de los treinta años, así como la Junta encargada de ocuparse de las fortificaciones de

---

2 Creemos junto con J. M. Pérez-Prendes que existen una serie de principios que fundamentan la Administración en la Edad Moderna: el principio de flexibilidad adaptativa de las instituciones, el de delegación y el de interrelación de los poderes (*La Monarquía indiana y el Estado de derecho*, Madrid, 1989, pp. 23 y ss.)

3 Sobre las mismas puede verse mi estudio: *El deber de consejo en el Estado Moderno. Las Juntas "ad hoc" en España (1471-1665)*, Madrid, 1993.

4 Véase mi estudio: *Las Juntas Ordinarias. Tribunales permanentes en la corte de los Austrias*, Madrid, 1995.

Cataluña de 1638, o la de las fortificaciones de Cantabria de 1639, o la misma Junta de las materias de Aragón de 1644, que intervino en la rebelión de los catalanes, adoptando el término acuñado por Elliott. Y como ejemplos de Juntas Ordinarias, además de la Junta de ejecución, de que hablaremos a continuación, queremos citar el especial papel desempeñado por la Junta de Guerra de España creada en 1643, al extinguirse aquélla, para que se ocupase de todo lo concerniente a guerras y milicias en España, o la Junta de levas, encargada de las levas de gente para la guerra y que funcionaba en 1665. Y no queremos dejar de mencionar la curiosa e importantísima Junta de Guerra de Indias, que dependiendo del Consejo de Indias estaba formada por consejeros de ambos consejos.

II. LA JUNTA DE EJECUCIÓN DE LAS PREVENCIONES DE LA DEFENSA DE 1634: CARACTERÍSTICAS Y COMPOSICIÓN

Para hablar de la Junta de ejecución es preciso situarse cronológicamente: estamos a 4 de febrero de 1634. La guerra con Francia es inminente y el Conde Duque de Olivares escribe el "Papel que dio el Conde Duque al rey nuestro Señor sobre las prevenciones que se debían hacer en toda la Monarquía para su defensa en el año 1634"[5], en el que después de aconsejar sobre la forma de buscar hombres y dinero para la guerra, y aconsejar sobre las plazas a fortificar, considera conveniente la formación de un Tribunal "para estas expediciones de España todas, y ejecución dellas prontamente"[6], "una junta de pocos que sin consultar puedan enviar las órdenes necesarias para la ejecución, castigando y haciendo demostración con quien no obedece"[7].

Propone, pues, la creación de una *Junta ejecutiva*, un proyecto tan novedoso como ambicioso, pues se trata de un órgano en cierta forma distinto a los hasta ahora creados, con el que subsanar las deficiencias de la Administración central de la época: de un lado la lentitud en el despacho y de otro la desobediencia. Lentitud habitual en los Consejos que se pierden en luchas de competencias, precedencias entre consejeros, y trasiego de consultas de un lado para otro. Lentitud que se pretendió subsanar fomentando la creación de Juntas tanto "ad hoc" como Permanentes, las primeras para dar pronta solución a las materias, y las segundas para descongestionar el abultado número de asuntos que recibían los Consejos, como

[5] Publicado por J.H. Elliott y J. F. de la Peña: *Memoriales y cartas del Conde Duque de Olivares, vol. II: Política interior, 1628-1645*, Madrid, 1978-1981, doc XIII, pp. 113-130.

[6] Ibídem, p. 128.

[7] Ibídem, p. 124.

ya indicamos. Desobediencia innata a los nobles de la época que veían al Conde Duque como un advenedizo y que dificultaba la ejecución de las Consultas que emanaban de Consejos y Juntas, que se cumplían tarde, mal o nunca[8].

Con esta nueva Junta, Olivares pretende contar con un eficaz auxiliar, un órgano no sólo consultivo sino con capacidad decisoria, lo que imprimiría rapidez en la toma de las decisiones, y con la suficiente capacidad para que sus órdenes fuesen obedecidas, hasta el punto de que Olivares decía que "se ha de anteponer a cualquier otros Consejos y juntas siempre que fuera necesario".

Este tribunal se designa con el nombre de **Junta de ejecución de la defensa de estos reinos** o **Junta de Ejecución de las Prevenciones de la defensa**, y fue creado en 1634, Elliott considera que es distinto de la *Junta de Ejecución* que funcionaba en torno a 1637, pero creemos que puede tratarse de la misma junta que ha cambiado con el tiempo[9].

La Junta de Ejecución de las Prevenciones de la Defensa aparece compuesta por casi todos los miembros propuestos en aquel papel por el Conde Duque:

. el Presidente de Castilla, primera figura de la Monarquía después de Olivares, claro está

. el confesor del rey Fray Antonio de Sotomayor, segunda figura aunque a veces primero en importancia real. Solía acudir a las Juntas, pues era quien se encargaba de los asuntos de conciencia del rey

. el marqués de Gelves (que sustituye al marqués de Leganés propuesto por el Conde Duque)

. D. Lorenzo de Cárdenas, conde de la Puebla

---

[8] Es curioso observar como la propia Junta de Ejecución, ocupada como estaba en un asunto grave como era el sitio de Salces, envía al rey una consulta dando su parecer sobre la crianza de la juventud en la que se dice lo siguiente: "Señor. La buena crianza de la jubentud es una de las cosas mas esenciales para muchos fines, y considerandolo asi vuestra Mag[d]. con su acostumbrada prudencia ha mandado se trate de la disposición de la materia para que cese la ociosidad, y se exercite en aquellos ministerios que deve emplearse como se hacia por lo pasado y se platica en otros Reynos, y en la ocasion presente se ha reconocido quanto se necesita de ajustar este negocio pues hace novedad, que de Nacion á Nacion no aya acudido al sitio de Salses persona de calidad de las que debieran salir a el, y asi juzga la junta es bien se sepa el estado que esto tienen y adonde para, mandando vuestra Mag[d]. se continue en ello de suerte que se concluya cosa que será detanta utilidad al credito de la Nacion y al servicio de vuestra Mag[d]. que mandará lo que mas combenga. En Madrid a 14 de enero de 1640" (SHM, Aparici, rollo 14, tomo LII, 1-2-3). Se consideraba que el problema de la obediencia se debía a una deficiente educación en la misma sobre todo en la clase nobiliaria.

[9] Así hemos encontrado a la Junta de ejecución mencionada en una consulta del Consejo de Estado de 9 de agosto de 1936 constando que se ocupaba de la prevención de las costas (AGS, Estado, leg. 2657).
Recordemos que en virtud de uno de los principios de la Administración del Estado Moderno, el de flexibilidad adaptativa de las instituciones, el cambio en la estructura, composición y competencias, es una de las constantes de los órganos administrativos en este sistema jurídico, siendo ésta una vía para garantizar el principio de soberanía.

. D. García de Haro y Avellaneda, conde de Castrillo

. D. Francisco de Alarcón

. José Gonzalez, el eterno consejero, presente en casi todas las Juntas de la época

. D. Pedro Pacheco, marqués de Castrofuerte

. D. Francisco de Andía, Irarrázabal y Zárate, marqués de Valparaíso

. D. Juan de Castilla

. Por la Corona de Aragón: D. Francisco de Castelví, Regente de Valencia; D. Jerónimo de Villanueva, protonotario de Aragón, y D. Carlos de Borja y Aragón, duque de Villahermosa

. Por Italia: D. Iusepe de Nápoles, consejero de Italia y el regente de Brancha, Regente de Nápoles.

. 4 secretarios: Bartolomé de Anaya y Villanueva, Secretario del Rey; el secretario Diego Suárez; el secretario de Cámara y el secretario de Consejo de Guerra, Gaspar Ruiz

. Y Los procuradores de Cortes D. Gerónimo de San Vítores y D. Bernardo de Rivera.

La junta celebraría reuniones ordinarias tres días por semana en la Sala de Cortes y extraordinarias los días que se considerase oportuno en la casa del Presidente de Castilla.

III. LA JUNTA DE EJECUCIÓN DE 1637

Dudamos, al igual que lo hace Elliott, que una junta como la anterior, con tan elevado número de miembros (21 para ser exactos) y ambiciosos proyectos pudiese funcionar correctamente, de ahí que nos parezca lógico que en poco tiempo se produzca una reducción en el número de miembros de la junta hasta el punto de presentarnos la planta de la **Junta de Ejecución** tal como la conocemos en 1637, cuyo papel fue esencial en la fase previa a las revueltas catalanas, y en el inicio de la rebelión portuguesa [10].

1. Consideración de la Junta en su época

Situada por encima del resto de los Tribunales [11], fue uno de los órganos más importantes del gobierno de Olivares hasta el punto de que Sánchez Santiago manifiesta que:

---

[10] Sobre la revolución y separación de Portugal puede verse R. Valladares: *Felipe IV y la restauración de Portugal*, Málaga, 1994.

[11] M. Danvila: *El poder civil en España*, 6 vols., Madrid, 1885-1886, vol. III, pp. 21-22.

"En ella se trataba y resolvia todo lo perteneciente al bien público y universal del Reyno, así en materias de Paz, como en las de Guerra, egecutandose sus resoluciones previa consulta de S.M." [12].

Una opinión parecida es la de Rodríguez Villa, que se refiere a ella en éstos términos:

"En la junta de execución se trata de todas materias: su despacho es brevisimo, con grandisimo alivio de los pretendientes; porque no corre aqui aquel embarazo de tantas formalidades y circunstancias de consultas, subidas, baxadas, pérdidas de consultas, réplicas, informaciones, etc., como hay en todos los demas tribunales, consiguiéndose aqui todo en un día; porque se executa y tiene esto por cosa muy acertada al servicio del Rey, cuya autoridad no ha de ser menor que la de otros reyes y principes, que no son atenidos a ninguna de las formalidades susodichas" [13].

Para completar la idea de la misma basta con acudir a la *Relación política de las mas particulares acciones del Conde Duque y sucesos de la Monarchia de España, con la forma de su govierno* en la que se la describe de esta forma:

"La primera Junta que entre todas es la mas prinçipal, por la dignidad y la mas estimada por la autoridad, es la que se llama de execuçion de la qual era secretario D. Fernando Ruiz de Contreras en esta se trata todo lo que mira al bien unibersal de la Monarquia, tiene tanta preheminençia a todos los Consejos y tribunales, que sus decretos no dependen de otra Jurisdizion que de la suya propia y por esto es su nombre el de execiz[on]. porque quanto determina con solo partiçipacion del rey (que nunca lo contradize) inmediatamente se executa.
Y porque en esta Junta efectiuamente se tratan, y se concluyen todas las materias de estado, tanto de guerra, quanto de paz fue neçesario repartirse el peso entre dos Juntas siendo insoportable a una sola..." [14].

Deducimos pues que la importancia de esta Junta se debía a reunir en un solo órgano competencias no sólo del Consejo de Guerra, sino también del Consejo de Estado, dos de los Consejos más importantes de la Monarquía que ven detraer sus

[12] A. Sánchez Santiago: *Idea Elemental de los Tribunales de la Corte en su actual estado y última planta*, Madrid, 2 vols., 1787, vol. II, p. 181.

[13] "Nuevas de Madrid desde 17 hasta 24 de enero de 1637", *La Corte y Monarquía de España en los años de 1636-1637*, Madrid, 1886, p. 75.

[14] Punto IV del discurso segundo, RAH MS., Col. Pellicer, XXVII, publicado en D. M. Sánchez González: *Las Juntas Ordinarias...*, p. 178.

funciones en beneficio de una Junta, y a que se situaba entre el rey y el resto de los Consejos.

2. Actuación de la Junta en la revuelta catalana

Volvamos al relato histórico. Se había iniciado la guerra con Francia atacando los franceses Guipúzcoa en 1638 e iniciándose la campaña en la frontera francesa en 1639, y en Cataluña se vive una sensación de descontento general. Son tres los factores que confluyeron en la rebelión y uno el detonante, si bien en el fondo de todo ello se encuentra el choque entre la soberanía y las constituciones catalanas:

a) De un lado la negativa catalana a aportar dinero y tropas con que contribuir a la defensa contra Francia.

El ejército en la Edad Media, presentaba unas características peculiares desde el momento en que podía distinguirse en su composición entre milicias concejiles, mesnadas señoriales y reales, tropas mercenarias y órdenes militares, siendo el único elemento aglutinador la autoridad de la Corona [15]. El ejército de la Edad Moderna no presenta modificaciones radicales en esta estructura pues hasta el siglo XVIII se caracterizó por no ser un auténtico ejército nacional [16], siguiéndose para el reclutamiento el sistema de **milicias**, siendo las ciudades y villas las que suministran los soldados.

Por otro lado, frente a la Edad Media en que se respetaba la obligación de prestación del servicio militar desde el momento en que todos debían acudir al **apellido** o llamada del rey [17], quizás por existir una mayor pacificación del territorio, asistimos en la Edad Moderna a una crisis en la configuración del ejército dado que la nobleza, principal baluarte de la dirección del ejército, se ampara en el carácter voluntario de su intervención en el mismo por lo que pasa a ser sólo una obligación del pueblo llano [18]. Pero además de no ser un ejército permanente [19], ni siquiera se reclutaba a las tropas siguiendo esquemas racionales, ni tan siquiera de forma constante,

---

15 J. Martínez de la Vega y Zegrí: *Derecho militar en la Edad Media*, Zaragoza, 1912, p. 55.

16 Sobre el ejército en esta época puede verse L. A. Ribot García: "El ejército de los Austrias. Aportaciones recientes y nuevas perspectivas", en: *Temas de Historia Militar (I Congreso de Historia Militar, Zaragoza, 1982)*, Madrid, 1983, pp. 157-203.

17 Véase A. Palomeque de Torres: "Contribución al estudio del ejército en los Estados de la Reconquista", en: *AHDE* 15 (1944), pp. 205-351.

18 A. Domínguez Ortiz: "La movilización de la nobleza castellana en 1640", en: *AHDE* 25 (1955), pp. 797-823, p. 800.

19 Pese a la existencia de escritores como F. Lanuza Castro que hablan de la existencia de un ejército permanente con los Reyes Católicos (*El ejército en tiempos de los Reyes Católicos*, Madrid, 1953, pp. 235 y ss.), J. Vigón señala como es un tópico retrotraer a los Reyes Católicos dicho modelo de ejército (*El ejército de los Reyes Católicos*, Madrid, 1968, p. 11).

pues, para realizar los reclutamientos, el Consejo de guerra calculaba cuándo iba a declararse una guerra, el número de hombres necesarios [20], procediendo a determinar los distritos de reclutamiento, en zonas cercanas a donde se iban a desarrollar los combates o a embarcar las tropas, y designaba a un capitán en cada uno de ellos, que era el que se encargaba de ofrecer las condiciones económicas del alistamiento [21]. Los tropas se agrupaban en tercios de infantes cada uno de ellos formado por varias compañías (cada compañía estaba formada por 250 soldados agrupados en 10 escuadras), estando formados en su mayoría por castellanos, sin olvidar claro está a los famosos tercios extranjeros, como el tercio de Flandes.

El que los diferentes territorios cooperasen política y militarmente en la defensa de la totalidad del Estado (la llamada Unión de Armas) fue el sueño de Olivares [22], sueño que no se hizo realidad, pues aunque algunos territorios ya se habían prestado a esa integración (como Valencia), Cataluña se resistía a prestar sus hombres, incluso para defender su propia frontera [23] y se negaba a contribuir económicamente [24]. De ahí que se ordene al Virrey realizar una leva forzosa, medida que el

---

[20] Era corriente, cuando se preparaba una batalla, la confección de un presupuesto de gastos. Estas previsiones datan de antiguo. Al respecto, resulta muy interesante el estudio que N. Sánchez Albornoz realiza del presupuesto de la campaña de Marruecos del rey Sebastián de Portugal en el que se calculaba la tropa, duración de la campaña, alimentación de los soldados, sueldos, etc. ("Gastos y alimentación del ejército en el siglo XVI, según un presupuesto de la época", *CHE* 14 (1950), pp. 150-173).

[21] I.A.A. Thompson: *Guerra y decadencia. Gobierno y administración en la España de los Austrias, 1560-1620*, Barcelona, 1981, pp. 135 y ss.; R. Quatrefages: *Los tercios españoles (1567-1577)*, Madrid, 1979, pp. 24-27. Con carácter más específico sobre el reclutamiento puede verse L.A. Ribot García: "El reclutamiento militar en España a mediados del siglo XVII. La <<composición>> de las milicias de Castilla", en: *Cuadernos de Investigación histórica* 9 (1985), pp. 63-89; C. Asenjo Asedano: "Una leva para la guerra de Cataluña (la de Guadix del año 1642)", en: *Actas del I Congreso de Historia de Andalucía. Andalucía Moderna (siglos XVI y XVII)*, Córdoba, 1978, I, pp. 61-68; J. Contreras Gay: *Problemática militar en el interior de la península durante el siglo XVII. El modelo de Granada como organización militar del municipio*, Madrid, 1980, y "Aportación al estudio de los sistemas de reclutamiento militar en la España Moderna", en: *Anuario de Historia Contemporánea*, Granada, 1981, pp. 7-44.

[22] Como puede verse en escritos de Olivares como el "Papel que escribió el Conde Duque deseando entablar la unión de los Reinos desta Monarquía para que en caso de guerra en cualquiera dellos, tuuiesen los demas la obligación de acudir a su defensa" (BM, Egerton 348, nº 29), y el escrito de fecha 3 de febrero de 1627 titulado "Unión de los reinos y unidad de régimen jurídico político", recogidos en J.A. Martínez Sánchez Calderón: *Epitome de las historias de la gran casa de Guzmán*, BN, Mss. Y4, nº 2256.58.
Pero la idea ya venía de antes por cuanto P. Fernández de Navarrete en tiempos de Felipe III hablaba de la necesidad de repartir las cargas a todas la provincias (*Conservación de monarquías y discursos políticos sobre la gran consulta que el consejo hizo al señor rey don Felipe III*, BAE 25, pp. 496 y ss.).

[23] El 13 de junio de 1637 se publicó la Real Cédula ordenando que el Principado acudiese a su defensa (A. de Torme y Liori: *Miscellaneos históricos y políticos de la guerra de Cataluña desde el año 1639*, Barcelona, 1899, BN., Mss. 1927, fº 127).

[24] De 6 de noviembre data la Pragmática Real dada a Cataluña solicitando 100.000 libras para reparar fortalezas publicada por Torme y Liori: *Miscellaneos históricos...*, ff. 140 y ss.

propio Santa Coloma advirtió que era improcedente, por suponer contrafuero, e impopular[25]. De hecho éste también fue un factor importante en la rebelión portuguesa, pues una vez declarada la rebelión en Cataluña el 27 de octubre la Junta de Ejecución recuerda la obligación de los portugueses de ayudar militarmente en Cataluña[26].

b) De otro lado la prohibición de comerciar con Francia en virtud de la guerra existente.

Prohibición que era quebrantada por los comerciantes catalanes de una forma o de otra, hasta el punto de que se había generado una acumulación de contrabando confiscado en los almacenes de la Diputación de Barcelona, oponiéndose los diputados al acceso de los funcionarios reales a dichos almacenes, alegando para ello las disposiciones legales vigentes en Cataluña: las Constitucions, recopilación del derecho vigente en Cataluña publicada entre 1588 y 1589[27].

c) Y por último la necesidad de alojar en Cataluña las tropas.

El alojamiento se consideraba una parte del sueldo que debía dar el rey, siendo el sistema habitual el del hospedaje entre el vecindario[28]. Dada la inminencia del invierno y la escasez de dinero, no se consideraba pertinente dejar desprotegida la frontera hasta la primavera siguiente, de ahí que fuese preciso proceder al alojamiento y avituallamiento de las tropas a costa del pueblo[29]. En virtud de ello, se expide la Pragmática sobre alojamientos de 6 de abril de 1640[30] ordenándose al Virrey de Cataluña Dalmau de Querelt, que procediese a realizar dichos alojamientos, todo ello ante la oposición de los diputados catalanes, dado que la pragmática instauraba una nueva forma de realizar los alojamientos a la manera lombarda, es decir a cargo de la provincia, lo que, según ellos, iba en contra de los

---

[25] E. Zudaire Huarte: *El Conde Duque y Cataluña*, Madrid, 1964, p. 243.
Es preciso señalar que la resistencia al llamamiento también se produjo en Castilla donde no se pudo conseguir el número de hombres proyectado al excusarse los hijosdalgo de acudir y pagar por un sustituto, bien por haber accedido demasiado fácilmente a las Órdenes militares, bien por considerar que el rey debía acompañarles a la campaña para estar obligados por el llamamiento (Domínguez Ortiz: "La movilización...", pp. 814-820).

[26] J.H. Elliott: *El Conde Duque de Olivares*, Barcelona, 1990, p. 577.
Un Portugal que mostraba así su descontento, agraviado por la caída de su comercio (M. Hume Martin: *La Corte de Felipe IV*, Barcelona, 1949, p. 174).

[27] J. Carrera Pujal analiza las repercusiones de la prohibición de comerciar con Francia en: *Historia política y económica de Cataluña (siglos XVI-XVIII)*, 3 vols., Barcelona, 1947, vol. I, p. 415.

[28] Quatrefagues: *Los tercios españoles...*, p. 67.

[29] Según C. Pujol y Camps ésta fue la causa inmediata del alzamiento (*Melo y la revolución de Cataluña en 1640*, Madrid, 1886, p. 13).

[30] Publicada por Zudaire: *El Conde Duque y Cataluña*, p. 447.

fueros catalanes[31]. La presencia de mercenarios en las tropas provocó inevitablemente abusos, saqueos y actos de violencia sobre la población civil, debidos en parte a la escasez de alimentos y a la falta de aprovisionamientos a las tropas, agravando aún más la tensa situación.

La actividad de la Junta de ejecución, que se incrementó en 1640, se centró en contrarrestar los factores que impedían la intervención catalana en la guerra con Francia, actitud que ponía en peligro la propia seguridad del Principado.

En este sentido desde mayo de 1637 venía indicando la necesidad de que las fronteras fuesen defendidas por tropas formadas por oriundos de los territorios afectados, de ahí que se llame a los catalanes a la defensa del Principado[32], medida rechazada en numerosas ocasiones y sobre la que se vuelve a reincidir en 1640 al pedirse el reclutamiento de 6.000 catalanes[33]. Ante la oposición radical de la Diputación se ordena que se proceda a arrestar a un diputado, a título de ejemplo, como medida para reafirmar el poder central, y Tamarit es arrestado el 18 de marzo de 1640, iniciándose los disturbios en Cataluña, por parte de campesinos amotinados que forman un ejército que llega a tomar las cárceles de la ciudad de Barcelona, extendiéndose la rebelión a otras ciudades durante el mes de mayo. No obstante, la actitud de la Junta fue la de la prudencia, evitando una postura de fuerza, manifestándose el 9 de mayo de 1640 contra la intervención armada en la provincia por temor a una guerra que se extendiese[34], aunque días después, el 21 habla de la necesidad de reprimir los disturbios[35], e indica como única salida a la crisis el que los rebeldes soliciten el perdón[36], negándose a la retirada de las tropas pedida por los catalanes[37], pero proponiendo consultar a los catalanes residentes en la Corte sobre la forma de resolver la crisis producida, fruto de lo cual fue la creación de la llamada Junta de Inteligencias de Cataluña[38]. Resulta evidente que la prudencia de la Junta se debe a la situación comprometida en que se encontraba el gobierno central tras la sublevación de Portugal.

---

[31] Al respecto pueden seguirse los argumentos esgrimidos en Zudaire: *El Conde Duque y Cataluña*, pp. 231 y ss.

[32] AGS, Guerra Antigua, leg. 1182.

[33] Consulta de 4 marzo de 1640 (AGS, Guerra Antigua, leg. 1327), se vuelve a reincidir en consulta de 26 de marzo del mismo año (AGS, Guerra Antigua, leg. 1327).

[34] AGS, Guerra Antigua, leg. 1328.

[35] AGS, Guerra Antigua, leg. 1328.

[36] Consulta de 4 de junio de 1640 (AGS, Guerra Antigua, leg. 1328), parte de la cual es publicada por Zudaire: *El Conde Duque y Cataluña*, p. 460.

[37] Consulta de 9 de junio de 1640 (ACA, CA, leg. 2875).

[38] Vid. J. Arrieta Alberdi: "La «Junta para las materias políticas e inteligencias de Cataluña» (1640-1642)", en: *Primer Congrès d'Historia Moderna de Catalunya*, Barcelona, 1984, pp. 141-148.

Pese a tener a las instituciones en jaque y el menosprecio que ello suponía para lo Corona y el principio de soberanía, la Junta de ejecución cree que controla la situación, mostrándose contraria a la petición del Consejo de Aragón de someter al Principado a un boicot económico por considerarlo inoperante, llegando incluso el 11 de junio de 1640 a ceder en un punto tan conflictivo como el declarar la igualdad de todos los súbditos para acceder a los cargos públicos, privilegio reservado hasta entonces a los castellanos [39], recomendándose la sustitución del Virrey para lograr la pacificación, dando a su sustituto plenos poderes, entre los que se encontraba la posibilidad de conceder un perdón general, pero el Virrey ya había sido asesinado. El 7 de junio, día del Corpus, los segadores que acudían a Barcelona para contratarse de forma eventual durante la siega, entran en la ciudad, y mezclados entre ellos, y aprovechando los disturbios que la entrada de los segadores solía ocasionar, iban algunos insurrectos que proceden a asesinar al Virrey, a quien consideraban un traidor.

La rebelión oficial se había iniciado, y en medio de su incredulidad, la Junta de Ejecución no tiene más remedio que cambiar de postura optando el 31 de julio por el castigo [40], desechando cualquier tipo de negociación [41], y cambia de configuración constituyéndose en un "pequeño gabinete de guerra", como la ha denominado Elliott [42], reduciéndose su número a los más asiduos al Conde Duque: el marqués de Castrofuerte, el protonotario y dos consejeros de guerra: Nicolás Cid y Pedro de Arce. Fue inevitable la pérdida provisional de Cataluña que en 1641 se somete a Francia, procediendo ésta a su ocupación, situación en la que permaneció hasta 1652, fecha en que Felipe IV es nombrado Conde de Barcelona, rindiéndose la ciudad.

3. Inoperatividad de la Junta: la nueva planta de 1642

Aunque la actividad de la Junta fue muy intensa durante la contienda, pronto se demostró su inoperatividad hasta el punto de que, poco antes de su extinción, un decreto de 17 de diciembre de 1642 daba una nueva planta a la Junta [43], hablando el Rey de las razones del fracaso y de la necesidad de reforma en los siguientes términos:

---

[39] AGS, Guerra Antigua, leg. 1328.

[40] El 27 de julio la Junta se había mostrado de acuerdo con Olivares en la necesidad de la actuación armada y la entrada del ejército real en Cataluña (Elliott: *El Conde-Duque de Olivares*, p. 567).

[41] Los catalanes pedían que las tropas no entrasen, una amnistía general, el cambio de los ministros del Virreinato y que no se alojasen las tropas (Elliott: *El Conde-Duque de Olivares*, p. 578).

[42] *El Conde-Duque de Olivares*, p. 501.

[43] SHM, Aparici, rollo 14, tomo LII, 1-2-3, Ejército. Parte pasiva. La nueva planta de la Junta se comunicó por Decreto de 22 de diciembre de 1642 al Marqués de Leganés, Capitán General del ejército de Cataluña, que transmitió las órdenes a oficiales y ejército el 6 de enero de 1643 (puede verse copia en Torme y Liori: *Miscellaneos históricos...*, ff. 75-75 vº).

"Los accidentes que han turbado la paz de estos Reynos con la sublevacion de Cataluña, y tirania de Juan de Berganza, obligaron á pensar en los medios mas convenientes para el remedio de los que amenazavan estos sucesos, y siendo el mas adecuado, y necesario dar espediente tal en el Despacho, que con brevedad corriesen todos los que resolviese en orden a estas materias, y defensa de las costas y fronteras de España forme la Junta de egecucion, eligiendo para ella Ministros de mis consejos, que con noticias individuales de lo que convenia solo travajasen en lo politico de la reduccion de Cataluña y Portugal por via de negociacion, y para la fuerza de armas, de formar Egercitos, prevenir pertrechos, y todo lo demas necesario para su mantenimiento con continua correspondencia para la egecucion con los Ministros a quien tocava. La esperiencia á mostrado, que este medio no a sido tan util como yo esperava, porque han sido tantos los negocios que han cargado en esta Junta, que viene ha ser imposible que tengan espediente por ella, y el numero de Ministros tan escesivo, que causa embarazo, gran costa y poco fruto, y siendo su principal instituto cuidar de la egecucion de las ordenes que embia, se reconoce el mismo inconveniente que si las materias corriera por los mismos Tribunales en concurso de las demas sin conseguirse el fin de que la Junta de egecucion obrase en las que se le aplicaron, como en Ministerio particular para el intento de su formación".

a) Configuración material de la Junta

En primer lugar, se reduce el número de ministros, y en segundo, la Junta se divide en tres Salas[44], cada una de ellas con Secretario, operando cada una de forma independiente.

Por lo que respecta a las atribuciones de cada una de las Salas, a la primera, formada por Olivares, el marqués de Leganés, el Duque de Villahermosa, el marqués de Castrofuerte, D. Cristóbal de Benavente, Pedro de Arce y el Secretario Don Fernando Ruiz de Contreras[45], le correspondía la propuesta de los Capitanes Generales, la deliberación sobre la actuación del Ejército y la Armada y la correspondencia militar o relacionada con gobierno militar, político y económico del ejército y sus fortificaciones. La segunda, formada por el Conde de Monterrey, el licenciado José González, el Conde de Montalbo, el protonotario y el Secretario Jerónimo de Villanueva[46], se ocupaba de las levas de infantería y caballería, las cuestiones de

[44] Irónicamente se llegó a comparar la Junta con el misterio de la Santísima Trinidad de esta forma: "estas tres Juntas parecían emular el mas sublime misterio de nuestra fe siendo una en substancia y tres en personas" (*Relación política...*, publicada en Sánchez González: *Las Juntas Ordinarias...*, p. 179).

[45] Al que se le confiere el voto cuando en la Sala se trate sobre un asunto de Indias.

[46] En la copia del SHM figura como Pedro, pero creemos que es un error de transcripción. Sobre el poder de Villanueva, Zudaire resalta que es quien influía en las deliberaciones de la Junta (*El Conde Duque y Cataluña*, p. 235).

seguridad de presidios y fronteras, la preparación de Armadas y Galeras, el reclutamiento de infantería y caballería en Castilla y Aragón y lo relativo a los servicios de Aragón y Valencia. Y a la tercera, formada por el Marqués de Castañeda, el Conde de Pezuela, el Conde de Peñaranda y el Secretario Diego Suárez[47], correspondía entender del remanente dinerario para el mantenimiento de los ejércitos, compras de material y provisiones y las ordenes de movimientos de tropas.

Cada Sala era la encargada directamente de la ejecución de las órdenes que despachaba, y debía redactar "una planta del modo en que piensa ejecutar", una especie de reglamento de actuación, que se debía enviar al Rey para su aprobación.

Las reuniones se realizarían todas las mañanas de ocho a once (incluso domingos y festivos) y por la tarde, los lunes, miércoles y viernes de cuatro a seis, y los martes, jueves y sábados de cinco a siete, dado que se trataba de evitar que faltasen los consejeros de Estado, asistentes a la Junta, de las reuniones del Consejo de Estado.

b) Normas sobre actuación

Se autoriza a la Junta para saltarse el despacho ordinario[48], ordenando el rey que los votos de los consejeros sean breves, y la obligatoriedad de que las materias se despachen al día siguiente de su entrada en la Junta.

Se llega a tal extremo en el deseo de imprimir agilidad a los despachos que se ordena que en el caso de que los asuntos debiesen pasar por un consejo territorial (recordemos que era práctica común que las consultas se remitiesen de un consejo a otro antes de llegar a una solución) el miembro del mismo asistente a la Junta debía despacharlo a su Consejo y enviarlo a los demás consejeros para que lo firmasen, habiéndose avisado al resto de los Consejos que si era preciso consultarles se debía realizar una sesión extraordinaria automáticamente.

Pese a ser tres Salas independientes, las tres debían juntarse jueves y domingos por la mañana para unificar criterios y lograr una breve ejecución. En estas reuniones se daría cuenta del estado en que se encontraba cada materia en cada Sala.

La asistencia a la Junta era preferente a la asistencia a las sesiones del Consejo al que sus miembros pertenecían. Por lo demás, el Conde Duque quedaba a la cabeza de la Junta, aunque el decreto le encuadrase en sólo una Sala[49], hasta el punto

---

[47] Al que se le confiere voto en los asuntos relativos a Portugal.

[48] "Y en caso que el estado de la misma materia por mayor servicio mio no permita consultarmela en la forma ordinaria mientras se forma el Despacho se me dará cuenta de la calidad del negocio, y resolución que se toma en el, para que proceda a remitirle *(al Conde Duque)* lo que yo juzgare se deue ejecutar" (*Decreto de 17 de diciembre de 1642 dando nueva forma a la Junta de ejecución*, SHM, Aparici, rollo 14, tomo LII, 1-2-3).

[49] "Y si bien al Conde Duque nombro para la primera Sala la superintendencia y govierno de todos ha de ser suya, pudiendo aplicar de una á otra los Ministros que le pareciere segun la calidad de las materias que se ofrecieren en que convenga á mi servicio intervenga" (*Decreto de 17 de diciembre de 1642 dando nueva forma a la Junta de ejecución*, SHM, Aparici, rollo 14, tomo LII, 1-2-3).

de que cada secretario de Sala le enviaba el membrete con lo ocurrido en cada Sala para que tuviese noticia de ello y lo transmitiese al Rey, dado que estaba excusado de asistir de manera continuada a la Junta.

El decreto establecía asimismo la existencia en cada Sala de un libro en el que se reflejase todo lo conferido por la misma y la fecha de las decisiones, un *quorum* de dos miembros en cada sala para poder realizar los despachos, y facultaba a sus ministros para llamar a su presencia directamente a cualquier otro ministro relacionado con el asunto a tratar[50].

Como se puede observar lo esencial es la breve ejecución, hasta el punto de que el rey, manda que las órdenes de la Junta se cumplan al día siguiente en que los destinatarios las reciban o que en caso contrario justifiquen el motivo del incumplimiento bajo apercibimiento de castigo severo.

No obstante, para evitar malentendidos con el resto de los consejos, o suspicacias de consejeros, el Rey indica que:

> "...y respecto que por conveniencia universal del Despacho en que consiste la conservación y defensa de estos Reynos, he resuelto el modo que se ha de guardar en las materias que cometo á esa Junta; es mi voluntad declarar, que *no lo ha sido perjudicar á ninguno de mis consejos* en lo que por su institución les toca, por que pasados los accidentes que han obligado ha dar esta orden, por ahora (por ser imposible sin concurso de todas las jurisdicciones y Ministerios de mis Tribunales, dar cobro á la defensa de estos Reynos por el embarazo, y dilaçion que traia el acudir separadamente á la egecución de lo que se resolbiere) ha de correr por ellos mismos, sin que haya alteración ni novedad en lo que les tocare"[51].

IV. LA EXTINCIÓN DE LA JUNTA

La junta de Ejecución se extingue en 1643, afectada junto a las demás por la crisis que provocó la caída del Conde Duque de Olivares, debido a la consideración que se tenía en la época de que las Juntas fueron un engendro creado por el valido para fomentar su propio poder. En esta fecha, 1643, se crea la llamada **Junta para suprimir las Juntas** (obsérvese la contradicción que la denominación lleva implícita) que aconseja en consulta de 8 de marzo la supresión de la Junta de

[50] Excepto al Gobernador del consejo y al Inquisidor General, Cardenal Borja, suponemos que por razones de protocolo.

[51] *Decreto de 17 de diciembre de 1642 dando nueva forma a la Junta de ejecución*, SHM, Aparici, rollo 14, tomo LII, 1-2-3. El subrayado es propio.

ejecución [52], argumentando que las materias de que se ocupaba eran propias del Consejo de Guerra, donde podía crearse una Sala al efecto, y aunque de momento no se realiza dicha supresión, quedando pendiente de resolución del Rey, se libró por poco tiempo, pues se extingue en abril de ese mismo año [53].

V. VALORACIÓN GENERAL

Las conclusiones de este proceso son de muy diversos órdenes.

En primer lugar la inoperatividad del sistema de milicias, lo que hizo pensar en un cambio en la configuración del ejército de forma que en 1663 se sustituyen las mismas por tercios permanentes reclutados por levas forzosas, primer paso para la creación de un ejército permanente, y, dado que un decreto de 31 de agosto de 1693 restablecía las milicias voluntarias, la Guerra de Sucesión puso de manifiesto la ineficacia, de ahí que las primeras reformas militares borbónicas establezcan la obligatoriedad del servicio militar.

En segundo lugar, la inviabilidad de un sistema de Administración central para una Monarquía integrada por diversas nacionalidades, dirigida y controlada por naturales de uno sólo de ellas (castellanos), lo que provocaba un desconocimiento de la realidad vivida en cada uno de los territorios. Extremo que ya fue visto por la propia Junta de Ejecución, que en consulta de 11 de junio de 1640, haciéndose eco de una propuesta del Conde Duque [54], indicaba que "es de suma conveniencia, que los vasallos de unas y otras Coronas con igualdad gocen de los honores y mercedes que Vuestra Magestad hace en ellos, y que por este camino se quitará el desconsuelo con que están las demas Provincias de que sus naturales no entran en lo que toca á Castilla en particular en los Consejos y Chancillerias".

---

[52] Véase mi estudio sobre la misma en *El deber de consejo...*, pp. 191 y ss.

[53] SHM, Aparici, tomo LII, 1-2-3.

[54] "Señor. El Conde duque ha propuesto a esta Junta con el afecto que siempre acostumbra mirar por el servicio de Vuestra Magestad, que no puede dejar de decir lo que en otras ocasiones ha representado, y aun tienen escrito en un libro impreso, que una de las cosas que considera en esta Monarquia de mayor conveniencia es establecer que en esta Corte no se tenga por estraño a ningun vasallo de los Reynos sugetos á su dominio, y comprendidos en esta Monarquia, para entrar en las dignidades y oficios á que pudieren ascender siendo benemeritos, por que gozando igualmente todos de los puestos es sin duda, que esta disposición causaria tal union y correspondencia en unos y otros Reynos que la esperiencia mostrará muy buenos efectos. Que demas del beneficio general que se seguiria dello á los Reynos de Vuestra Magestad: Castilla viene ha ser la mas interesada, pues gozaria de la consecuencia en lo que hiciere en ella con los naturales de los demas reynos, siendo esto para faborecerles, y honrrarlos mas para su conservacion, y siendo igual y reciproca esta disposición todos podran entrar en los Consejos Provinciales sin esceptuar á nadie, y asi deseava se votase en ello muy particularmente" (SHM, Aparici, rollo 14, tomo LII, 1-2-3).

En tercer lugar, la quiebra del principio de soberanía, puesto que al no arbitrarse una rápida solución, se fomentó una serie de movimientos de la misma índole en otras partes del territorio.

Por último, en el orden institucional las conclusiones son muy importantes. Aunque con la creación de esta junta se propone la innovación de un órgano en el que no existe la necesidad de consultar, lo que sí es evidente es que en medio del bloqueo institucional producido por una aplicación desmesurada del **deber de consejo**, que hacía que los Consejos perdiesen el tiempo consultando nimiedades, se necesitaba dar a los asuntos un despacho breve y rápido. De ahí que, de acuerdo con el programa de reformas administrativas de Olivares[55], y dado que las medidas tendentes a la reestructuración de los Consejos no lograron que funcionasen, se pretenda crear un órgano ejecutivo que se anteponga a Consejos y Juntas, para el que no existe una limitación respecto de las materias a tratar, ni una adscripción de temas de su competencia, dada su capacidad de entender de cualquier aspecto que afectase a la Monarquía. Un órgano distinto por cuanto en principio no actúa a instancia de parte, ni tiene funciones judiciales, sino que sirve más bien para unificar criterios, y para el que se defiende a ultranza su carácter de órgano ejecutivo especial por cuanto se le exceptúa del despacho ordinario, con lo que se está alterando la tradicional estructura procedimental válida para el resto de los órganos de la Administración.

El problema que se plantea con la creación de éste órgano es el de la quiebra de los principios inspiradores de la Administración del Estado Moderno por cuanto, en virtud del principio de interrelación de poderes, todos los órganos participan de las funciones de legislar, gobernar y juzgar, no existiendo una división de poderes o atribución de estas funciones a organismos distintos, tal y como la entendemos en el sistema jurídico constitucional. Así, Consejos y Juntas Ordinarias son a la vez órganos administrativos, ejecutivos y judiciales, contando a veces con cierto carácter legislativo.

En el caso de la Junta de Ejecución, nos encontramos con un órgano con una sola función, la ejecutiva, por lo que es un órgano distinto de los demás, de ahí la necesidad del rey de justificar su creación acudiendo al tópico de estar ante una situación de emergencia, señalando así un carácter transitorio al darle la nueva planta en 1642 (curiosamente se suprime pocos meses después pese a no haber terminado esa situación de necesidad para la que fue creada). Porque utilizando el principio de flexibilidad adaptativa de las instituciones, que es el que presta armonía

---

[55] Programa que ha sido analizado por B. González Alonso, señalando cómo más que de reformar Olivares trataba de volver al buen funcionamiento que antes tenían las instituciones ("El Conde Duque de Olivares y la Administración de su tiempo", *AHDE* 59 (1989), pp. 5-48).

estructural al sistema por cuanto asegura el principio de soberanía, se está quebrando el principio de interrelación de poderes con el resultado de que el principio central de soberanía se vio perjudicado.

Lo cierto es que si bien antes se había acudido a Juntas de Gobierno, nunca se había producido una reacción institucional similar a la creada en este momento debido a que existen tres factores que distinguen a la Junta de Ejecución de una Junta de Gobierno:

1) Que las Juntas de Gobierno no tienen carácter ejecutivo, siendo meros órganos consultivos sin una regulación determinada.

2) Que la Junta de Ejecución se configura como un Tribunal permanente. Es un híbrido entre una Junta Ordinaria y una Junta de Gobierno, más cercano a aquélla en cuanto a sus características.

3) Que las Juntas de Gobierno se crean para trabajar directamente con el rey mientras que la Junta de Ejecución es un órgano de gobierno creado para el valido, pero situándolo por encima del resto de los órganos de la Monarquía.

Una Junta de este tipo estaba avocada al fracaso y nada más caer Olivares, la Junta se suprime siendo sustituida en las materias de guerra por la Junta de Guerra de España. Y ello no se debe a que fuese una creación de Olivares, dado que otras muchas Juntas tenían este carácter y continuaron funcionando, de la misma manera que los ministros aliados de Olivares continuaron desempeñando sus funciones después de la partida de éste. Por desgracia la relación entre la Junta de Ejecución y la caída de Olivares es algo que probablemente nunca podamos establecer.

LOS PROYECTOS DE REFORMA DEL EJÉRCITO DEL CONDE DE ARANDA

Antonio Álvarez de Morales
Universidad Autónoma de Madrid

SUMARIO:

I. Introducción
II. El Conde de Aranda
III. La *Representación* de 1758
IV. La carrera militar de Aranda después de la *Representación* de 1758
V. Las Ordenanzas Militares

I. INTRODUCCIÓN

Ha sido poco habitual el estudio de la actividad militar del Conde de Aranda, así como en general el estudio del Ejército en el siglo XVIII en España, aunque es cierto que en los últimos años se ha publicado algún estudio importante sobre el tema [1]. Esto es una muestra más del deficiente conocimiento que tenemos todavía hoy de nuestro siglo XVIII y lo difícil que es desterrar ciertos tópicos que sobre él se ciernen desde hace mucho tiempo.

El Ejército, como otras tantas instituciones de la Monarquía hispánica, llegó desecho a fines del reinado de Carlos II, lo que dejó una difícil situación al primer rey de la nueva dinastía -Felipe V-, primero porque el Ejército era la columna vertebral de aquel Estado y segundo porque el nuevo rey se vio enseguida abocado a una guerra para defender su trono. Nada mejor que las palabras de Domínguez Ortiz para describir la situación:

> "España entró en el siglo XVIII prácticamente inerme, y a la nueva dinastía incumbía la tarea de dotarla de un Ejército... Dicha tarea requería un trabajo inmenso de organización material, pero, previamente, una rehabilitación moral de la milicia como profesión, sin la cual no podía esperarse que atrajera a los elementos sanos de la nación. Para comprender lo que significaba esta condición preliminar, hay que darse cuenta de hasta qué punto estaba envilecida la profesión de las armas en la opinión común al finalizar la decimoséptima centuria, baste una cita por todas, el jurisconsulto D. Francisco de Amaya apellidaba a los soldados «una sentina de perdidos, facinerosos, crueles, lujuriosos, piratas, robadores, perjuros y blasfemos». Estaba perfectamente justificada esta

[1] Francisco Andújar Castillo: *Los militares en la España del siglo XVIII. Un estudio social.* Universidad de Granada, 1991.

explosión de odio burgués contra un ejército que era el terror de aquellos a quienes se suponía defender; formado por la hez de la sociedad, ninguna persona de estimación deseaba entrar en tal compañía, y la necesidad de conservar los efectivos obligaba a los jefes a buscar a los más perdidos y cerrar los ojos a sus atrocidades... En una sociedad tan pagada de honra y estimación, señalar con infamia el servicio militar era matarlo" [2].

Las ideas ilustradas influyeron, sin embargo, para que por lo menos la élite nobiliaria que seguía ligada a la función militar sintiera la necesidad de restaurar la idea del militar.

Es muy significativa la imagen del militar ideal que traza José Cadalso, coronel como es sabido, en su obra "El buen militar de la violeta" [3], donde el oficial-instructor desempeña un doble papel parecido al del profesor, y se deduce un serio concepto del saber y de la capacidad humana. La fragilidad del hombre, la necesidad de ser humildes y de trabajar duramente, la conciencia de los deberes para con el prójimo, son factores que integran dicho sentido. La confianza excesiva, la busca del propio provecho, la frivolidad y la falta de preocupación por el resto de los hombres, se condenan con energía.

II. EL CONDE DE ARANDA

El Conde de Aranda fue ante todo un militar, por vocación y por profesión, por eso no es de extrañar que ocupase relevantes cargos militares y si las vicisitudes de su carrera le llevaron a la política y a la diplomacia fue a causa de diversas circunstancias que se impusieron a sus más íntimos deseos [4].

Esta vocación militar le venía naturalmente de familia. Su padre, enrolado en el Ejército de Italia, se lo llevó con él cuando contaba nueve años y estudió en Bolonia y luego en el Colegio de Nobles de Parma que dirigían los jesuitas. Los estudios que siguió en este Colegio le dieron una buena formación en latín, francés, italiano, historia, geografía, matemáticas y filosofía.

En 1736, con diecisiete años se escapó del Colegio y se incorporó al Ejército de Italia que iniciaba la campaña para recuperar Parma para el infante Don Carlos, el futuro Carlos III. En 1740 era ya capitán del primer batallón del Regimiento Inmemorial que mandaba su padre, y recibe a continuación de Felipe V el grado de

---

[2] A. Domínguez Ortiz: *La sociedad española en el siglo XVIII.* Madrid, C.S.I.C., 1956, pp. 365-381.

[3] En la edición de F. C. Saínz de Robles de J. Cadalso: *Cartas Marruecas. Los eruditos a la violeta.* Madrid, Aguilar, 1961. Se incluye "El buen militar a la violeta", p. 485.

[4] Rafael Olaechea y José A. Ferrer Benimeli: *El Conde de Aranda. Mito y realidad de un político aragonés.* 2 vols., Zaragoza, Librería General, 1978.

coronel de Infantería. En 1743 es herido en la batalla de Campo Santo y es ascendido a brigadier. Tras reponerse de sus heridas en España, vuelve a Italia hasta el término de la campaña en 1745. En recompensa de sus servicios, a comienzos del año siguiente es nombrado por Felipe V gentilhombre de la Real Cámara. Reinando ya Fernando VI se le nombró mariscal de campo. A continuación pasó unos años viajando por Europa: París, Viena, Dresde y Berlín fueron sus principales centros de visita, y en Postdam se detuvo para presenciar las maniobras militares y estudiar la táctica del ejército de Federico II de Prusia. Su estancia no sólo no pasó desapercibida sino que recogió numerosos elogios.

Al regresar de estos viajes, en 1755, es ascendido a teniente general, cuando sólo contaba treinta y seis años; muy poco después se cubrió de grande de España de primera clase y a continuación era nombrado embajador en Portugal. Pero su estancia en Lisboa iba a durar muy poco, pues sería nombrado Director General de las Armas de Artillería e Ingenieros en agosto de 1756[5]. A Aranda le satisfizo enormemente este cargo por lo que se dedicó a él en cuerpo y alma, tratando de mejorar sustancialmente estas Armas. Pero precisamente este interés de Aranda iba a ocasionarle serios disgustos, pues sus ideas y proyectos iban a chocar directamente con el Secretario de Estado y Despacho de Guerra, Sebastián Eslava, y el protegido de éste, el Marqués de la Mina, Capitán General de Cataluña, militares ambos chapados a la antigua y enemigos de que se hiciese cualquier reforma, por entender que ello podría ir en detrimento de sus propias posiciones.

Las Secretarías de Estado y Despacho creadas por Felipe V a comienzos de su reinado, habían supuesto una importante innovación en la Administración Central de la Monarquía Hispánica, pero, como era normal dentro del marco del Absolutismo, el Rey no había procedido a deslindar las competencias de cada organismo, de aquí que, muy celosos cada uno de sus competencias, hacían la guerra por su cuenta, y nada mejor dicho de aquellos de quienes dependían los asuntos militares[6].

---

[5] Aranda se benefició indirectamente de la caída de Ensenada y desde el primer momento de la llegada al poder del nuevo equipo de gobierno nombrado por Fernando VI, el embajador inglés Benjamin Keene le pronosticó su ascensión inmediata a cargos de mayor responsabilidad. Vid. *Carta* de B. Keene Castres de 23-IV-1754, en: *The private correspondance of Sir Benjamin Keene.* Edited with introduction and notes by R. Lodge, Cambridge, 1933, pp. 437-438.
Sin embargo, las cosas no ocurrieron así por el enfrentamiento entre el nuevo Secretario de Guerra, Sebastián Eslava, que se convirtió en la pieza fundamental de la influencia francesa, y el Conde de Aranda.

[6] M. R. Jiménez Jiménez: "El Conde de Aranda, Director General de los Cuerpos de Artillería e Ingenieros", en: *Revista de Historia Militar,* 50, 1981, pp. 41-50.
J. Sotto Montes: "Organización militar de la Casa de Borbón", en: *Revista de Historia Militar,* 22, 1967, pp. 113-177.

Así que, a pesar de que el propio Fernando VI pidió a Aranda que procediera a las reformas que creyera convenientes, chocó frontalmente con la Secretaría de Guerra, que arrumbó todos los proyectos de Aranda, de forma que éste, con su natural vehemencia, acabó reaccionando dos años después, dirigiendo una *Representación* al Rey en la que dimitía de su cargo e incluso pedía el retiro militar.

No hay que extenderse mucho más sobre lo dolido que quedó Aranda tras estos dos años de su paso por la Dirección General de las Armas de Artillería e Ingenieros para tomar esta drástica decisión que le apartaba de su querida carrera militar, cuando además estaba en puertas de ascender a Capitán General, máxima culminación de ella.

III. LA *REPRESENTACIÓN* DE 1758

Aranda escribe a comienzos de 1758 un *Memorial*[7] al Rey en el que presenta la dimisión de su cargo de Director General de las Armas de Artillería e Ingenieros y de su empleo de Teniente General, justificando su acción con las razones que aporta en dicho escrito.

Cerca de tres años antes había presentado un proyecto de reformas, entre las que se encontraban:

-Nueva organización de estas Armas de Artillería e Ingenieros.
-Pruebas de los cañones y bombas.
-Estados de las fuerzas de Artillería e Ingenieros.
-Ausentes de Escuelas de Artillería de Barcelona y Cádiz[8].
-Dotación de Artillería. Decía donde hay cañones no hay cureñas y viceversa, o balas.
-Cuestiones de personal.
-Contratos de obra con asentistas perjudiciales para lo que se revisarían todos los nuevos contratos.
-Planos buenos y malos. Dirección <-> Secretaría.
-Extravío de órdenes.
-Armas de chispa.
-La causa de D. Juan del Rey.

---

[7] Este *Memorial* lleva fecha de 24 de enero de 1758, el manuscrito que he manejado para este trabajo es de propiedad particular, desconozco si existen otras copias de él y si hay alguna en un archivo público.

[8] Sobre estas Academias hay documentación en el Archivo General de Simancas, Sec. Guerra moderna, legajos 3003, 3004, 3005 y 3011.
Vid. también: *Aportaciones militares a la cultura, arte y ciencia en el siglo XVIII hispanoamericano. Actas de las I Jornadas Nacionales de Historia Militar 19-22 de febrero de 1991*. Sevilla, 1993.

-Ordenanza de la pólvora[9].
-Ejemplo del Ejército de Luis XIV. La casa Aldecoa se basaba en la práctica anterior.
-Formación de trenes Arsenal de Artillería. Conflicto con el Marqués de la Mina, Capitán General de Cataluña.
-Método de proposición de obras.
-La correspondencia de Artillería debía pasar por sus manos.
-Formalidad del Despacho y Mando.
-Rechazo de los extranjeros fundidores en Sevilla.
-Acusado de querer ser uno y absoluto.
-Conducto por la Secretaría.

Terminaba planteando la cuestión en estos términos: O soy jefe de la Artillería o no lo soy.

Centra los éxitos en su año y medio de gestión en dos puntos fundamentales:

1. Cuarteles.
2. Ingreso por méritos.

IV. LA CARRERA MILITAR DE ARANDA DESPUÉS DE LA *REPRESENTACIÓN* DE 1758.

Esta dimisión radical de su carrera militar en 1758 no significó sin embargo el final de la misma. Estando de embajador en Polonia, cargo para el que fue nombrado ya por el rey Carlos III en 1760, como consecuencia del Pacto de Familia firmado poco después, se declaró la guerra contra Inglaterra y Portugal a principios de 1762, y poco después empezaba la campaña de Portugal. El Ejército español fue puesto al mando de generales incompetentes, lo que se puso de manifiesto de forma patente enseguida, y por ello fue llamado urgentemente desde Polonia el Conde de Aranda, que inmediatamente se incorporó a la campaña. Pronto pudo darse cuenta de la lamentable situación del ejército, lo que no dudó en echar en cara al Secretario de Guerra, Esquilache, que fue a visitar el frente. Precisamente Aranda echó en cara a Esquilache uno de los puntos que más denunciaba en su *Representación* de 1758, que el ejército estaba mal pagado y pertrechado por culpa de ser un agiotista que concedía los suministros a unos asentadores logreros que proporcionaban al ejército un material de mala calidad.

---

[9] Juan Helguera Quijada: "Primeros intentos de renovación tecnológica en la fundición de Artillería de Sevilla a mediados del siglo XVIII. 1757-1765", en: *Andalucía Moderna. Actas II Coloquios Historia de Andalucía.* Publicaciones del Monte de Piedad y Caja de Ahorros de Córdoba, Tomo I, Córdoba, 1983, p. 467.

La campaña siguió todavía un año hasta que se firmó la paz, y aunque se pudo finalmente dar la impresión de que era beneficiosa para España, esta guerra puso de manifiesto la falta de preparación militar en la que se encontraba la Monarquía.

Todavía Aranda siguió ligado a la milicia tras el final de la guerra, pues fue nombrado Presidente de la Junta Militar que debía examinar la conducta del Gobernador de La Habana. El punto más negro de la guerra había sido que los ingleses habían ocupado dicha ciudad, gracias a la incompetencia de este militar. Aranda fue ascendido entonces a Capitán General y poco después fue nombrado Capitán General de Valencia, aunque este cargo en realidad no significó, como él mismo reconoció, mas que el deseo de Esquilache, entonces en el máximo de su poder, de vengarse de Aranda después del incidente que tuvieron en Portugal.

De forma que, curiosamente, a partir de entonces sí que Aranda quedó apartado de los asuntos militares, pues, a pesar de que, cuando en 1773 fue nombrado embajador en París, pidió a Carlos III que fuera llamado cuando hubiera guerra, no fue reclamado ni en la guerra de Marruecos (1774), ni en el primer sitio de Gibraltar (1779-1780), ni en la conquista de Menorca (1781), ni en el segundo sitio de Gibraltar (1782). Este fue, sin duda, el gran fracaso de Aranda, del que culpó amargamente a Floridablanca. De forma que puede decirse que su última contribución a la reforma del Ejército español fueron las Ordenanzas Militares que preparó mientras fue Presidente del Consejo de Castilla, antes de ir a la embajada de París.

V. LAS ORDENANZAS MILITARES

La preocupación por la mejora del Ejército es constante en Aranda y no es extraño por eso este informe que dirigió a Carlos III, siendo Presidente del Consejo de Castilla en 1768, criticando la política militar que se seguía:

> "...como quanta mas debilidad y obstraccion... mostremos es incitar nosotros mismos el apetito contrario en agravio nuestro no hallo otro preservativo que la robustez de fuerzas para contener las tentaciones o contrarrestar los esfuerzos enemigos... Segun la apariencia la máxima que nos rige es puramente defensiva, por consecuencia pasiva, y yo entiendo que mientras no sea ofensiva, y de resultas activa, caminará a su decadencia esta Corona" [10].

En esta *Representación*, Aranda defendía el fortalecimiento de los Cuerpos Veteranos del Ejército y en cambio despreciaba a las Milicias Provinciales. Consideraba

[10] *Memorial* del Conde de Aranda al Rey de 16-VII-1768, AHN, Estado, leg. 3220.

que la mejor solución era que los soldados "profesionales" aumentasen, a la vez que desdeñaba a ese cuerpo de "reservistas" que eran las Milicias [11].

Pero, como hemos dicho, su mayor aportación a los negocios militares la constituye en estos años las Ordenanzas Militares.

Un diplomático danés, destinado en la Embajada de su país en Madrid, informaba así de la Ordenanza Militar: "Acaba de salir una nueva Ordenanza Militar que es demasiado voluminosa para incluirla en la valija. El Conde de Aranda y su favorito Campomanes han sido los autores de esta Ordenanza, que causa un murmullo y un descontento general. Yo me limitaré a indicar a V.E. que el Conde de Aranda tiene toda la razón del mundo en temer una nueva revuelta, más peligrosa todavía que la de 1766, por lo que ha aumentado el número de guardias con fusiles cargados".

La nueva Ordenanza Militar, en efecto, provocó, junto con otros motivos, fuertes enfrentamientos de Aranda con varios jefes militares, especialmente con O'Reilly, que tuvieron mucho impacto en la opinión pública.

El Rey tuvo que intervenir personalmente ante estas diferencias públicas para ordenar que no se decidiera ninguna innovación en el Ejército sin previa orden suya, y que en todo caso sería el Secretario de Guerra quien interpretaría la voluntad del monarca.

Pero en marzo de 1773 se produjo un grave problema militar que requirió la intervención de Aranda. Para mantener fijo el número de tropas y las dotaciones de los Regimientos, Carlos III implantó el servicio militar obligatorio por el procedimiento del sorteo de quintas [12]. Esta disposición, por la que de cinco mozos útiles se elegía uno, fue muy mal recibida en todos los reinos de la Monarquía, por la

---

[11] Floridablanca, en esta como en otras tantas cosas mantenía una opinión totalmente contraria, ya que pensaba que las Milicias Provinciales debían reforzarse. Vid.: "Instrucción reservada, que la Junta de Estado creada el 8-VII-1787...", en Floridablanca: *Estudios políticos. La Instrucción y el Memorial*, ed. y estudio de J. Ruiz Alemán, Academia Alfonso X el Sabio, Murcia, 1982, p. 168.
Vid. J. Cepeda Gómez: "El Conde de Aranda y las Milicias Provinciales", en: *Estudios en homenaje al profesor Cepeda Adán.* Granada, 1986, pp. 45-65.
Vid. "Sobre las Milicias Provinciales", Hellwege: *Die Spanischen Provinzialmilizen.* Boppard and Rheim, 1969.

[12] C. Borreguero Beltrán: "Carlos III y el reemplazo anual del Ejército", en: *Actas del Congreso Internacional Carlos III y la Ilustración.* Vol. I, Madrid, 1989, pp. 487-494. Ib.: *El reclutamiento militar por quintas en la España del siglo XVIII. Orígenes del Servicio Militar obligatorio.* Salamanca, 1989.
Este sistema era compatible también con el mantenimiento de Regimientos de mercenarios, vid. Rudolf Belzern: "El servicio mercenario en España y la emigración de colonos suizos a las <Nuevas Poblaciones> de Andalucía en 1767", en: *17 Congreso Internacional de Ciencias Históricas, II, Sección Cronológica: Metodología.* CI des Sciences Historiques, Madrid, 1992, p. 779.
Leo Neuhaus: "Die Schweizerregimenter in spanischen Dieust 1734-1835", en: *Mitteienugen des Historischen Vereins des Kanton Schwyz,* Heft 35, 1959, pp. 46-71.

enorme prevención que existía en todas las clases sociales, y sobre todo en las capas rurales, a enrolarse en el Ejército, compuesto "por lo mejor de cada casa", según expresión contemporánea.

Donde mayor resistencia hubo fue en Cataluña. Comenzó la deserción de los mozos, y muchos se refugiaron en conventos y monasterios, a pesar de que su inmunidad y el derecho de asilo acababan de ser recordados por el Papa, la policía tuvo que emplearse a fondo para detener a estos mozos e incorporarlos a la fuerza a filas, por lo que las protestas confluyeron en el principal responsable político de esta acción que era el Conde de Aranda como Presidente del Consejo de Castilla.

Era un momento difícil, pues al problema de las quintas se unía el problema de la carestía del pan. Aranda quiso rebajar su precio, pero se encontró con una fuerte oposición, incluso dentro del propio Consejo de Castilla. La situación concitó tanto enemigo contra Aranda que, finalmente, fue destituido de la Presidencia del Consejo de Castilla.

Estos hechos tienen gran trascendencia para comprender las ideas que contiene la *Representación*[13] que Aranda envió al Rey quince años después de estos sucesos, con motivo de un decreto que extendía los honores militares a ciertos altos cargos civiles.

Aranda defiende la individualidad del Ejército, ya que era ajeno a toda clase o parte de la sociedad, no reconocía intermediarios entre él y la nación. Según Aranda, la dignidad del Ejército se basa en que es una síntesis de la nación, donde todas las clases están representadas, desde el Monarca hasta el campesino.

---

[13] Una copia de esta *Representación* se encuentra en B.N., Ms. 7166.

LAS ORDENANZAS DE CARLOS III DE 1768: EL DERECHO MILITAR EN UNA SOCIEDAD ESTAMENTAL

Mª del Carmen Bolaños Mejías
UNED

SUMARIO:

I. Formas de legitimación: La Legislación Borbónica
II. Ejército y servicio público
III. Composición social del ejército
III. 1. La nobleza
III. 2. El estado llano
III. 3. La iglesia
IV. El Derecho militar

El fundamento jurídico institucional del ejército hay que buscarlo en la concepción del Estado Moderno. Aunque sus primeras manifestaciones legales parten de la Alta Edad Media, será la Recepción del Derecho común, al consolidar la idea de Estado Moderno, la que plantee una nueva manera de concebir la defensa militar. Su finalidad más inmediata era robustecer el poder del monarca con el apoyo del Derecho. Así, Estado y Ejército, se desarrollan paralelamente [1]. Éste consiguió la estructura jurídica y la legislación adecuada mediante los que se consolidó como una institución de base personal y territorial.

Durante la Edad Media las normas referentes a la defensa del territorio estaban inmersas en la legislación general. La función guerrera consistía en movilizar a los vasallos dependientes de un Señor, ante la orden de convocatoria del rey. Esta forma de convocatoria u obligación de prestar el servicio de armas [2] se correspondía con unos ejércitos pequeños, ya que las condiciones en que se desenvolvían las guerras de la época no exigían grandes operaciones. Por lo general se trataba de pugnas o luchas muy limitadas y que la mayor parte de las veces se resolvían en una sola batalla. La guerra no se consideraba como una calamidad a evitar, sino como un noble ejercicio, patrón de comportamiento y escuela de virtudes varoniles a la par [3].

---

[1] J. A. Maravall: *Estado moderno y mentalidad social, s. XV a XVII*, Madrid, 1986, vol. 2, p. 512.

[2] Para el Derecho Militar a través de los Fueros vid. J. Alvarado Planas: "Los Fueros de Concesión Real en el Espacio Castellano-Manchego (1065-1214): El Fuero de Toledo", en: *Espacios y Fueros en Castilla-La Mancha (Siglos XI-XV). Una perspectiva metodológica*, Madrid, 1995, pp. 91-139; J. Martínez de la Vega y Zegrí: *Derecho Militar en la Edad Media. España. Fueros Municipales*, Zaragoza, Oficina tipográfica de Pedro Carra, 1912; A. Palomeque Torres: "Contribución al estudio del ejército en los Estados de la Reconquista", en: *Anuario de Historia del Derecho*, 15 (1944), pp. 205-351, y Salvador de Moxó: "El Derecho Militar en la España Cristiana medieval", en: *Revista Española de Derecho Militar*, 12 (1961), pp. 205-351.

[3] Un desarrollo de estas ideas en M. Artola: *Los orígenes de la España Contemporánea*, Madrid, 1975, vol. 1, pp. 13-15; A. Domínguez Ortiz: *Las clases privilegiadas en la España del Antiguo Régimen*, Madrid, 1973; A. Domínguez Ortiz: "La movilización de la nobleza castellana en 1640", en: *Anuario de Historia del Derecho*

Por necesidad, la España de la Reconquista se organizó sobre una base militar. Primero defensiva, para poder resistir y rechazar la conquista de los musulmanes. Después ofensiva, para reconquistar, con el objetivo principal de conseguir la integridad e independencia del territorio. El final de la Reconquista coincidió con el inicio de una revolución político-social que creó un nuevo orden social.

La nueva forma política del Estado Moderno muestra un esfuerzo legislativo, que por iniciativa real, se encaminó a regular los ejércitos permanentes, su organización y funcionamiento. Los textos legales que contenían las manifestaciones de esta normativa y que fueron concedidos por los distintos monarcas entre los siglos XV a XVIII, se denominaron por lo general *Ordenanzas* [4].

Los instrumentos jurídicos que contribuyeron a la estructuración del ejército descansaban en el fortalecimiento del poder regio. Sobre esta organización influyeron los esquemas ideológicos de la sociedad estamental del Antiguo Régimen: la jerarquización y la agrupación de los individuos en distintos estamentos. En conexión con el estamento, orden o estado se encuentra la noción de privilegio. En la Edad Moderna la Monarquía utilizó la legislación como un instrumento de imposición de su autoridad, que a la par protegía el orden social establecido. Así, en el Derecho Militar se refleja el trasfondo social y cultural presente en toda la Edad Moderna. Refleja una estructura social muy desigualitaria, propia del Antiguo Régimen, por las ventajas o privilegios que la Monarquía reconoce a unos grupos determinados.

La oportunidad de estudiar ahora las Ordenanzas de Carlos III nos permite mostrar el reflejo de las peculiaridades de la sociedad estamental y de la política militar en la Monarquía absoluta. Los hombres que formaban el ejército arrastrarían las diferencias sociales derivadas del estamento al que pertenecían antes de su ingreso en la institución militar. Esta política tendría también su traducción jurídica a la hora de aplicar los preceptos relativos a la justicia militar. La personalización

---

Español, 25 (1955), pp. 799-823; J.A. Maravall: *Poder, honor y élites en el siglo XVII*, Madrid, 1979, y R. Serrador Añino: "La nobiliaria y el ejército", en: *Revista de Historia Militar*, 60 (1986), pp. 169-205.

[4] La normativa militar que aparece autónoma en los fueros adopta el nombre de *Ordenanzas* debido a la primera característica esencial que las origina: el Derecho privilegiado personal o de clase que formulan y que distingue claramente al destinatario de las mismas. Esto no contradice el **principio de territorialización** que por iniciativa regia se irá introduciendo en ellas, ampliando el ámbito de vigencia de las *Ordenanzas Militares* hasta conseguir que la misma normativa sea aplicable en todos los lugares del reino. Los reyes querían que las mismas leyes rigiesen para sus súbditos, tendiendo a eliminar el carácter local, consuetudinario y autónomo del Derecho. La imposición autoritaria de la Ley Real no fue inmediata y tuvo que adoptarse una política legislativa reiterativa cuyo inicio, en nuestro tema de estudio, puede situarse en las *Ordenanzas e Instrucción del duque de Parma y de Plasencia...* En ellas se regula por primera vez la administración de Justicia militar y aunque inicialmente fueron aplicadas a los ejércitos de Flandes, llegaron a extenderse a todo el ejército de la Corona Española. Transcripción realizada por J. Moreno Casado: "Las Ordenanzas de Alejandro Farnesio (1587)", en: *Anuario de Historia del Derecho Español*, 31 (1961), pp. 431-458.

absoluta del poder político del monarca se manifestará en el ámbito de los delitos cometidos por los altos cargos militares, produciéndose una delegación de esta potestad, cada vez más acentuada, a medida que los protagonistas de los delitos van descendiendo en la jerarquía militar.

Estas características incidirán en el objetivo principal que motivó a los monarcas a conceder una normativa específica al ejército. Las leyes fueron piezas fundamentales para conservar la estructura sociopolítica de la época, marcando las desigualdades internas bajo un fuerte poder estatal.

I. FORMAS DE LEGITIMACIÓN: LA LEGISLACIÓN BORBÓNICA

Con la llegada de la Casa de Borbón se inicia la concesión de una legislación uniforme para todas las tropas dependientes de la Corona Española. Felipe V [5] y Carlos III impulsaron una organización jurídico-institucional que culminó con las Ordenanzas de 1768 [6].

Dentro ya de formas consolidadas de Estado Moderno, los monarcas representaban la "Summa potestas", pero esto no significó que lograran imponer sus leyes fácilmente. Como ha señalado Almirante en su *Diccionario militar*. "Al advenimiento de Felipe V fué cuando realmente *empezó a modificarse el organismo del ejército* y mudarse el asiento de todo el estado militar. Tantos los principios que trajo de Francia, inculcados y repetidos por su abuelo, como la necesidad manifiesta, imprescindible, de apelar á la fuerza para afirmar su trono en los embates y vicisitudes de una guerra civil y sangrienta, contribuyeron con las prescripciones de la política que representaba, á imprimir en el ejército activo, ya desde éntonces permanente en su acepcion actual, *un carácter y una tendencia* que hasta allí no había tenido, porque realmente no los había necesitado" [7].

La solución apuntaba a un nuevo modo de sistematización del derecho militar, tendiéndose a sustituir antiguas peculiaridades altomedievales por un sistema de Derecho homogéneo. Este deseo de unificación se proyectó bajo la apariencia de un texto legal.

---

[5] Con Felipe V se promulgaron las *Ordenanzas de Su Magestad para el Regimen, Disciplina, subordinacion, y servicio de la Infanteria, Cavalleria, y Dragones de sus Exercitos en Guarnicion, y en Campaña*, Madrid, Imprenta Juan de Ariztia, 1728. Con estas ordenanzas se cambió la denominación de los Tercios Españoles por Regimientos, se regularon los delitos militares más frecuentes y se adoptaron las teorías sobre el *arte militar*, cfr. J. Marchena Fernández: "Flandes en la institución militar de España en Indias", en: *Revista de Historia Militar*, 58 (1985), pp. 61 y ss.

[6] Varias son las ediciones de las Ordenanzas de Carlos III, aquí se ha utilizado: A. Vallecillo: *Ordenanzas de S.M. para el Régimen, Disciplina, Subordinación y Servicio de Sus Exércitos"*, Madrid, Imp. Pedro Marín, 1768, 3 vols. En adelante me referiré a este texto con la abreviatura O.M.C.

[7] J. Almirante: *Diccionario Militar*, Madrid, Depósito de la Guerra, 1869, (voz: *Justicia*), p. 737. El subrayado es mío.

En esta organización influyeron las formas de militarización anteriores [8], y la existencia de novedosas necesidades políticas y bélicas. De la tensa situación política y social que se vive entre los siglos XVII y XVIII los Borbones toman conciencia de que hay que apuntalar el edificio social tradicional [9]. Y para articular la estructura del ejército se adoptó la ideología de la sociedad estamental.

La nobleza se somete al poder real absoluto, pretendiendo controlar la movilidad en la estratificación social. Sin embargo, ella misma sufrirá alteraciones en su principal característica de ejercer funciones estrictamente guerreras. Conserva la escala de valores de épocas precedentes y vigoriza el concepto del honor para exaltar la actividad militar. Sin embargo, se iba apartando cada vez más de las guerras, aunque mantuviera caracteres externos como el uso de las armas. Su objetivo sería ahora mantener la preeminencia sobre los demás estamentos. Para ello, no duda en ceder parte de su imagen guerrera a cambio de que su función de defensa se haga valer como símbolo de los méritos que la sociedad ha de reconocerles como grupo [10].

De estas premisas se deduce que el ejército continuaba siendo una manifestación ideológica del Antiguo Régimen. De hecho, el modelo normativo establecido reunía las exigencias jurídicas necesarias para situar la función de la *nueva nobleza* y la incorporación del estado llano. La política militar se veía condicionada por la necesidad de asegurar la permanencia en filas de un numeroso contingente humano. Tanto la escasez económica como la coyuntura social justificaban el mantenimiento y la adaptación de los privilegios ya adquiridos.

II. EJÉRCITO Y SERVICIO PÚBLICO

El poder real de los Borbones no logró una administración eficaz en los distintos campos de la actividad social que quería dominar y dirigir. Todo lo contrario,

---

[8] En el verano de 1781 había "varias quadrillas de contrabandistas y ladrones en las provincias de Andalucía y Extremadura" y Carlos III ordenó con fecha 25 de septiembre a sus Capitanes Generales que destinaran las tropas bajo su mando a la persecución de aquéllas, ofreciendo ascensos a los oficiales como si se tratase de "guerra viva", y a la tropa parte del botín que confiscasen, siguiendo el modelo que se practicó durante la Reconquista. En 1782 y 1783 volvió Carlos III a insistir en el mismo sentido. Real Cédula de 27 de mayo de 1783, en: *Colección Legislativa Militar*, vol. 7 pp. 304-307.

[9] Todo el montaje monárquico señorial, se funda en una combinación de absolutismo y estamentalismo tácitamente pactado, se explica bajo el relieve que en el panorama de la vida social toma el papel del status que se posee, la función que se cumple, el prestigio que se alcanza y el honor que se atribuye, cfr. J.A. Maravall: *Poder...*, op. cit., pp. 53-61, y *Estado Moderno...*, op. cit., pp. 511-572.

[10] "...a nadie se le ocurre que haya que comprobar el efectivo funcionamiento de la fijeza de tal ordenación", en A. Domínguez Ortiz: *Las clases...*, op. cit., p. 137.

se manifestó una desproporción entre los fines del Estado y los medios de gobierno, por lo general, mal organizados. Esto obligó al monarca a reiterar leyes, con el objetivo de conseguir la aplicación e interpretación uniforme de las mismas, a la par que eliminar el carácter consuetudinario y localista de la práctica en cada lugar[11].

En este contexto, Carlos III resalta en el preámbulo de las *ordenanzas* uno de los principales objetivos: "...Por quanto ha manifestado la experiencia que en la observancia de las ordenanzas militares expedidas desde el año de mil setecientos veinte y ocho se han ofrecido algunas dudas que ó consultadas atrasaban mi servicio, ó mal interpretadas podrian (tal vez) perjudicarle, y que en la falta de regla fixa que no daban por muchos asuntos del interior gobierno de los cuerpos, quedaba expuesto á deformidad y voluntaria variacion el método de buen régimen en ellos: por tanto he resuelto que anuladas en todas sus partes las referidas ordenanzas militares se observen inviolablemente para la disciplina, subordinacion y servicio de mis exércitos las que explican los tratados y titulos siguientes".

La primera razón que justificaba la derogación de la legislación anterior venía de las dudas o desviaciones interpretativas que producía. Ante esta situación, el Rey resuelve anular en todas sus partes las Ordenanzas Militares de Felipe V y, en frase típicamente absolutista, indica que se observen las nuevas *inviolablemente*. En relación con la imposición autoritaria de la ley real es decisivo el apoyo que el monarca recibe de la nobleza. Esta alianza representa para la monarquía una salvaguardia de sus intereses y para la nobleza la garantía de conservar los privilegios y la posibilidad de instalarse en la vida social de otra manera.

Las *ordenanzas* resultan así el lugar elegido para legitimar la nueva función de la nobleza. Encontramos que a través de ellas se define un servicio a la monarquía, y a la postre, un *servicio público*[12] ya que el Rey representa a la comunidad.

---

[11] El Monarca absoluto reitera las disposiciones legales que pretenden regularlo todo; y como sabe que la ley ni se respeta ni se cumple, amenaza a través de cada una de ellas para forzar a su cumplimiento con penas siempre duras. Así tenemos el caso del riepto, lid, duelo o desafío, que a pesar de los esfuerzos legislativos por impedirlos, su ley social seguía vigente. De manera más acusada en la nobleza, cuya inclinación general era resolver las contiendas privadas y las ofensas por la fuerza. Lo demuestra el que las *O.M.C.* (VIII, X, 47), reiteren la vigencia de la *Pragmática sobre duelos y desafíos* expedida el 16 de Enero de 1716.

[12] Así se llegó a una situación mal definida: "Por un lado se estimaba que la profesión propia del noble eran las armas; por otro, empero, se afirmaba el carácter voluntario de tal obligación"; y esta otra consideración: "mezcla de rasgos auténticos y bastardos, heroicos y grotescos, es muy propia de una época de transición entre formas de vida e ideales antiguos y otros que aún estaban muy lejos de concretarse en un sistema coherente" en A. Domínguez Ortiz: "La movilización...", op. cit., p. 800, y *Las clases...*, op. cit., p. 160, respectivamente. También Maravall opina al respecto que "cuando una clase ha fraguado, se ha consolidado en la estructura social, perdura, aunque las circunstancias históricas le hagan cambiar tal función", en *Honor...*, op. cit., p. 39.

III. COMPOSICIÓN SOCIAL DEL EJÉRCITO

III.1. La nobleza

La monarquía reservó a la nobleza los empleos de oficiales. Ésta los aceptaba conforme al papel asumido de brazo mantenedor del orden objetivo [13]. Este mérito se lo había adjudicado la nobleza a falta de una fuerza de policía bien organizada. Lo que contribuyó a fomentar la convicción entre los nobles, de que dichos cargos formaban parte de su patrimonio personal. A la par, venía sustentado en la necesidad de apoyo social que tenía el rey. Resultaba inadmisible que se acometiese la afrenta de encargar a alguien de estirpe inferior para regir a los nobles [14].

La nobleza sufrió los inconvenientes de los cambios en el campo de batalla. Las guerras ya no se remitían a un período concreto del año y en lugares más o menos próximos a las propiedades del Señor. Los frentes se situaban lejos y el compromiso de un líder militar era para toda la vida. Este conflicto de intereses hizo que la nobleza buscara otra manera de instalarse en la vida social, por lo que fue abandonando progresivamente la actividad guerrera. La cual, por otro lado, implicaba grandes riesgos para su vida y ya no ofrecía el aliciente de sustanciosas ganancias en acciones aisladas. En cambio, buscó situarse en un nivel de preeminencia política, pasando de estamento a élite de poder. De esta manera la participación en el ejército se fue relegando a los segundones de las nobles casas [15].

Con las cosas así, la nobleza no era capaz de satisfacer las necesidades que requería un ejército permanente. Para controlar los empleos superiores recurrió al reconocimiento de un privilegio: el autogobierno. Este privilegio se incorporó en las *ordenanzas* al mantener Carlos III la exigencia de ser noble para poder acceder directamente a oficial [16]. Inicialmente extiende este privilegio a los hijos de oficiales, por el mero hecho de la graduación adquirida en el ejercicio profesional. Con fecha 24 de julio de 1773 una Real Cédula aclara los límites de este artículo, "la calidad de oficiales, y sus honores aprovecha a los Padres; pero no es trascendental a los hijos que no militan, a fin de que puedan ser incluídos en el Sorteo de Reemplazo del Egército". Esta protección legislativa presenta nuevos puntos de conexión

---

[13] Los Reyes Católicos ya manifestaron que "deben ser favorecidos los hijosdalgo por los reyes, pues con ellos hacen sus conquistas". Ley 65 de las Cortes de Toledo de 1480, que pasó a ser la 9ª del título III, Libro VI de la Novísima Recopilación.

[14] R. Serrador Aniño: op. cit. p. 172.

[15] "...segundones de nobles casas formaron el nervio de aquellos incomparables tercios que dieron tan justo renombre a nuestra infantería", en J. Marchena Fernández: op. cit., p. 73.

[16] *O.M.C.* (II, XVIII, 1): "El que se recibiere por Cadete, ha de ser Hijodalgo notorio, conforme á leyes de mis Reynos, teniendo asistencia proporcionada (que nunca baxe de quatro reales de vellon diarios) para mantenerse decentemente...".

con la sociedad estamental. Por un lado la nobleza representaba la clase social que tradicionalmente conservaba los usos, costumbres y virtudes estimadas en el prototipo de militar. Por otra parte, se conseguía con la unidad de procedencia, que el cuerpo de oficiales tuviera una identidad, al pertenecer la gran mayoría de sus miembros a la misma clase social. No se trataba de un fenómeno casual, pues había que imprimir homogeneidad, cohesión y autonomía al derecho militar.

Tampoco podemos olvidar que la política organizativa de Carlos III trataba de mantener en lo posible la estructura social y política del Antiguo Régimen. La razón fundamental se derivaba de las importantes "delegaciones" que debía hacer y de la adhesión sin reservas que necesitaba de sus colaboradores [17]. Lo que nos permite inferir que un privilegio muy conectado con la clase nobiliaria era el de la organización del ejército, con lo que se le garantizaba el poder.

Pero, como no existen privilegios sin contraprestaciones, las ordenanzas carolinas incluyen una novedad respecto a las anteriores, las "órdenes generales para oficiales", que en su mayor parte son originales, y van dirigidas a formar una ideología particular. Desde el primer artículo se enumeran prohibiciones: "...prohibo á todos y á cada individuo de mis Exércitos el usar, permitir ni tolerar á sus inferiores las murmuraciones de que se altera el órden de los ascensos; que es corto el sueldo; poco el prest ó el pan; malo el vestuario, mucha la fatiga, incómodos los Quarteles; ni otras especies que con grave daño de mi servicio indisponen los ánimos, sin proporcionar á los que compadecen ventaja alguna. Encargo muy particularmente á los Gefes que vigilen, contengan y castiguen con severidad conversaciones tan perjudiciales..." [18].

Los oficiales se iban a convertir en modelo de comportamiento para los soldados. Era indispensable el restablecimiento del prestigio y la eficacia militar, que se encontraban muy degradados. En una situación en que las nuevas teorías sobre formación bélica se ignoraban[19] y los ejércitos mostraban un modo de vida poco ejemplar.

Fue Felipe V quien hizo la primera referencia a este tema: "Una de las cosas que pide mayor remedio es el excesso de los soldados españoles, y Italianos, que se casan en los Países Baxos (...) porque los unos, y los otros, se casan por aficion, (...) necesitando por esta via acudir à dos cajas rigurosisimas para mi servicio: la una

---

[17] La preeminencia personal de los nobles, debilitada ya su antigua base guerrera, pende más de la mano del Rey que no de sí mismos o de su fuerza como grupo. Es la mano del Rey la que los hace subir o bajar. No podemos olvidar que el Rey es el único que puede conceder la nobleza de privilegio, aunque todo el poder del Rey se justificaba y se basaba en su nobleza. Cfr. Salvador de Moxó: "De la nobleza vieja a la nobleza nueva", en *Cuadernos de Historia* (anexos de la revista *Hispania*), 3 (1969), pp. 1-210.

[18] *O.M.C.* (II, XVII, 1 al 26).

[19] "La formación para la guerra no consistirá en una ética de caballeros, sino en una técnica militar", en J.A. Maravall: *Estado Moderno...,* op. cit., p. 523; también se desarrolla la idea sobre el "arte militar" en J. Marchena Fernández: op. cit., pp. 59 y ss.

haber de sustentar dos Exércitos, uno de vivos que me sirve, y otro de los muertos, que me sirvieron..." [20]. Se reiteró con el Real Decreto de 19 de enero de 1742 *"sobre casamientos"* [21], donde se regulaba el matrimonio de oficiales y soldados. La Providencia de 16 de diciembre de 1749, abundaba en el mismo tema y obligaba a solicitar "licencia para casarse los Cadetes, Sargentos...", especificando quién debía conceder la misma. El Coronel era el designado para dar la licencia de matrimonio a los cadetes, sargentos, cabos, tambores y soldados, siendo determinante la "dote" que aportase la novia para concederlo.

Los jefes superiores debían solicitar Licencia Real por escrito y se recordaba: "que al Oficial que se casare sin licencia se le haya de quitar inmediatamente el empleo; y à los Soldados que executaren lo mismo, se dé algun castigo, por su inobediencia en no haber pedido la licencia de sus gefes"[22].

Esta situación será mantenida por Carlos III, y resulta sorprendente comprobar que el incumplimiento de este requisito es de mayor castigo para los oficiales que para los soldados. No es de extrañar si consideramos que los soldados no debían ser muy dados a contraer compromisos legales que les arrastrasen grandes inconvenientes para su vida futura [23]. Eran los oficiales más respetuosos y cumplidores con las formalidades. También se justificaba esta diferencia en una razón económica. Era más gravoso para el ejército la viuda de un oficial que la viuda de un simple soldado, o mantener el status que exigía un oficial casado en el ejército [24]. Así, las *ordenanzas* en su título VIII: *"Método con que ha de procederse al abono de prest y pagas de la tropa y Oficiales que se embarquen para América"* [25] tuvieron que contemplar esta situación, y concedieron a todos los oficiales, sus mujeres e hijos el derecho a sentarse a la mesa del comandante de los navíos de Guerra. A los criados,

[20] *Ordenanzas de Su Magestad para el Regimen...*, de Felipe V de 1632, cap. 41: "...los Exércitos en Campaña parecen Aduares, y los Quarteles Aldeas, llenas de mugeres, muchachos (...). A los niños que dexan cuando mueren es preciso assentarles plazas (...) y esto acrecienta (...) el sueldo del Exercito en mucha cantidad, deshaciendo en las provincias la estimación de los Oficiales, à quienes ven extenderse à cosas ilicitas; (...) y à los Soldados ordinarios casados tan vilmente...".

[21] J.A. Portugués: *Colección general de las ordenanzas militares, sus innovaciones y aditamentos*, Madrid, Antonio Marín, 1768, vol. 3, pp. 432-434.

[22] J.A. Portugués: op. cit., p. 494.

[23] Debido a la creciente inseguridad económica, propia de una época de agobiante presión fiscal, de hambres crónicas y de inflación no dominada; sociedad en la que muchos hombres adultos dedicaban su juventud a la milicia, al oficio estudiantil (entonces díscolo y frecuentemente ocioso), o ingresaban (con vocación o sin ella) en la vida conventual, forzosamente habían de ser muy frecuentes las relaciones sexuales extramatrimoniales. Cfr. A. Domínguez Ortiz: *Crisis y decadencia de la España de los Austrias*, Barcelona, 1984, pp. 93-96.

[24] Real Cédula de 19 de octubre de 1712: "Para el número de Raciones de pan y cebada que pueden tomar los oficiales Generales, particulares y Prisioneros". Los oficiales generales no tenían una cantidad asignada, disponían de lo que necesitasen, en J.A. Portugués: op. cit., vol. 1. pp. 631-635.

[25] *O.M.C.* (I, VIII, 1 al 8).

que estaban permitidos por las ordenanzas, se les asistía con la ración que recibían los marineros en la armada.

A los soldados les correspondía una gratificación por el importe del vino que debían recibir durante la travesía. Pero en ninguno de los ocho artículos dedicados a este asunto se menciona la posibilidad de que los soldados puedan estar ya casados y viajar con su familia. Lógicamente, esto indica que todos los soldados seleccionados debían ser solteros o viudos sin hijos.

El texto de estos artículos incide una vez más sobre los dos grupos sociales que conviven en las Ordenanzas de Carlos III. A uno se le permite trasladarse con toda su familia y al otro se le compensa con una gratificación económica con respecto al importe del vino, no sin advertir que este derecho, mal fundado, se concede para evitar mayores inconvenientes. La compensación económica dejaba traslucir cierta preocupación por la convivencia que se veían obligados a realizar oficiales y soldados en un espacio reducido. La mesa del comandante servía vino, y lo que no deseaban los oficiales era encontrar a la tripulación y al resto de los viajeros, borrachos por el consumo del mismo. Abonar una cantidad evitaba tener que transportar el vino y servirlo en la ración de comida correspondiente.

Prentendían las ordenanzas divulgar la idea de integración de todos los componentes del ejército. El principio jerárquico se intenta diluir ante los valores castrenses. Se resaltan situaciones comunes y se enfatiza la posibilidad de que aquellos que mostrasen su capacidad y adaptación al nuevo carácter militar, quedarían integrados en el sistema. Como resultado, el individuo particular, y sobre todo el de clase inferior, participaba de los privilegios que se le concedían al conjunto del grupo del que era miembro. A través de los artículos, las ordenanzas van esculpiendo en el cerebro de los militares una detallada casuística con la pretensión de imprimir un código ético. Pretendían tener previstas todas las situaciones posibles y ofrecían la pauta de actuación para evitar cualquier iniciativa.

El patrón de comportamiento se adaptaba al empleo al que pertenecía cada sujeto, siempre dentro de unos límites corporativos y acorde con un modo de vida determinado. Así con respecto al soldado exigía que: "Desde que se le sienta su plaza ha de enterársele de que el valor, prontitud en la obediencia, y grande exactitud en el servico son objetos á que nunca ha de faltar, y el verdadero espíritu de su profesion" [26]. Compendio de virtudes que todos los integrantes del ejército debían poseer en alto grado. La trilogía valor, prontitud en la obediencia y exactitud en el servicio era destacada como el carácter propio del *Arte Militar*[27]. En buena lógica, no se confundirían en absoluto con la correlación honor-riqueza-clase, imprescindible

---

26 *O.M.C.* (II, I, 5).

27 "...la automatización y el anonimato en la masa cada vez mayor de los que obedecen...", en J.A. Maravall: *Estado Moderno...*, op. cit., p. 523.

para ocupar un lugar en el grupo hegemónico, el de los oficiales. Las distintas escalas de estimaciones consolidarían las diferencias entre oficiales y suboficiales o tropa.

El objetivo del ejército no está definido en estas *ordenanzas*. El Rey pretendía disponer de una institución disciplinada y eficaz que pudiera ser utilizada por su Gobierno allí donde la situación táctica lo requiriera, con plena y total libertad. Esta disposición de sus tropas es la que otorga y traslada al general del ejército, para que "el que se mandare para qualquiera servicio, sea de la graduacion ó Cuerpo que fuere, lo hará sin murmurar, poner dificultades, ni disputar lugar para sí ni para la Tropa que llevase; y aunque no le toque el servicio ni el puesto que se le diere (...) reservará su queja hasta haber concluido (...) y únicamente en el caso de no atrasarse el servicio lo podrá significar a su inmediato Superior" [28].

Esta subordinación absoluta al superior jerárquico se complementa con: "Los oficiales tendrán siempre presente, que el único medio para hacerse acreedores al concepto y estimación de sus Jefes y de merecer nuestra gracia, es el de cumplir exactamente con las obligaciones de su grado; el acreditar mucho amor al servicio, honrada ambición y constante deseo de ser empleados en las ocasiones de mayor riesgo y fatiga para dar a conocer su valor, talentos y constancia" [29].

Este código de conducta es fundamental. Todos los militares han de seguir las pautas marcadas si quieren alcanzar respeto, prestigio y estimación personal y profesional entre sus compañeros. En especial los oficiales, quienes sólo mediante la consideración del resto de los compañeros, podrían conseguir posteriores ascensos, que implicasen mayor responsabilidad y mando. Esta conducta es el modelo a seguir por los soldados. Sin embargo, existían elementos comunes que caracterizaban a todos los componentes del ejército. Como era la responsabilidad derivada del desempeño de puestos de cierta importancia según el orden establecido. Las obligaciones y deberes de los superiores con sus subordinados se reiteraban en cada empleo o clase.

Cualquier soldado que se comportara conforme al modelo señalado en las Ordenanzas podía alcanzar la honrada ambición de ascender. Para ello sólo necesitaba dar a conocer su valor, talento y constancia. Ascendido a *cabo* habría de modelar sus características profesionales y debía mostrarse "firme en el mando, graciable en lo que pueda". Esta conducta sería la que le permitiese cumplir con sus nuevos deberes a la par que "se hará querer y respetar" de sus subordinados [30].

---

[28] *O.M.C.* (II, XVII, 15).

[29] *O.M.C.* (II, XVII, 3).

[30] *O.M.C.* (II, II, 5): "El Cabo como Gefe mas inmediato del Soldado se hará querer y respetar de él; no le disimulará jamás las faltas de subordinacion: infundirá en los de su Esquadra amor al oficio, y mucha exactitud en el desempeño de sus obligaciones: será firme en el mando, graciable en lo que pueda, castigará sin cólera, y será medido en sus palabras aun quando reprenda".

Un grado más le hacía *sargento* y le obligaba de nuevo a cambiar su conducta. Se apreciará entonces el conocimiento de los detalles del oficio y desde luego, considerándosele ya un gran auxiliar de la oficialidad[31].

Desde el primer escalón existente en la jerarquía castrense, las *ordenanzas* permitían que el superior pudiera infringir castigos al inferior. La razón por la que podía imponer un castigo físico, era la insubordinación, que en ningún caso era admitida. El artº 17 dice: "El Cabo tendrá autoridad para arrestar en la Compañía qualquiera Soldado de su Esquadra; y en el solo caso de desobedecerle ó responderle con insolencia, le será permitido el castigarle con su vara..."[32], añade también que sólo podrán ser dos o tres golpes, y estos en lugar que no puedan inutilizarle para el servicio. Cada superior podía aumentar la dureza del castigo, hasta llegar al capitán general, que a través de la delegación Real, disponía de la potestad punitiva para cumplimentar la sentencia de la pena de muerte respecto a los soldados.

A cambio es quizás el ascenso el único incentivo que se ofrece al soldado y para conseguirlo se prohibe "bajo severo castigo"[33] toda conversación que manifestare desagrado en el servicio o con la fatiga que puediesen causar las labores encomendadas. Para conseguir esta conducta las *ordenanzas* seguían una línea de directas intimidaciones a quienes se atreviesen a incumplir la actuación prevista en las mismas. Los soldados sólo podían reclamar: "cama, luz, agua, vinagre, sal y asiento a la lumbre"[34], ya que las largas marchas y el tipo de calzado exigían que los soldados cuidasen de sus pies y descansasen lo necesario para continuar al día siguiente.

El ejército tenía conciencia de pertenecer a un grupo superior, aun antes de que se constatase por escrito en un texto legal. El carácter grupal del ejército exigía que los nobles aceptasen a individuos de inferior calidad como elementos necesarios en la estructura militar, sin negar sus conflictos internos. Como consecuencia a los individuos extraídos del estado llano se les permitía gozar, en términos relativos, del honor, la gloria y la fama propios de los nobles.

Esto nos lleva a localizar en las Ordenanzas una serie de preceptos encaminados a regular un modo de vida determinado y de comportamiento común a cuantos participaban en este grupo social. En principio el patrón de comportamiento y sus manifestaciones anejas: comer, vestir, hablar, etc., se hacía necesario para todo miembro. Lo corrobora el Tratado II, que bajo el epígrafe *"Obligaciones de cada clase desde el soldado hasta el Coronel"* inicia las del soldado con: "El Recluta que

---

[31] G. Montoro Obrero: "Las clases de tropa en las Ordenanzas Militares en los siglos XVII y XVIII", en: *Revista de Historia Militar*, 66 (1989), p. 77.

[32] *O.M.C.* (II, II, 17).

[33] *O.M.C.* (II, I, 21): "Se prohibe, baxo severo castigo al Soldado toda conversacion que manifieste tibieza ó desagrado en el servicio, ni sentimiento de la fatiga que exige su obligacion; teniendo entendido, que para merecer ascenso son calidades indispensables el invariable deseo de merecerlo, y un grande amor al oficio".

[34] *O.M.C.* (II, I, 22).

llegare á una Compañía se le destinará á una Esquadra de cuyo Cabo será enseñado a vestirse con propiedad y cuidar sus armas, enterándosele de la subordinacion que desde el punto en que se alista en el servicio debe observar exactamente". Continúa en esta línea el siguiente artículo: "...recibirá la casaca, chupa, calzones y gorra..."[35].

Los Títulos XII, XIII, XIV, XV y XVI del mismo Tratado II detallan las obligaciones de los superiores con sus subordinados, reiterando en cada empleo la obligación de hacer cumplir a los soldados actos personalísimos, como el aseo, la vestimenta, el decoro, las expresiones utilizadas entre los soldados y el mantenimiento del uniforme en condiciones óptimas. Quedando los habilitados del regimiento (sargentos mayores[36] que actualmente equivaldrían a Comandante o Capitán) encargados de controlar los gastos individuales de la tropa, impidiendo, mediante arresto incluso, que superasen los ingresos mensuales, una vez retenidas las cantidades necesarias para cubrir los gastos que redundasen en un aspecto decoroso de los soldados [37]. Estas medidas no debían contar con el agrado de toda la tropa, pues una gran parte de la misma daba poca importancia a la apariencia y mucha al entretenimiento.

El interés paternal y educativo que rige en estos preceptos se debía a la condición social que predominaba en la clase de tropa. La escasa formación de los soldados era manifiesta y se pretendía a toda costa ofrecer la imagen de un ejército honroso, al menos, en lo esencialmente externo[38], y contagiarle los nobles caracteres históricos que respondían a los hábitos de los oficiales.

Esta aparente cohesión entre soldados y oficiales quedaba rota ante la discriminación que las mismas *Ordenanzas* van institucionalizando: "Los Cadetes serán empleados en todo servicio de armas (...) debiendo tambien exceptuarse de los servicios mecánicos de Quarteles, como ranchero, quartelero y otros semejantes (...) y se les permitirá que el pasturar los caballos (...) lo puedan executar por sus criados (...)", y: "Serán alojados después de los Alféreces en todos los parages donde los oficiales tengan alojamiento, y no se les precisará á que residan ni duerman en el Quartel, á menos que en él haya habitacion separada de la que ocupen los Soldados en que acomodarlos, con prohibicion absoluta de que se arranchen, ni familiaricen con ellos; porque siempre ha de ser con los oficiales el trato regular de los Cadetes"[39]. Se

---

[35] *O.M.C.* (II, I, 1 y 2).

[36] *O.M.C.* (I, IX, 3).

[37] *O.M.C.* (II, I, 13 y ss.).

[38] El capitán encargado de la recluta entregaba a quien no dispusiese de ello un equipo esencialmente compuesto por unas armas mínimas. Aparte también se ponían a disposición del soldado unas prendas mínimas del uniforme, si bien el vestuario sería descontado del sueldo que debía recibir: *O.M.C.* (I, V, 5). También, recordar que todo esto pretende destacar el denominador común o fenómeno común que presentan las sociedades jerarquizadas, los sujetos que se incorporan asumen los rasgos que a la par les igualan y distinguen como miembros.

[39] *O.M.C.* (II, XVIII, 7 y 9): "Forma y distincion con que han de ser los Cadetes admitidos y considerados".

consideraba deshonroso que el oficial se relacionara con los soldados más de lo estrictamente exigido. También nos muestran estos dos artículos que se mantenía el desprecio por el ejercicio y desarrollo de las actividades profesionales manuales, las cuales no eran aceptadas por los nobles, e incluso, ante la necesidad de desarrollarlas, se utilizaba un criado para ejercerlas[40].

El empleo de cadete era el paso previo a oficial. Pero la admisión como cadete estaba supeditada al número de plazas ofertado[41], pudiendo darse el caso de que los candidatos fuesen más numerosos que las plazas existentes, o que los cadetes no tuviesen la disponibilidad económica suficiente para costearse dicha formación. Esto planteaba una clasificación nueva dentro del propio estamento. Todos los nobles estaban llamados a ser oficiales del ejército, pero no todos los nobles eran iguales. Tampoco los nobles formaban un grupo uniforme fuera del ámbito castrense[42]. Consecuentemente, entre los oficiales también se detecta una distribución particular en sentido horizontal, que dependía del rango de nobleza que se acreditara, frente a la jerarquización general. La frontera con el estado llano la marcaba la calidad más baja entre los nobles, que se correspondía con los hidalgos. Y las *Ordenanzas* también recogen este detalle.

Para los hidalgos se estableció la figura del *soldado distinguido*[43] cuya instauración

---

40 "Oficio digno del hidalgo son las armas, la Corte, el gobierno provincial o colonial y las altas dignidades de la iglesia; un escalón más bajo en la escala social están las artes liberales, a las que todavía puede descender sin mengua de su hidalguía, que constituyen una especie de nobleza de privilegio exenta de quintas, levas, sorteos, cargas concejiles y oficios públicos gravosos, y tienen gracia del tormento; y aún puede ejercer los empleos meramente honoríficos o indiferentes, como las Judicaturas, los Regimientos y la Abogacía; pero un noble o hidalgo, por necesitado que se halle, tendrá por afrenta manchar sus manos con ese tabú, reprobado por la ley y las costumbres que son los oficios mecánicos bajos y viles", en L. Sánchez Agesta: *El pensamiento político del Despotismo Ilustrado*, Madrid, 1953, p. 142.

41 *O.M.C.* (II, XVIII, 5): "En cada uno de los Regimientos de Infantería no podrá haber mas de dos Cadetes por Compañía, y uno en las de Caballería...".

42 Domínguez Ortiz en *Las clases privilegiadas en la España del Antiguo Régimen* presenta tremendas diferencias entre la nobleza, tal vez la más significativa sea la "forma de adquirir ésta" y lógicamente el rango ocupado dentro de ella. Se distingue entre nobleza de sangre y de privilegio y las formas de acceso a la segunda son muy variadas, pero habitualmente se deriva de la compra al monarca, o como gratificación a cambio de alguna prestación directa o indirecta. Lo que permitía que se produjeran una serie de conflictos, entre la nobleza tradicional y los recién llegados, pp. 71 y ss.

43 *O.M.C.* (II, XVIII, 13): "Siempre que entre los Soldados se hallen algunos que sean Hijosdalgo notorios ó hijos de Capitanes del mismo Cuerpo, ó de Oficiales de superior grado que no hayan podido ser incluidos en la clase de Cadetes, permito que sin atender á que pasen por la escala de Cabos y Sargentos, se me hagan presentes en las propuestas que se hicieren para las Banderas ó Estandartes, colocando separadamente, despues de la terna de Cadetes ó Sargentos, sus nombres, servicios, y las precisas expresadas circunstancias de ser hijo de Capitan ó de oficial de superior grado ó de notoria hidalguía, cuyos testimonios fefacientes se me remitirán unidos a la propuesta; pues es mi Real ánimo el que semejantes irremediables accidentes no sirvan de obstáculo á las principales circunstancias de su nacimiento y mérito que por sus servicios hayan adquirido".

buscaba pues, reconocer la hidalguía de aquellos nobles que habían perdido la solvencia económica. En esta situación se les incluía en el ejército como soldados distinguidos. De hecho los hidalgos estaban en mejor disposición cultural para acceder a puestos superiores que la mayoría de los soldados provenientes de las distintas reclutas. Era común que, aun abandonados por la fortuna, continuasen poseyendo una cultura y formación elementales. Esta formación sería importantísima para acceder a puestos de responsabilidad[44]. Pero no se les eximía, como a los cadetes, de continuar el orden de ascensos regular. Los soldados distinguidos debían cumplimentar todos los requisitos exigidos en los sucesivos empleos inferiores, antes de poder acceder a los de oficial.

Otra posibilidad de distinción consistía en diferenciarles de algún modo del común de los soldados: "El Soldado que por circunstancias de nacimiento merezca el nombre de distinguido, lo será con el Don y uso de espada, aunque no tenga asistencia"[45], pero en ningún caso se contempla la remota posibilidad de que puedan ser nombrados cadetes directamente.

Estas situaciones hacían difícil la posibilidad de que alguien ajeno a la nobleza acreditada pudiera acceder a oficial. Sin embargo, la organización que estas *ordenanzas* otorgan al conjunto de oficiales se presenta diferenciada en dos grupos: uno muy numeroso conformado por la nobleza acreditada, y otro minoritario, formado por aquellos que habían conseguido ingresar en un sector privilegiado gracias a los actos en combate. A este respecto, Clonard puso de manifiesto las limitaciones de este grupo minoritario: "...pero salian por lo regular de la clase de sargentos en edad demasiado avanzada"[46], lo que obviamente dificultaba los posteriores ascensos. Era extraño que lograsen superar el empleo de capitán.

En cualquier caso fue la nobleza la que encontró en el ejército una posibilidad de progreso adaptándose a su nueva función. Valoró la profesionalización y la preparación técnica, para reclutar así a los más aptos. Y para cubrir estas necesidades permitió ciertas distinciones dentro del nivel que correspondía a cada uno. Los oficiales se identificaron con la clase capaz de disciplinar a las gentes y establecer un modelo de ejército basado en las necesidades políticas estatales. Esta clase dirigente sólo podía estar integrada por la antigua nobleza, incorporando las nuevas formas a las estructuras ya heredadas del Antiguo Régimen.

---

[44] *O.M.C.* (II, II, 1 al 66), se detallan las obligaciones del Cabo, concretamente el artº 15 dice: "Tendrá una lista de su Esquadra por antigüedad, otra por estatura y otra en que estarán asentadas todas las prendas de su vestuario y armamento, con el número ó marca de cada fusil".

[45] *O.M.C.* (II, XVIII, 14).

[46] C. de Clonard: *Historia orgánica de las Armas de Infantería y Caballería españolas desde la creación del Ejército permanente hasta el día,* Madrid, D.B. González, 1851, vol. 4, p. 163.

III.2. El estado llano

El nuevo modelo normativo que se establece en este texto se proyecta como una opción de progreso, y con evidentes fines legitimadores de la actividad guerrera a otros sectores sociales, regulando el acceso a soldado de cualquier individuo. En ellas, todos los sujetos se considerarán útiles, igualados por el conocimiento y el ejercicio. Esta innovación se enfrentó a ciertas tradiciones medievales, lo que exigió reformar la forma de acceder al ejército, cuyo origen radicaba en la necesidad de aumentar en gran número la masa de combatientes disponibles[47].

El elemento con mayor dosis de modernismo será la participación del estado llano en la función de defensa de la nobleza. Los sentimientos de colaboración y participación se emplean como propaganda, necesaria para atraer nuevos soldados a filas y actúan como complemento de una forma de captación de personal moderna para el ejército. Pero la realidad será que el esquema ideológico del antiguo Régimen se mantenga prácticamente sin cambios. Lo que variaba era la función específica de ciertos grupos.

La necesidad de contar con un número importante de combatientes disponibles hizo que la recluta voluntaria fuera insuficiente. Se configuró un servicio militar que recaía sobre los plebeyos con carácter obligatorio, aunque se utilizaran distintos vocablos en la denominación de los reclutamientos. Esta sustitución del carácter general de súbdito en lugar del personal o feudal de vasallo lo entiende Maravall como una democratización de la función militar que daría como resultado la transformación del ejército personal en ejército real[48].

Dos tesis pugnaban por imponerse: por un lado los nobles, que hasta la Edad Moderna fueron los más caracterizados representantes de la profesión militar, se oponían a la masificación que representaba la milicia ciudadana, pero lógicamente, el auge de las armas de fuego les obligaba a reconocer la evidencia de los hechos: el valor bélico de un ejército era proporcional al número de sujetos que lo componían. La otra tesis defendía la participación ciudadana en el ejército. La idea a divulgar era la de un pueblo que combatía bajo la guía de los nobles, fundidos en una cohesión que se apoyaba en dos factores espirituales: el amor a la patria y el respeto a la jerarquía castrense.

Se ponía el acento en divulgar la vocación guerrera característica de la nobleza para que estimulase la captación de individuos pertenecientes al estado llano, deseosos de sentirse miembros de un colectivo en alguna medida privilegiado. La posibilidad de obtener un sueldo regular, aunque fuese con retraso, el alojamiento gratuito y el fuero especial eran las ventajas que ofrecía el Ejército. El punto siguiente era

---

[47] G. Montoro Obrero: op. cit., pp. 78-80.

[48] J.A. Maravall: *Estado moderno y mentalidad...*, op. cit., pp. 512 y 549-553.

determinar la forma más conveniente para conseguir el número de soldados necesarios. Se proponían tres soluciones: los voluntarios, el quintar y las levas.

Los voluntarios eran pocos, por consiguiente en la segunda mitad del siglo XVIII se convocaban levas forzosas periódicamente. Éstas no dejaban de ser un medio de alistamiento violento, por más que el monarca quisiera ser condescendiente al incluir en dichas levas a los ociosos de las ciudades, bajo el pretexto de sustituir penas de privación de libertad en la legislación común por años de servicio militar con la apariencia de "moderación ante las penas de destierro y otras más graves de la legislación común, atendiendo al honor de sus familias y a lo que dicta la humanidad y el beneficio público"[49]. Esta iniciativa del monarca por tratar a todos los ociosos por igual debió recibir la correspondiente crítica por parte de los nobles, y el monarca rectificó la legislación.

El castigo para el ocio era el ejército, pero nuevamente se marcaba una distinción entre el pueblo llano y los nobles sin ocupación, así lo expone la Real Cédula de 2 de agosto de 1781 al declarar que "...ha ocurrido alguna duda sobre el destino que deba darse a los Nobles (...) por Regla general, que todos los Nobles que sean aprehendidos por Vagos, y mal entretenidos, se destinen al servicio de las Armas en calidad de Soldados distinguidos, observandose en la Declaracion de tales las mismas formalidades y Reglas prevenidas en la Real Ordenanza de 7 de Mayo de 1775, para quanto á los del Estado general, con lo demas que se expresa"[50].

El Tratado I, Título IV contiene los preceptos dedicados a la formalización de la recluta, que era la forma de conseguir voluntarios. Por lo general se elegía a un capitán[51] con experiencia militar y suficiente prestigio. La finalidad era reclutar en breve plazo de tiempo y, por lo general, en un espacio geográfico definido, un número determinado de soldados. Estas circunstancias eran tenidas en cuenta a la hora de nombrar al capitán encargado de la recluta, pues se pretendía que el carisma del oficial y su prestigio personal o familiar influyeran en el ánimo de los vecinos del lugar. Motivación que se uniría a los ideales de riqueza, honor y aventura con que se deseaba caracterizar la figura del militar en esta época.

La exclusión de determinados individuos del servicio de armas, estaba en función

---

[49] En la Ordenanza de 7-5-1775 se establecieron levas anuales en Madrid y otras poblaciones y en su artº 16: "Han de ser comprehendidos en las levas, asi los ociosos naturales de la ciudad, ó villa, asi como los estrangeros, en quienes concurra la ociosidad y la mala costumbre de perder su tiempo en el ocio, y diversion, sin aplicarse á trabajo, ú oficio", en la Colección legislativa Militar, Índice de las Ordenanzas y Reglamentos, p. 74.

[50] *Colección Legislativa Militar*, vol. 7, pp. 152-153. Con respecto a las levas, el tipo de individuos que incluía y la forma de ejecutarlas, cfr. R. Pérez Estévez: *El problema de los vagos en la España del siglo XVIII*, Madrid, 1976.

[51] *O.M.C.* (I, IV, 5, 6 y 7).

de la religión que profesaban y de ciertas apreciaciones externas, físicas y sociales como la "imperfeccion notable en su persona, libre de accidente habitual, ú otros incurables, y sin vicio indecoroso ni extraccion infame, como Mulato, Gitano, Verdugo, Carnicero de Oficio...". Resulta curioso que se mantengan las excepciones reseñadas cuando el ejército iba cambiando la forma de mantener su contingente. Lo que en otros tiempos se reducía a recluta voluntaria, mercenaria o extranjera, se había ido ampliando con las levas forzosas: el reclutamiento obligatorio de vagos, ociosos y maleantes era cada vez más común. Estas medidas venían determinadas por la disminución del voluntariado y, aunque pretendían paliar en parte la escasa recluta voluntaria y resolver el número de soldados necesarios, no lograron su objetivo. Se realizaban quintas permanentemente, que causaban el malestar en los pueblos y los numerosos ociosos[52] no se incorporaban al ejército en la forma y en el número deseado.

La Ilustración arremetió con las levas contra este grupo social marginado. Pues no podía tolerarse la existencia de un sector parásito, que vivía sin oficio reconocido vulnerando los prejuicios sociales más elementales, al no aceptar un estilo de vida conforme a lo que los ilustrados presuponían como estimable y verdadero. Este grupo social representaba la improductividad en un tiempo obsesionado por la productividad[53].

En general, el papel desempeñado por las clases de tropa, que era el lugar que ocuparían en el ejército profesional quienes procedían de estos sistemas de recluta, no trascendería por su irrelevante iniciativa profesional y escaso prestigio social[54].

III.3. La Iglesia

No quedó excluido el clero de la organización militar. Carlos III solicitó al papa Clemente XIII que permitiese a los componentes de los Reales Ejércitos excluirse

---

[52] Era general la idea de que en España había una multitud de ociosos. Por ociosos debemos entender esa "gran multitud de nobles hambrientos que, próvida nuestra España, tal vez infeliz por eso, nos ofrece...", y: "Ponderado bien el justo horror con que Su majestad habrá oído el informe que se le acaba de dar sobre el crecido número de abandonados y vagos absolutamente que había en su reino...", José del Campillo y Cossío: "Lo que hay de más y de menos en España, para que sea lo que debe ser y no lo que es", en: *Estudios de historia social, económica y demográfica de España*, edición y estudio preliminar de Antonio Elorza, Madrid, 1969, IV, p. 51.

[53] "Cierto es, que si la Tropa que puede sustentar este Reino, y ha menester para su defensa, se pudiere completar de gente inutil á la Republica, a fin inescusable, deberá hacerse assi. Y hay tanta gente inutil en España, que baste para completar la Tropa. Y aun ha de sobrar una buena parte (...). Quien limpiase la Tierra de Ociosos, haria un gran servicio, no solo a la Tierra, mas aun al cielo", en B.G. Feijoo: *Theatro critico universal o discursos varios para desengaño de errores comunes*, Madrid, Francisco del Hierro, 1739, en el discurso XIII: "La ociosidad desterrada y la milicia socorrida", pp. 391-403.

[54] G. Montoro Obrero: op. cit., p. 73.

de la jurisdicción eclesiástica ordinaria, para quedar sometidos al vicario general de los Reales Ejércitos, a lo que accedió el pontífice[55]. Desde entonces las tropas españolas han contado con capellanes autorizados para administrar toda clase de sacramentos, absolver de cualquier tipo de culpa, delitos y herejías, por muy graves que fueran.

Concedió también la posibilidad de celebrar misa hasta dos veces al día, en descampado y en altar portátil si era preciso. Se permitía la celebración en presencia de herejes y excomulgados. Los sacerdotes vestían de seglar y se otorgó licencia a todos los miembros del ejército para comer huevos, queso, manteca y carnes en Cuaresma y demás días del año en que estaba prohibido su consumo.

La incorporación de los capellanes al ejército y sus obligaciones se recogen en las *ordenanzas* en el tratado II, título XXIII: *"Modo en que han de admitirse los Capellanes, y sus obligaciones"*. El respectivo coronel estaba facultado para nombrar a los capellanes. Se prohibía que se nombrasen frailes para tal cargo[56], permitiéndolo para los regimientos extranjeros, pues era difícil encontrar clérigos que hablasen el idioma de los soldados[57]. El Rey confiaba en el celo, caridad y buen ejemplo de los capellanes para desempeñar sus obligaciones, entre las cuales se incluía instruir a la tropa en la doctrina cristiana, como mínimo una vez al mes y más frecuentemente en Cuaresma[58].

El capellán, se incorporaba al ejército con la graduación de oficial o jefe y convivía más con la oficialidad que con la tropa. Esta incorporación a la clase de oficial no es de extrañar, pues los clérigos no formaban parte del estado llano, y eran otro grupo social muy superior al de los soldados y las *ordenanzas* lo tuvieron en cuenta a la hora de situarles jerárquicamente. La influencia del Derecho canónico en el derecho común, se traslada al derecho militar y tiene su expresión a la hora de concretar los denominados por las *ordenanzas* crímenes militares y comunes.

IV. EL DERECHO MILITAR

La sustantividad del Derecho militar frente al Derecho común radicaba en la naturaleza del ejército. Su autonomía parte de la peculiar vida castrense y se abastece

---

[55] Bula de 28 de abril de 1762, en: *Colección Legislativa Militar*, vol. 4, pp. 369-371.

[56] Repiten las *O.M.C.* la opinión que había divulgado el pensamiento ilustrado: "...Sus vestidos, sus costumbres y modo de vida es tan denigrante a la monarquía como indigno de su carácter; andan todo el reino, viven de limosna, comen en las tabernas y duermen en los hospitales, causando en vez del respeto que por su dignidad merecen, aquel gran desprecio que es natural tener a los vagabundos", en J. del Campillo y Cossío: op. cit, "España despierta", 1742, p. 154.

[57] *O.M.C.* (II, XXIII, 1).

[58] *O.M.C.* (II, XXIII, 6 y 17).

permanentemente del fin asignado[59]. La necesidad que tenía el ejército de un medio más eficaz y rápido para impartir justicia es el fundamento que le impedía acogerse a otras ramas del Derecho.

Estos caracteres fueron suficientes para transformar el fuero especial de carácter personal que ya disfrutaba el ejército en la Edad Media en un fuero militar adscrito definitivamente a una clase. Confirmado en las propias *ordenanzas*, dentro del epígrafe titulado *"Exenciones y preeminencias del fuero militar, y declaración de las personas que le gozan"*, dice: "... el referido fuero pertenece á todos los Militares que actualmente sirven y en adelante sirvieren en mis Tropas regladas,..."[60]. En definitiva el fuero militar consistía en aplicar todo el Derecho militar a un colectivo determinado, incluyendo en este caso la jurisdicción, es decir, la potestad de juzgar y ejecutar lo juzgado por tribunales compuestos por militares.

El Tratado VIII, que engloba el Derecho penal militar y la jurisdicción militar, se elaboró bajo el principio "el que manda debe juzgar"[61]. Con este apoyo legal las supremas autoridades militares se convirtieron en autoridades jurisdiccionales al formar parte de los tribunales. Eran también autoridades administrativas en función del cargo que ostentaban en la jerarquía castrense, simultaneando así la potestad jurisdiccional y el mando del empleo. El derecho a castigar se entendía como consecuencia natural y lógica de todo mando de armas, incuestionable poder coercitivo para la eficacia de lo mandado[62].

El fuero se aplicaría indistintamente a sujetos muy variados. Incluía a quienes accedían a la carrera de armas por sentencia, a los alistados forzosamente y retenidos en filas, a los soldados extraídos del pueblo llano bajo la recluta voluntaria, a los civiles que se relacionaban con actividades militares y se extendía hasta los criados o viudas de militares[63]. La abundancia de personas con derecho a fuero, las

---

[59] J. Moreno Casado: "Las Ordenanzas...", op. cit., pp. 431 y 432; F. Muga López: "Antecedentes del código penal Militar", en: *Revista Española de Derecho Militar*, 1 (1966), p. 31; Vittorio Veutro: "La independencia en la Justicia Militar", en: *Revista Española de Derecho Militar*, 37 (1979), p. 10. Sin embargo, Tomás y Valiente explica la necesidad de mantener la **militar disciplina** por instinto de conservación de la propia monarquía absoluta, reforma penal y reforma política eran inseparables "...incluso en tiempos del «ilustrado» Carlos III, mantuvo un sistema penal que ella (la monarquía absoluta) entendía le servía de coraza protectora y de instrumento de fácil manejo para la represión de cualquier desobediencia contra el rey y su casi sagrada autoridad, así como de defensa de la estructura social sobre la que se apoyaba su poder", en *El Derecho penal de la monarquía absoluta (siglos XVI, XVII y XVIII)*, Madrid, 1992. p. 63.

[60] *O.M.C.* (VIII, I, 1).

[61] *O.M.C.* (VIII, IV, 1): La facultad jurisdiccional se atribuye a la autoridad del mando: Capitán General de provincia o a los generales jefes de los ejércitos en operaciones.

[62] "...constituyendo un escabinato marcial, acorde con la tesis francesa de ser necesario para el mantenimiento de la disciplina militar, el temor del soldado al oficial, al concurrir en éste la potestad de mando y el ejercicio de jurisdicción", en N. González-Deleito Domingo, op. cit., p. 46.

[63] *O.M.C.* (VIII, I, 1 al 10); Epígrafe: "De las materias de Justicia, Título I: Exenciones y preeminencias del fuero militar, y declaracion de las personas que le gozan".

jurisdicciones especiales dentro del propio ejército y la mentalidad de la época, celosa en la defensa de sus privilegios, fueron las causas más abundantes de las complicadas cuestiones de competencia. Con las *ordenanzas* el derecho militar se distingue del Derecho común de forma tajante: "...No podrán los referidos oficiales y soldados ser presos por la Justicia ordinaria, por deudas que hayan contraído después de estar sirviendo; ni se les executará por ellas en sus caballos, armas ni vestidos, ni en los de sus mugeres...", se complementa con: "No podrán conocer de las causas civiles ni criminales de Oficiales las Justicias ordinarias,..."[64].

Para ejercer la administración de Justicia se organizaron los tribunales militares. Desde la Edad Media existía el Real y Supremo Consejo de Guerra, denominado por lo general "Consejo de Guerra", que actuaba como órgano asesor y consultivo del Monarca[65]. Fue con Felipe V con quien se implantó el Consejo de Guerra a modo de Tribunal de instancia única y como órgano consultivo o Consejo de Estado castrense. La innovación que aportan estas *ordenanzas* es la distinción entre un Consejo de Guerra para oficiales y un Consejo de Guerra Ordinario para juzgar Sargentos y empleos inferiores, con el fin de "contener a la tropa en exacta observancia y sólida disciplina"[66].

Asimismo, las Ordenanzas dejaban instituida una doble jurisdicción militar: la ordinaria asignada al Consejo de oficiales generales, y la del Consejo de guerra ordinario, caracterizada por un procedimiento especial y rápido, pues debía resolver en un plazo de veinticuatro horas en campaña y de tres días en cuartel. El Consejo de oficiales generales por el contrario, debía formarse en la capital de provincia, lo que suponía considerar indefinido el tiempo para constituirse.

Con respecto a la potestad punitiva con los oficiales, el capitán general tan sólo podría decidir la ejecución de aquellas sentencias referidas a asuntos ajenos al servicio, pues con respecto a estos temas, debía solicitar el informe del Supremo Consejo de Guerra[67]. Teniendo toda la potestad punitiva para el Consejo de guerra ordinario.

El Consejo de guerra ordinario juzgaba desde los soldados hasta los sargentos, incluía a los cadetes siempre que cometiesen delitos impropios para un aspirante a oficial como los de inobediencia, falta de subordinación y los denominados por las

---

64 *O.M.C.* (VIII, I, 4 y 5).

65 Feliciano Barrios: *El Consejo de Estado de la Monarquía Española, 521-1812,* Madrid, 1984. p. 30.

66 E. Baldovin Ruiz: "El fuero militar en las Ordenanzas", en: *Revista de Historia Militar,* 77 (1944), p. 64.

67 El Consejo de Guerra no se regula en las *O.M.C.*, aunque se le menciona como órgano de apelación (VIII, IV, 3): "De las sentencias de los Capitanes Generales en materias civiles y criminales, podrán recurrir los oficiales al Supremo Consejo de Guerra, donde se determinará en última instancia; pero los procesos procedentes del Consejo de Guerra general en que haya duda, y los de sentencias de oficiales, que deben consultárseme antes de su execucion, los pasará el Capitan General á mis manos por la via reservada de mi Secretario del Despacho de la Guerra...".

propias *Ordenanzas* como "Crímenes feos"[68]. Se añadía la variación de las penas que fueren indecorosas para los Cadetes, adaptándolas conforme a su *calidad* de noble.

Así quedaron instituidos dos tribunales, conforme a las distintas clases sociales que habían de juzgar: oficiales y no oficiales. Quedaba patente que los hombres no eran jurídicamente iguales entre sí, y tampoco eran iguales ante la ley. Esta diferenciación ante la ley no es originaria del derecho militar. Es una característica que, tal y como lo exigía el derecho penal absolutista, permanece. En consecuencia no es de extrañar que la aplicación del derecho penal militar conserve privilegios, aunque nuevos, en función de la calidad del reo.

Se repetirán aquí todos los privilegios de los que disfrutaban los nobles en el derecho penal común: las penas arbitrarias, el superior valor del testimonio de un oficial, la liberalidad de los jueces a la hora de interpretar y sentenciar el derecho vigente serían las diferencias más notables [69]. El común denominador de todos estos privilegios, seguía siendo la calidad personal del reo.

En cuanto a la ejecución de la pena de muerte, de nuevo dependía del empleo que ostentase el condenado. En caso de ser un oficial implicaba la consulta al monarca a través del Supremo Consejo de Guerra. Mientras que el Consejo de guerra ordinario no requería trámites especiales para ejecutar la pena de muerte. El sargento mayor, que había actuado como instructor, informaba de la sentencia al general y éste concedía permiso para ejecutar el castigo al tiempo que ordenaba a toda la guarnición que asistiera a la ejecución[70].

Las penas que incluyen las *ordenanzas* no se pueden considerar en absoluto más duras que las observadas en la legislación común, eran simplemente las mismas, por más que adecuadas a los medios con que contaba la administración de justicia militar y de acuerdo con los lugares donde se debían ejecutar.

Los privilegios se mantenían. Aunque los hechos fuesen los mismos, jamás recibiría el mismo trato un oficial que un soldado. Así, se contemplaban unos delitos muy concretos y acordes con la condición nobiliaria de los oficiales. Tales como los actos de cobardía o que no demostrasen todo el arrojo y valor que de ellos se

---

[68] *O.M.C.* (VIII, V, 2): "En la misma conformidad han de ser los Cadetes juzgados por el Consejo de Guerra, por la inobediencia, falta de subordinacion y crímenes feos que cometan, imponiéndoles las mismas penas que al Soldado, con reflexión a su calidad, para variar las que fueren indecorosas sin disminuirlas en lo grave".

[69] Sobre el proceso penal en la Monarquía Absoluta, vid. F. Tomás y Valiente: op. cit., pp. 153-199.

[70] La pena de muerte se ejecutaba con el mismo ritual que en el derecho penal común. Por inconvenientes a la hora de conseguir verdugo se iba incluyendo el fusilamiento del reo por el propio destacamento al que pertencía, pues la horca o el garrote vil incluían demoras en la ejecución de la sentencia. Incluía también la intimidación, como elemento educador *O.M.C.* (VIII, V, 66): "Verificada la muerte, tocarán marcha todos los Tambores, y las Tropas vendrán á pasar por delante del cadáver, á quien llevarán despues á enterrar los Soldados de su misma Compañía".

esperaba, y por los que merecían la pena de muerte. Como acto previo se procedía a la degradación del oficial. Por lo general, la sentencia consistiría en ser pasado por las armas, pero sin enfrentarse nunca a una muerte vil.

Así los crímenes que detallan las *ordenanzas* están dedicados a los soldados, cabos y sargentos en su mayoría. Tan sólo aparece incluido el oficial en su redacción, para los relativos a: "Injuria ó insulto contra Ministros de Justicia, sedicion, testigo falso y cobardía".

También incluyen las *ordenanzas* el eterno conflicto entre la ordenación castrense y la protección de la fe. Se incluye la blasfemia como delito y la reincidencia conlleva la famosa pena de horadar la lengua con un hierro candente[71], acompañado por el de "robo de vasos sagrados", o el de "ultrage á imágenes o a sacerdotes", etc., todos estos delitos incluían la pena de muerte, por lo general la horca, que era más ignominiosa que la de ser pasado por las armas, seguida del descuartizamiento del cadáver, en algunos casos. La mutilación y el castigo corporal también estaban previstos en casos menos graves.

Este excesivo rigor era propio de la época y la cultura. No logran las *ordenanzas* separar el concepto del delito y del pecado, y mantiene la sensibilidad propia de la sociedad configurando el término pecado-delito. La argumentación para sostener esta idea era que la sociedad necesitaba el apoyo de la religión como vía de cohesión social. Estos delitos y los de lesa Majestad reciben la misma valoración en las penas más duras. Los delitos denominados "monederos falsos, sedición, infidencia, espías y deserción".

En definitiva, la vertebración de todo el sistema castrense conseguido con las Ordenanzas de Carlos III se puede considerar como la culminación de un proceso histórico-legislativo. Lentamente, iría incluyendo, reuniendo, ordenando y completando lo legislado hasta 1768. Su pretensión no era reformista. Su objetivo era trabar un conjunto legislativo uniforme acorde con las necesidades que requería el ejército permanente.

La intervención real otorgó carácter institucional al ejército, a la vez que legisló procurando no ignorar a los nobles, pues continuaba necesitándoles para el mantenimiento y desarrollo de las funciones del Estado. Lógicamente todo esto permite vislumbrar el objetivo del modelo jurídico que consolidaron las *Ordenanzas*: la institucionalización de un modo de vida donde los nobles asumían los puestos de mando y mantenían los privilegios, en este caso apoyándose en un cuerpo legislativo.

De esta manera, el pasado histórico y los privilegios de la nobleza encontraban en los ejércitos permanentes la manera de institucionalizar su forma de vida. Pese a contar con una tradición jurídica diferenciada, necesitaban consolidar su pasado

---

[71] *O.M.C.* (VIII, X, 1).

con un modelo jurídico acorde con su peculiar estructura jerárquica. Para trasladar su correspondencia al régimen absolutista desplegaron una organización que se basó en el autogobierno y en el ejercicio de un derecho propio.

El arraigo de esta tradición situó al ejército fuera del contexto propio del Derecho común y del resto de las instituciones del Estado. Aferrándose a una legislación ajena a cualquier innovación y atendiendo a la consolidación de los privilegios de una clase que se ubicaba en la oficialidad. Reformar exigía valorar a los miembros de la institución por su eficacia y, ante esta eventualidad, se prefería mantener la legislación que se correspondía con el interés de la mayoría de los oficiales. Ante la posibilidad de perder privilegios, se prefirió no emprender una auténtica reforma.

Como apuntábamos antes, las *Ordenanzas* contenían todas la innovaciones legislativas tomadas desde la llegada de la Casa de Borbón a la Corona Española. Las reformas borbónicas contribuyeron a un perfeccionamiento en la legislación, a pesar de que no se consiguiesen unos objetivos relevantes. Realmente, no se aprovechó el momento histórico de la formación de los Estados Modernos para forjar una institución coherente, uniforme y continua. Se mantuvo la idea de la dispersión. Por un lado la necesidad de tropa y por otro, la potestad de mando en una élite dispuesta a mantener sus privilegios sociales bajo un uniforme.

EL SOMATÉN CATALÁN: GÉNESIS Y EVOLUCIÓN HISTÓRICA

Rosa Martínez Segarra
UNED

SUMARIO:

I. Introducción
II. El Somatén catalán en la Edad Moderna
III. La guerra de la Independencia y el reinado de Fernando VII
IV. El reinado de Isabel II
V. El sexenio revolucionario y la Restauración borbónica
VI. El Somatén en el siglo XX

I. INTRODUCCIÓN

Los antecedentes históricos del Somatén aparecen ya regulados en el *Código de los Usatges* recopilados en 1068 por el Conde Ramón Berenguer I el Viejo con el nombre de *Pau i Treva* [1]. Como es sabido, servía para reunir a los habitantes del lugar, de forma espontánea, al grito de "Via Fora Sometent", con el fin de luchar contra el bandidaje, los malhechores protegidos por los grandes señores o contra el propio rey si sus reglamentaciones no son consideradas justas por el vecindario.

El Somatén durante este período histórico se desarrolló bajo dos formas diferentes: como Somatén Vecinal y como Sacramental.

El Somatén Vecinal era el formado en una determinada localidad que, ante un hecho concreto, reunía a los vecinos a la llamada de campana, bien para perseguir a unos bandidos o bien para luchar contra una Real Orden, como se puede comprobar durante el reinado de Pedro III. Este rey, deseoso de donar a un hijo suyo la ciudad libre de Vich como pago a los servicios prestados, mediante una Real Orden la convierte en Condado; ante esta resolución se levantó el Somatén de la ciudad de Vich, siendo vencido el rey por las tropas de Bernat Cabrera en 1356, lo que le obliga a nombrar a su hijo Conde de Ozoma de la ciudad de Vich.

La forma de Sacramental, que es la formación del Somatén General de los pueblos del Condado, fue establecida por Jaime I en el Pla de Llobregat el 15 de enero de 1257, con la denominación de *Carta de Comunió i de amistad sobre las defensa dels homes del Llobregat*. Buen uso hará de esta fórmula, que es la de actuar como ejército, el rey Pedro III a la hora de someter a los nobles. Así, sabiendo que los nobles seguían protegiendo a los bandidos en sus tierras, aprovechará cualquier

[1] *Pau i Treva* ha sido definida por diferentes autores como "protección y defensa" dada por el Príncipe de Cataluña, y según las leyes de la Tierra, a todas las personas y cosas existentes dentro del principado.

pretexto para ir contra ellos y quitarles las prerrogativas que tenían como señores feudales -como se les reconoce en *Pau i Treva*- aun sabiendo el rey que la penetración violenta en tierras de la nobleza era considerada un delito en ese mismo texto. Enviar contra los señores feudales al Somatén deja sin efecto las consideraciones al respecto marcadas en el Derecho.

II. EL SOMATÉN CATALÁN EN LA EDAD MODERNA

La verdadera creación de los ejércitos permanentes en España se debe a los Reyes Católicos. Las primeras tropas que organizaron fueron llamadas de *acosiamientos*, especie de milicias locales, vestidas de distintas maneras, que se reunían una vez al año para pasar revista y si así lo exigían los acontecimientos, regresando a sus casas cuando cesaba el motivo que las había congregado. Como estas tropas se disolvían al terminar la guerra, encontrándose privados los Reyes de elementos defensivos, se vieron en la necesidad de restablecer la Santa Hermandad que venía siendo, desde el siglo XIII, el principal recurso defensivo de los pueblos contra los malhechores -versión castellana del somatén vecinal- y después de vencer la resistencia de los nobles, quedó aprobado, el 27 de abril de 1476, el proyecto de ordenanzas de la Santa Hermandad primer cimiento del ejército permanente por su organización y por la intervención suprema del poder real.

Durante el reinado de Carlos I el Somatén Catalán interviene luchando no sólo contra corsarios y bandoleros, sino también en la defensa de los territorios del Rosellón y la Cerdaña cuando son atacados por las tropas francesas. Los llamamientos a Somatén general por parte del Consejo de Ciento en este período son numerosos y su comportamiento fue considerado tan positivo por el Emperador que, aunque se decretó la Real Pragmática de 7 de marzo de 1539 en Toledo contra el uso de armas, se reafirma el uso de las mismas para los componentes del Somatén. También Felipe II dicta, en 1568, una Real Pragmática de 99 capítulos sobre el uso de las armas endureciendo, aún más si cabe, lo determinado en la Pragmática ordenada por su padre el Emperador. Dedica los ocho primeros capítulos al Somatén, todos ellos referidos a su organización, armas que pueden portar, castigos para los somatenistas que no cumplan correctamente su quehacer, etc.

Fue durante el reinado de Felipe IV y su valido el Conde-Duque de Olivares cuando se intentó un cambio de política, que consistía en anular toda diversidad regional, todo fuero nobiliario o local o de organismo autónomo ante la autoridad suprema del Rey; en realidad sólo fue un adelanto de lo que más tarde habían de establecer los Borbones en España e Italia. Este plan político concebido por el valido precisaba de mucho tacto, pero no tuvo ninguno y empleó todos los recursos de su carácter violento para someter explicables resistencias. La disgregación hispana iba a producirse por sus desaciertos. Pronto tuvo lugar el primer choque en las Cortes de Barcelona ante los desafueros cometidos por las tropas castellanas e italianas concentradas en Cataluña con motivo de la guerra con Francia. Los desmanes fueron de tal calibre que provocaron la "revolución" al ser arrestados Francisco de Tamarit, diputado por el brazo militar, y Pablo Clarís, canónigo de Urgel, como instigadores del clamor popular junto a dos miembros del Consejo de Ciento: Leonardo Serra y Francisco Juan de Vergós. El 12 de mayo de 1640 las campanas de Barcelona tocaron a somatén y los ciudadanos, apoyados por las gentes del campo, pasearon en triunfo a los presos liberados.

El 7 de junio de 1640 estalló el Corpus de Sangre o Guerra dels Segadors: "La protesta corre como un reguero de pólvora -escribe Balaguer- ...Al grito tremendo de *Via fora somatent* levantábanse en masa las poblaciones, arrojándose sobre los castellanos; Lérida, Balaguer, Vich, Gerona y Tortosa, con otras villas principales formaron causa común con la capital. Los soldados tuvieron que huir de los pueblos como fieras acosadas...". La declaración de guerra y posterior segregación de Cataluña de España y su incorporación a Francia como principado independiente es la solución aprobada como mal menor. Tampoco los franceses se preocuparon mucho de respetar las Constituciones catalanas; Cataluña se estaba convirtiendo en una colonia francesa política y económicamente por lo que se decidió su entrega al Rey Felipe IV en 1652. Éste otorgó un perdón general y prometió respetar las leyes y privilegios del Principado.

Al morir Carlos II sin descendencia, el último rey de los Austrias menores, España se divide en dos bandos al apoyar cada uno de ellos a los distintos pretendientes: Castilla apoya a Felipe de Anjou, el pretendiente francés, mientras que Cataluña se inclina por el archiduque de Austria, Carlos. En España estalla la lucha fratricida conocida con el nombre de "Guerra de Sucesión". Las medidas adoptadas por Felipe V al finalizar dicha guerra pueden enmarcarse en la corriente absolutista, ya que por medio de los *Decretos de Nueva Planta* impuso la organización político-administrativa de Castilla a los territorios de la antigua Corona de Aragón. Estos decretos se implantan en 1707 en Valencia, en 1711 en Aragón, en 1715 en Mallorca y en 1717 en Cataluña. Con esta nueva legislación el Estado español queda constituido con una estructura político-administrativa que tiende a la uniformidad porque supone la abolición de las instituciones de la Corona de Aragón, aunque conservan- excepto en Valencia- su Derecho propio.

El *Decreto de Nueva Planta* es nefasto para el Somatén, pues en el Capítulo 39[2] encontramos lo que sigue:

---

[2] Tomo II, libro V, Título IX, Ley I; *Novísima recopilación de leyes españolas*, BOE, Madrid 1976, ed. facsimilar de la de 1805.

"Por los inconvenientes que se han experimentado en los Somatenes, y juntas de gente armada, mando que no haya tales somatenes, ni otras juntas de gente armada, so pena de ser tratados como sediciosos los que concurrieren o intervinieren".

En efecto, Felipe V castiga a las tierras catalanas por haber ayudado al pretendiente Carlos y el decreto transcrito significa la muerte legal del Somatén, aunque no su espíritu, porque éste sigue enraizado en las gentes como lo demuestra su resurgir antes y durante la Guerra de la Independencia donde tuvo un papel predominante en la lucha contra el francés y contra los grandes "señores", como nos relata Vicens Vives[3].

Efectivamente, en 1793 España declara la guerra a la República Francesa. Era una guerra totalmente injustificada, pues no había más motivo que el ser Carlos IV pariente de Luis XVI. Aunque el Conde de Aranda era partidario de la neutralidad de España, Godoy hizo caso omiso y declaró la guerra cuando nuestro ejército no estaba aún preparado para una campaña terrestre y con el cambio de alianzas España estaba expuesta al dominio inglés.

A pesar de todo lo expresado, esta guerra fue muy popular en España pues se pensó que se libraría en suelo enemigo. Los Grandes, la Iglesia y las ciudades ayudan a la guerra. Se forman tres cuerpos de ejército, uno en las fronteras de Guipúzcoa y Navarra, otro en Aragón y el tercero en Cataluña. El cuerpo de ejército de Cataluña, mandado por Antonio Costa, tomó la ofensiva ocupando rápidamente territorio rosellonés. Ya aparece el Somatén en la toma de este territorio aunque todavía no estaba oficialmente organizado y ni tan siquiera alzado, como comenta Pelle i Forgas en su *Historia del Ampurdán.*

Será en 1794, ante el ataque jacobino, siendo el Conde de la Unión el Capitán General de Cataluña, cuando se levante el Somatén para detener la invasión remitiendo al municipio de la Ciudad de Barcelona las instrucciones pertinentes divididas en 21 puntos para la organización del Somatén. Transcribiremos el punto 3º porque nos define quienes lo componen: "Desde la edad de quinze años hasta los de quarenta, deverán alistarse para los Somatenes todos los individuos de los pueblos del Corregimiento, para defenderse de los franceses destructores de nuestra Santa Religión, y enemigos de toda humanidad".

La imperiosa *crida* del Conde de la Unión va a ser seguida en todos los pueblos y ciudades del Principado, como lo demuestra lo publicado en el *Diario de Barcelona*, el 11 de junio de 1794, con el siguiente encabezamiento:

---

[3] Recogido por R. Carr: *España 1808-1939*, Ariel, Barcelona 1968, nota 21, citando el libro de Vicens Vives: *Industrials i politics del segle XIX.*

"Prevenciones para los que se alistaren a las Compañías del Somatén de esta ciudad:
I.- Los que quieran alistarse al Sometén de esta ciudad, deberán presentarse dentro del termino de ocho días en las Casas del Ayuntamiento á su comisionado, el Sr. Manuel Berenguer, Diputado del Común, para dar su nombre y firmar la obligación de permanecer en él.
II.- Serán preferidos los que supieren manejar el arma; y entre ellos los más diestros.
III.- Los que fueren al Somatén y se mantengan a expensas propias, serán libres del aumento de la contribución, aunque estuvieran incluidos en ella.
IV.- Aunque las Compañías del Somatén se formarán de individuos permanentes, podrá cualquiera retirarse luego que en su lugar ponga otro individuo útil, y de satisfacción del Ayuntamiento.
V.- Se señala de remuneración a cada individuo medio duro de plata diario, á más de lo que subministra S.M.
VI.- Cobrará el medio duro desde tres días antes de el en que saliera el Somatén de Barcelona.
VII.- Si gustase dexar, de la dicha remuneración, alguna cantidad para sustento de su familia, se entregará a la persona que destinare, diaria, semanal ó mensualmente, según mejor le pareciere".

El Somatén volvió a ponerse en funcionamiento como si nunca se hubiera proclamado el *Decreto de Nueva Planta* y sin perder su espíritu medieval, como lo demuestra el hecho de que el Conde de la Unión quiso, en 1795, organizar el Somatén como Milicia Urbana para salvaguardar a sus componentes de ser colgados, al portar armas y ser paisanos, por la Comandancia francesa. El Somatén se niega a ser milicia urbana como nos relata Ángel Ossorio[4]:

"Hay alguna insinuación que los Somatenes tomarán el nombre de Milicias urbanas; pero parece que la plebe no les asienta el título, pues muchos no lo entenderán, y como suena milicias pensarán que es como los demás regimientos de Castilla que están en campaña.
¿No parece esa terquedad una obcecación necia? Pues, sin embargo, ¡eso es el Somatén! Iniciativa libérrima para entrar y salir de él; amor a la familia y la tierra; orgullo de la ciudadanía, aborrecimiento de toda servidumbre, más odiosa cuanto más dorada; nivelación social para servir en la institución; empeño en mantener historia propia, peligros propios, honores propios... Todo en él es fuerza interna, espiritual. Poned a su frente una trompeta, dad a sus hombres un gorro o una espada, obligadles a vivir en eterno ritualismo, militarizarles en fin, y el Somatén habrá concluido".

---

[4] Ángel Ossorio: "El pensamiento político catalán durante la guerra entre España y la República Francesa", en: J. Pérez Unzueta: *El Somatén a través de la historia*, Joaquín Horta, Barcelona 1924, p. 281.

Si las consecuencias de la guerra contra la República Francesa fueron lamentables en el orden financiero, en el orden político fueron todavía peores a raíz del tratado de San Ildefonso (8 de agosto de 1796) firmado por Godoy con Francia, nueva versión del "pacto de familia", por lo que en octubre comenzó oficialmente la guerra contra Inglaterra: la derrota naval del Cabo de San Vicente, la pérdida de Trinidad, Menorca, la derrota en Trafalgar, etc., marcaron esta nueva etapa.

La firma de un nuevo tratado -Fontainebleau (27 de octubre de 1807), tratado secreto de partición de Portugal, en virtud del cual las tropas francesas entrarían en la Península- provocó nuevos procesos en nuestra política interna: los sucesos de El Escorial, los motines de Aranjuez, el traslado de la familia real a Bayona y el estallido de la Guerra de Independencia. Los sucesos de Aranjuez dieron el trono anticipadamente a Fernando VII, recién empezado el siglo XIX.

III. LA GUERRA DE LA INDEPENDENCIA Y EL REINADO DE FERNANDO VII

Los sucesos del 2 de mayo de 1808 permiten a Napoleón precipitar las renuncias a la Corona de España, primero de Fernando y luego de Carlos. La insurrección abarcó a toda España, formándose rápidamente las *Juntas* tanto a nivel local como provincial. En Lérida se forma (a finales de junio) la Junta General del Principado de Cataluña bajo la presidencia del Marqués del Palacio, ya que Barcelona estaba ocupada por los franceses. Previamente habían aparecido Juntas locales en Lérida, Manresa, Tortosa, Villafranca del Penedés y Gerona. El significado que las Juntas tienen en el orden político, corresponde al de las guerrillas en el orden militar. La Junta Central, creada el 23 de septiembre de 1808 y presidida por el conde de Floridablanca va a poner coto al federalismo juntero revolucionario de los primeros meses de la guerra.

La primera derrota que sufre el ejército francés fue en el Bruch (6 de junio de 1808) y es una victoria de los somatenes de Igualada y Manresa. Tuvo la enorme importancia de cortar el paso a las tropas francesas hacia Aragón. Mas el deseo de la Junta Central era formar un ejército y, para ello, desde su sede en Sevilla publica *Reglas y máximas fundamentales que deben observarse para la defensa de los pueblos y ciudades grandes en la presente guerra*; en consecuencia, lo que desea y ordena la Junta Central del reino es que: "Todo vecino sin distinción de clase y estado entregue inmediatamente los fusiles que tuviere en su poder".

En el Principado, por lo general, no se tiene en cuenta lo dictado por la Junta Central ya que se prefiere el Somatén a la integración de sus hombres en un ejército regular. Tanto O'Donnell como el general Lacy se manifiestan en contra de esta situación ante los problemas gravísimos que enfrentan en el Principado ocupado en gran parte por los franceses. El general Lacy, desde su cargo de Capitán General manifiesta ante la Junta Superior lo que sigue: "No en Somatén ni en partidas, sino en cuerpos organizados, donde sujetándose a la disciplina y a jefes que conozcan el arte de la guerra se pueda formar un ejército capaz de contrarrestar y vencer".

La Junta Superior, obedeciendo a la propuesta del Capitán General emite un decreto (17 de agosto de 1810) reduciendo las fuerzas del Somatén a la mitad.

El 22 de marzo de 1814 entraba en Cataluña Fernando VII como conde de Barcelona. El 28 de abril salían las tropas francesas de España, la guerra había terminado.

Con el alzamiento de Riego en Cabezas de San Juan (1 de enero de 1820) y tras aceptar el rey la Constitución, de hecho se convertía en el primer monarca europeo después de Luis XVI que aceptaba gobernar con una Ley Fundamental no dictada por él (a excepción del caso inglés), los somatenes tocan a rebato en los pueblos catalanes contra el sistema constitucional vigente, pidiendo la vuelta al absolutismo. El gobierno constitucional decreta que "los pueblos olvidados de sus deberes tuvieran la osadía de sacar a rebato o somatén para reunirse a los facciosos sanguinarios y liberticidas, serán tratados irremisiblemente como enemigos de la patria, saqueados, quemados y arrasados".

Espoz y Mina, desde Sallent, amenazaba que el pueblo culpable "sería incendiado hasta reducirlo a cenizas, o derruido hasta que no quede piedra sobre piedra".

Empero, el alzamiento de somatenes en el Principado no era sólo privilegio de los absolutistas, también se alzan somatenes a favor de los liberales. La entrada del Duque de Angulema, el 18 de abril de 1823, por Irún y La Pertús dirigiendo a los Cien Mil Hijos de San Luis permitió la liberación de Fernando VII en el Puerto de Santa María y la vuelta al absolutismo con la denominada *Década Ominosa*.

IV. EL REINADO DE ISABEL II

El 20 de septiembre de 1833 moría el Rey y estallaba la 1ª Guerra Carlista. María Cristina, la reina regente, apoyada por los liberales defensores del trono de su hija no tuvo más remedio que terminar con el absolutismo y otorgar el *Estatuto Real* en 1834. La guerra carlista seguía su curso y en el Principado el Somatén luchaba, en la mayoría de los casos, a favor del carlismo. Por ello, la reina gobernadora ordenó la formación de la Milicia Urbana con el objeto de que cooperase en las ciudades y pueblos de numeroso vecindario al mantenimiento del orden público. El 25 de febrero de 1834, se publicó el Real Decreto estableciendo las bases para su organización y posterior desarrollo que, según su artículo 1º tenía que formarse en todos aquellos pueblos de la Península e Islas adyacentes que contaran con un mínimo de 700 habitantes". La Milicia Urbana tenía bastantes puntos de similitud con el Somatén, sobre todo en lo que se refería al ingreso en la misma y a las funciones a desempeñar; se diferenciaban en el léxico militar que empleaba dicha organización muy a la manera de la época.

Las revueltas de Barcelona del 20 de julio de 1835 contra los frailes, como supuestos partidarios del carlismo, el asesinato del general Bassa y el incendio de la fábrica Bonaplata permite el resurgimiento del Somatén al luchar, una vez más, a favor de ambos contendientes. Las luchas entre absolutistas y liberales duraron entre agosto y septiembre del año en curso.

Las Cortes, reunidas el 15 de octubre de 1844, acuerdan anticipar la mayoría de edad de la Princesa de Asturias a los trece años. El Barón de Meer, Gobernador Militar de Barcelona publica, con fecha de 23 de septiembre de 1844, un reglamento para organizar el Somatén. No he encontrado ningún indicio de cómo se llevó a la práctica dicho reglamento, por lo que sospecho que quedó en simple publicación, y habrá que esperar a finales de 1855 para ver resurgir el Somatén, pero ahora en versión distinta, la que permanecerá a lo largo de los siglos XIX y XX.

El motivo fueron las bandas carlistas que deambulan por el Principado arrasando masías y atacando la propiedad privada de los vecinos de los pueblos. Para terminar con ellas, el general Didac de los Ríos consigue atraerse a la mayoría de los propietarios perjudicados y organiza "el Somatén Armado de la Montaña de Cataluña" a cuyo frente figura el coronel de infantería Manuel Rodríguez, gobernador del castillo de Cardona. Dicho Somatén toma como leyenda: "Pau, Pau y sempre Pau", siendo ratificado por la Reina Isabel II[5].

Anotamos los párrafos más importantes de "las obligaciones de los Somatenes":

> "El Somatén armado es la reunión de los propietarios honrados y colonos bien acomodados de la montaña central de Cataluña, que por su amor al orden han merecido se les conceda el uso de un arma para la defensa de sus personas y bienes.
> El objeto del Somatén armado es conservar y asegurar la tranquilidad del país, hacer respetar las leyes, obedecer las autoridades establecidas y perseguir, aprehender y esterminar cualquiera clase de facciosos, ladrones y malhechores que turben e intenten turbar la paz de esta montaña central".

En estos dos puntos desaparece para siempre la concepción medieval del Somatén porque: primero, sólo les está permitido pertenecer a dicha organización a

[5] Real Orden de octubre de 1858.

aquellos ciudadanos que sean "propietarios honrados y colonos bien acomodados", por lo que deja de ser un rebato popular al que acudía todo el vecindario, y segundo, porque el Somatén tiene como misión "hacer respetar las leyes y las autoridades establecidas por todo gobierno legalmente constituido", lo que significa que estará al servicio del gobierno del momento siendo un nuevo elemento de control de los ciudadanos.

V. EL SEXENIO REVOLUCIONARIO Y LA RESTAURACIÓN BORBÓNICA

La Gloriosa Revolución de 1868 puso fin al reinado de Isabel II. Las Cortes del 16 de noviembre de 1870, por 191 votos contra 100 y 19 abstenciones, proclaman rey de España a Amadeo de Saboya, que hacía su entrada en Madrid el 2 de enero de 1871. La nueva Monarquía disolvió el Somatén:

"El Sr. Gobernador Militar de la provincia en oficio 20 del actual, me comunica lo que sigue:
Excmo Sr.:
El Excmo. Sr. Capitán General de este distrito en 18 del actual me dice:
Sírvase V.S. disponer que se publiquen en los Boletines Oficiales de esta provincia mis disposiciones sobre la disolución de los Somatenes de este principado, previniendo entreguen sus licencias y nombramientos a los Comandantes militares más próximos y éstos lo hagan a V.S. de todo lo que recojan.
Lo que he dispuesto se publique en el Boletín Oficial de la provincia a los fines que se ordena en el preinserto oficio.
Barcelona, 27 de marzo de 1873.

VI. EL GOBERNADOR MILITAR: M. FERRER Y GARCÉS [6]

El 7 de febrero de 1873 abdicaba Amadeo I del trono español. El episodio que decidió la caída de la monarquía fue la negativa del Arma de Artillería a prestar obediencia al general del mismo cuerpo Baltasar Hidalgo, nombrado Capitán General de Cataluña, alegando la intervención ultraliberal de éste en 1866 en los sucesos del Cuartel de San Gil. Ruiz Zorrilla obtuvo de las Cortes el voto favorable para la disolución del cuerpo, mas el rey abdicó el mismo 11 de febrero de 1873. Congreso y Senado reunidos aprobaron la siguiente resolución, por 358 votos contra 32:

---

[6] *Boletín Oficial*, 25 de mayo de 1873.

"La Asamblea Nacional reasume todos los poderes y declara como forma de gobierno de la nación la República, dejando a las Cortes Constituyentes la organización de esta forma de gobierno."

Estanislao Figueras, primer presidente de la República española, ante una nueva sublevación carlista partidaria de Carlos VII revoca el Real Decreto dado por Amadeo I y promueve el Somatén General, pero con la salvedad que repone el reglamento del antiguo Somatén, no el dado por Isabel II:

"Hago saber:
Que accediendo a las súplicas que me han hecho muchos de los pueblos de las provincias de Barcelona y Gerona para levantarse en Somatén General contra las partidas carlistas, en vez de cerrar las casas de campo, he tenido por conveniente disponer se verifique dicho levantamiento, que debe hacerse extensivo a las provincias de Lérida y Tarragona, y tendrá lugar en todo el distrito bajo las siguientes bases:
Iº: Estarán obligados a unirse a las columnas para formar el Somatén General todos los hombres de catorce a sesenta años, conforme con lo que marcaba el reglamento del antiguo Somatén[7]...
IIIº: Deben unirse también al Somatén todos los voluntarios de la milicia nacional de los pueblos y los movilizados que haya en los mismos".

Estos dos apartados aquí expuestos son de gran interés. El primero por el resurgir del Somatén en su más pura forma histórica y el segundo porque se da más primacía a esta institución que a la milicia nacional. Los carlistas envían a los bayles el siguiente bando:

"Don Francisco Savalls, mariscal de Campo de los ejércitos reales y Comandante General de la provincia de Barcelona y Gerona.
Hago saber:
Todo individuo o corporación que levantase Somatén contra nuestro ejército será castigado con pena de la vida"[8].

Los Somatenes actuaron no sólo durante el tiempo que duró la Iª República contra las bandas carlistas sino también durante la Restauración. En el reinado de Alfonso XII, para acabar con los focos carlistas, el general Martínez Campos lanza una proclama levantando al Somatén General:

---

[7] *Diario de Barcelona,* 20 de mayo de 1873. El Bando consta de siete apartados.
[8] El Alcalde de Gerona recibió este bando por correo.

"Catalanes:
La guerra es un azote despiadado que habéis tenido la desgracia de sufrir hasta ahora (...)
En todos tiempos, desde los más remotos, el pueblo catalán ha respondido al grito que, para devolvernos los bienes de la paz perdida y fáciles hoy de alcanzar, os doy de *via fora Somatén.*
Yo me pondré al frente de él; mis soldados estarán entre el Somatén de todos los pueblos para apoyarle con sus armas (...)
Fundado en esto, ordeno y mando:
Iº: El día 18 del actual, al amanecer, se levantará un Somatén general en todo el Principado de Cataluña, que durará todo el tiempo que la autoridad estime necesario para conseguir la completa pacificación del país (...)
fdo. Arsenio Martínez Campos".

El bando carlista también lanza una proclama:

"Art. Iº: Será pasado por las armas sin más tiempo que el preciso para reconciliarse con Dios, todo Alcalde o persona que comunicase al pueblo de cualquier modo la orden de levantarse en Somatén contra el ejército real o fuerza del mismo (...)
Art. IIIº: Por cada un carlista que se matare en el término de un pueblo levantado en somatén, serán pasados por las armas dos vecinos del mismo conocidos por sus ideas liberales; por cada un herido se impondrán y pagarán dos mil duros, y mil por cada prisionero (...)
Circúlese este bando a los pueblos, quedándose copia los alcaldes que lo harán público en su distrito.
Cuartel General de Gironella, 14 de octubre de 1875".

A pesar de que el bando carlista es anterior a la proclama del general Martínez Campos, el levantamiento del Somatén General fue un éxito, durando tres días la lucha y acabándose al fin la guerra carlista.

A partir de entonces, el brigadier Joaquín Mola y Martínez organiza "Els Somatents Armats de Catalunya", que actuarían de forma permanente para atrapar a todo tipo de facciosos, publicando una revista denominada *La Paz y Tregua*, cuyo primer número ve la luz en 1877 (en 1889 se le quitará el artículo para ajustarse mejor a *Pau i Treva* del *usatge* de Ramón Berenguer IV. Él fue el creador del Somatén actual y vemos un ejemplo de su actuación cuando el 8 de agosto de 1883 se subleven las fuerzas militares en los fuertes de la Seo de Urgel a los gritos de: ¡Viva la República! ¡Viva Ruiz Zorrilla! ¡Viva la Constitución de 1869! El Gobierno testimonió públicamente su reconocimiento con esta nota:

"El comportamiento relevante y ejemplar del Somatén de Castell Ciudad, en la Seo de Urgel, que inspirándose en un noble espíritu de lealtad y adhesión a la Monarquía legítima y a la Constitución del Estado, se aprestó a bloquear aquella plaza, declarada en rebelión, recuperándola después en nombre de tan sagrados intereses con ánimo decidido y resuelto de defenderla a toda costa contra las probables agresiones de los sediciosos, merece la gratitud y el reconocimiento del país y del gobierno de S.M., conducta tanto más digna de elogio por contrastar con la de aquellos que, olvidando sus juramentos, han llenado de vergüenza y doloroso sentimiento el ejército español" [9].

VI. EL SOMATÉN EN EL SIGLO XX

A principios del siglo XX, ante la situación social convulsa que estalla en Barcelona, el Somatén se enfrenta a la clase trabajadora actuando como *policía paralela*; ejemplo de ello es la actuación de la institución en Pedralves, en 1902, cuando se declara la huelga de metalúrgicos, siendo asesinado un somatenista el 22 de febrero por un grupo de obreros. El Gobierno reconoció su labor y, por una Real Orden de 19 de septiembre de 1905, los somatenistas se convierten en *agentes de la autoridad* y como tal actuarán en diversos enfrentamientos.

El año 1909 es conocido por la denominada Semana Trágica. La actuación del Somatén fue la que dominó a los revoltosos en los pueblos de Sarriá, Arenys de Mar, Mollet, Vic, Granollers, Bañolas, Igualada y Ripoll. En Tarrasa, centro fabril, Alfonso Sala Argemí -liberal autonomista perteneciente a la Unión Monárquica Nacional y Presidente de la Mancomunidad en enero de 1924- siendo en ese año de 1909 Vocal de la Comisión Organizadora del Somatén, reunió a la Institución frente a los revoltosos y por su actuación le fue concedida la Cruz del Mérito Militar por R.D. de 1910. En Alella fue detenido por el Somatén Francisco Ferrer i Guardia, uno de los principales encausados en los sucesos de la Semana Trágica. En cambio, en las localidades de San Andreu del Palomar, Sans, S. Martí y Horta el Somatén fue desarmado. Ante estos hechos, Sol Ferrer cita textualmente: "El pueblo desarmó al Somatén y pudo así enfrentarse a la Guardia Civil"[10]. La versión de Pérez Unzueta es que al Somatén le faltó una orden donde se especificara su movilización y porque "se corrió la voz de que el Somatén no hacía nada contra los revoltosos porque no tenía orden de su jefe (...) determinaron desarmarlo, y así lo hicieron algunos individuos que entregaron las armas mansamente" [11].

En 1919, Barcelona va a pasar uno de los momentos más cruciales de su agitación

---

[9] J. Pérez Unzueta: *El Somatén a través de la Historia*, p. 410.

[10] Sol Ferrer: *La vida y la obra de Francisco Ferrer Guardia*, París, 1954, p. 134.

[11] J. Pérez Unzueta: ob. cit., p. 431.

social con la huelga de La Canadiense, donde se enfrentan los Sindicatos Únicos a la patronal. Durante esta larga huelga, el Somatén se forma en la propia Barcelona, donde antes no existía, como fuerza de choque contra los obreros, contando cada vez más con el apoyo de la burguesía, con lo que la Institución se aleja definitivamente de sus orígenes.

Desde algunos meses antes ya se estaba trabajando en la formación del Somatén; la proclamación de huelga revolucionaria acelera el proceso de tal manera que, en plena huelga, sus componentes patrullan por las calles de la ciudad con el nombre de "Guardia Cívica", llevando un brazalete rojo como distintivo, colaborando con el Ejército y la Armada para restablecer el orden público. En esta Guardia Cívica se integran los hombres de la Lliga; Francisco Cambó se expresó así cuando se le inquirió sobre su actuación durante la huelga:

> "Para que no hubiese duda alguna sobre cual era nuestra actitud -la de la Lliga- yo cogí una mañana un fusil del Somatén y me paseé por algunas calles de Barcelona. Este hecho, del que me siento orgulloso, ha sido suficientemente comentado y ha servido para dirigir contra mí no sólo el odio de los asesinos profesionales, sino los ataques enconados o las simples burlas de los burgueses y de los intelectuales" [12].

Tanto Vicens Vives como Gómez Casas dan la cifra de 8.000 voluntarios los que formaron esta Guardia Cívica que pronto fue integrada en los Somatenes Armados de Cataluña.

El ejemplo de Barcelona fue secundado en Zaragoza capital, y el mismo 24 de marzo de 1919 esta ciudad forma su somatén -hecho insólito por ser esta institución típicamente catalana y no haber salido nunca de su región. Este Somatén fue organizado por los "patricios" de la ciudad (el Conde de Sobradiel, el Conde de Castellano y el Barón de Areizaga), ante la pujanza que tomaban los Sindicatos Únicos. Aunque en un principio la institución tuvo dificultades para su aprobación por considerarla "cosa política contraria al obrero", pronto la obtuvo y al morir un somatenista, la institución empezó a tomar prestigio contando en octubre de 1921 con 1.186 afiliados sólo en Zaragoza capital [13].

También en Madrid se formó el Somatén en el mes de octubre de 1920, patrocinado por el Vizconde Val de Erro, posiblemente motivado por la inestabilidad social [14].

En junio de 1923, siendo Capitán General de Cataluña Primo de Rivera, estalla una huelga de transportes convocada por los Sindicatos Únicos; el Somatén vuelve

---

[12] J. Pabón: *Cambó*, T. II, Barcelona 1969, p. 115.

[13] *Boletín Oficial de la V Región*: "Paz y Buena Voluntad", año 1924, A.H.N., Sec. Publicaciones, Legajo 425.

[14] *Boletín Oficial del Somatén Local de Madrid*, año I, nº 1, octubre de 1920.

a patrullar las calles de la ciudad y, debido a su actuación, el Ministerio de la Gobernación recibió telegramas de toda España pidiendo la disolución del Somatén catalán por ser "el perturbador de la vida social del país". Con estas palabras se descalifica a una Institución que nada tiene que ver con el fin con que fue creada; servía como defensa del pueblo llano frente a los poderosos y los bandidos que arrasaban sus campos pero, a finales del siglo XIX, deja de tener sentido cuando se convierte en una especie de policía al servicio exclusivo de una clase social emergente -la burguesía- y más aún cuando en 1905 se le da la característica de "policía paralela" en contra de una nueva clase social recién nacida en España con la industrialización -la clase obrera-.

Con la Dictadura de Primo de Rivera, el Somatén se transforma en Somatén Nacional [15]. En toda España se formó el Somatén incluidas Ceuta y Melilla y su fin era ser una policía más al servicio del régimen. La II República abolió el Somatén incluso en Cataluña, mas el franquismo lo volvió a resucitar en todo el territorio nacional como en la época de la Dictadura de Primo de Rivera. Con la democracia, el gobierno Suárez abolió el Somatén en el territorio nacional salvo para Cataluña.

---

[15] Rosa Martínez Segarra: *El Somatén Nacional en la Dictadura del general Primo de Rivera,* Madrid 1984.

DE UN EJÉRCITO REAL A OTRO “NACIONAL”: JURISDICCIÓN Y TRIBUNALES MILITARES ENTRE “ANTIGUO RÉGIMEN” Y LIBERALISMO DOCTRINARIO (1768-1906)

Javier García Martín
UNED

SUMARIO:

I. Planteamiento historiográfico
II: "Ejército real" y "Ejército nacional": dos categorías conceptuales
III: El fuero militar ¿una excepción a la jurisdicción ordinaria?
III.1. Los Consejos de Guerra como jurisdicción extraordinaria
III.2. La jurisdicción castrense como instrumento del poder ejecutivo
III.3. El *militarismo jurisdiccional* del "Ejército nacional"
IV. Conclusiones
V. Apéndice: Casos en que la jurisdicción militar se ejerce sobre civiles entre los ss. XVIII y XIX

I. PLANTEAMIENTO HISTORIOGRÁFICO

La reiterada y decisiva participación política que el Ejército tuvo en el conflictivo asentamiento del liberalismo en España ha sido objeto, por lo general, de interpretaciones historiográficas que, aun divididas a la hora de considerla como una manifestación de *pretorianismo* o de *militarismo político*[1], han tendido, sobre todo,

[1] El término *pretorianismo* se refiere, según S.G. Payne, "a la intervención del ejército en la política y en el gobierno civiles (es decir, políticos), más relacionados con problemas nacionales y políticos que con ambiciones militaristas propiamente dichas" (S.G. Payne: *Ejército y sociedad en la España liberal, 1808-1936*, Madrid, Akal, 1977, p. 12). Entre los historiadores que consideran la intervención del Ejército en la vida política española del s. XIX como una forma de pretorianismo se deben distinguir, sin embargo, dos corrientes interpretativas. Una que, enlazando con las propias interpretaciones de los liberales del siglo pasado, no ve en ella sino una manifestación de la *debilidad* del poder civil, lo que habría convertido al Ejército en el "motor del cambio" en España ("el régimen de los generales"), postura defendida entre otros por J. Pabón, E. Christiansen, R. Carr, el propio S.G. Payne, C. Seco Serrano, y últimamente J.C. Clemente, quien señala: "el pronunciamiento decimonónico consistía en que unos jefes militares, respaldados civilmente por un determinado grupo político, movilizaban a los soldados a sus órdenes para lograr determinados objetivos políticos, tendentes a remover al Gobierno de la nación, que se concreta en un manifiesto dirigido al país o en una arenga que <<pronuncian>> a la tropa" (*Ejército y conflictos civiles en la España contemporánea*, Madrid, Fundamentos, 1995, p. 192). Y otra que, desde una perspectiva marxista (J. Fontana, J.S. Pérez Garzón), considera que la acción militar por sí sola no hubiera podido triunfar por no ser más que "la expresión por la fuerza de las aspiraciones de unos grupos sociales, diferentes en cada caso histórico, pero con fuerza suficiente como para imponerse políticamente tras consumarse el pronunciamiento" (J.S. Pérez Garzón: "Ejército nacional y milicia nacional", en *Zona Abierta* nº 31, abril-junio 1984, p. 38).

Frente al anterior concepto, el *militarismo* suele entenderse "in terms of the position of the army vis-à-vis the state, and the state, in turn, ...as an abstract entity" (V.R. Berghahn: *Militarism. The history of an International debate, 1861-1979*, Cambridge, University Press, 1981, p. 105). La mayoría de los autores antes mencionados, como en general los europeos (A. Vagts o el propio Berghahn), sitúan este fenómeno en el último tercio del s. XIX, coincidiendo con el imperialismo colonial europeo. Sin embargo no han faltado historiadores que insistiendo en la "relativa autonomía" de que parece gozar el Ejército en la estructura

a acentuar "lo diferenciador" (lo discontinuo) del Estado y la sociedad liberales con respecto al Absolutismo y Despotismo ilustrado precedentes.

No pretendo cuestionar que el Estado liberal en cuanto Estado constitucional, introdujo, como ha señalado B. Clavero, principios *revolucionarios* desde el punto de vista jurídico [2]. Sin embargo, no está de más recordar que el proceso de cambio del Antiguo Régimen al Liberalismo lleva consigo una paradoja: por un lado, la constatación de que buena parte de las ideas políticas que el liberalismo español desarrolla son formulaciones elaboradas ya en el siglo precedente [3] y de otro, que seguirán presentes en él -con mayor o menor fuerza según las interpretaciones-instituciones del Estado absoluto que, como la Monarquía, la Iglesia o el "Ejército permanente" (profesional) o se aceptaron como "un mal menor" o se presentaron como incuestionables a los liberales [4].

---

del Estado liberal español tienden a presentarla, cuando menos, como un antecedente del militarismo posterior (D. López Garrido: *La Guardia Civil y los orígenes del Estado centralista*, Barcelona, Grijalbo, 1982, p. 44), y más recientemente R.L. Blanco Valdés cree detectar ya en el Trienio "algunos elementos claramente favorecedores de un creciente y acumulativo proceso de militarización del Estado liberal... en un doble plano: en la ocupación por profesionales militares de muchos de los puestos políticos de naturaleza civil... (y) en la entrega al aparato militar de la función jurisdiccional en las materias relacionadas con la preservación, mantenimiento y restauración del orden público" (*Rey, Cortes y fuerzas armadas en los orígenes del Estado liberal, 1808-1823*, Madrid, Siglo XXI, 1988, pp. 488-489). Por nuestra parte, consideramos, como intentaremos demostrar a lo largo de este estudio, que estos dos elementos son, en un primer momento, una "pervivencia" del Antiguo Régimen que el propio liberalismo -o al menos su versión doctrinaria- no dudó en conservar, tanto para atraerse el apoyo de los altos mandos vinculados a la Corona, como para asegurar el nuevo sistema político y el orden público -su gran obsesión-, sin que pueda afirmarse que el Ejército empieza a actuar como "cuerpo con autonomía" hasta después del Sexenio Revolucionario cuando comienza a identificarse con dos conceptos que, aunque no son nuevos, adquieren un nuevo significado: "nación" y "patria". Por ello, creemos más acertada la cronología que denomina *pronunciamientos* las intervenciones del Ejército en la vida política española hasta que con el *golpe* de Pavía en 1874 (vid. C. Seco Serrano: *Militarismo y Civilismo en la España contemporánea*, Madrid, Instituto de Estudios Económicos, 1984, pp. 14 y 181), o con el *golpe de Estado* de Primo de Rivera en 1923 (J. Busquets: *Pronunciamientos y golpes de Estado en España*, Barcelona, Planeta, 1982, pp. 14-15) se inicia la auténtica época del *militarismo*.

2 B. Clavero: "Política de un problema: la revolución burguesa", en VV.AA.: *Estudios sobre la revolución burguesa en España*, Madrid, Siglo XXI, 1979, pp. 3-48.

3 A. Elorza: *La ideología liberal de la Ilustración española, Madrid*, Tecnos, 1970.

4 Vid. en este sentido A. Mayer: *La persistencia del Antiguo Régimen*, Madrid, Alianza, 1981. No compartimos, sin embargo, con este autor la premisa de que a principios del siglo XX "el Antiguo Régimen de Europa era totalmente preindustrial y preburgués" (p. 15). Creemos más bien, como ha señalado J.M. Pérez-Prendes que "detectar la mera pervivencia de instituciones anteriores en esta época, no autoriza a deducir que perviva el Antiguo Régimen" (J.M. Pérez-Prendes: *Curso de Historia del Derecho español*, Madrid, Universidad Complutense, 1989, p. 946. Vid. también P. Ruiz Torres: "Del Antiguo al Nuevo Régimen: carácter de la transformación", en VV.AA.: *Antiguo Régimen y Liberalismo. Homenaje a Miguel Artola. Visiones Generales*, Madrid, Alianza, 1994, p. 167). El objetivo de nuestra investigación es, en este sentido, analizar la función que las pervivencias de la institución militar tienen en el nuevo sistema jurídico.

Estaríamos, según ello, ante un proceso político de *continuidades y discontinuidades*[5], -me atrevería a decir incluso institucionales- que, como se suele señalar, ocultaba un "consenso defensivo entre los nuevos notables y las élites procedentes del Antiguo Régimen alrededor de un ideario liberal de corte gradualista"[6], cuya formulación política más significativa -y duradera- sería el denominado *doctrinarismo,* basado en la *ficción jurídico-política* de la co-soberanía de las Cortes con el Rey, ficción que, en realidad, como ha señalado recientemente J. M. Pérez-Prendes, pretendía solamente "evitar los desequilibrios originados por las Cortes o por los ciudadanos, pero no los provocados por la Monarquía"[7] -o al menos, como trataremos de demostrar, lo que ella representaba-.

Desde este punto de vista, sin cuestionar que los pronunciamientos, motines, etc., o cualquier tipología formal[8] que se utilice para denominar la intervención de los militares en la vida pública son el reflejo de la "inestabilidad" política y social de un liberalismo que lucha por afirmarse, nuestro objetivo en este trabajo es estudiar los *elementos de continuidad* que caracterizan el ideario de los liberales respecto al Ejército permanente, así como su función en el nuevo sistema jurídico. Es decir, pretendemos integrar en una "conceptualización interpretativa" -la conceptualización es lo que hace interesante la historia, ha señalado P. Veyne[9]-, una institución cuya definición organizativa tiene su origen en un sistema jurídico anterior -como lo prueban su directa vinculación al Monarca, sus privilegios jurisdiccionales, o la propia organización de sus tribunales durante casi todo el siglo XIX- y de la que apenas existen estudios que traten, desde una perspectiva de "larga duración", sus fundamentos jurisdiccionales y organizativos más significativos[10].

---

5 Expresión que tomamos de J.M. Pérez-Prendes: "Continuidad y discontinuidad en la Constitución de 1876", en *Revista de Derecho Político,* UNED, nº 8 (invierno 1981). Sin duda es la Constitución que mejor refleja la voluntad *pseudo-pactista* de reforma -más que de ruptura- del "tradicional" liberalismo español, lo que no significa que no pueda ser percibida como una constante del constitucionalismo decimonónico en general, incluso en constituciones tan pretendidamente progresistas como la de 1837, de la que F. Tomás y Valiente señala significativamente: "la Constitución progresista de 1837 contiene tantas concesiones a los moderados, que puede ser considerada como fruto de ese moderantismo" (*Manual de Historia del Derecho español,* Madrid, Tecnos, 1987[4], p. 444).

6 A. Bahamonde y J.A. Martínez: *Historia de España. Siglo XIX,* Madrid, Cátedra, 1994, p. 19.

7 J.M. Pérez-Prendes: "De «Metafísica Constitucional». Ensayo de comentario al Dictamen de «reforma» en 1845", en *Revista de Derecho Político,* UNED, nº 39 (1994), p. 34.

8 Desde un punto de vista estrictamente formal ("el estilo de acción más que su contenido ideológico"), M.A. Alonso Baquer distingue entre pronunciamiento, golpe de Estado, motín, levantamiento e insurrección popular (Vid. M.A. Alonso Baquer: *El modelo español de pronunciamiento,* Madrid, Rialp, 1983, especialmente pp. 29-31).

9 Manejo la edición italiana, P. Veyne: "La storia concettualizzante", en J. Le Goff y P. Nora: *Fare storia. Temi e metodi della nuova storiografia,* Turín, Einaudi, 1981, p. 55.

10 Se deben destacar, sin embargo, dos importantes estudios. Uno sobre la regulación "extraconstitucional" del estado de sitio en el s. XIX (P Cruz Villalón: *El estado de sitio y la constitución. La constitucionalización de la*

A partir de lo señalado, tres son los elementos caracterizadores del Ejército español decimonónico que, de manera más clara, demuestran su continuidad como institución con el "Antiguo Régimen", elementos que pueden ponerse en relación con las tres esferas de actuación en que, a modo de "división taumatúrgica" concibe el liberalismo los poderes del Estado: ejecutivo, legislativo y judicial[11].

1. Por lo que se refiere al *ejecutivo*, destaca su directa vinculación al Monarca, al que todas las constituciones españolas del siglo XIX -como en el caso inglés[12]- atribuirán con fórmulas estereotipadas tanto las facultades conducentes "á la conservación del orden público en lo interior, y a la seguridad del Estado en lo exterior conforme a la Constitución y a las leyes"[13] como *la comandancia suprema del ejército*, función esta última que sólo resulta expresamente recogida en las constituciones de 1812 y 1876, posiblemente porque entre ambos períodos es una mujer la titular de la Corona[14].

Es cierto que la atribución de ambas facultades no tiene el mismo significado a principios de siglo, cuando el poder ejecutivo corresponde específicamente al Rey -siendo en ocasiones un auténtico poder constituido-, que a finales, cuando el tránsito hacia una forma de gobierno parlamentaria lo convierta, al menos en teoría, en un simple poder moderador sin competencias ejecutivas[15], correspondiendo

---

protección extraordinaria, 1789-1878, Madrid, C.E.S., 1980) y otro sobre la utilización que el liberalismo español hizo del Ejército para el mantenimiento del "orden público" (M. Ballbé: *Orden público y militarismo en la España constitucional, 1812-1983*, Madrid, Alianza, 1985²).

[11] Vid. J. Alvarado Planas: *De la ideología trifuncional a la separación de poderes*, Madrid, UNED, 1993.

[12] A diferencia del modelo francés que representa la supremacía incondicionada del poder civil sobre el militar, el modelo inglés reserva al rey el mando militar en la medida en que "las facultades en materia de defensa estaban estrechamente ligadas a las que, teniendo por objeto las relaciones internacionales, se consideraban como propias del rey" (G. de Vergottini: "La supremacía del poder civil sobre el poder militar en las primeras constituciones liberales europeas", en *Revista española de Derecho constitucional*, nº 6, septiembre-diciembre 1982, p. 10).

[13] Art. 170 de la Constitución de 1812, Art. 45 de la de 1837, Art. 43 de la de 1848, Art. 69 de la de 1868 y Art. 50 de la de 1876.

[14] Vid. a este respecto, A. Menéndez Rexach: *La Jefatura del Estado en el Derecho Público español*, Madrid, Instituto Nacional de Administración Pública, 1979, p. 292. En la Constitución de 1812, el art. 171. 8º atribuye al Rey la facultad de "mandar los exércitos y armadas", y el art. 52 de la de 1876 señala que "tiene el mando supremo del Ejército y Armada y dispone de las fuerzas de mar y tierra", mientras que las Constituciones de 1837, 1844 y 1869 le capacitan de forma genérica para "disponer de la fuerza armada distribuyéndola como más convenga" (art. 47. 5º de la Constitución de 1837, art. 45. 5º de la de 1845 y art. 52 de 1869). Utilizo la edición de R. Rico Linage: *Las constituciones históricas. Ediciones oficiales*, Sevilla, Universidad, 1989.

[15] A. Menéndez Rexach sitúa para España este cambio en la función del Monarca como mero Jefe de Estado, por primera vez, en "el contexto plenamente parlamentario" de la Constitución de 1869 (Vid. A. Menéndez Rexach: op. cit., pp. 260-261).

entonces al Gobierno la asunción directa de la defensa exterior y el orden público interior. Ni tampoco puede concebirse igual la comandancia militar, que también pasa de forma efectiva al órgano ejecutivo, ostentando, desde entonces, el Rey una "comandacia eminente" o meramente honorífica [16]. Sin embargo, resulta relevante, que a partir de las propias funciones militares que la Constitución de 1876 atribuye al Monarca éste acabe convirtiéndose, ya en época de Alfonso XII, en un auténtico *rey-soldado*, fórmula que, en palabras de R. Carr "convertía al rey en representante de los intereses del Ejército y en salvaguarda de su prestigio dentro del Estado" [17], y cuyas manifestaciones más destacadas serán, en primer lugar, la utilización que el Monarca hará de su prerrogativa de separar libremente a los Ministros (art. 54. 9º) para nombrar en cada gobierno al de Guerra, que, como señala G. Cardona "no se sentía vinculado al Gobierno sino al Rey y al Ejército" [18]. Y, en segundo lugar, la posibilidad que la Ley Constitutiva del Ejército de 1878 -modificadora de la flexible Constitución de 1876-, le otorgaba, en su art. 52, para poder dar órdenes, sin necesidad del refrendo ministerial, cuando tomaba personalmente el mando de un ejército o de cualquier fuerza armada, pasando entonces el correspondiente General en Jefe a firmar las órdenes y responsabilizarse de su ejecución [19].

2. Desde el punto de vista *legislativo*, la continuidad con el sistema jurídico anterior se manifiesta en la vigencia hasta 1884 -fecha del primer Código Penal Militar- de las *Ordenanzas de S. M. para el régimen, disciplina, subordinación y servicio de sus ejércitos* promulgadas por Carlos III en 1768, como lo prueba el que primero con carácter oficial, y más tarde en forma de comentarios o adiciones puestas al día por particulares (abogados y fiscales militares en su mayoría) se siguiesen publicando hasta el año mismo en que preparaba sus trabajos la Comisión de Codificación [20]. F. de Salas López define estas Ordenanzas, como "Ordenanzas Código-Moral" -ya

---

[16] J.M. Lafuente Balle: *El Rey y las fuerzas armadas en la Constitución*, Madrid, Rev. de Derecho Privado, 1987, p. 5.

[17] R. Carr: España 1808-1975, Barcelona, Ariel, 1985^3, p. 344.

[18] G. Cardona: *El poder militar en la España contemporánea hasta la Guerra civil*, Madrid, Siglo XXI, 1983, p. 48.

[19] Vid. J.M. Lafuente Balle: op. cit., pp. 251-252, y P. Casado Burbano: *Iniciación al Derecho constitucional militar*, Madrid, Rev. de Derecho Privado, 1986, p. 63.

[20] La última de las ediciones oficiales es del año 1847, mientras que entre las recopilaciones actualizadas por particulares se puede citar como una de las últimas la de J. Muñiz y Terrones: *Ordenanzas de S.M. para el régimen, disciplina, subordinación y servicio de sus ejércitos anotadas é ilustradas por artículos con las leyes, decretos, órdenes y circulares expedidas y vigentes hasta la fecha de esta edición*, Madrid, R. Velasco Impresor, 1880. (Un catálogo detallado de las diversas ediciones puede verse en F. Salas y López: *Historia de las Ordenanzas militares en España y en Iberoamérica*, Madrid, 1986, pp. 220 y ss.).

que además de contener, como las anteriores, el conjunto de todas las materias referentes al ámbito militar -"ordenanzas-organización"-, establecían "los deberes de cada empleo" [21]-. Eran, en suma, una especie de *vademecum* conciso que suponía una útil recopilación a la vez de leyes penales, procesales y reglas sobre táctica e instrucción [22], lo que quizás contribuya a explicar en cierta medida su vigencia.

Con todo, resulta de interés para nuestro estudio tener en cuenta que una R.O. de 24 de abril de 1772, que pretendía completarlas, había establecido la obligación de observar *literalmente* las Ordenanzas, reservando sólo al Rey la posibilidad de modificarlas y aclarar las dudas que originase su aplicación [23]. Y si bien la Constitución de 1812 había recogido expresamente como una facultad de las Cortes la de "dar ordenanzas al exército, armada y milicia nacional..." (art. 131.11º), la ausencia de una disposición de este tipo en las constituciones doctrinarias posteriores, pudo llevar a considerar que sólo al poder ejecutivo del Rey -al que se atribuirían las competencias no tasadas a las Cortes- correspondía reformarlas. Sólo desde esta perspectiva, parece tener sentido que el vocal de la Junta Consultiva de Guerra, Isaac Núñez Arenas, partidario de reformar por ley las Ordenanzas, sostuviese, en 1856, que *debería* -luego no era obligatorio- ser "su planteamiento objeto de una ley (pues no de otra suerte debe variarse la penalidad del Ejército),... (ya que) no puede fiarse á la sorpresa, á la violencia, ni al arbitrio ministerial, si ha de tener el prestigio, bondad y duración que demandan las leyes" [24] o que el recopilador Antonio Vallecillo señalase aún en 1861 que "la Ordenanza tiene más fuerza que el Real Decreto y ménos que la pragmática sancion; razon por la que ni un decreto puede derogar una ordenanza, ni una ordenanza una pragmatica, segun se ve en la práctica, sin excepción de casos, pues que todas las Ordenanzas Militares derogadas, lo han sido por otras" [25]. Sea como fuere, las Ordenanzas se reformaron en 1884. Pero aun entonces, como señala F. Murga López, se optó por la "reforma parcial", ante la imposibilidad de una completa reforma, por la fuerte oposición que se suscitó... [26]

---

[21] Ibidem, p. 4.

[22] J.M. Rodríguez Devesa y A. Serrano Gómez: *Derecho penal español. Parte especial*, Madrid, Dykinson, 1993[16], p. 1285.

[23] F. Colón de Larriategui: *Juzgados militares de España y sus Indias*, Madrid, Imprenta Repullés, 1817, vol. I, p. 136.

[24] "Exposición a la Reyna Isabel II", en I. Núñez Arenas: *Bases y motivos en que se funda la reforma del Tratado de Justicia par ala nueva Ordenanza militar*, Madrid, Establecimiento tipográfico de Mellado, 1856.

[25] A. Vallecillo: *Comentarios históricos y eruditos á las Ordenanzas militares expedidas en 22 de Octubre de 1768*, Madrid, Imprenta D.P. Montero, 1861, p. 2.

[26] F. Muga López: "Antecedentes del Código Penal Militar de 1884 (Notas para la historia de la codificación del Derecho penal militar)", en *Rev. española de Derecho Militar*, nº 1 (1956), p. 54. Todavía en 1899 el Coronel de Infantería Federico de Madariaga escribía: "obtener una legislación breve, clara y metódica, hubiese sido, en realidad, un adelanto, si los principios fundamentales de las Ordenanzas, si el espíritu de éstas

3. Por último, respecto a su función *judicial*, la continuidad con el Antiguo Régimen se observa no sólo en el mantenimiento del fuero militar conforme a las Ordenanzas, según se recoge expresamente -aun después de consagrar la unidad jurisdiccional- en la Constitución de 1812 [27] o incluso en el Decreto de Unificación de Fueros de 1868 [28], sino, sobre todo, en su capacidad para continuar conociendo de causas que no sólo se referían a militares sino también a paisanos. Es cierto que, como veremos, esta atribución jurisdiccional experimentará un cambio cualitativo en el s. XIX, vinculándose, sobre todo, a delitos de orden público. Sin embargo, serán constantes, en todo este período, tanto la competencia de la jurisdicción militar para juzgar, *por razón de la materia* los "insultos a centinelas y salvaguarda" y "a patrullas" (vid. Apéndice) cuyo conocimiento atribuían ya las Ordenanzas a un Consejo de Guerra ordinario (art. 61, Tit. 10, Trat. VIII), como los conflictos de "competencias" que continuamente se suscitarán entre la jurisdicción *ordinaria* y la militar. De este modo, si ya en 1817, F. Colón de Larriategui insistía en su Tratado sobre *Juzgados militares* en que "el mal es ya tan universal, que pide un pronto remedio para contener la cavilosidad de los que promueven semejantes contiendas, y mientras no se castigue a éstos con toda la severidad de la ley no se extinguirán las competencias y encuentros de jurisdicciones, porque para ellos no hay ley, ordenanza ni decreto que no pueda interpretarse" [29], todavía en 1892, estando en vigor un nuevo Código de Justicia Militar (1890), el Boletín de Justicia Militar publicaba un artículo con el significativo título de "La jurisdicción de guerra no es invasora" denunciando en él su autor que "desconocen los que pregonan supuestas invasiones y dominios soberanos de la jurisdicción de Guerra que ésta se halla en la actualidad, esencial y fundamentalmente ceñida á los límites que la marcaron los decretos de unificacion de fueros y la Ley orgánica del Poder

se hubiese conservado, modificando sólo lo que había en ellas de accidental y movedizo" (F. de Madariaga: *Cuestiones militares*, Madrid, Imprenta de Felipe Marqués, 1899, p. 223).

[27] El art. 258 establecía: "el código civil y criminal, y el de comercio serán unos y los mismos para toda la Monarquía, sin perjuicio de las variaciones que por particulares circunstancias podrán hacer las Cortes". Y vaciando de contenido este artículo en materia militar, el art. 250 determinaba: "los militares gozarán... de fuero particular, en los términos que previene la ordenanza ó en adelante previniere".

[28] En la Exposición de motivos del Decreto de Unificación de Fueros de 6 de diciembre de 1868 se señalaba a este respecto: "Los negocios comunes, civiles y criminales, atendida la legislación por que se rigen, habian de ser exclusivamente de la competencia de la jurisdiccion ordinaria, si hubiera de seguirse el rigorismo lógico de los principios... pero el ejemplo de las demás naciones y la experiencia que demuestra los inconvenientes que traeria consigo tan inmoderada extension cuando se trata de materia criminal, de delitos cometidos por aquellos que tienen armas en la mano... hacen necesaria una excepcion con respecto a los militares y marinos en activo servicio, no otorgada en favor suyo, sino de la sociedad que requiere medios más activos y severos..." (*Gaceta de Madrid*, 7 diciembre 1868, p. 3).

[29] F. Colón de Larriategui: Op. cit., vol. I, p. 203.

judicial, disposiciones inspiradas en principios de puro abolengo liberal, refractario al militarismo..."[30].

La insistencia en la descripción de estos tres aspectos de *continuidad* con el anterior sistema jurídico no significa que pretendamos desconocer que existieron también *discontinuidades* en cada uno de los ámbitos señalados, como lo demuestran, por ejemplo, las reservas que algunos diputados gaditanos mostraron al mantenimiento de un "ejército permanente"[31], o las notables restricciones de que fue objeto el fuero militar a partir del ya mencionado Decreto de Unificación de 1868[32]. Ni significa que consideremos que la institución militar se mantuvo inalterada, al margen de los cambios políticos del s. XIX. Obedece a un intento de fijar unas bases que nos permitan encontrar las causas que explican el mantenimiento -en buena medida consciente- de estos elementos por parte del liberalismo doctrinario.

Por último, señalemos que el período de estudio elegido viene determinado por dos fechas representativas de importantes cambios en la delimitación de la jurisdicción militar por parte del Estado: 1768; esto es, la promulgación de las ya mencionadas Ordenanzas de Carlos III, cuyo Tratado VIII vendría a representar el primer intento de recopilación sistemática del "fuero militar" con relación al ordinario -y, en este sentido, un intento de reducirlo a ámbitos estrictamente castrenses- y 1906; año en que ve la luz la denostada *ley de jurisdicciones* que, reformando el Código de Justicia Militar de 1890 -poco restrictivo ya de la jurisdicción militar sobre civiles[33]- ampliaba ésta a los casos de injurias a "fuerza armada" cometidos

---

[30] C. Blanco: "La jurisdicción de guerra no es invasora", en *Boletín de Justicia Militar* (*B.J.M.*), nº 8 (1892), p. 1.

[31] Así, en el Discurso preliminar al Proyecto de Constitución de 1812, la Comisión encargada de redactarlo señalaba: "Mientras que subsista en Europa y fuera de ella el fatal sistema de ejércitos permanentes y sea éste el objetivo principal del gobierno de sus estados... preciso es que la Comisión introduzca en su Proyecto las bases del sistema militar que debe adoptarse por la Constitución..." (Cfr. P. Casado Burbano: *Las fuerzas armadas en el inicio...*, op. cit., p. 69).

[32] En tal sentido se manifestaba Alejandro de Bacardí, continuador de la obra de F. Colón de Larriategui, que en 1878 afirmaba: "la marcha lenta y pausada de la legislación se ha dirigido constantemente a deshacer el sistema de privilegios y fueros, que con tanta profusión se habían creado anteriormente, y ha terminado en el día su propósito dejando al militar y al de marina solo parte necesaria a su existencia y organización especial..." (A. de Bacardí: *Nuevo Colón ó sea Tratado Militar de España y sus Indias*, Barcelona, Establecimiento tipográfico de los sucesores de N. Ramírez, 1878, vol. I, p. II).

[33] La ley de jurisdicciones de 1906 supuso fundamentalmente la modificación del art. 7º.7 del Código de Justicia Militar del año 1890, que atribuía a la jurisdicción militar el conocimiento de toda manifestación de desacato, injuria o calumnia a las Autoridades militares y a las corporaciones o colectividades del Ejército, añadiendo de forma expresa: "por cualquiera de que sea el medio empleado para cometer el delito, con inclusión de la imprenta, el grabado, ú otro medio mecánico de publicación" ("Ley sancionada por S.M. sobre represión de los delitos contra la Patria y el Ejército", en Archivo General Militar de Segovia

mediante la imprenta, lo que suponía una restricción de la justicia ordinaria en beneficio de la militar. Entre ambas fechas se había operado, evidentemente, un cambio significativo, aumentando las competencias *por razón de la materia* de la jurisdicción militar. Sin embargo, no se habían reducido todas las que por *razón de la persona* caracterizaban aún el fuero militar como "cuerpo privilegiado". Es ésta, otra de las contradicciones que intentaremos explicar.

II. "EJÉRCITO REAL" Y "EJÉRCITO NACIONAL": DOS CATEGORÍAS CONCEPTUALES

El sistema jurídico de la recepción del Derecho común se caracteriza, en sus últimos siglos, por un creciente proceso de centralización de los Estados que los Monarcas absolutos llevan a cabo, según ha señalado J. A. Maravall, fundamentalmente a través de los ejércitos permanentes[34]. La estrecha y exclusiva vinculación del Ejército al Monarca en España se basa en la reserva que el Derecho tradicional castellano hacía del *fonsado,* como Regalía inalienable[35], lo que permitió al Soberano utilizar un ejército basado cada vez más en la disciplina y la técnica como instrumento para hacer efectivo su poder en el Estado. Se trataba, por tanto, de un Ejército real, al servicio del Rey y, en última instancia, sólo dependiente de él.

Con todo, se puede afirmar que sólo cuando se dictan unas Ordenanzas para su organización hay seguridad de que existe un ejército permanente, en tanto en cuanto es sólo entonces cuando "la misión de los Institutos armados se ha convertido en función normal de la actividad estatal"[36], proceso que en España tiene lugar bajo los Borbones.

(A.G.M.S.) Secc. 2ª, Div. 9ª, leg. 23). Esta disposición, que suponía la negación de la doctrina previa del Tribunal Supremo, según la cual correspondía a la jurisdicción ordinaria los delitos de imprenta contra la fuerza pública cuando su autor fuese un paisano, había sido ya contestada por algunos tratadistas militares, sosteniendo que de la misma interpretación literal del precepto "dicha jurisprudencia resulta contraria á los intereses del Ejército y á los principios más esenciales que sirven de base al fuero especial de guerra" (A. Conejos D'Ocón: *Observaciones para la aplicación del Código de Justicia Militar*, Valencia, Imprenta de Federico Domenech, 1895, pp. 220-221).

[34] J.A. Maravall: *Estado moderno y mentalidad social*, Madrid, Rev. de Occidente, 1972, vol. II, p. 553.

[35] El Fuero Viejo de Castilla (I, 1, 1) establecía: "estas cuatro cosas son naturales al señorío del Rey, que non las deve dar a ningund ome, nin las partes de si, ca pertenescen a el por razón de señorío natural, Justicia, Moneda, *Fonsadera* e suos yantares" (Cfr. L. García de Valdeavellano: *Curso de Historia de las Instituciones españolas*, Madrid, Rev. de Occidente, 1973, p. 445).

[36] F. de Querol y Durán: *Principios de Derecho militar español*, Madrid, Ed. Naval, 1947, vol. I, p. 34.

Al llegar, por tanto, el siglo XIX el Ejército permanente se configura como un auténtico Ejército real, diferenciándose, a su vez, de las Milicias provinciales, creadas en 1734 e integradas por elementos no profesionales como reserva de aquél -lo que según J. Hellwege explicaría la rápida insurrección armada de la Guerra de la Independencia[37]-, y de las Milicias urbanas que, como demostrara J. S. Pérez-Garzón, se organizan en 1793, con motivo de la primera guerra franco-española, para mantener el orden ciudadano en ausencia de un ejército en guerra, vinculándose ya desde entonces a los poderes locales[38].

A diferencia del último cuerpo, que será el instrumento utilizado por los primeros liberales para imponerse al poder real en las "épocas revolucionarias", el Ejército permanente que, con ciertas matizaciones, sigue reservando sus puestos de mando a la nobleza[39], se vinculará, por inercia, cuando llega el liberalismo, al Monarca. Este, como "pervivencia" previa al sistema constitucional - y por ello, como elemento ajeno al mismo- no encuentra su legitimidad sino fuera del propio sistema, en fundamentos irracionales: la Divinidad, la historia o en un "decisionismo político"[40]. Y será ésta también la posición que ocupe el "Ejército real", pues a pesar de los intentos liberales por someterlo a la "legalidad del Parlamento" buscará la legitimación para actuar, en elementos extraños al sistema constitucional: primero en el Rey, y más tarde en la unidad de la nación representada en la Patria.

Es éste, a nuestro modo de ver, el sentido que debe darse a los términos "Ejército real" y "Ejército nacional" entendidos como categorías conceptuales que aspiran a captar diacrónicamente "la permanencia, cambio y novedad...a lo largo de los significados y del uso del lenguaje de una y la misma palabra"[41].

Es verdad que la guerra de la Independencia, por su carácter de "movilización nacional", permitió el ascenso, por méritos de guerra, de oficiales de extracción no

---

[37] Vid. J. Hellwege: *Die spanischen Provinzialmilizen im 18. Jahrhundert*, Boppard am Rhein, Harald Boldt, 1969.

[38] J.S. Pérez Garzón: *Milicia Nacional y Revolución burguesa. El prototipo madrileño (1808-1874)*, Madrid, CSIC, 1978, pp. 6 y ss.

[39] A este respecto E. Christiansen ha puesto de manifiesto cómo, en realidad, el Ejército era, ya antes de la guerra de la Independencia, una carrera bastante más abierta de lo que suele pensarse, pues "sólo el cuerpo de Guardias, la artillería y ciertos regimientos de caballería podían excluir a los no nobles" (E. Christiansen: *Los orígenes del poder militar en España, 1800-1854*, Madrid, Aguilar, 1974, p. 5), lo que significaría- que el cambio experimentado por el Ejército permanente entre el s. XVIII y el XIX, en cuanto a su composición social, no fue tan significativo como se acostumbra a señalar.

[40] Vid. desde posiciones diferentes: J. Pérez Royo: "Jefatura del Estado y democracia parlamentaria", en *Rev. de Estudios Políticos*, nº 39 (mayo-junio 1984), pp. 7-27, y C. Schmitt: *Legalidad y legitimidad*, Madrid, Aguilar, 1971, pp. 157 y ss.

[41] R. Koselleck: *Futuro pasado. Para una semántica de los tiempos históricos*, Barcelona, Paidós, 1993, p. 116.

noble y que más tarde la Constitución gaditana acabó constitucionalizando la universalidad de la obligación militar [42], lo que ha llevado a la afirmación generalizada de que esta guerra supuso la transformación del Ejército real del "Antiguo Régimen" en un "Ejército nacional" basado, según sostiene R. L. Blanco Valdés en tres nuevos principios fundamentales:

1. el principio de *generalidad*, por el que "la fuerza armada debía componerse de soldados/ciudadanos, siendo obligación de todos los habitantes de la nación, sin excepciones, el defender a la Patria con las armas".

2. el principio de *igualdad formal*, entendida como "la superación de los privilegios estamentales que definían al ejército del Antiguo Régimen" eliminando "los prerrequisitos aristocráticos para la entrada en el cuerpo de oficiales" y

3. el de *responsabilidad*, representado en el procedimiento parlamentario de control del ejecutivo, del que, en principio, dependería directamente el Ejército [43].

Sin embargo, frente a esta interpretación que, como puede verse tiende a minimizar el carácter heterogéneo -profesional y popular- de las fuerzas que entonces integraban el Ejército español en guerra , existen, a mi modo de ver, algunos elementos que demuestran el carácter "real", más que nacional -sobre todo si se tiene en cuenta, como ha señalado recientemente F. Tomás y Valiente, que sigue faltando un estudio en profundidad del significado que los conceptos de "nación" y "patria" tienen en Cádiz [44]- del Ejército permanente durante al menos la primera mitad del siglo. Así:

1. La oposición manifiesta, en cuanto a fines, entre el Ejército permanente y la Milicia nacional, habiendo sido creada esta última como "fuerza armada política" con la obligación, según se establecía en el art. 61 de su Reglamento (1822), de "sostener la Constitución política de la Monarquía", lo que le llevaría, durante el Trienio a enfrentarse en ocasiones con algunos cuerpos del Ejército defensores del absolutismo, especialmente -de modo significativo- la Guardia Real [45]. Por otra parte, en la rígida separación de poderes que caracteriza al liberalismo gaditano, adquiere especial relieve la libre disposición que del Ejército permanente -al que se

---

[42] En concreto el art. 9 del Título II ("De los españoles") establece: "Está asimismo obligado todo español á defender la patria con las armas, quando sea llamado por la ley" y en el art. 361 del Título VIII ("De la Fuerza militar nacional") se dice: "Ningún español podrá excusarse del servicio militar, quando y en la forma que fuere llamado por la ley".

[43] R.L. Blanco Valdés: *Rey, Cortes y...*, op. cit., pp. 165-181. En la misma línea J.S. Pérez Garzón: "Ejército nacional y...", op. cit., pp. 26 y ss.

[44] F. Tomás y Valiente: "Lo que no sabemos acerca del Estado liberal (1808-1868)", en VV.AA.: *Antiguo Régimen y liberalismo. Homenaje a Miguel Artola. Visiones generales*, Madrid, Alianza, p. 139.

[45] Vid. A. Gil Novales: *El Trienio Liberal*, Madrid, Siglo XXI, 1980, pp. 27 y ss.

asignan las mismas funciones que corresponden al Monarca en el art.170[46]- tiene el Rey (art. 171.9º). Y a la vez, las limitaciones que a éste se imponen para movilizar a la Milicia, debiendo contar con el permiso previo de las Cortes si esa movilización tenía carácter extraprovincial (art. 365)[47]. Como se sabe, el conflicto entre ambos cuerpos se saldó con la definitiva disolución de la Milicia -que por lo demás era lo habitual siempre que gobernaban los moderados- al pretender el liberalismo doctrinario eliminar los obstáculos que se opusiesen a su modelo de Estado centralista, lo que contribuiría a la identificación posterior del Ejército permanente con la Nación...

2. La diferente fórmula con que la Milicia y el Ejército juraban defender la Constitución gaditana, ya que si bien la primera lo hacía tan sólo respecto al texto constitucional, según se especificaba en el art. 43 de su Reglamento, y ante el Jefe político o el alcalde -lo que como ha señalado J. S. Pérez Garzón, acaba secularizando el juramento[48]-, el segundo, conforme al Decreto de 18 de marzo de 1812, en tanto que vinculado aún, como sostenemos, a una legitimidad extraconstitucional[49], debía prestar, además del juramento de guardar la Constitución, un segundo de fidelidad al Rey[50].

3. El mantenimiento en vigor -en tanto que la Constitución de 1812 dio validez expresa a las Ordenanzas militares de Carlos III (art. 250)-, del art. 1º, Tit. 17, Trat. 2º, que reservaba al Rey la facultad de decidir en las causas contra los Jefes y Oficiales a los que los Consejos de Guerra impusiesen penas consideradas graves -como la separación de filas-, reservándose para ello, a estos Oficiales, la posibilidad de dirigirse directamente al Rey, lo que contribuía a vincularlos estrechamente a él. Esta *jurisdicción retenida* del Monarca (por oposición a la jurisdicción delegada, según los conceptos del anterior sistema jurídico), se mantendrá durante

---

46 Así el art. 356 establece: "Habrá una fuerza militar nacional permanente, de tierra y de mar, para la defensa exterior del estado y la conservación del orden interior", las mismas funciones que la Constitución gaditana atribuía al Monarca en el art. 170, lo que prueba la identificación que entre ambas instituciones establecían los liberales.

47 Vid. P. Casado Burbano: op. cit., pp. 115 y ss.

48 J.S. Pérez Garzón: *Milicia Nacional...*, op. cit., p. 261.

49 En relación a los juramentos políticos en la época de transición entre las Monarquías católicas y los regímenes políticos secularizados del liberalismo, P. Prodi ha señalado cómo el abandono de las fórmulas teológicas elaboradas por la Iglesia tiene lugar "sotto la duplice sfida della spinta per le libertà individuali del privato dal basso, e per il transfer dall'alto della sacralità verso la nuova patria-nazione, che può prendere anche nel giuramento il posto di Dio o escludendolo o assimilandolo; certamente con l'espulsione dal giuramento di ogni forma di garanzia esterna al potere, di carattere metapolitico" (P. Prodi: *Il sacramento del potere. Il giuramento politico nella storia costituzionale dell'Occidente*, Bolonia, Il Mulino, 1992, p. 481).

50 P. Casado Burbano: op. cit., p. 71.

toda la primera mitad del s. XIX, y si bien ya a mediados de siglo no faltaron voces que aconsejaban su supresión debiendo pasar tal competencia "al Tribunal Superior del Ejército, como practican -se decía- en Bélgica, Inglaterra y Alemania, los que creen haber sido castigados o detenidos injustamente" [51], no se suprimiría, hasta la promulgación en 1884 del primer Código penal militar (art. 63), y ello según señala F. de Madariaga, despues de que "hubiese recibido aliento" en el Sexenio (ley de 16 de diciembre de 1873), sin más límite que el refrendo por el Ministro de la Guerra de la decisión del Monarca y suscitándose aún en el Parlamento en 1890 -con motivo de la aprobación de un nuevo Código de Justicia Militar- un intenso debate en el que, a decir de Madariaga, Cánovas "robusteciendo la opinión del General Bermúdez Reina, Ministro de la Guerra, que recabó en parte la retención de la justicia para la Corona, sostuvo en el Congreso de los Diputados enérgica y arrogantemente, con su elocuencia magistral, que él creía que este principio, esencialísimo en la vida de las instituciones militares, subsistía, á pesar de los Códigos novísimos..." [52].

4. Por último, la importante -aunque poco conocida [53]- reforma llevada a cabo en el Ejército, entre 1825 y 1832, por el Marqués de Zambrano, Secretario de Guerra de FernandoVII. Según E. Christiansen, Zambrano acometió una auténtica "reconstrucción" de aquél, rodeándose de "profesionales experimentados que no estaban dispuestos a dejar que su liberalismo les impidiera su carrera" [54], a los que aseguró además el cobro puntual de sus pagas [55]. Como base y centro de instrucción utilizó -significativamente- el Cuerpo de Guardias Reales, elevando en primer lugar su número -lo que puede detectarse ya en 1824 [56]-, llegando a representar en

---

[51] I. Núñez Arenas: *Bases y motivos en que se funda...*, op. cit., p. 183.

[52] F. de Madariaga: "La Justicia Militar: su fundamento y su evolución", en *Memorial de Infantería*, enero 1916, p. 415.

[53] Agradezco al prof. Pérez-Prendes la mención que de ella me ha hecho para este trabajo.

[54] E. Christiansen: op. cit., p. 37. Fue posiblemente éste el origen del descontento generalizado que acabó surgiendo entre algunos de los "oficiales del ejército de la Fe" cuya manifestación más significativa sería la revuelta de los agraviados o "malcontents" (vid. M. Artola: *La España de Fernando VII. Historia de España*, dirigida por R. Menéndez Pidal, Madrid, Espasa-Calpe, vol. XXXII, 1983, pp. 800-801, y J. Torras Elías: *La guerra de los agraviados*, Barcelona, 1967).

[55] Vid. entre otros los Decretos de 12 de mayo y 11 de junio de 1827 (*Decretos de Fernando VII*, Madrid, Imprenta Real, vol. XII).

[56] Así, en Decreto de 9 de agosto, Fernando VII ordenaba: "Se aumentará la fuerza de los Guardias de mi Real Persona con la creación de una compañía Sajona..." (Decretos..., t. IX, pp. 139-140), y en el de 24 de noviembre establecía: "considerando el Rey nuestro Señor que el cuerpo de Guardias de su Real Persona, constituido por ahora en una sola compañía, no tiene la fuerza necesaria para atender al servicio privilegiado á que se halla destinado; y bien persuadido de la fidelidad con que en todas épocas se ha conducido, dando pruebas nada equívocas de su acendrado amor á la Real Persona, se ha servido mandar... que para poder llevar las obligaciones de su instituto... se constituya bajo el pie de dos escuadrones..." (*Decretos...*, t. IX, pp. 365 y ss.).

1830 tres octavos de la totalidad del Ejército y haciendo que posteriormente el Rey se constituyese en su Coronel general como "un ilustre testimonio de mi augusta confianza en su fidelidad a mi Real Persona"[57]. Los Oficiales de este Cuerpo debían, "por su honor, conducta y exactitud en el servicio, amor a su Soberano, y a la disciplina, presentarse siempre como un modelo á los demás"[58]. A decir de uno de aquellos oficiales, F. Fernández de Córdoba ,"el espíritu de la Guardia era inmejorable, y el Rey depositaba en ella la mayor confianza. Una de las causas era -sigue diciendo este autor- el que ningún oficial se ocupaba entonces y para nada de la política, no conociendo más norma que la defensa del Rey"[59]. De entre ellos saldrían posteriormente, como señala Christiansen, muchos de los oficiales que desempeñarían un papel directivo en la política de los venideros veinticinco años.

Es difícil determinar hasta cuándo esta vinculación a la institución monárquica constituye lo que hemos considerado el rasgo más significativo del Ejército permanente. Con todo, quizás se pueda situar en 1874, como hace C. Seco Serrano[60], el momento en que, a través del golpe de Estado del general Pavía, aparece por primera vez configurado el Ejército como *cuerpo autónomo* que, al margen de la legalidad política, se identifica, para autolegitimarse, con la Nación y el mantenimiento de su integridad. A ello habrían contribuido, entre otras causas, la ausencia de una institución monárquica firme durante el Sexenio Revolucionario -recuérdese que los militares había sido el único colectivo que prácticamente en su totalidad había mostrado adhesión a Amadeo I[61]-, el ejemplo "corporativo" del Ejército prusiano, entonces victorioso en Europa[62] y, sobre todo, el antimilitarismo demostrado por los demócratas y republicanos -partidarios de un ejército no profesional de milicias[63]- a los que la institución armada consideraba responsables del cantonalismo que había puesto en peligro la "integridad de la Patria".

Este cambio hacia un "Ejército nacional" -que quizás fuese mejor denominar "nacionalista"-, encuentra su reflejo normativo más claro en la Ley Constitutiva del Ejército de 1878, en la que aparece configurado como "una institución

---

57 Decreto de 21 de mayo de 1826 (*Decretos...*, op. cit., t. IX, p. 128).

58 Ibidem, p. 370.

59 F. Fernández de Córdoba: *Mis memorias íntimas*, Madrid, Inst. tipográfico Sucesores de Rivadeneyra, 1886, vol. I, p. 60.

60 C. Seco Serrano: "Relaciones entre la Corona y el Ejército", en *Rev. de Estudios Políticos*, nº 155, p. 41.

61 S.G. Payne: *Ejército y sociedad...*, op. cit., p. 60.

62 Vid. A. Perlmutter: "La revolución profesional y el corporativismo militar", en *Lo militar y lo político en los tiempos modernos*, Madrid, Ediciones Ejército, 1982, pp. 39 y ss.

63 J.S. Pérez Garzón: *Ejército nacional y...*, op. cit., p. 34.

especial por su objeto e índole" (art. 1) cuya "primera y más importante misión es sostener la independencia de la patria, y defenderla de enemigos exteriores e interiores" (art. 2). Esta atribución exclusiva de "velar por la Patria" vendrá matizada en la Ley adicional de 1889 que añade la obligación de mantener "el imperio de la Constitución y de las leyes", lo que no impedía que se siguiese considerando como su primera finalidad el mantenimiento de "la independencia e *integridad* -según la nueva redacción- de la Patria" (art. 1).

Esta nueva idea es rápidamente aceptada en el Ejército, que tenderá incluso a identificarse directamente con los nuevos conceptos de Nación y Patria[64]. Pero no sólo los militares, también algunos políticos doctrinarios, contrarios, en principio, a la intervención del Ejército en la vida política, la defenderán. Así, el propio Cánovas del Castillo llegará a sostener en el Congreso de los Diputados, en la Sesión del 15 de febrero de 1892, lo siguiente:

"La Nación y el Ejército son, como no puede menos de ser una cosa misma; y aun digo más...el Ejército es la representación más alta y noble de toda nación... El Ejército es el que gana las victorias; el Ejército es el que adquiere los territorios; el Ejército es el que forma las nacionalidades..."[65].

Sin duda, subsistía la vinculación al Monarca que, como ya hemos señalado, tiende a ser presentado como "El Rey soldado" al que corresponde "el mando supremo del Ejército, así como el de la Armada, y la facultad de disponer de las fuerzas de mar y tierra" (art. 3 de la Ley Constitutiva del Ejercito de 1878). Sin embargo, la nueva función de poder moderador, desvinculado de competencias ejecutivas efectivas, que el régimen canovista pretende darle, hace que los militares aun identificándose plenamente con el Trono, introduzcan algunas reservas: "Cuando la célebre frase de Luis XIV -escribía en 1892 el coronel de Infantería Muñiz y Terrones- caracterizaba las monarquías y el Rey era Soberano absoluto, el deber de la obediencia era ilimitado ó poco menos, porque siendo el Rey y el Estado una cosa misma, sus voluntades era leyes; mientras que hoy las leyes limitan su voluntad". Y añadía: "El Ejército es la Nación, y la política militar del Rey no puede ser otra que la política nacional"[66]...

---

[64] Años más tarde el auditor del Cuerpo Jurídico Militar M. Nido y Torres tras definir la Patria como "la esencia misma de la Nación" y señalar la necesidad de que los Ejércitos permanentes fuesen nacionales seguía sosteniendo: "El ejército permanente es indispensable, porque permanente es la función primordial del Estado, que no es otra cosa que la de administrar justicia y para ello necesita la fuerza y ésta se la da el Ejército" (Manuel Nido y Torres: *El soldado ¿subsistirá dentro del nuevo régimen democrático de las Naciones?*, Ceuta, Imprenta del Rgto. de Infantería, 1919, pp. 15-16.

[65] Citado por J. Muñiz y Terrones: *Concepto del mando y deber de la obediencia (Cartas a Alfonso XII). Estudio bibliográfico-histórico-filosófico-jurídico-militar*, Madrid, Establecimiento tipográfico de Fortanet, 1893, pp. 665-666.

[66] 66 J. Muñiz y Terrones: op. cit., pp. 668 y 673.

Las consecuencias de esta identificación con la Nación o la Patria por encima de los poderes constitucionales las resumía con precisión, años más tarde, el conde de Romanones:

"por una inexplicable aberración -señalaba- son muchos los que identifican en todos los aspectos, no dando a los términos la precisión debida, el Ejército con la Patria y como a la Patria no se la puede discutir, resulta que tampoco debe discutirse al Ejército, el cual por tal modo queda convertido en un ídolo irresponsable e infalible... son estos fanáticos los que han contribuido a que el Ejército quede separado del resto del país por temor a que la discusión merme sus prestigios..." [67].

Y es que el problema principal era, como ha señalado G. Cardona, la "parcelación del poder público" que el sistema canovista había llevado a cabo, al hacer depender directamente del Rey el mando del Ejército y el nombramiento del Ministro de la Guerra[68]. Ello, unido a la conciencia, cada vez mayor, que los militares tendrán de ser una "sociedad autónoma" al margen de "los políticos" supuso que, en la práctica, se sustrajese al control del ejecutivo y, sobre todo, al control del Parlamento, que en teoría debía ser el núcleo básico del "civilismo canovista". Así lo manifestaba, una vez más, el propio Conde de Romanones al señalar:

"...El Parlamento español, ante las guerras coloniales, en lo que respecta a la fase militar se inhibió ...Ha habido por todo el elemento político una inhibición completa de los grandes problemas militares... Cuando se examinan los problemas militares no hay ambiente, ni siquiera auditorio, para la discusión, y la obra del Gobierno pasa la mayor parte de las veces casi intacta, como si los proyectos presentados fueran obra perfecta" [69].

Es este, en definitiva, el contenido que debe darse, creeemos, a la segunda de los categorías conceptuales que proponemos, el "Ejército nacional" que, al situarse al margen del control parlamentario desde una legitimación extraconstitucional (su identificación con la Nación), demostraba su continuidad con el "Ejército real", pero introducía una novedad cualitativa con respecto al período precedente: la posibilidad de intervenir en la vida pública al margen del Gobierno y del propio Rey...

III. EL FUERO MILITAR: ¿UNA EXCEPCIÓN A LA JURISDICCIÓN ORDINARIA?

Alejandro de Bacardí definía, en 1878, la palabra *fuero* con un doble significado: "reunión o agregado de los privilegios que se conceden á cierta clase de

---

[67] Conde de Romanones: *El Ejército y la política*, Madrid, Renacimiento, 1920, pp. 66-67.

[68] G. Cardona: op. cit., pp. 24 y ss.

[69] Conde de Romanones: op. cit., pp. 65-67.

personas" y "jurisdicción y postestad de juzgar", insistiendo en que con el Decreto de Unificación de Fueros de 1868, el de los militares había perdido el segundo de los significados -su "privilegio mas importante"-, si bien reconocía que "es siempre exacto que no han desaparecido los demás (privilegios), como resulta de la misma ley de unificacion de fueros, que mejor hubiera sido llamarla de jurisdicciones, y de varias disposiciones aclaratorias dictadas sobre el particular" [70].

Esta "oscura" descripción de la situación en que se hallaba el fuero militar resume las contradicciones con las que los liberales españoles abordaron el tema de la jurisdicción castrense, ya que si, por una parte, tendieron a recoger en todos sus textos constitucionales -menos en el de 1845- la pretensión de poner fin a las jurisdicciones "privilegiadas", respecto al fuero militar, el tema se planteó, no tanto en torno a su existencia como a los límites y atribuciones que éste debía tener dentro del nuevo marco jurisdiccional. Desde este punto de vista, la continuidad que se observa en el mantenimiento del fuero militar esconde un importante cambio cualitativo, paralelo en su evolución, como trataremos de demostrar, a los conceptos de "Ejército real" y "Ejército nacional" antes descritos.

"Donde han existido ejércitos -afirma P. Casado Burbano-, ha habido siempre, en mayor o menor medida una legislación y una administración de justicia de carácter militar específica" como consecuencia de que "mantener la disciplina entre las tropas ha requerido siempre un uso rápido y eficaz de la potestad o poder de castigar" [71]. La idea, por tanto, de la necesidad de unir el mando a la jurisdicción para mantener la disciplina está en la base de la existencia de un derecho penal militar, argumento éste que fue sostenido por la mayoría de los tratadistas militares del s. XIX para mantener su fuero. Con todo, en tanto que capacidad para juzgar, su configuración es distinta en función del titular de la soberanía del Estado en cada momento, titular que lo es también del poder de juzgar.

De este modo, si bajo el Monarca absoluto tendió a concebirse como un "privilegio estamental", testimonio, según señalaba F. Colón de Larriategui "del aprecio que hace el estado de los que exponen la vida por su defensa" [72], con la llegada del liberalismo y su pretensión unificadora, el mantenimiento del fuero sólo podía hacerse, por una parte, desde la distinción entre *fuero ordinario* -entendido como regla general- y *fuero especial o privilegiado* al que únicamente corresponderían "los casos y personas que tienen los requisitos que la ley exige para que le

---

[70] A. de Bacardí: *Nuevo Colón...*, op. cit., vol. I, pp. 1-2.

[71] P. Casado Burbano: *Iniciación al Derecho constitucional militar*, Madrid, Ed. Revista de Derecho Privado, 1986, p. 79. Vid. también F. Querol y Durán: *Principios...*, op. cit., vol. I, p. 94.

[72] F. Colón de Larriategui: op. cit., vol. I, p. XLVII.

puedan gozar" [73] y, por otra, extendiendo a los procesos militares las garantías de la justicia ordinaria [74].

Aún así, el fuero militar bajo el liberalismo siguió siendo, en principio, un elemento de privilegio -demostrativo del carácter "real", más que "nacional" del Ejército-, como lo prueban el número reducido de delitos que conforme a las Ordenanzas -a las que la Constitución de 1812 dio valor legal (art. 250)- eran causa del "desafuero" de los militares [75], el mantenimiento de la jurisdicción retenida por el Rey -a la que ya hemos hecho referencia-, la conservación, durante más allá de la primera mitad del siglo, de la multiplicidad de tribunales militares que existía a finales del s. XVIII, o el hecho de que hasta 1868, con motivo del Decreto de Unificación de Fueros, no se suprimiese la jurisdicción militar civil [76] -a pesar de que ya la Ley Constitutiva del Ejército lo había previsto en su art. 119-

Sin embargo, el problema principal se plantearía en las causas exorbitantes en las que la jurisdicción castrense podía conocer de delitos cometidos por civiles. Estas causas, en el sistema jurídico de la recepción del Derecho común, habían estado muy tasadas (vid. apéndice) y, por tanto, no representaban un problema especial, ya que, como ha señalado P. Cruz Villalón, no eran un instrumento de represión política, porque para tales casos se creaban *comisiones especiales* ad hoc [77]. Pero, bajo el sistema jurídico constitucional podían suponer un conflicto político, al entenderse que si la jurisdicción militar se extralimitaba en sus atribuciones atentaba contra los derechos de los ciudadanos.

Y la paradoja del liberalismo español fue precisamente, como señalábamos en el primer epígrafe, no sólo no reducir este tipo de causas sino incrementarlas, atribuyendo a la jurisdicción militar el conocimiento de un mayor número de

73 A. de Bacardí: op. cit., vol. I, p. 1.

74 Así en el art. 135 de la Ley constitutiva del Ejército de 1821 se señalaba: "En tiempo de paz se observarán en los juicios militares las mismas formalidades que en los comunes...", y en el art. 137: "ni en campaña ni en tiempo de paz podrá ser juzgado ningun militar sino por los tribunales determinados con anterioridad por la ley" (recogida en P. Casado Burbano: *Las fuerzas armadas en...*, op. cit., pp. 307-323).

75 Solían ser casos de especial gravedad: resistencia formal a la justicia ordinaria, desafío, falsificación o extracción de moneda, robo o amancebamiento en la Corte, etc. (vid. artículos 1, 2 y 3, Tit. II, Trat. VIII). Estas causas, por lo demás, debían ser plenamente probadas para que el desafuero tuviese lugar.

76 Todavía a mediados de siglo se suscitó una curiosa polémica entre dos vocales de la Junta Consultiva de Guerra, Isaac Núñez Arenas, militar favorable -paradójicamente- a la supresión del fuero militar en el ámbito civil, por considerarlo una "privación de los derechos de Ciudadano" (I. Núñez Arenas: *Bases y motivos...*, op. cit., p. 57) y Ramón Díaz Vela que, aunque no reunía la condición de militar, mantenía la postura contraria, afirmando que el fuero militar "tiene su origen ó es hijo de la necesidad social de un Ejército disciplinado y ambulante" (R. Díaz Vela: *Informe sobre el fuero militar en lo civil*, Madrid, Imprenta de D. José González, 1859, p. 16), lo que prueba que aún no existía entre los militares el corporativismo irreductible que caracterizará la época del "Ejército nacional".

77 P. Cruz Villalón: *El estado de sitio y la Constitución...*, op. cit., p. 102.

delitos por *razón de la materia*: los relacionados con el orden público (vid. apéndice).

Como se sabe, el instrumento que los liberales utilizaron para extender la jurisdicción militar a supuestos de alteración del orden público -aunque no a las infracciones a la Constitución [78]- fue la ley de 17 de abril de 1821, que nacida como una "ley provisional" se mantuvo en vigor hasta la Ley de Orden Público de 1870, la primera en ajustarse a una suspensión de garantías constitucionalmente reconocida -art. 31 de la Constitución de 1869-. La ley de 17 de abril, ya fuese producto de la desconfianza que a los liberales del Trienio ocasionaba una jurisdicción ordinaria integrada por magistrados del Antiguo Régimen [79], ya una forma de evitar las "odiosas" comisiones especiales del Absolutismo [80], supuso la adaptación al nuevo régimen constitucional de dos casos que la legislación borbónica atribuía expresamente a la jurisdicción militar: el insulto a patrulla (Colón, vol. I, p. 171) y la resistencia hecha a la tropa por bandidos, contrabandistas y salteadores (Nov. Rec. 12. XVII. 8, citada en el art. 2 de la ley, y Colón vol. III, pag. 177). Sin embargo, se introducía una importante novedad: la posibilidad de conocer de delitos considerados políticos, como las conspiraciones o maquinaciones directas contra la Constitución, o los cometidos contra la seguridad interior o exterior del Estado y contra la sagrada persona del Rey constitucional; delitos todos ellos, que como ha puesto de manifiesto A. Fiestas Loza pasarían a formar parte del Código penal de 1822 [81]. En tales casos, si los reos eran capturados por alguna partida o tropa del Ejército debían ser juzgados -conforme a las Ordenanzas- por un tribunal perteneciente a la jurisdicción *militar extraordinaria*: el Consejo de guerra ordinario (art. 2).

III.1. *Los Consejos de Guerra como jurisdicción extraordinaria*

La primera referencia que se tiene, en España, del Consejo de guerra entendido como "escabinato marcial" u" órgano jurisdiccional integrado por Oficiales que ejercen a la vez mando y jurisdicción sobre sus soldados" [82], es la Real Ordenanza de Flandes de 1701. En ella se entendía que para "contener las Tropas en una exacta obediencia, y disciplina Militar" era necesaria "una justicia pronta de los

[78] M. Lorente ha señalado a este respecto cómo, en el enfrentamiento suscitado en los dos primeros períodos constitucionales del siglo XIX entre civiles y militares, por razón del fuero militar, la ley de 17 de abril de 1821 "desaforó las causas abiertas por infracciones a la Constitución" (M. Lorente: *Las Infracciones a la Constitución de 1812*, Madrid, Centro de Estudios Constitucionales, 1988, p. 378).

[79] R.L. Blanco Valdés: op. cit., pp. 496 y ss.

[80] P. Cruz Villalón: op. cit., p. 320.

[81] A. Fiestas Loza: *Los delitos políticos (1808-1936)*, Salamanca, Cervantes, 1994, pp. 85 y ss.

[82] N. González-Deleito y Domingo: *La evolución histórica de la jurisdicción penal militar en España*, Madrid, 1979, p. 59.

crimenes y delitos", obligando por ello a estos consejos a sustanciar todo proceso en 24 o 48 horas (art. 13) [83].

Surge así como tribunal *extraordinario* y *no permanente* [84] encargado de juzgar delitos exclusivamente militares de sargentos, soldados y tropa (art. 2), puesto que a la jurisdicción militar ordinaria, es decir, al Juzgado del Capitán General, asesorado por un Auditor letrado, le correspondía entender de todas las causas militares comunes (civiles y criminales), debiendo además convalidar la sentencia dada por el Consejo de Guerra, aunque si no estaba de acuerdo por estimar el fallo injusto debía limitarse a dar cuenta al Rey. Con el tiempo, este tribunal excepcional acabaría, sin embargo, institucionalizándose (Ordenanzas de 1728), debido a la fuerza que en el Ejército borbónico cobra el ya mencionado principio de unidad de mando y jurisdicción, para pasar a constituirse como *Consejo de Guerra ordinario.* Ambos tipos de tribunales -ordinarios y extraordinarios- pervivirían hasta 1875.

Pero a medida que avanza el siglo se complica aún más la organización judicial militar, primero, con el establecimiento de un Consejo de guerra de Oficales Generales en las Ordenanzas de 1768 (arts. 1-4, Tit. VI, Trat. 8º) los cuales, como ya hemos señalado podían, en caso de sentencias graves, apelar directamente ante el Rey; y posteriormente con la creación de: un Consejo de guerra extraordinario (1799) , Consejos de guerra verbales (para procedimientos sumarios), Comisiones permanentes (1784) y de modo especial Consejos de Guerra permanentes (1748 y restablecidos entre 1877-1887) que fueron los primeros que se utilizaron como tribunales de orden público para juzgar "malhechores y contrabandistas" [85], etc.

El resultado fue una confusa multiplicación de jurisdicciones que pervive durante casi todo el siglo XIX (el" Ejército real") hasta que por un Real decreto de 19 de julio de 1875 se unificó -paradójicamente- toda la jurisdicción militar en los Consejos de Guerra, suprimiendo incluso la jurisdicción ordinaria de las Capitanías generales [86], únicas que contaban con Auditor letrado...lo que suponía que toda la jurisdicción militar se hacía depender de tribunales puramente militares.

---

[83] "Real Ordenanza de 18 de Diciembre de 1701 que llaman de Flandes...", en J. Portugués: *Colección general de las Ordenanzas militares...*, Madrid, Imprenta de Antonio Marín, 1764, Tomo I, pp. 238-275.

[84] M. Sichar y Salas: *Consejos de Guerra o Compilación de las disposiciones vigentes sobre consejos de guerra y penas militares*, Madrid, Imprenta de Juan Antonio García, 1861, p. 10.

[85] Como ejemplo de la extrema rigurosidad que rodeaba a este tipo de tribunales se pueden citar las *Ordenanzas del Consejo de Guerra permanente* dadas por la Junta Suprema Central en 1809, en plena Guerra de la Independencia, cuyo artículo 3º establecía: "Todos los que conspiren contra la subordinación y mas exacta disciplina, y los reos de infidencia, desercion y conmociones populares, son plenamente de su dotacion, ya recaiga en Militares ó Paisanos, sean de la clase que fuesen, pues por el hecho de incurrir en tan vergonzosos y enormes crímenes debe perderse toda consideracion y fuero" (A.G.M.S., Secc. 2ª, Div. 9ª, leg. 17).

[86] A. de Bacardí: op. cit., vol. II, p. 373.

Para Federico de Madariaga -partidario de mantener las funciones judiciales de los Capitanes Militares- este hecho no había sido más que la consecuencia última de un proceso iniciado a principios de siglo, cuando a partir del decreto dado por la Regencia, el 19 de mayo de 1810, se había establecido que todos los procesos militares fuesen revisados por un Auditor o asesor, lo que supuso que los Capitanes Generales se desentendiesen en la administración de la justicia, beneficiándose de ello, en última instancia, los Consejos de Guerra:

> "Fue -señalaba- anulada en parte la facultad de las Autoridades militares judiciales para corregir a los vocales de los Consejos de Guerra y providenciar sobre las faltas y delitos que resultasen de los procesos y que fueren cometidos por personas no tratadas como acusados. Las facultades extraordinarias de los Generales en Jefe de los ejércitos quedaron desvirtuadas de hecho por la imposibilidad de seguir en sus Juzgados la tramitación del fuero común en lugar de la especial establecida por las Ordenanzas. A ello se opusieron nuevas instituciones y la ley de Orden Público..." [87].

La inhibición de los Capitanes Generales a la hora de revisar las sentencias de los Consejos de Guerra tuvo como consecuencia que, en algunos delitos de sublevaciones y de orden público -los de atribución expresa de la ley de 17 de abril de 1821-, fuesen aquellos tribunales, de sólo militares, los encargados de dictar sentencias definitivas, lo que adquiere mayor gravedad si se tiene en cuenta que eran los ayudantes del Cuerpo -generalmente el Sargento Mayor-, los encargados de instruir la causa, que no asistía ningún Asesor letrado y que la R. O. de 30 de octubre de 1781 prohibía al defensor fundar su alegato en razones "sofísticas", lo cual, según el brigadier F. Feliú de la Peña, hacía que "á la menor esplanacion por justa y meditada que haya sido se diga que no es una razon solida y sí embarazo ó sofisma, y por otra parte los defensores se han ceñido al proceso como á un abecedario para huir del castigo con el que imprudentemente se les amenazaba" [88]. Se trataba, en definitiva, de tribunales permeables a la arbitrariedad o a la manipulación (¿de los gobiernos?).

III.2. *La jurisdicción castrense como instrumento del poder ejecutivo.*

Líneas más arriba hemos señalado cómo el recurso que los liberales del Trienio hicieron a la jurisdicción militar para la represión de los delitos de orden público ha sido interpretado, por algunos autores, bien como un intento de evitar el recurso a las comisiones militares, de las que el absolutismo hacía uso para sus juicios

---

[87] F. Madariaga: "La justicia militar...", op. cit., p. 410.

[88] F. Feliú de la Peña: *La jurisprudencia militar al alcance de todos*, Valencia, Imprenta de D. José Mateu Cervera, 1847, p. 27.

de purificación, o bien como una necesidad ante la inhibición de la justicia ordinaria a la hora de reprimir delitos que contribuían a debilitar el régimen liberal. Sin embargo, junto a estas causas inmediatas, cabe también encontrar un elemento de continuidad con el Antiguo Régimen: las facultades que las Ordenanzas de 1768 y , sobre todo, la Pragmática de Carlos III de 17 de abril de 1774 sobre medidas de represión de tumultos -"la primera Ley de Orden Público"- daban al Ejército para conocer de delitos cometidos por paisanos. En este sentido, se puede decir, con M. Ballbé, que ya en el s. XVIII "la autoridad militar concentraba las competencias en las cuestiones de Policía y orden público y el mando directo de la fuerza pública de intervención interior..." [89].

Estas atribuciones constituían además el reflejo de una realidad institucional que contribuía a hacerlas más efectivas: el decisivo papel que, como puso ya de manifiesto en su día Christiansen, desempeñaban los militares en la Administración del s. XVIII [90], papel que se vio en tal manera incrementado, si cabe, por Godoy que no faltaron corporaciones que le acusaron de haber sostenido un auténtico "estado militar" [91].

De todos los cargos militares con poder administrativo y jurisdiccional, el más significativo era el Capitán General, a quien, como ya hemos visto, correspondía la jurisdicción militar ordinaria. Pero además, había adquirido, durante esta época, funciones judiciales ordinarias -sobre civiles-, al reservársele, en numerosas ocasiones, la Presidencia de Audiencias y Chancillerías [92], además de las competencias sobre orden público.

Desde este punto de vista, se puede decir que no era un instrumento al servicio del poder "ejecutivo" del Estado sino que él mismo era su representante en una demarcación territorial. De nuevo el conde de Romanones señalaría, en 1920, de forma clarividente:

---

89 M. Ballbé: *Orden público...*, op. cit., p. 28.

90 "Suponer que la importancia social de los militares -ha señalado este autor- era una consecuencia de su intervención activa en los asuntos públicos, después de 1808, es olvidar como había gobernado la antigua monarquía" (E. Christiansen: op. cit., p. 10). Vid. en el mismo sentido R. Carr: op. cit., p. 131.

91 *Informe sobre Cortes del Ayuntamiento de Cádiz (1809) a la Junta Central* (Cfr. P. Casado Burbano: *Las fuerzas armadas en...*, op. cit., p. 49).

92 Vid. G. Anes: *El Antiguo Régimen: los Borbones*, Madrid, Alianza, 1985, p. 314; J. Mercader: *Els Capitans Generals*, Barcelona, Vicens Vives, 1957, pp. 38 y ss.; A. García Gallo: *La Capitanía General como institución de gobierno política en España e Indias en el s. XVIII*, Caracas, Academia Nacional de la Historia, 1979. Más recientemente J.M. Pérez-Prendes ha constatado este mismo fenómeno en la "administración indiana" del s. XVIII: "El talante militar -señala- impregnará siempre la gestión de gobierno de los Capitanes Generales, como el acento jurídico había prevalecido en épocas anteriores. La simple alternancia del doble título de Presidente de la Audiencia y Capitanes Generales, que siempre habían ostentado los virreyes es claramente indicativa del cambio. En el s. XVII la condición de Presidente se antepone a la de Capitán General, pero en el s. XVIII se elige justamente la opción inversa" (J.M. Pérez-Prendes: *La Monarquía Indiana y el Estado de Derecho*, Madrid, Asociación Francisco López de Gómara, 1989, p. 362).

"En la ley de 1918, al fijar la división territorial militar, sigue rindiéndose culto a las Capitanías generales, cuyo nombre dice por sí solo que se trata de instituciones puramente gubernativas y administrativas, y que evocan además la idea de un poder gubernativo regional militar al lado de la autoridad civil, representante del Poder central" [93]

A partir de los antecedentes señalados, fue relativamente fácil, para el nuevo poder ejecutivo que surge con el liberalismo, atribuir a estos Capitanes Generales el conocimiento de delitos de orden público -y político-, pues aunque, como señalaba F. Madariaga, irían perdiendo protagonismo frente a los Consejos de Guerra, conservaban un medio que las propias Ordenanzas le atribuían para extender su jurisdicción sobre paisanos en campaña o en estado de guerra: la facultad de dictar *bandos militares* (art. 1º , tit. 3º, Trat. 7º). Estos bandos, que, como indica J. Otero Goyanes [94], son en realidad un acto de "una *autoridad militar pública* cuando asume las facultades políticas" tenían el carácter de ley (art. 5º, tit. 8º, Trat.8º) -como si "expresamente estuvieran insertos en las Ordenanzas", se decía-, quedando los transgresores "sujetos a las penas que en ellos se prevengan" (Colón, vol I, p. 79).

De esta manera, los Capitanes Generales, en cuanto integrantes del poder ejecutivo, podían utilizar los medios que la propia legislación del anterior sistema jurídico les daba para "mantener el orden público".

Pero no sólo éstos se veían determinados por su relación con el ejecutivo, también los Consejos de Guerra daban muestras de carecer de las garantías de predeterminación legal e independencia que, en el nuevo orden liberal, debían caracterizar a los tribunales de justicia, pues, según denunciaba I. Núñez Arenas en 1856, el Consejo era a veces "elegido ad-hoc, particularmente si se ha celebrado en la Corte", añadiendo:

"Duro es decirlo, señores, pero tal ha sido el juicio de la opinión pública acerca de algunos Consejos Generales, y mas duro es todavía de confesar, que la opinión pública acertaba. La voz de nuestra conciencia de seguro nos recordará en todas épocas, nombres propios de Vocales con cuyo voto favorable ó adverso á ciertos reos, se contaba anticipadamente... Con advertir que mediaban delitos políticos, sobrado claro se vé que su origen era disculpable; se contaba con aquel fallo entre otros *medios de gobierno*, y de procurar el triunfo ó vencimiento de determinadas ideas...". Y concluía: "Este mal gravísimo pide un eficaz remedio... deberá impedir que el Gobierno se entrometa a influir en los fallos judiciales" [95].

---

[93] Conde de Romanones: op. cit., p. 115.

[94] J. Otero Goyanes: "Los Bandos de Guerra", en *Rev. de Derecho Militar*, nº 3 (1957), p. 10.

[95] I. Núñez Arenas: op. cit., pp. 157-158.

En cierta manera, esta influencia del poder ejecutivo en las decisiones judiciales, así como el recurso continuado al Ejército para reprimir delitos de orden público, contribuirán a distanciar, a partir de los años 60, a políticos y militares. Una prueba lo constituye un significativo comentario de A. Vallecillo a la obligación que, todavía en 1869, se imponía, a los militares, de aplicar, en ciertos casos, la ya mencionada ley de 17 de abril de 1821:

> "Que los partidos -recomendaba- se destrocen cuanto quieran, pero que los que vayan á dar en los tribunales excepcionales salgan de ellos sin género alguno de coacción, absueltos o condenados con estricta y exacta conformidad á las leyes dictadas por los mismos contendientes, que aunque todo el mundo deteste tales leyes, todo el mundo alabe á los fieles cumplidores de ellas... el Ejercito no debe, no puede, ser el Preboste de la Nación"[96].

III.3. *El militarismo jurisdiccional del "Ejército nacional"*

El Decreto de Unificación de Fueros de 1868 supuso, como ya se ha señalado, la reducción del fuero militar al ámbito estrictamente penal, lo cual, unido a la atribución que las leyes de Enjuiciamiento Civil de 1865 y la Ley orgánica del Poder Judicial de 1870 habían hecho a las Audiencias para que conociesen de las apelaciones a las sentencias dadas por algunos tribunales militares especiales, hizo que, en los primeros años de la Restauración, la jurisdicción ordinaria fuese "prevalente" a la militar[97], lo cual parecía coincidir con el "civilismo" que Cánovas propugnaba[98].

Sin embargo, esta situación cambia radicalmente con la aprobación, en 1882, de la denominada *Ley de Bases sobre atribuciones y procedimientos de los Tribunales militares* (Colección legislativa del Ejército num. 91) que, como señalaba el entonces Presidente del Tribunal Supremo, E. Alonso y Colmenares "convirtió la excepción en regla general", al establecer que "la jurisdicción de Guerra es la única competente para conocer de las causas por delitos no exceptuados, cometidos por militares en activo servicio...ó por empleados y dependientes del ramo" (art. 3). El precepto, por lo demás, se justificaba como una forma de corregir el "olvido" en que habían incurrido tanto el Decreto de 1868 como la Ley orgánica del Poder Judicial de 1870, que no incluían entre los delitos propios de la jurisdicción militar

---

96 A. Vallecillo: *Advertencias á fiscales, defensores, vocales y presidentes de los Consejos de Guerra que hayan de celebrarse con arreglo a la ley de 17 de abril de 1821*, Madrid, Imprenta de C. Moliner y Cía., 1869, p. VI.

97 E. Alonso y Colmenares: *Jurisdicciones especiales*, Madrid, Establecimiento tipográfico de P. Núñez, 1884, pp. 23-24.

98 98 Vid. C. Seco Serrano: *Militarismo y...*, op. cit., pp. 201 y ss.

los de seducción y auxilio a la rebelión y sedición [99] (ahora recogidos en el art. 6. 3º de la ley).

Con todo, la ley no resultaba excesivamente "invasora" de competencias propias de la jurisdicción civil, ya que, si bien se seguían recogiendo, entre los casos en que la jurisdicción militar podía entender sobre civiles, un buen número relativos al lugar y a la persona, los que se atribuían por razón de la materia eran únicamente cuatro: el ya mencionado de seducción y auxilio a la rebelión, los de espionaje e insulto a centinelas (6.4º), los de rebelión, sedición y robo en cuadrilla en territorios declarados en estado de guerra (6.10º), y los comprendidos en los bandos dados por los Generales en jefe de los Ejércitos (6. 11º).

Lo "reducido" de estas competencias, entre otras razones, hizo que los partidarios de mantener las Ordenanzas de Carlos III vieran en esta ley la obra de un "elemento letrado, ilustradísimo, pero sin letras militares" [100] que se había atrevido a llegar, según sostenía F. de Madariaga, hasta donde no llegó la República de 1873" [101]. La consecuencia fue la publicación, 8 años más tarde, de un nuevo Código de Justicia Militar [102], que, si bien no ampliaba el número de supuestos, introducía dos habilitaciones materiales a la justicia militar cualitativamente diferentes a las anteriores: el poder conocer de aquellos delitos que por *leyes especiales* se le atribuyesen (art. 7º14) -una puerta abierta a la la ley de jurisdicciones de 1906- y, sobre todo, los delitos de "injuria y calumnia" á las *Autoridades militares*, concepto nuevo que definía como "los militares que, por razón de su cargo y propia jurisdicción, ejerzan mando superior o tengan atribuciones judiciales o gubernativas en el territorio" (art. 7.7º).

A mi modo de ver, estos dos nuevos conceptos ponen de manifiesto el cambio profundo que, por entonces, se había operado ya en la mentalidad jurídica militar. Frente al sentido técnico, pero a la vez corporativo o gremial de los preceptos de la anterior ley, surge ahora lo que podría denominarse un *militarismo jurisdiccional*, en tanto que el Ejército, asumiendo el papel de "guardián" de la Patria y la Nación que, como hemos visto, le atribuían la Ley Constitutiva de 1878 y su adicional de 1889, no sólo no protesta -como hacía antes- al ser "utilizado" por el Ejecutivo para reprimir los delitos de orden público, sino que entenderá indisolublemente ligados la función militar y el mantenimiento de ese "orden" -nacional-. Para lo cual, hará uso tanto de los medios excepcionales que el Gobierno le proporciona

---

[99] E. Alonso y Colmenares: *Jurisdicciones...*, op. cit., p. 66.

[100] Vid. F. Muga: "Antecedentes...", op. cit., nº 2 (1956), p. 56.

[101] F. de Madariaga: "La justicia militar...", op. cit., p. 416.

[102] Manejo la edición del *Código* contenida en A. Trapaga y Aguado y G. Blanco de la Villa: *Cartera de bolsillo para la Administración de Justicia en el Ejército*, Madrid, Imprenta del Patronato de Huérfanos..., 1920, pp. 9-243.

en momentos determinados, como de los que el mismo Estado liberal tiene para gobernarse: la ley (excepcional, en este caso), las facultades de las Autoridades gurbernamentales y, la reserva de una esfera jurisdiccional autónoma -no subsidiaria- que le revista de "autoridad moral" suficiente como para situarse por sí mismo, al margen del Estado -parlamentario- de " los políticos".

En este sentido, aunque es el Código, creo, la expresión más representativa de ese militarismo, hay dos momentos en los que estas pretensiones se ponen especialmente de manifiesto, durante este período:

1.Las Reales Ordenes de octubre de 1878 por las que se sometía a la jurisdicción militar los casos de insulto o resistencia a la Guardia Civil[103]. Esta institución, que en los épocas precedentes había sido un instrumento de centralización administrativa[104], al servicio exclusivo del Ejecutivo[105], no se había considerado, en ningún caso, con las mismas funciones ni atribuciones que el Ejército[106]. Sin embargo, el nuevo planteamiento que ahora se hace de que no hay más fuerza pública que la de carácter militar, lleva a la atribución exclusiva de competencias jurisdiccionales en esta materia a los tribunales militares[107].

2. La ley de jurisdicciones de 1906, que, como ya vimos, supuso la modificación del art. 7.7º del Código penal en orden a incluir, entre los delitos por insulto

---

[103] En contestación a la consulta del Capitán General de Granada sobre la interpretación que debía hacerse de la expresión "faltas y delitos que se cometan contra la Guardia Civil", el Consejo Supremo de Guerra y Marina señalaba en 1880: "la Real Orden circular de 7 de octubre de 1878 recordatoria y ampliatoria de las disposiciones anteriores somete claramente al conocimiento de la jurisdicción de guerra los insultos de palabra inferidos á la Guardia Civil é incluye por tanto estos hechos entre los casos de desafuero" (A.G.M.S., Secc. 2ª, Div. 9ª, leg. 18).

[104] D. López Garrido: op. cit., pp. 84 y ss.

[105] En este sentido, J. Azcárraga ha señalado significativamente: "Para las Cortes la Guardia Civil no existe, ni los defensores de la Milicia Nacional la mencionan, ni los partidarios de su supresión alegan que se ha creado el nuevo Cuerpo para sustituirla..." (J. de Azcárraga: "Decretos y reglamentos fundacionales de la Guardia Civil", en VV.AA.: *La fundación de la Guardia Civil. VI Seminario Duque de Ahumada*, Madrid, Ministerio de Justicia e Interior, 1995, p. 43).

[106] En 1850, F. Feliú de la Peña escribía: "Las funciones y obligaciones de los Guardias Civiles, Carabineros y Fusileros son muy distintas de las del Ejército; la voluntad personal, la inteligencia de las órdenes que por pequeñas fracciones ó individualmente se comunican; el modo de cumplirlas, y otras muchas circunstancias y maneras constituyen un servicio especial y distinto del de el ejército, y del que sólo tienen sus formas orgánicas y esteriores de Compañías, Escuadrones o Regimientos" (F. Feliú de la Peña: *Fundamentos de un nuevo Código militar*, Barcelona, D. Juan Oliveres impresor de S.M., 1850, p. 31).

[107] "La Guardia Civil y los Carabineros -sostiene Conejos D'Ocón en 1892- conservan hoy los prestigios que se les reconocen merced a su dependencia del ramo de Guerra y al fuero militar que les alcanza. Las censuras que como cuerpos se les dirigen, estriban en lo que los tiene separados de las Autoridades de guerra para someterlos á influencias políticas o administrativas. Quítese á los repetidos cuerpos su dependencia en todo de la jurisdicción militar y piense cada cual en el resultado de semejante medida" (A. Conejos D'Ocón: op. cit., p. 210).

a fuerza armada, los realizados por medio de la prensa (vid. supra, nota 33). Surgida, en principio, con un carácter provisional, como un instrumento dado al Ejército para luchar contra el separatismo catalán [108], no es otra cosa, como ha señalado M. Ballbé, que "un paso más en la militarización del régimen jurídico", aunque un paso que puede considerarse cualitativo, puesto que sirvió para dotar "a la ideología militar de un sentido de responsabilidad directa en los aspectos fundamentales de la política de ser el órgano básico en la custodia de los valores fundamentales del Estado" [109].

Desde este punto de vista, se puede decir que el *militarismo jurisdiccional* no fue una mera práctica desligada de contenidos ideológicos. A partir de la consideración de que "el principio de defensa nacional contra enemigos exteriores e interiores es el informante del Derecho Militar" [110] no faltaron tratadistas, en especial A. Salcedo y Ruiz y A. Conejos D'Ocón, que fundamentaron las crecientes atribuciones jurisdiccionales sobre tres principios:

1. La jurisdicción militar no es ya un privilegio sino "una *necesidad* justificada, por los intereses que el Ejército está llamado a garantir y defender" [111]. Estos intereses eran los que le atribuían la Ley Constitutiva de 1878 y su adicional de 1889: mantener la independencia e integridad de la Patria.

2. Su "substantividad" reside no en su carácter de fuero criminal -que recae exclusivamente sobre los militares- sino en el de "*acción jurisdiccional* que comprende no sólo a éstos, sino á personas extrañas al fuero por su responsabilidad en ciertos actos", pudiendo conocer de hechos además de por razón de la persona, de la naturaleza del delito y del lugar, por "la *utilidad* de la sociedad y aun de la patria en casos extraordinarios". Lo cual significa que el sujeto del derecho militar no es el militar sino "todo individuo en determinadas condiciones, ó sea cuando se pone en contacto jurídico con sus preceptos" [112].

3. De la naturaleza de los intereses que el Ejército defiende se deduce que "todo aquello que pueda desprestigiarlo convirtiéndolo en objeto de apasionadas e injustas censuras, debe someterse a la jurisdicción de sus tribunales" [113], debiendo además el juez militar tener en cuenta que "su sentencia puede trascender de una manera efectiva á la salvación ó á la perdición del Ejército y, por tanto, de la patria" [114].

---

[108] Vid. R. Núñez Florencio: *Militarismo y antimilitarismo en España (1888-1906)*, Madrid, CSIC, 1990.

[109] G. Cardona: op. cit., p. 25.

[110] A. Salcedo y Ruiz: *Substantividad y fundamento del Derecho Militar*, Madrid, Real Academia de Ciencias Morales y Políticas, 1913, p. 33.

[111] A. Conejos D'Ocón: op. cit., p. 213.

[112] A. Salcedo y Ruiz: op. cit., pp. 82, 97 y 29.

[113] A. Conejos D'Ocón: op. cit., p. 220.

[114] A. Salcedo y Ruiz: op. cit., p. 35.

El fundamento último, por ello, del *militarismo jurisdiccional* era -como el del "Ejército nacional"-, la identificación con la patria, identificación que resulta relevante no tanto por lo que afirma como por lo que oculta: la posibilidad de intervenir en la vida pública sin necesidad de contar con los poderes públicos constitucionales.

IV. CONCLUSIONES

En 1850, el brigadier F. Feliú de la Peña escribía aún respecto al Ejército: "El Trono concede ó niega todo cuanto importa sueldo, honores ó consideración; confiere los destinos, y releva los nombrados; resuelve los asuntos que causan estado; y determina en casos graves y especiales" [115]. Medio siglo más tarde, en 1913, el auditor A. Salcedo y Ruiz planteaba las cosas de otra manera: "El Ejército -afirmaba- debe ser mandado por el Rey, porque es el Rey el supremo Jerarca de la Nación, el Jefe del Estado, pero no es del Rey, como la Nación no lo es tampoco, y el Ejército no es siquiera de la Nación ó del Estado, sino la Nación ó el Estado mismo..." [116].

El diferente acento puesto por cada uno de estos escritores en el Rey o en la Nación, manifiesta que, entre ambos períodos, el referente ideal último del Ejército se había invertido, pasando el Monarca, de ser el Jefe supremo de un "Ejército *real*" a convertirse, con Alfonso XII y Alfonso XIII, en lo que los contemporáneos denominaban el "rey-*soldado*", a partir de una transformación que, como hemos tratado de demostrar, no había sido sólo "calificativa" sino "conceptual".

Esta transformación había supuesto, desde el punto de vista jurisdiccional, la sustitución de su inicial sentido gremialista -de privilegio- por otro corporativista, la pérdida de su fuero en materia civil, la reducción del número de supuestos en los que, por razón del lugar o de la persona -privilegios ambos de carácter estamental- podía extender su acción judicial sobre paisanos, y en fin, la unificación de la multitud de tribunales especiales y jurisdicciones de Cuerpos que siguieron subsistiendo en su seno hasta 1868.

Sin embargo, la transformación no había sido tan radical como para suponer que el nuevo Ejército representaba una total "discontinuidad" con el "Antiguo Régimen, como lo prueban el carácter de "reforma parcial" que tuvo el Código de 1884, el mantenimiento "de hecho", hasta casi la última década del s. XIX, de la

---

115 F. Feliú de la Peña: op. cit., p. 205.

116 A. Salcedo y Ruiz: op. cit., p. 57.

"jurisdicción retenida" del Monarca y, sobre todo, el gran número de supuestos en que, por razón de la materia, los Consejos de Guerra juzgaban a civiles en algunos delitos de orden público.

El problema estaba en que la persistencia de estas "continuidades" no era, en última instancia, sino un reflejo de las propias contradicciones en que el liberalismo -"sacralizador" del principio de la separación de poderes- incurría en su relación con el Ejército, ya que si desde el *ejecutivo* no dudaba en emplearlo para reprimir física y judicialmente las sublevaciones y altercados de orden público; desde el *legislativo*, en cambio, intentaba no sólo reducir lo más posible su fuero en lo que de privilegio tuviese, sino que además armaba y sostenía una milicia urbana popular para contrarrestar su potencial armado "profesional".

Por eso, desde la Administración "militarizada" del s. XVIII, y acostumbrado a reprimir "motines" cada vez más frecuentes, el Ejército permanente seguirá, con la llegada del liberalismo, vinculado al titular del poder ejecutivo, el Monarca; institución que, como una "pervivencia" del Antiguo Régimen, encontraba, sin embargo, su legitimidad en elementos irracionales -cuidadosamente exaltados por los liberales doctrinarios- exteriores al propio sistema jurídico-constitucional (Dios, la Tradición histórica...).

Y sería precisamente esa vinculación, unida -claro- al carácter político y no jurídico de las constituciones decimonónicas, la que le permitiría intervenir en la vida pública de los dos primeros tercios del s.XIX, siempre con la "legitimidad extraconstitucional" que le proporcionaba el Monarca, sancionador de los pronunciamientos consumados y al que nunca se cuestiona.

Es éste, en definitiva, el sentido que hemos pretendido dar al concepto propuesto de "Ejército real", concepto que, al menos desde 1874 (Pavía), y sobre todo, durante la Restauración, coincidiendo con la definitiva supresión de la Milicia Nacional y con la transformación del papel asignado al Monarca -que de titular del poder ejecutivo evolucionará, al menos en teoría, a Jefe del Estado, como "poder moderador" por encima de los partidos- acabará transformándose, casi sin solución de continuidad, en otro no menos significativo, en "Ejército nacional".

Para ello, el Ejército, que en 1874 había derrotado al federalismo republicano "antimilitarista" y "desintegrador", no tendrá más que identificarse con dos conceptos, Patria y Nación -que ahora, una vez que la idea *nacional-centralista* del liberalismo doctrinario estaba ya elaborada, y empezaba a adquirir incluso, cierto grado de idealización "regeneracionista", adquirirán una nueva significación-, para encontrar una nueva "legitimación" -como la anterior, "extraconstitucional" y "extraparlamentaria"- con la que poder justificar sus actuaciones en la vida pública española, cada vez más frecuentes, sin que para ello necesitase contar ya, ni tan siquiera, con el concurso de su tradicional valedor: *el rey soldado...*

V. APÉNDICE

CASOS EN QUE LA JURISDICCIÓN MILITAR SE EJERCE SOBRE CIVILES ENTRE LOS SS. XVIII Y XIX.

SIGLO XVIII

- *Por razón de la MATERIA (o DELITO)*

1. "Los que saquean o roban efectos de las embarcaciones náufragas o hubiesen contribuido a su naufragio"
2. "Los que pescan en agua salada sin ser matriculados"
3. "Infidencia por espías o en otra forma, insultos a centinelas o salvaguardias y conjuración contra la tropa".
4."Insultos a patrullas (este delito se reputa en la clase de los exceptuados por cualificada resistencia a la justicia militar y los reos que lo cometieren quedan sujetos al Gobernador de la plaza de cualquiera cuerpo y jurisdicción que sean, como el Rey lo prevé en la Orden de 3 de agosto de 1771)".
5. "Los contrabandistas y malhechores que hicisen armas contra la tropa".

- *Por razón del LUGAR*

1. "En los cometidos en el mar, costas o puerto dentro de las embarcaciones"
2. "Robos o incendios en edificios militares, arsenales y buques de guerra"
3. "Los que cometen excesos en montes sujetos a la jurisdicción de Marina"
4. "En los delitos cometidos a bordo de los bajeles de la Real Armada"
5. "Los que intervienen en sacar pertrechos de los arsenales de la Marina"

- *Por razón de la PERSONA*

1. "Los que auxilian, ocultan o inducen a la deserción"
2. "Los cómplices en algún delito con individuos de los Cuerpos de la Casa Real".
3. "Los que cometen algún desacato de palabra u obra contra los jueces militares"
4. "Cuando los soldados venden las razones de sus caballos a los paisanos"

(Clasificación personal de las disposiciones contenidas en F. Colón de Larriategui: *Juzgados militares de España y sus Indias.* Madrid, Viuda de Ibarra, 1788, vol. I).

SIGLO XIX, HASTA 1878

- Por razón de la MATERIA (o DELITO)

1. "Los presidios que dependan del Ministerio de la Gobernación en casos de guerra o grave alteración de la tranquilidad pública quedan a la directa disposición de la autoridad militar" (Reglamento de presidios de 14 de abril de 1834).

2. "No hay en Africa más jurisdicción que la militar, a cuyo conocimiento corresponden, por esta misma razón, todos los negocios civiles y criminales" (Reglamento de presidios de 14 de abril de 1834).

3. "Espionaje, insulto a centinelas, salvaguardias y tropa armada" (art. 1. Decreto de 31 de diciembre de 1868 y art. 73 del Reglamento del 29 de noviembre de 1871).

4. "Atentado y desacato a la autoridad militar" (art. 1. Decreto de 31 de diciembre de 1868)

5. "Los delitos y faltas comprendidos en los bandos que pueden dictar los generales en jefe de los ejércitos" (art. 1. Decreto de 31 de diciembre de 1868).

6. "Caso de alterarse el orden público por el art.13 se dispone que en el caso de rebelión o sedición que la autoridad civil comprenda ser necesario emplear la fuerza armada resignará el mando en la militar, y ésta conforme al art. 35 podrá publicar el bando que crea conveniente para reprimir la rebelión. En estos casos los Consejos entienden de los delitos de rebelión y sedición y en todos cuantos se refieran al orden público" (ley de 23 abril de 1870)".

7. "Corresponde a la jurisdicción militar, el conocimiento de los delitos de rebelión cuando ésta tenga carácter militar. Lo que sea el delito de rebelión militar lo determina el art. 243 del Código Penal" (Real orden de 23 de junio de 1872).

8. "Todos los daños causados en las vías férreas que puedan perjudicar a la seguridad de los viajeros o mercancías" (Decreto de 21 de enero de 1874).

9. "Los salteadores de caminos, los ladrones en poblado y despoblado siendo en cuadrilla de cuatro o más pierden todo fuero si fuesen aprehendidos por fuerza militar destacada contra ellos o hicieren resistencia a la tropa que en auxilio de las autoridades fuere a prenderlos" (Real Orden de 12 de marzo de 1875).

- Por razón del LUGAR

1. "Delito de traición que tenga por objeto la entrega de una plaza, puesto militar o almacenes de municiones de boca o guerra al enemigo" (art. 1. Decreto de 31 de diciembre de 1868)

2. "Robo de armas, municiones de boca y guerra efectos pertenecientes a la Hacienda militar en los almacenes, cuarteles, establecimientos militares y el de incendio cometido en los mismos parajes" (art. 1. Decreto de 31 de diciembre de 1868).

3. "Los delitos cometidos en plazas sitiadas que tiendan a alterar el orden público o a comprometer la seguridad de la plaza" (art. 1. Decreto de 31 de diciembre de 1868).

4. "Los que se cometan en las fábricas y fundiciones de armas del Estado" (art. 1. Decreto de 31 de diciembre de 1868)

- *Por razón de la PERSONA*

1."Seducción de tropa española o que se halle al servicio de España para que deserte de sus banderas" (art. 1 Decreto de 31 de diciembre de 1868).

2."Los cometidos por prisioneros de guerra, como por cuantos siguen al ejército en campaña" (art. 1 Decreto de 31 de diciembre de 1868).

(Clasificación personal a partir de las normas contenidas en A. Bacardí: *Nuevo Colón ó sea, Tratado del Derecho Militar de España y sus Indias.* Barcelona, Sucesores de N. Ramírez y Cía, 1878).

LA ORDENACIÓN JURÍDICA DEL EJÉRCITO ESPAÑOL DECIMONÓNICO

Lourdes Soria Sesé
Universidad del País Vasco

SUMARIO:

I. Un cierto estado de la cuestión
II. El marco legal
 1. Precedentes: las Ordenanzas Militares borbónicas
 2. Los textos constitucionales
 3. Las Leyes Constitutivas del ejército
 4. La normativa de inferior rango
III. Los rasgos conformadores de la institución militar
 1. La función del ejército
 2. La dependencia de los poderes del Estado
 3. La estructura organizativa y la enseñanza militar
 4. La jurisdicción militar
 5. La cuestión de la obediencia debida
 6. El estatuto jurídico-político de los militares.

El punto de vista aquí adoptado es el de la consideración de la institución militar como un elemento del Estado, por medio del que éste actúa y hace patente su capacidad de control y de defensa del territorio. Bajo este concepto de institución pública, y con independencia del discurso teórico al que pudiera dar lugar, se ha perseguido llegar a un primer conocimiento de los mecanismos jurídicos que engarzan la institución militar al sistema jurídico-público del constitucionalismo español del siglo XIX. Sin pretensión de abordar la compleja trama explicativa de los múltiples problemas jurídico-políticos que se han planteado en la historia decimonónica española en relación con la ordenación legal del ejército [1], sino únicamente de aquellos que se relacionan específicamente con su configuración orgánica.

I. UN CIERTO ESTADO DE LA CUESTIÓN

La burguesía constructora del sistema constitucional consideró a las fuerzas armadas como un mal necesario, tolerado por cuanto sirve para la defensa de las fronteras y la protección de las rutas comerciales pero al que se procura mantener recluido en un marco de actuación lo más estrecho posible y al que socialmente se intenta ignorar.

El caso español se aparta, si no en la doctrina sí en la práctica política, de esta general concepción de lo militar como supeditado y minimizado respecto a lo civil, hasta el extremo de que lo militar va a jugar el papel preponderante a lo largo

[1] Al emplear el término "militar" hago referencia sólo al ejército, por medio del que el Estado lleva a cabo principalísimamente su actuación armada, ya que durante el siglo XIX la marina desempeñó a este propósito un papel marginal y secundario.

de todo el siglo XIX, sustituyendo al propio orden civil teóricamente reconocido como supremo en los textos constitucionales.

La consustancial postura pacifista del pensamiento liberal y sobre todo ese desmesurado protagonismo de los militares y del ejército español han contribuido a que la pertenencia del ejército al campo de las instituciones del Estado no se haya traducido, hasta prácticamente la actualidad y aun hoy todavía de manera insuficiente, en un estudio profundo del mismo de manera simultánea y paralela al resto de las ramas del Derecho público del régimen constitucional.

Ya Manuel Colmeiro, en las sucesivas ediciones de sus *Elementos del Derecho Político y Administrativo de España* (Madrid, 1858), apenas si habla de lo militar, y sólo en lo que respecta a atribuciones del ejecutivo, para lamentarse de la abusiva utilización de las técnicas jurídico-militares en situaciones políticas excepcionales.

Cuando la gran corriente vivificadora del krausismo penetra en España y su modelo jurídico, desenvuelto por Ahrens y Röder, es introducido y difundido por Giner de los Ríos, la renovación que se opera en el ámbito del Derecho político y administrativo seguirá dejando al margen el derecho militar. Como dice el profesor Pérez-Prendes [2], a quien seguimos a este respecto, cabría reprochar a los tratadistas principales de Derecho político el no haber asumido el reto que suponía la traducción de la obra de C.D.A. Röder: *La servidumbre militar de nuestra época y su constitución en el porvenir* (Madrid, 1873), para plantearse una reflexión jurídica seria sobre el papel del ejército en la esencia y estructura del Estado.

Esta malograda oportunidad permitió o autorizó en cierta medida la perduración de la falacia que predica la existencia de dos poderes distintos, el civil y el militar, con sus nocivas repercusiones en el terreno sociopolítico y en el jurídico. Se mantuvo, por tanto, la presencia de un Derecho militar diferenciado del resto del ordenamiento jurídico, trabajosamente encajable a veces con los criterios constitucionales, y subproducto devaluado en la mera técnica relativa a quintas, sorteos y administración interna del ejército.

A esta perdurable concepción del Derecho militar responden las obras contemporáneas a él consagradas. En lugar destacado la que en 1849 saca a la luz Alejandro de Bacardí: *Tratado del Derecho militar de España y sus Indias*, en tres volúmenes, también llamada *Nuevo Colón* pues su objeto era poner al día la de Félix Colón de Larreategui: *Juzgados militares de España y sus Indias*, que databa de 1795. Una obra también importante es la de A. Vallecillo: *Legislación militar de España antigua y moderna*, en 29 volúmenes (Madrid, 1853-56), y ya en un tono

---

[2] "Las Ciencias Jurídicas", pp. 364-365, en: *Historia de España* dirigida por Ramón Menéndez Pidal, XXXIX, 2, (1994) pp. 340-388.

menor la de J. Vicente y Caravantes: *Tratado de los procedimientos en los Juzgados Militares* (Madrid, 1853).

En la actualidad se pueden diferenciar dos grandes orientaciones o enfoques de conjunto en los estudios histórico-jurídicos relativos a la materia y que van más allá de su mera exégesis o crónica legislativa. No procede, por la índole eminentemente explicativa de este trabajo, extenderse en consideraciones historiográficas sino señalar los rasgos diferenciales de ambos enfoques.

Por una parte, la orientación que podríamos llamar constitucionalista, que fundamentada en el discurso teórico liberal se halla ante todo preocupada en buscar el encaje normativo de lo militar en el conjunto del ordenamiento jurídico y más precisamente en los distintos textos constitucionales. Adolece quizá, en ocasiones, de un cierto distanciamiento de la realidad al no tomar en consideración las actuaciones concretas de los poderes públicos en cada momento histórico.

En segundo lugar, la que precisamente en base a esta crítica reacciona aproximándose, bajo un prisma jurídico, a examinar la utilización que desde el Estado liberal se ha ido haciendo de la institución militar en el orden civil. Cabría calificarla como administrativista en razón de su justificación última, la debilidad funcional y orgánica de la administración pública civil y el correlativo enquistamiento en su organización y funcionamiento de instituciones y técnicas jurídicas castrenses.

II. EL MARCO LEGAL

En rigor, y pese a que a lo largo del siglo XIX español el Derecho militar es concebido como una rama propia y diferenciada del resto del ordenamiento jurídico, la normativa que regula la institución militar está inserta dentro de las distintas ramas del Derecho público y como tal hay que considerarla. Como una normativa que regula una organización y una actividad del poder estatal y la conducta de los que en ellas intervienen en lo que hace relación a las mismas.

Siguiendo el orden jerárquico normativo, vamos a diferenciar tres fuentes a través de las que se regula la institución militar: los textos constitucionales, las leyes de desarrollo de los mismos y, por último, la normativa de inferior rango. Vienen precedidas y son completadas en lo por ellas no regulado, por las Ordenanzas Militares.

1. Precedentes: las Ordenanzas Militares borbónicas

Nos interesan en un doble grado, en cuanto precedentes históricos inmediatos de la normativa decimonónica y en cuanto a su vigencia para múltiples cuestiones no contempladas en aquélla.

El ejército borbónico[3] se rigió por ordenanzas emanadas de la suprema potestad legislativa del rey, las cuales, junto a disposiciones organizativas y de funcionamiento, contenían las normas penales, procesales y orgánico-judiciales aplicables al estamento militar y en determinados supuestos también al personal civil. Estas "ordenanzas militares" solían estar compendiadas en un único texto conocido bajo ese mismo nombre o el de "ordenanza general del ejército".

A lo largo del siglo XVIII existieron cuando menos dos compendios de este tipo: el de 1728 y el de 1768. Este último, compuesto por una junta de generales y aprobado por Carlos III el 22 de octubre de 1768, fue redactado para sustituir al primero debido a las dudas surgidas a propósito de su observancia, según manifestación del propio texto en su exposición de motivos, razón por la cual aquél es expresamente anulado en todas sus partes y se ordena que en adelante se cumpla éste "inbiolablemente".

El compendio de 1768 lleva por título el de "Ordenanzas de Su Magestad para el régimen, disciplina, subordinación y servicio de sus exércitos"[4]. Sigue un orden sistemático de materias, agrupadas en ocho tratados que se subdividen en títulos no correlativos. Los siete primeros tratados se ocupan de cuestiones organizativas, y el octavo de las de justicia: contenido y sujetos del fuero militar, materias competencia de la jurisdicción castrense, organización judicial, procedimiento y normas de derecho civil referentes a los testamentos.

Estas Ordenanzas estuvieron vigentes en toda su plenitud desde la fecha de su aprobación por Carlos III hasta la obra legislativa de las Cortes de Cádiz, y de nuevo tras el regreso de Fernando VII hasta la restauración doceañista, para regir una vez más desde el final del Trienio de Riego, cuando en 1823 la Imprenta Real vuelve a imprimirlas, hasta la definitiva instauración de un sistema constitucional. E incluso con posterioridad, si no de manera formal sí material, pues las normas penales, procesales y orgánico-judiciales se mantuvieron, con escasas modificaciones, hasta la elaboración del llamado Código de Justicia Militar de 1890[5].

2. Los Textos Constitucionales

Característica común a los textos constitucionales indeterminadamente considerados es su escasa atención a los temas relacionados con el ejército, del que se ocupan en cualquier caso siempre en un sentido limitativo de sus atribuciones. Así,

---

[3] De su estudio detallado se ha ocupado recientemente M. Gómez Ruiz: *El Ejército de los Borbones,* 2 vols. Madrid, 1991.

[4] He manejado la reedición hecha por la Imprenta Real en 1823 (Diputación de Guipúzcoa, Fondos Reservados).

[5] Muniz: *Ordenanzas de S.M. para el régimen, disciplina, subordinación y servicio de sus ejércitos,* Madrid, 1882.

los preceptos a él referidos suelen ir dirigidos a bien concretar que la defensa del orden establecido es su única función dentro del Estado, que ésta se desempeña bajo el control reglado de los órganos políticos y restrictivamente en cuanto a las cortapisas que los ciudadanos puedan sufrir en el ejercicio de sus derechos por razón de esa defensa armada.

En el caso de la España decimonónica a este contenido general de las constituciones hay que añadirle la preceptividad sobre algunas particularidades del estatuto jurídico-político de los militares, restrictivas o aumentativas de sus derechos según la orientación política predominante.

- La Constitución de Cádiz

La carta magna más interesante para nuestro propósito es indudablemente la promulgada por las Cortes de Cádiz en 1812, puesto que en ella se plantea y se resuelve por primera vez la conversión de un ejército absolutista, al servicio del monarca, en un ejército constitucional al servicio de la nación representada en Cortes. Ello requería un detenimiento y una precisión en el tratamiento del tema que los constitucionales no le regatearon, y que se corresponde con la inusual extensión y prolijidad del texto gaditano considerado en su conjunto. En ninguna otra constitución española volvemos a encontrarnos con una atención semejante dedicada al ejército.

Que la cuestión militar era una de las grandes preocupaciones políticas en los inicios del constitucionalismo se manifiesta ya desde el comienzo del proceso constituyente a través de los llamados "Informes sobre Cortes" de 1809[6]. Se conoce con ese nombre a los escritos que enviaron los consultados, corporaciones y particulares, en respuesta a la solicitud de información hecha sobre diversas cuestiones por la Comisión de Cortes en una Circular de 24 de junio de 1809. La importancia del tema militar en la consulta resulta deducible del mero hecho de que dos de los ocho temas contenidos en el cuestionario se referían de modo directo a los ejércitos y otros tres de modo indirecto o porque afectaban a la materia militar[7].

Las contestaciones a la consulta reflejan en términos generales la impresión unánime de la necesidad, puesta en evidencia debido a las peculiares circunstancias en

---

[6] Ha estudiado estos Informes con detalle M. Artola, en: *Los orígenes de la España contemporánea* (Madrid, 1959), a quien P. Casado Burbano (*Las Fuerzas Armadas en el inicio del constitucionalismo español,* Madrid, 1982) reprocha el haber prescindido "deliberadamente del examen de las contestaciones correspondientes a las preguntas que, en torno a la configuración de nuevos ejércitos de tierra y mar se incluían en el cuestionario propuesto a los informantes" (p. 9).

[7] P. Casado Burbano: *Las Fuerzas Armadas...,* p. 48.

las que estaba desarrollándose el enfrentamiento armado con los franceses, de efectuar profundas transformaciones en el ejército, que se mantendrían en el futuro.

Se deducen de las respuestas una serie de conclusiones[8] demostrativas de la existencia de un nuevo concepto de la institución militar. La convicción en primer lugar de que las restricciones que se pretendían imponer al poder absoluto del rey pasaban necesariamente por la atribución a los órganos representativos de la nación del control directo sobre los contingentes militares, al modo del sistema político inglés o, en un contexto más próximo a nosotros, del antiguo Reino de Aragón. Si bien no se consideraba factible el prescindir del mantenimiento de tropas permanentes, parecía conveniente que su número fuera lo más reducido posible, completándose en caso de necesidad con las milicias populares, que se utilizarían como reemplazo y reserva del ejército. También se propugnaba la reforma de la estructura interna de éste, con bastantes reticencias, y la desaparición de sus privilegios.

La redacción del texto constitucional quedó en buena medida ajustada al resultado de estos Informes. Por una parte se le conservó al monarca la dirección de las fuerzas armadas, ya que era competencia suya el mandarlas, disponiendo de ellas y distribuyéndolas como mejor conviniera, así como proveer todos los empleos militares, nombrar a los generales y declarar la guerra y hacer la paz (Art. 171, 3, 5, 8 y 9). Por otra, las Cortes se reservaron la facultad de ordenación del ejército y la armada, en todos los ramos que las constituyen, y la de fijar anualmente las fuerzas de tierra y de mar, determinando las que se hayan de tener en pie en tiempo de paz y su aumento en tiempo de guerra (Art. 131, 11 y 10 respectivamente).

Se mantuvo pues un ejército permanente, complementado por tropas auxiliares, a cuya regulación, en seguimiento del precedente fijado por las constituciones francesas de 1791, 1793 y 1795, fue dedicado un Título entero, específico, denominado "De la fuerza militar nacional", calificativo adoptado tras los debates en Cortes para diferenciarla del ejército real propio del absolutismo.

Este Título VIII está integrado por dos capítulos, el correspondiente a las tropas de continuo servicio y el de las milicias nacionales. Determina el primero como función del ejército permanente la defensa exterior y el orden interno, reiterando las facultades que sobre él tenían otorgadas las Cortes y el mandato imperativo contenido entre los deberes de los españoles (Tit. I, Art. 9) de hacer el servicio militar según y como lo dispongan las propias Cortes (Arts. 356 a 359, y 361). Particularidad quizá sin parangón en el constitucionalismo anterior ni posterior es el precepto que determina el establecimiento de escuelas militares para la enseñanza e instrucción de las diferentes armas (Art. 360). Por su parte, las milicias nacionales

[8] Al respecto, ídem pp. 60-61.

se contemplaban como un servicio extraordinario a nivel provincial y con facultad autonormativa, de la que el rey sólo podía disponer discrecionalmente dentro de la correspondiente provincia (Arts. 362 a 365).

Las Cortes constituyentes no contemplaron evidentemente la reforma de la estructura interna del ejército, propugnada por los Informes, que hubiera debido ser llevada a efecto posteriormente por vía legislativa. En cuanto a los privilegios militares, cuya desaparición también había sido recomendada en los Informes, el más importante de todos ellos, el fuero militar, se mantuvo, junto al eclesiástico, como excepciones al precepto general de la existencia de un único fuero para toda clase de personas, remitiéndose para la regulación de aquél a la legislación específica militar (Arts. 248 a 250).

Estas directrices marcadas por la Constitución de Cádiz van a ser seguidas, en tono menor aunque, en el caso de algunas de las materias contempladas en 1812 incluso literalmente, por casi todas las demás constituciones decimonónicas.

- Las Constituciones de 1837, 1845, 1856 (non nata), 1869 y 1876, y el Proyecto republicano de 1873.

En primer lugar, el reparto de competencias sobre las fuerzas armadas entre las Cortes y el Rey, se recoge de Cádiz en su literalidad, aunque reducido a la escueta expresión del poder de las primeras para fijar anualmente el contingente militar, lo que no se estima de consideración suficiente como para que conste en los Títulos correspondientes a las facultades de las Cámaras sino que se consigna únicamente en el de la fuerza militar, y de la facultad del segundo para disponer de ellas, que aparece en el Título consagrado al monarca.

Las variaciones de contenido que se producen respecto a Cádiz son escasas y muy localizadas. Así la introducida por la Constitución de 1869, que sin duda debido a las delicadas circunstancias históricas bajo las que fue promulgada, estimó necesario incluir una disposición favorable al poder legislativo vinculando la existencia de un ejército permanente a su creación por ley (Art. 107). En el Proyecto de Constitución Federal de la República de 1873 este reparto de competencias al que nos venimos refiriendo se producía en el seno de los poderes federales, atribuyéndose al poder ejecutivo, ejercido por el Consejo de Ministros, las facultades militares (Art. 72).

A este respecto la Constitución de 1876 supone un revigorizamiento del poder real, que se opera a través de un cierto regreso, a 64 años vista, a las extensas formulaciones gaditanas por lo que hace al reconocimiento expreso de las facultades militares del rey, en cuanto que se le atribuye el mando supremo del ejército y de la armada (Art. 52) y la concesión de grados, ascensos y recompensas militares

(Art. 53), preceptos ambos ignorados por las Constituciones intermedias. En el mismo sentido, e innovando respecto a cualquier constitución precedente, se considera necesario indicar expresamente que la fijación anual por parte de las Cortes de los contingentes militares permanentes se hará a propuesta del rey (Art. 88).

En segundo lugar, siguió dedicándoseles a las fuerzas armadas un Título propio, símbolo de la importancia que se les otorgaba, que se mantiene con el mismo nombre gaditano, "De la fuerza militar nacional", aunque con mucho menor contenido, en las tres Constituciones del reinado de Isabel II. La Constitución de 1869 abandona la tradición del título propio, que sustituye incorporándolo, con su mismo contenido, a uno único y nuevo, "De las contribuciones y de la fuerza pública", que agrupa los dos pilares del Estado. El Proyecto de Constitución Federal de la República de 1873 regresa en cierto modo a la línea marcada en 1812 de titular separadamente el ejército y la armada permanentes, englobados como "fuerza pública", y las tropas auxiliares, ahora llamadas "reserva nacional". La Constitución restauradora de 1876, prescindiendo, obviamente, tanto de la revolucionaria del 1869 como del Proyecto republicano de 1873, retorna al estilo y a la literalidad de los textos fundamentales isabelinos, prescindiendo únicamente del apelativo "nacional", demasiado emblemático y cargado de sentido.

Las diferencias introducidas por la existencia o no de tropas auxiliares constitucionalmente reguladas e integradas por contingentes populares es resultado del talante liberal o conservador del constituyente hasta la revolución de 1868. Desde 1812, que las introduce por primera vez, las milicias están presentes en las Constituciones progresistas de 1837 y 1856 (non nata), para desaparecer en la conservadora de 1845. Sin embargo, la revolucionaria de 1869 ya no las incorpora, tal vez recelando que su reciente protagonismo político las haga ingobernables, y evidentemente tampoco lo hace la Constitución restauradora de 1876. Las precarias condiciones en que surge la Iª República justifican por sí solas la creación de la ya citada "reserva nacional" en el Proyecto de 1873.

Una tercera pauta que Cádiz marca y que las constituciones sucesivas recogen, en su literalidad, es la obligación de todo español de defender la patria con las armas cuando sea llamado por la ley, correlativo deber al mantenimiento de un ejército permanente y a la facultad de las Cortes de fijar anualmente el contingente militar. Disposición que en Cádiz se halla inmediatamente precedida por la otra gran obligación de contribuir a los gastos del Estado, mientras que a partir de la Constitución de 1837 se vinculan en un mismo precepto dentro del título correspondiente a los derechos y deberes de los españoles, salvo en la de 1869, donde se hace una nítida distinción entre los derechos, cuya extensísima regulación ocupa un título propio, que encabeza el texto, y los deberes que, como ya se ha dicho, bajo el nombre "De las contribuciones y de la fuerza pública" prácticamente lo cierran.

Dicha Constitución de 1869 sigue equiparando estas dos obligaciones mayores de los ciudadanos en cuanto a su estrecha dependencia del poder del Congreso, pues en los proyectos de ley que las regulen prevalecerá la resolución de éste sobre las alteraciones hechas por el Senado y no admitidas por aquél (Art. 276).

La inexistencia en Cádiz de una declaración formal de derechos, que se reconocen, sí, pero no formando un bloque único y bien diferenciado del resto del articulado sino desperdigados a lo largo del texto, en cuanto limitaciones al poder del rey y a la arbitrariedad en la administración de justicia, introduce una importante distinción formal entre ésta y las demás constituciones decimonónicas, respecto al enunciado de los derechos y a la restricción o suspensión de su ejercicio en determinados momentos, que aparecen en esas últimas conjuntamente bajo un mismo título primero denominado "De los españoles" (en la de 1837, 1845 y 1869), "De la Nación y de los españoles" (en la non nata de 1856) y "De los españoles y sus derechos" (en el Proyecto de 1873[9] y en la Constitución de 1876).

Desde un punto de vista no ya formal sino material, la distinción se difumina entre Cádiz y sus sucesoras inmediatas para manifestarse posteriormente. Nos interesa recogerla pues la regulación de esta materia afecta de manera directa a la función otorgada al ejército y a los límites constitucionalmente establecidos para su utilización en el orden civil.

La Constitución de 1812 garantiza el respeto de los poderes públicos a los derechos de los ciudadanos a través de la necesaria regulación por las Cortes de cualquier medida que pudiese ir contra ellos. Se respalda así concretamente el derecho de los españoles a no ser, en circunstancias ordinarias, detenidos ni presos ni allanada su morada salvo en los casos y la forma que determine la ley (Art. 306). Excepcionalmente y por exigencias de la seguridad del Estado, se prevé la posibilidad de que las Cortes puedan suspender ese derecho en todo o en parte del territorio por tiempo determinado (Art. 308).

Las dos constituciones sucesivas, la de 1837 y la de 1845, recogen la misma fórmula especificando que esa suspensión temporal se determinará por una ley (Art. 8 en los dos casos), sin mayores precisiones respecto al régimen al que los ciudadanos vayan a quedar sujetos en esa situación excepcional, bajo la que se remite al ejército el restablecimiento del orden interno.

Es la Constitución non nata de 1856 la que por primera vez afronta el problema determinando el obligatorio establecimiento previo de una ley de orden

[9] Corresponde al amplísimo Título II, pero se incluye también una enumeración y reconocimiento de derechos naturales, superiores a toda legislación positiva, encabezando el texto constitucional.

público que regule dicho régimen (Art. 9, p. 2º). Además, se limitan las competencias que en materia penal puedan atribuir ambas leyes al ejecutivo, vedándoseles las penas de extrañamiento, deportación y destierro de los españoles fuera de la Península (Art. 9, p. 3º). Conservando también la fórmula de Cádiz, la Constitución de 1869 recoge la exigencia de la previa ley de orden público prevista en 1856, y ahonda en la limitación de competencias al disponer, primero, que no todos los derechos estarán sujetos a suspensión y al declarar de manera inequívoca, después, que las garantías de los que sí pueden estarlo no serán suspendidas sino por medio de una ley, a lo que añade la prohibición a los jefes militares y civiles de establecer otra penalidad que la prescrita por la correspondiente ley (Art. 31).

El Proyecto de 1873 no contempla el estado de excepción o suspensión de derechos sino el estado de guerra civil, en el que rigen las leyes militares con la citada limitación penal (Art. 33).

No sólo respecto al texto de 1869, que es su precedente inmediato, sino incluso a todos los anteriores, la Constitución de 1876 supone un claro retroceso en materia de garantía de derechos por cuanto, aun recogiendo la reglamentación establecida por sus predecesoras, dispone una vía de urgencia para la suspensión de libertades que permite al Gobierno dictarla en solitario sin la preceptiva ley de Cortes (Art. 17, p. 2º).

Frente a estas cuestiones comunes a las constituciones decimonónicas españolas, hay que hacer alusión a aquellas que al no afectar sustancialmente a las relaciones de civiles y militares sino sobre todo a estos últimos son de menor consideración y acostumbran a regularse por la legislación ordinaria, de modo que sólo de manera esporádica aparecen en los distintos textos.

Es el caso de la jurisdicción militar, contemplado en Cádiz, y retomado únicamente por la Constitución de 1869 de manera indirecta al recoger el nuevo decreto-ley de unificación de fueros y la consiguiente desaparición del fuero militar (Art. 91, 4º). También el caso de uno de los derechos formalmente reconocidos a los españoles, el derecho de petición, que a partir de la Constitución de 1869 no se reconoce ni colectiva ni individualmente a la fuerza armada salvo en relación a su instituto y con arreglo a sus leyes (Art. 20).

Una cuestión particularmente espinosa por cuanto susceptible de conflicto entre ley general y ley militar, la de la obediencia debida, se suscita constitucionalmente en el texto de 1869 (Art. 30) y se repite de manera literal en el Proyecto de 1873 (Art. 32), pero de manera general y no específicamente referida a los militares, resolviéndose en todo caso a favor de la exención de responsabilidades para aquellos que no ejerzan autoridad, excepto cuando se trate de una infracción manifiesta, clara y terminante de una prescripción constitucional.

3. Las Leyes Constitutivas del Ejército

Como acabamos de ver las Constituciones se limitan a encajar la institución militar en el marco general del Estado, formulando los grandes principios a los que debe ajustarse la ordenación sobre la materia, que, en caso necesario, corresponde en primer término hacer a la llamada legislación de desarrollo. Esa necesidad fue experimentada en el siglo XIX español en dos ocasiones, como resultado de las modificaciones, respecto a los principios sostenidos en la situación inmediatamente anterior, introducidas por la Constitución de 1812 y por la de 1876.

El nombre que en los dos casos se les otorga es el de Leyes Constitutivas del Ejército, con arreglo a lo decidido en el debate que, a propósito de la necesidad de creación de una comisión que elaborara la reforma del ejército, tuvo lugar en la sesión de Cortes del 25 de julio de 1820. En dicho debate se planteó la cuestión del rango jurídico que debía tener la norma militar de reforma, y surgieron no pocas suspicacias ante la propuesta de darle el citado nombre porque cabía el equívoco de que fuese entendida como una ley fundamental, alternativa a lo contenido sobre la materia en la Constitución política. La definitiva adopción de la propuesta dejaba bien claro que la expresión "constitución militar" equivalía a "organización militar"[10].

La primera Ley Constitutiva del Ejército fue publicada el 9 de junio de 1821, y la segunda el 29 de noviembre de 1878, añadiéndosele a ésta un Acta Adicional el 19 de julio de 1889.

- La Ley de 1821

Un mandato de la Constitución de 1812 (Art.131, 11) fundamenta expresamente la Ley de 1821 en cuanto que atribuye a las Cortes facultad para dar ordenanzas al ejército en sustitución de las hasta entonces vigentes, las borbónicas de Carlos III, que respondían a un tipo de ejército monárquico y no se ajustaban por tanto en su conjunto al nuevo modelo de ejército nacional. La ordenación debía extenderse a todo lo relativo a la disciplina, orden de ascenso, sueldos, administración y cuanto corresponda "a la buena constitución del Ejército y Armada" (Art. 359).

En cumplimiento del mandato constitucional, una Junta Militar nombrada en las Cortes extraordinarias de 1812 comenzó la elaboración de un primer proyecto de ley reguladora del ejército que fue continuado por la comisión de Constitución militar nombrada en las Cortes ordinarias de 1814[11]. Paralelamente, hubo dos

---

[10] P. Casado Burbano: *Las Fuerzas Armadas...*, p. 93.

[11] Ídem.

proyectos particulares de "Constitución militar", ambos de fuerte tendencia liberal, el de Vicente Sancho, militar y político, que fue dirigido a las Cortes en octubre de 1812, y el mucho más completo de Álvaro Flórez Estrada, Juntero asturiano, que fue publicado en Cádiz a lo largo del año 1813 como una serie de artículos en "El Tribuno del Pueblo Español" [12].

Truncado el proyecto oficial de 1812 por el golpe de estado absolutista de 1814, la restauración de la Constitución de Cádiz tras el pronunciamiento de Riego volvió a plantear en 1820 la necesidad de regular la institución castrense por vía legislativa.

Sobre la base de lo ya elaborado en el período 1812-14 se va a construir el nuevo proyecto [13], que realizado conjuntamente por las comisiones reunidas de organización de fuerza armada y de milicias de las Cortes, fue presentado a éstas en octubre de 1820 [14].

El proyecto tiene dos partes: un preámbulo y un articulado. El primero es sumamente interesante puesto que en él no sólo se indican los principios inspiradores del articulado sino, con una perspectiva más amplia, los que deben fundamentar la futura reforma de las ordenanzas militares y de los demás reglamentos vigentes.

El problema de fondo que afrontan es la sujeción de las fuerzas armadas al orden constitucional, su plena consideración de institución de Derecho público, dependiente del poder civil a igual título que cualquier otra institución del Estado. A partir de ahí las dificultades surgen en razón de la peculiar idiosincrasia del ejército, cuyos planteamientos tradicionales dificultan su inserción en el orden constitucional particularmente por lo que hace a ciertas cuestiones fundamentales. El preámbulo se orienta a dictar las reglas que deben presidir la armonización de esas cuestiones, que van a ser conflictivos puntos de encuentro en la relación ejército-Estado durante el siglo XIX español.

En primer lugar los derivados de la eficacia militar, en particular la disciplina, necesaria pero susceptible de ser utilizada subversivamente en el orden interno, lo que el proyecto resuelve prohibiendo su acatamiento en determinados casos, y su complemento, la jurisdicción militar, que el proyecto indica debe, en tiempos de paz, aproximarse en cuanto a sus medios de defensa a la civil.

---

[12] Se titulaban, respectivamente, "Ensayo de una Constitución militar deducida de la Constitución política de la Monarquía española" y "Constitución política de la Nación española por lo tocante a la parte militar" (P. Casado Burbano: *Las Fuerzas Armadas...*, pp. 81 y ss.).

[13] Según J. Cepeda Gómez: "La doctrina militar en las Cortes de Cádiz y el reinado de Fernando VII", en: *Historia Social de las Fuerzas Armadas Españolas*, T. III (Madrid, 1986), viene a ser, como la correspondiente Ley de 1821, una segunda edición de esa primera elaboración (p. 42).

[14] Imprenta de Collado, Madrid, 1820.

En segundo lugar, los que afectan a los militares en cuanto sujetos jurídicamente diferenciados, afectos a un Derecho privilegiado, que los autores del proyecto, orientados hacia una integración del elemento militar en la sociedad civil, entienden carece ya de razón de ser puesto que las garantías generales que el sistema representativo ofrece a todos los ciudadanos mejoran y hacen por tanto innecesario el fuero militar.

La tercera cuestión clave es la carga financiera y humana que supone el mantenimiento de un ejército permanente, que se intenta reducir complementándolo con una milicia de reservistas y una mejor ordenación de la hacienda militar. Sobre estos fundamentos principales se elaboraba el articulado, compuesto por 164 artículos integrados en 9 capítulos, que trataban de la fuerza armada en general, de la formación y división del ejército permanente, de los reemplazos, de los ascensos, de la instrucción, de los haberes, premios y retiros, del fuero militar, de la dirección general de la guerra y del Estado Mayor, y de la administración militar.

Previamente sometido el proyecto a la consideración del Gobierno, corporaciones y particulares directamente interesados, los debates en Cortes se iniciaron durante la segunda legislatura, sirviendo de base a la discusión el texto original del proyecto, pues las sugerencias, resultado de la consulta, que habían sido admitidas, no alteraron en lo sustancial su contenido. Fue intensamente debatido a lo largo de dieciséis sesiones, empezando por el mismo título de la ley, que para algunos hubiera sido conveniente cambiar por el de "decreto de bases para la reforma de la ordenanza", e incidiendo sobre todo en ciertas materias, las más polémicas, como los límites de la obediencia debida, el reemplazo del ejército por efectivos de la milicia nacional, el lugar de cumplimiento del servicio y el Estado Mayor, en las que se introdujeron algunas modificaciones respecto al proyecto inicial.

Aprobado el texto el 3 de junio de 1821, fue publicado el día 9 del mismo mes, manteniéndose el título de Ley Constitutiva del Ejército y la misma estructura en 9 capítulos, integrados por 169 artículos (5 más que el proyecto) de los que los 8 últimos son adicionales. Se contienen las mismas materias citadas al tratar del proyecto y bajo el mismo enfoque doctrinal, por lo que me remito a lo ya indicado.

La Ley conserva también del proyecto su carácter orientador del conjunto de la reglamentación militar, a la que se remite expresamente en los artículos adicionales al encargar al Gobierno la formación de los reglamentos competentes y la reforma de las ordenanzas militares con arreglo a los principios establecidos por la propia Ley, refundiendo unos y otras con las antiguas normas en lo que éstas fueran con dichos principios compatibles. De ahí que tienda a considerársele como una Ley de Bases, sobre las que habría de construirse la nueva regulación del ejército.

La valoración histórica de la Ley se ha efectuado atendiendo sobre todo a lo que en ella se trasluce de sus rasgos doctrinales más sobresalientes, la supeditación del ejército al orden constitucional y la integración de la sociedad militar en la civil, que las normas sobre la limitación de la obediencia debida y la restricción del fuero militar reflejan en mayor grado que cualesquier otras. Por ello, la valoración, decimonónica y contemporánea, se ha realizado bien desde un punto de vista político, favorable en cuanto que supone un avance del pensamiento liberal, o crítica por tratarse de un planteamiento meramente teórico, desconectado de la realidad, bien desde un punto de vista técnico militar, negativo porque legaliza la indisciplina.

Carecemos, en cualquier caso, de una valoración jurídica de la Ley, pero parece indudable su coherencia con el texto constitucional, su importancia como norma configuradora de lo que debería haber sido la ordenación militar y el mérito de su esfuerzo por sanear de abusos la institución del ejército y racionalizar su administración y su sistema de enseñanza. El corto período de tiempo en el que estuvo vigente, hasta la reacción absolutista de 1823, impidió su aplicación perdurable y el desarrollo de la normativa que debía completarla.

- La Ley de 1878, el Proyecto de Cassola y la Ley Adicional de 1889

Aunque, a diferencia de la de 1821, no existe un mandato constitucional expreso que fundamente la Ley Constitutiva del Ejército de 1878, su elaboración se justifica, al menos en parte, por la necesidad de una legislación militar que recoja y desarrolle ciertos preceptos constitucionales no contenidos en las constituciones posteriores a la de Cádiz.

La revigorización del poder real en materia militar, que se deriva de la Constitución de 1876, explica en buena medida la promulgación, dos años después, de la Ley de 1878. También, las necesidades del propio ejército en materia organizativa interna, que exigía ajustar la institución a lo requerido por la creciente tendencia a la profesionalización de lo militar.

Los 38 artículos que integraban el proyecto de ley presentado por el Gobierno a las Cortes, siendo ministro de la Guerra Francisco de Ceballos, fueron aprobados sin dificultades. Responden absolutamente a su primer objetivo y en bastante menor medida al segundo.

Doctrinalmente, quizá lo más destacable de la Ley sea su concepción del ejército como una institución diferente del resto de las del Estado. "Institución especial", tal como aparece definida en el articulado, y por eso mismo estrechamente vinculada al poder real, a quien corresponde en exclusiva, la facultad de su mando, e incluso, bajo ciertos supuestos, también la de su regulación. Regulación exenta del necesario refrendo ministerial en aquellos casos en los que el rey tome personalmente el mando técnico del ejército y en su virtud dicte órdenes y proclamas, aunque la determinación misma de ponerse el rey al mando de las fuerzas quede siempre bajo responsabilidad de los ministros. Igualmente es facultad regia la aprobación directa y previa de los mandos del ejército y de las disposiciones referentes a sueldos, funciones y responsabilidad de todas las autoridades militares.

Interesa dejar constancia, por cuanto afecta al mantenimiento del orden público desde la óptica castrense, de que la Ley incluye entre los Cuerpos del ejército a la Guardia Civil, creada en 1844 y anteriormente considerada como Cuerpo Auxiliar del ejército.

En cuanto a las reformas organizativas, la Ley se ocupa de la estructura del ejército, de los derechos y deberes de los militares y de algunas cuestiones de previsión social, sin profundizar demasiado y dejando para más adelante, según dice el artículo 13, la preparación de una serie de leyes adicionales en materia de reemplazos, ascensos, recompensas, Estado Mayor general, retiros y remuneraciones. En realidad, sólo se legisló, posteriormente, sobre reclutamiento y exenciones al servicio militar, dictándose en 1885 una ley inspirada en la doctrina conservadora de mantenimiento de la redención en metálico. Entre 1878 y 1887, además de la creación por Martínez Campos de la Academia Militar General en 1882, se acometieron también algunas tímidas reformas que unas veces mantenían en esencia la organización existente o sólo la modificaban ligeramente, y otras que, una vez aprobadas, nunca se llevaron a la práctica[15].

El incumplimiento de lo previsto en el artículo 13, que era más una declaración de compromiso que un verdadero planteamiento reformador, que Cánovas no estaba dispuesto a afrontar, unido a la auténtica necesidad de racionalizar y modernizar el ejército, sentida desde dentro de la propia institución, llevará directamente al proyecto de Cassola de 1887, fallido pero parcialmente mantenido en la Ley Adicional de 1889[16].

Al mes de ser nombrado ministro de la Guerra del gobierno liberal de Sagasta, el general Manuel Cassola sometía a las Cortes el 22 de abril su plan para reorganizar el ejército. Era un plan concebido bajo el prisma de la necesaria profesionalización del ejército, que implicaba por una parte su reestructuración orgánica con arreglo a los modernos esquemas vigentes en Europa y por otra la adecuada resolución de los problemas económicos del personal militar, concretándose en dos proyectos de ley: uno de Ley Constitutiva del Ejército y otro de supresión de retenciones sobre los sueldos de los militares y de creación de un banco militar de préstamo.

---

[15] D. R. Headrick: *Ejército y política en España (1866-1898),* Madrid, 1981, p. 234.

[16] Vid. sobre lo mismo M. Alonso Baquer: "La Regencia, El Ejército y el 98", en: *Anuario jurídico escurialense,* 27 (1994), pp. 665-681.

Al estilo de la antigua Ley Constitutiva de 1821, el proyecto de la nueva de 1887 pretendía construir un cuerpo de doctrina inspirador no sólo de las normas contenidas en ella sino de las que vinieran en el futuro. En la exposición de motivos que precedía al articulado se vertía este primordial objetivo de la ley, señalando que ésta se ceñía a precisar los principios fundamentales en materia legislativa, que posteriormente serían desarrollados por medio de decretos y reglamentos [17].

Pero, a diferencia de la del 21, el planteamiento de las reformas no era político, sino eminentemente profesional, concebido para resolver los principales problemas que afligían al ejército en cuanto institución a la que había que sanear socialmente y dotar de eficacia. A ello iban encaminados los puntos claves del proyecto que, de haberse aprobado, hubieran supuesto una base de partida radical y nueva para el ejército [18], corporativa y técnicamente, lo que sus detractores comprendieron con suma claridad y de ahí su persistente y encendida oposición. Los debates en el Congreso, que se prolongaron durante más de un año [19], se centraron por consiguiente en esos puntos claves polémicos.

En primer lugar, la proclamación efectiva de la obligatoriedad del servicio militar, es decir, sin posibilidad de redención o sustitución, que Cassola sostenía bajo la doble influencia de la doctrina demócrata de 1868, que quería acabar con la injusticia de que el dinero y la posición social fueran motivos para no acudir a los cuarteles, y la eficacia de su aplicación por el ejército prusiano [20]. Como podía esperarse, tal reforma contó, entre otras, con la cerrada oposición de la burguesía, cuyos hijos se libraban por redención o sustitución, y con la de hacienda, que veía escabullirse los sustanciosos ingresos recibidos en concepto de redenciones.

En segundo lugar, la reestructuración del sistema de ascensos, necesaria a causa del problema creado por la proliferación de recompensas y gracias en forma de ascensos que habían inflado extraordinariamente el número de oficiales y provocado además el caos dentro de los escalafones militares como consecuencia de la existencia de vertiginosas carreras militares por merecimientos de tipo político o partidista. Era un problema peculiar de la organización militar española, que Cassola ideó resolver con soluciones también genuinas, a través de un sistema de ascensos por rigurosa antigüedad para todos los oficiales hasta el grado de coronel en tiempo de paz, y de la supresión de la dualidad en la concesión de los empleos a los jefes y oficiales del ejército. La oposición procedió aquí sobre todo de aquellos que

---

17 F. Puell de la Villa: "El reformismo militar durante la Restauración y la Regencia", en: *Historia Social...*, T. III, p. 167.

18 D. R. Headrick: *Ejército y política...*, p. 237.

19 Desde el inicio de la discusión del proyecto, el 23 de junio de 1887, durante el resto de la legislatura y a lo largo de la siguiente (1887-88).

20 F. Puell de la Villa: "El reformismo militar...", en: *Historia Social...*, T. III, pp. 169-170.

desde dentro del ejército se sintieron amenazados en sus intereses, corporativa o personalmente. Al igual que con respecto a un tercer punto clave, la reorganización del cuerpo de Estado Mayor, que Cassola pretendía hacer siguiendo el modelo francés.

En suma, lo que el proyecto planteaba, y se rechazó, era la adecuación del ejército a las concepciones militares imperantes en la Europa de su tiempo e incardinadas en la propia tradición liberal española, que incluían el reclutamiento equitativo y la profesionalización de una oficialidad reducida y unificada.

El rechazo del proyecto no supuso la indiscriminada y definitiva recusación de todos los planteamientos y preceptos en él contenidos, pues algunos de ellos se mantendrán en el Adicional de 1889[21].

Durante la legislatura de 1889, ya cesado Cassola[22] y con el general Chinchilla como ministro de la Guerra[23], continuó el Congreso discutiendo el proyecto, que ya se preveía saldría seriamente mutilado, y del que el propio Chinchilla retiró el grueso de los artículos[24]. Con los despojos del proyecto y algunos añadidos se redactó un nuevo texto, integrado por 13 artículos más uno adicional y dos transitorios, que bajo el nombre de Ley Adicional a la Constitutiva del Ejército de 1878 será publicada en la *Gaceta de Madrid* el 20 de julio de 1889.

La Adicional conservó del proyecto una buena parte del sistema de ascensos y la supresión de la dualidad, junto a otras reformas menores. En materia de reclutamiento se reforzó la ya citada Ley de 1885, conservadora de la tradicional redención en metálico, disponiendo que no podría ser modificada ni alterada sino por medio de una ley especial emanada de las Cortes[25].

Interesa retener una de las medidas que Cassola dispone, recogiéndola en parte de la anterior Ley Constitutiva del Ejército de 1878 que incluía entre los Cuerpos del ejército a la Guardia Civil, y que la Adicional mantendrá: la dependencia del Ministerio de la Guerra de ese instituto de la Guardia Civil y del de Carabineros de Hacienda, medida que acarreará repercusiones sumamente negativas en cuanto a la utilización de técnicas jurídicas propias del sistema castrense en el mantenimiento del orden público.

---

21 Lo que no obsta para que el programa de modernización propuesto por Cassola quedara en muy poca cosa. Alonso Baquer lo califica de "reforma abortada sin paliativos", sobre todo en consideración a la "contrarreforma" llevada a efecto en 1893 por el general López Domínguez (*La Regencia...*, pp. 672-674).

22 Su cese se produjo en junio de 1888, aparentemente por una cuestión de protocolo pero en el fondo por la difícil situación que su proyecto de reformas había creado en el seno del Gobierno (Ídem., p. 172).

23 Cassola fue sustituido por Tomás O'Ryan y Vázquez, quien se vio obligado a presentar la dimisión seis meses más tarde, el 11 de diciembre de 1888, siendo a su vez reemplazado por el general Chinchilla.

24 Del 9 al 79.

25 F. Puell de la Villa: "El reformismo militar...", en: *Historia Social...*, T. III, p. 174.

4. La normativa de inferior rango

No es éste el lugar, evidentemente, donde estudiar y aún menos pormenorizar la múltiple y diversa normativa de rango inferior a las Leyes Constitutivas del Ejército que las completan y desarrollan, sino donde dejar constancia de su existencia y de su gran importancia en la regulación ordinaria de lo militar[26].

La práctica de los poderes públicos, sus actuaciones concretas, rebasan e incluso contradicen muchas veces las formulaciones constitucionales y legislativas. Y esa práctica se manifiesta a través de una normativa menor, que refleja el sistema real en el que se mueven las instituciones jurídicas en cada momento histórico.

En el caso concreto del ejército, una buena parte de las reformas militares se van a dictar vía ley ordinaria o norma administrativa como es el caso, entre las más relevantes, de la creación por Decreto de dos nuevos cuerpos, el de Carabineros en 1829 y el de la Guardia Civil en 1844, y de las diversas reformas introducidas por San Miguel en 1842, por Narváez en 1866, por Martínez Campos en 1881 y por López Domínguez en 1893.

Por otra parte, las órdenes, las circulares, los reglamentos e incluso los bandos emanados de la autoridad militar son un exponente del marco normativo cotidiano que no por la indigencia de su estudio, derivada de la dificultad que presenta su localización y su análisis, es permisible desdeñar siquiera sea en tanto en cuanto planteamiento teórico científicamente válido del conocimiento de la materia.

III. LOS RASGOS CONFORMADORES DE LA INSTITUCIÓN MILITAR

Sobre la base que proporciona el precedente estudio de las más relevantes fuentes reguladoras de la institución castrense cabe fundamentar los rasgos que caracterizan su ordenación jurídica. Interesa especialmente prestar una atención particular a ciertas cuestiones espinosas, generadas como consecuencia de la particular idiosincrasia del ejército y relacionadas con su eficacia operativa, que a los constitucionalistas decimonónicos les resultaron difíciles de armonizar con sus principios políticos y jurídicos.

1. La función del ejército

En base al principio de que la fuerza armada como tal constituida había dejado de estar al servicio del soberano y en todo caso, si pervivía, lo haría "pour l'avantage

---

[26] Son fundamentales al respecto las ya citadas obras de Alejandro de Bacardí y de A. Vallecillo.

de tous, et non pour l'utilité particulière de ceux auxquels elle est confiée", según reza el art. 12 de la Declaración de los Derechos del Hombre y del Ciudadano de 1789, los distintos regímenes constitucionales establecidos antes y después de la gran conmoción francesa se interrogaron, ya desde sus orígenes, sobre la necesidad del mantenimiento de un ejército. Y llegaron a la misma conclusión de que los remedios específicamente jurídicos, que bajo circunstancias ordinarias garantizaban la supervivencia del régimen, resultarían ineficaces en determinados supuestos en los que ésta debería ser asegurada por una fuerza armada. La concreción de esos supuestos se corresponde con la función atribuida al ejército.

El primero de esos supuestos es evidentemente el de la agresión armada por parte de otro u otros estados al territorio, a la población o a la capacidad de tomar las propias decisiones políticas, que da lugar a la función del ejército de "défendre l'Etat contre les ennemis du dehors", en palabras de los constitucionalistas franceses de 1791. Y ellos mismos, definían su otra función, "assurer au dedans le maintien de l'ordre et de l'exécution des lois" [27] en el supuesto de agresiones internas que impidan el normal funcionamiento de los órganos civiles del Estado. Cualquiera de los dos supuestos se consideran como casos extraordinarios, la declaración de cuya existencia queda por tanto sujeta a procedimientos y normas legales excepcionales.

Si bien el primer supuesto de agresión exterior planteó a la doctrina liberal francesa problemas más técnicos que políticos, derivados del número y calidad de los contingentes militares necesarios para desempeñar esa función, muy diferente será el segundo, que conducirá a la necesidad de disponer de un cuerpo armado alternativo al ejército como medio más idóneo para neutralizar los riesgos e inconvenientes de índole política generados por las posibles intervenciones del ejército que pudieran desbordar a los poderes públicos. Así, por recelo de las tropas de continuo servicio, o ejército propiamente dicho, de carácter permanente, integrado por militares que se dedican a las armas por profesión o por largos períodos de tiempo, se utilizarán las milicias, ocasionales, formadas por ciudadanos de ordinario entregados a sus oficios pero que habiendo recibido una cierta formación castrense toman circunstancialmente las armas.

Esta dualidad de cuerpos armados, ejército permanente y milicias [28], será la adoptada en España por los regímenes constitucionales progresistas hasta su arrumbamiento definitivo por el de 1869. Cumplió sólo parcialmente, en determinados momentos, el fin perseguido, pues aunque se sintió la necesidad, al menos

---

[27] Art. 1 del Tit. IV : "La force publique est instituée pour défendre l'Etat contre les ennemis du dehors, et assurer au dedans le maintien de l'ordre et de l'exécution des lois" (*Les constitutions de la France depuis 1789*, París, 1979, con una presentación de Jacques Godechot).

[28] Existentes ya durante el Antiguo Régimen con el mismo nombre y parecida organización pero bajo otros supuestos (J. Hellwege: *Die spanishchen Provinzialmilizen im 18. Jahrhundert*, Boppard am Rhein, 1969).

desde el Trienio Liberal, no se supo deslindar con exactitud las esferas de actuación de ambos cuerpos, originándose por tanto una indeterminación y superposición de funciones en materia de orden interno.

Ello produjo, en el terreno de la práctica, el pernicioso efecto de que ambas fuerzas aparecieran como concurrentes, con la consiguiente pérdida de eficacia, y lo que es peor, como antagónicas en ciertos momentos, en los que la milicia tuvo que hacer frente a unidades del ejército, particularmente desde la primavera de 1822 hasta el final del Trienio, cuando defendieron el sistema constitucional casi en solitario contra los múltiples brotes absolutistas protagonizados por destacamentos del ejército y contra las tropas al mando del duque de Angulema[29]. Lo que no obsta para que en otras muchas ocasiones ambas fuerzas cooperaran juntas para sofocar motines y tumultos.

En cualquier caso, la existencia y la función de las milicias es un rasgo menor en el panorama de las intervenciones militares en España, que desbordan ampliamente la misión encomendada al ejército dentro del Estado por los sucesivos textos constitucionales, que a nivel teórico no se apartan de la tradicional doctrina liberal.

Pero a nivel práctico, el ejército por sí mismo, y las opciones políticas que de él se sirven, van a sublimar esa función de garantizar la supervivencia del régimen en circunstancias excepcionales de agresiones internas hasta convertirla en la razón de ser de la propia institución castrense, que así se identifica como brazo defensor de la Nación entendida en cuanto poder constituyente. El ejército del siglo XIX se considera la vanguardia de esa voluntad nacional, pero no en el sentido de que la sustituya sino de que le facilita los medios para expresarse, naturalmente incluso en contra de los propios poderes públicos.

Cuando esto se produce en su grado máximo nos encontramos ante el fenómeno del pronunciamiento militar, típicamente español[30] y esencialmente decimonónico, que persigue un tipo de intervención militar en política que viene a corresponderse con lo que Finer denomina nivel de "desplazamiento" por cuanto su objetivo consiste en provocar el cambio de los poderes políticos en juego, actuando el ejército como árbitro de la situación[31].

Tal y como lo hemos caracterizado, a este peculiar entendimiento de la función del ejército en la conservación del orden constitucional responden sobre todo los

---

[29] J. S. Pérez-Garzón sitúa en este período el momento de máximo apogeo de la milicia (*Milicia Nacional y revolución burguesa,* Madrid, 1978, p. 271).

[30] Vid. en especial M. Alonso Baquer: *El modelo español de pronunciamiento* (Madrid, 1983).

[31] En su ya clásica obra *The man on horseback: The role of de military in politics* (Londres, 1962) señala otros tres niveles, el de "influencia" y el de "chantaje", que persiguen objetivos fundamentalmente en materia militar, y el de "suplantación", que constituye la intervención superior porque consiste en sustituir a los poderes establecidos por un jefe o una junta militar.

pronunciamientos que tuvieron lugar antes de la Restauración [32], nacidos en el contexto de la quiebra de legitimidad de una monarquía o de autoridad de los poderes constituidos, y que al triunfar fueron el punto de partida de cambios políticos y de crisis constitucionales.

2. La dependencia de los poderes del Estado

Una vez admitida la exigencia del mantenimiento del ejército y delimitadas sus funciones, correspondió a la doctrina liberal resolver la cuestión de cómo iba a operarse su engarce en el sistema político-institucional del Estado. Con arreglo al principio supremo de separación y división de poderes, las competencias en materia militar debían distribuirse entre el legislativo y el ejecutivo, incumbiendo al primero la facultad de establecer temporalmente los ejércitos y, una vez establecidos, confiándose al segundo su disposición y dirección [33].

El carácter primordial de la sujeción del ejército al legislativo derivó originariamente de la imperiosa necesidad de impedir la existencia de una fuerza armada vinculada al rey que éste pudiera utilizar para contrarrestar un régimen político que coartaba su poder. Para evitarlo, los primeros constitucionalistas ingleses, en su Declaración VI del *Bill of Rights* promulgado el 13 de febrero de 1689, declararon preceptivo el permiso del Parlamento para formar o sostener un ejército dentro del reino, en tiempo de paz. Permiso que en adelante iría concediéndose regularmente cada año.

El posterior desarrollo de la doctrina liberal y de la normación constitucional americana y europea irá completando este principio de sumisión de la fuerza armada a los supremos intereses de la ley. Doctrinalmente, fundamentando la sustracción al ejecutivo del reclutamiento en cuanto carga que tenía que soportar el ciudadano, similar e incluso más gravosa que la fiscal, y por tanto necesitada, como ésta, de garantías que sólo su dependencia de un órgano representativo del conjunto de los ciudadanos podía asegurar. Constitucionalmente, atribuyendo de manera explícita al legislativo competencias en materia de normativa militar y de ordenación de estados excepcionales [34].

---

[32] Según M. Alonso Baquer, el golpe de estado del general Pavía, verdadera antítesis del pronunciamiento militar, destierra por muchos años de la vida política española tanto a éste como a la revolución civil ("Los pronunciamientos y la reforma constitucional", en: *Historia social de las Fuerzas Armadas españolas,* Madrid, 1986, T. III, p. 74).

[33] Vid. en especial Barón de Montesquieu: *Del espíritu de las leyes,* Madrid, 1820, y M. Hauriou: *Principes du Droit Publique,* París, 1916, pp. 452 y ss. La cuestión ha sido de nuevo retomada por G. de Vergottini: "La supremacía del poder civil sobre el poder militar en las primeras constituciones liberales europeas", en: *Revista Española de Derecho Constitucional,* 6 (1982), donde se ocupa ampliamente de las españolas.

[34] Particularmente interesante al respecto es la Constitución francesa de 1791 (Arts. 4 a 6 del Tít. IV), que recoge orientaciones de la estadounidense de 1787 (Art. I, Sec. 8).

Realizado este primer deslinde de facultades correspondientes al poder legislativo, las restantes cuestiones relativas a la institución militar fueron encomendadas al ejecutivo, y en el caso concreto de los sistemas monárquicos al rey en cuanto cabeza de éste. Entre otras razones, porque los monarcas europeos continuaron considerándose titulares del poder de disposición del ejército y de su mando supremo en base a que los asuntos internacionales habían quedado en el ámbito de competencia de la Corona y estimarse que los militares se hallaban estrechamente unidos a ellos, lo que reconocieron los correspondientes textos constitucionales. Aun cuando paulatinamente se fueron separando los campos de las relaciones internacionales y de lo militar, esto último siguió quedando como materia residual en manos del rey y sustraído al control del legislativo [35].

Los regímenes constitucionales españoles del siglo XIX se construyen con arreglo a estos mismos planteamientos [36]. Salvo el dispuesto por el Proyecto republicano de 1873, los demás consideraron al rey como jefe del poder ejecutivo, luego a él se atribuyó la efectiva dirección política de las fuerzas armadas. Dentro de las competencias reales se diferenció la facultad de disposición, la facultad de mando y la de provisión de los mandos y cargos militares, unas veces de manera expresa en el texto constitucional y otras implícitamente.

La facultad de disposición se concreta en la posibilidad de crear o suprimir toda clase de unidades del ejército, dentro del número y proporción señalado por las Cortes, y la de desplegarlas libremente por todo el territorio nacional. Bien entendido, esta facultad de disposición afectaba a todas las fuerzas armadas, con la limitación de que el rey precisaba de autorización de las Cortes para disponer de la milicia popular fuera de su respectiva provincia, en aquellos regímenes que contemplaban su existencia. Se trata de una vía media, entre la libre disposición y la sujeción exclusiva de las milicias a las Cortes, instrumentada en razón del tradicional recelo hacia la utilización partidista de la tropa por parte del monarca y de la especial misión que se otorgaba a las milicias de neutralizadoras de esa, u otra, utilización contraria a la voluntad del legislativo.

Si bien el hecho de diferenciar entre facultad de mando y facultad de disposición parece responder más a una distinción teórica que práctica, la realidad es que llegó a ejercitarse en calidad de tal, como se puso de manifiesto en la disolución por voluntad de Fernando VII del "Ejército de Observación Andalucía", seis meses después de que éste protagonizará la revolución y la reinstauración del régimen constitucional en 1820 [37].

---

[35] P. Casado Burbano: *Iniciación al Derecho constitucional militar,* Madrid, 1986, p. 60.

[36] Vid. en especial, para la primera etapa constitucional: R.L. Blanco Valdés: *Rey, Cortes y fuerza armada en los orígenes de la España liberal, 1808-1823,* Madrid, 1988.

[37] Según lo dispuesto por una Real Orden de 4 de agosto de 1820. La medida dio lugar a intensos debates en las Cortes, que se resolvieron a favor de su legitimidad. Vid. en detalle P. Casado Burbano: *Las Fuerzas Armadas...,* pp. 158 y ss.

En cuanto a la facultad de mando, no implica únicamente su ejercicio simbólico u honorífico sino efectivo en cualquier caso, ya sea desarrollado personalmente ya por delegación.

La competencia regia de provisión de los mandos y cargos militares se inscribe dentro de la más genérica facultad del monarca de proveer todos los empleos tanto civiles como militares, aunque con unos mayores márgenes de discrecionalidad en el nombramiento de los altos cargos del ejército, sin que ello implique entrar en colisión con la facultad de las Cortes de reglar, en base a su competencia normativa sobre la institución castrense del ejército, el orden de los ascensos militares.

Como ya se ha visto al estudiar los textos legales, hubo escasas variaciones en el enfoque dado al tema a lo largo de la historia constitucional española del siglo XIX, salvo el significativo relieve que se dio al papel militar del rey en el régimen de la Restauración.

3. La estructura organizativa del ejército y la enseñanza militar[38]

Se trata de cuestiones que afectan a la conformación interna de la institución y en menor medida que las anteriormente vistas a las relaciones de ésta con la estructura general del Estado. A ello obedece que su regulación se efectúe en buena parte vía legislación ordinaria y normativa reglamentaria, ajustada a lo dispuesto en las vigentes Leyes Constitutivas del Ejército y durante casi toda la primera mitad del siglo XIX (cuando menos en los períodos 1800-1812, 1814-1820 y 1823-1842, fecha de las reformas parciales de San Miguel) a las viejas Ordenanzas Militares de Carlos III.

En sus rasgos generales, la organización del ejército español varió poco a lo largo del siglo XIX. Persistió durante mucho tiempo el modelo procedente del siglo anterior, de fuerte influencia francesa, que se irá intensificando con la adopción al filo del XIX de las reformas napoleónicas, al igual que lo hicieron los restantes ejércitos europeos. Sin embargo, éstos sustituirán más tempranamente, ya desde mediados del siglo XIX, el menos efectivo patrón francés por el más profesionalizado prusiano, que en España se demorará incluso después de 1870, cuando la derrota francesa en la guerra franco-prusiana no deje lugar a dudas, ni siquiera para el propio ejército francés, que lo adoptó, sobre las deficiencias del uno y las virtudes del otro[39].

---

[38] Obras básicas son la de José de Sotto, conde de Clonard: *Historia orgánica de las Armas de Infantería y Caballería españolas desde la creación del ejército permanente hasta el día* (Madrid, 1851-1859), y la de su antecesor, Serafín María, quien escribió una *Memoria histórica de las Academias y Escuelas militares de España* (Madrid, 1847).

[39] A propósito de la evolución militar europea desde un punto de vista técnico, vid. B. Liddell Hart: *El espectro de Napoleón,* Buenos Aires, 1969, y también G. Cardona: *Historia del ejército. El peso de un grupo social diferente,* Barcelona, 1983.

La estructura del ejército se organiza verticalmente en dos planos, el central y el territorial, y horizontalmente en las distintas armas que lo componen.

En la cúspide de la administración militar se sitúa su jefe supremo, el rey, salvo durante el brevísimo paréntesis de la Iª República, inmediatamente seguido del ministro de la Guerra, puesto desempeñado casi siempre por un general, cuyas ideas de reforma pocas veces conseguía poner en práctica debido al por lo regular breve tiempo que permanecía en el cargo, característica no específica de la cartera de Guerra sino de la inestabilidad general de los gobiernos decimonónicos. Por debajo del ministro había comisiones de generales encargadas de establecer la orientación de la política militar y coordinar los esfuerzos para hacerla efectiva. Integradas por generales sin destino, a los que se designaba a título de prebenda, sus denominaciones variaron a lo largo del tiempo y su eficacia fue escasa[40].

La administración territorial militar está organizada en capitanías generales, circunscripción que da su nombre a quien la gobierna, el cual normalmente tenía el grado militar de teniente general, general de división o mariscal de campo. A su vez, la capitanía general estaba dividida en provincias, regidas por su correspondiente gobernador militar, en las cuales existían campamentos militares o cuarteles de ciudad, ocupados por un regimiento, unidad base de combate del ejército español al mando de un coronel.

Esta división de España en distritos a los que se dio el nombre de capitanías generales es una herencia del Antiguo Régimen[41], durante el cual los capitanes generales ostentaban en ellos facultades supremas en materia militar y política, e incluso en el caso de la Corona de Aragón eran además presidentes de la Audiencia. Bajo el régimen jurídico constitucional, las circunscripciones se mantienen pero la originaria competencia del capitán general queda reducida a la materia militar.

De bien esclarecer normativamente esta cuestión, que en la práctica podía dar lugar a algún malentendido, se ocupó un Decreto de las Cortes de Cádiz de 6 de enero de 1813 encaminado a distinguir claramente entre "autoridades civiles" y "mandos militares", a cuyo efecto determinó las facultades de los Capitanes Generales de las provincias, de sus respectivos Intendentes y de los nuevos Jefes Políticos y Ayuntamientos, además de las de los Generales en Jefe de los Ejércitos de operaciones, "sin que se confundan sus diferentes funciones ni se choquen sus providencias"[42].

---

[40] Las más importantes fueron la llamada Junta Consultiva de Guerra, establecida en 1854, la Junta Consultiva Superior de Guerra, en 1875, y la Junta Superior para la Defensa del Reino, en 1881 (D.K. Headrick: *Ejército y política...*, p. 39).

[41] A. García Gallo: *La Capitanía General como institución de gobierno político en España e Indias en el siglo XVIII*, Academia Nacional de la Historia, Caracas, 1979.

[42] Decreto CLXVII, artículos I, VI, VIII.

No obstante, el Capitán General recuperaba automáticamente su antigua máxima competencia en lo político en casos de crisis o emergencia, cuando el Gobierno proclamaba el estado de sitio o de guerra en una zona determinada, y entonces el Capitán General correspondiente suspendía en su demarcación las leyes y autoridades civiles y aplicaba las militares. E igualmente en el caso, menos frecuente, de afectar la excepción a todo el territorio. Dado el uso y abuso de la proclamación de estados de sitio y de guerra en España a lo largo del siglo XIX, las facultades políticas de los Capitanes Generales no fueron, a pesar de su excepcionalidad, en absoluto desdeñables. Máxime cuando algunas de esas proclamaciones fueron hechas a través de bandos militares emanados de los propios Capitanes Generales.

En el transcurso del período en estudio la organización territorial militar prácticamente no experimentó modificaciones cualitativas, aunque sí en el número y en la denominación de las Capitanías Generales, que venían a coincidir con las regiones históricas, más las tres coloniales de Cuba, Puerto Rico y Filipinas. Hasta 1893 las variaciones afectaron sólo al número, fusionándose o separándose algunas de ellas, pero la reforma en esa fecha de López Domínguez introdujo modificaciones sustanciales, aunque efímeras. España quedó dividida en siete regiones militares (Castilla la Nueva-Extremadura, Andalucía, Valencia, Cataluña, Aragón, Burgos y Navarra-Vascongadas), dos Capitanías Generales (Baleares y Canarias) y dos comandancias militares (Ceuta y Melilla). Tres años después, volvía a generalizarse el término Capitanía General, creándose además la correspondiente a Galicia[43].

Horizontalmente, la estructura del ejército aparece organizada en distintas armas, teniendo cada una de ellas a su frente un director general cuyo poder era omnímodo respecto a la misma. Cabe diferenciar varios grandes grupos de armas. En primer lugar, las conocidas como generales: la infantería y la caballería. En segundo término las armas o cuerpos facultativos: la artillería, ingenieros y el estado mayor. En tercer lugar las dos fuerzas de policía creadas en el siglo XIX: el cuerpo de Carabineros y la Guardia Civil. En cuarto lugar una serie de armas menores complementarias, como el cuerpo jurídico, intendencia, sanidad, veterinaria y otras. Y por último las destinadas al servicio personal del monarca.

Desde el punto de vista de la organización interna de las distintas armas, interesa particularmente recoger ciertas diferencias entre las armas generales y las facultativas porque explican la distinta actitud ante las reformas y el fracaso de alguna de ellas.

En concreto, frente al más elástico sistema de ascensos y al flexible número de oficiales, que favorecían sobre todo en tiempos de guerra el crecimiento muchas

---

[43] Los datos proceden de D. K. Headrick: *Ejército y política...*, pp. 44-45.

veces desmesurado de éstos, en infantería y caballería, los cuerpos facultativos tenían su oficialidad estrictamente limitada y un rígido sistema de ascensos por antigüedad y no por méritos de guerra, lo que les otorgaba un prestigio y un peso específico considerables en cuanto cuerpo de oficiales, pero al mismo tiempo cierta desventaja a la hora de ascender al generalato porque estaban en minoría respecto a la más abundante oficialidad procedente de las armas generales. Para paliar dicha desventaja, los cuerpos facultativos habían adoptado el sistema de aceptar grados superiores al del empleo en virtud de merecimientos adquiridos por un determinado individuo en época de paz. Dado que dichas recompensas personales se prodigaron excesivamente, y tanto los coroneles efectivos como los personales podían ascender al generalato, la proporción de generales procedentes de los cuerpos facultativos acabó siendo muy superior a los que procedían de las armas generales, con el consiguiente perjuicio para estos últimos[44].

De ahí la oposición de los cuerpos facultativos a cualquier reforma tendente a unificar el sistema de ascensos y sobre todo a suprimir la dualidad de grado y empleo, lo que contribuyó en particular a hacer fracasar el Proyecto de Ley Constitutiva del Ejército presentado por Cassola en 1887, que contaba por el contrario con el apoyo de las armas generales.

En cuanto al cuerpo de estado mayor, no fue una creación del régimen constitucional, sino de las Ordenanzas Militares borbónicas de 1768, pero aquél le dio una nueva forma, haciendo sobre todo hincapié en la amovilidad de sus miembros con objeto de conseguir su profesionalización, en lugar de depender, como en épocas anteriores, del capricho del general en jefe, lo que generaba discontinuidad e ineficacia[45].

Su instauración fue previa a la Constitución de Cádiz y tuvo lugar el 9 de junio de 1810 por Real Orden del Consejo de Regencia, a quien competía hacerlo, pero las Cortes Extraordinarias abiertas el 24 de septiembre de ese mismo año e inmediatamente investidas del ejercicio en toda su extensión del poder legislativo, reclamaron para sí la facultad de reglamentarlo, aprobando la planta y reglamento del Cuerpo de Estado Mayor por Orden de 7 de julio de 1811[46]. Abolido por Fernando VII en 1814, resucitó brevemente durante el Trienio Liberal para ser restablecido en 1833 con Mª Cristina.

Fue el arma de mayor prestigio del ejército, y su paso por él era considerado como un estadio preparatorio para ascender al generalato. Inspirado en el modelo

[44] F. Puell de la Villa: "El reformismo militar...", p. 171.

[45] J. Cepeda Gómez: "La doctrina militar en las Cortes de Cádiz y el reinado de Fernando VII", en: *Historia social de las Fuerzas Armadas españolas*, Madrid, 1986, T. III, pp. 27-28.

[46] P. Casado Burbano: *Las Fuerzas Armadas...*, p. 66.

francés, estaba dedicado a cuestiones de estadística, estrategia y al estudio de las fuerzas armadas extranjeras, con particular atención a ciencias auxiliares de las mismas como la cartografía y las matemáticas.

La llamativa derrota del ejército francés en la guerra franco-prusiana junto con la tendencia a la profesionalización, que lleva implícita la búsqueda de la eficacia, indujeron en el último tercio del siglo XIX la reforma del estado mayor para ajustarlo al modelo prusiano que lo concebía como un organismo ágil y eficiente, capaz de auxiliar al mando militar en sus decisiones concretas, sobre el terreno real de la guerra y sobre todo cuando los efectivos de un ejército fueran numerosos y complejos. Estos criterios guiaban el citado Proyecto de Cassola, que preveía la supresión del cuerpo como tal y su sustitución por un servicio del mismo nombre, lo que provocó la enconada oposición de los miembros del cuerpo, que se sintieron perjudicados en sus intereses, coadyuvando no poco al arrumbamiento del Proyecto[47].

Otros dos cuerpos creados en el siglo XIX fueron el de Carabineros y el de la Guardia Civil, fuerzas de policía militarizadas, vinculadas al ejército y dependientes en muy alto grado del ministerio de la Guerra ya desde su fundación y enteramente desde 1889 (Ley Adicional a la Constitutiva del Ejército de 1878).

Un Real Decreto de 9 de marzo de 1829 creaba el Cuerpo de "Carabineros de Costas y Fronteras" o Carabineros de la Real Hacienda, modelado sobre la base de un anteproyecto elaborado en el ministerio de la Guerra, y adelantándose a la propuesta de un cuerpo administrativo no militar que se estaba gestando en Hacienda. Los Carabineros tenían bastante independencia del ministerio al que servían, estaban sometidos a la jurisdicción militar y bajo el mando de un inspector general que era militar. Estos rasgos se reproducen en el más importante cuerpo de la Guardia Civil, de la que los Carabineros son un claro precedente[48].

La primera propuesta de creación de un cuerpo de seguridad pública fue presentada durante el Trienio Liberal por el ministro de la Guerra Pedro Agustín Girón, marqués de las Amarillas, luego primer duque de Ahumada. Tomaba como modelo a la Gendarmería francesa, haciendo depender dicho cuerpo de la autoridad civil y reservando únicamente al mando militar la inspección, organización y reemplazo. El proyecto fue desechado con el argumento de que sería una medida desorganizadora de la milicia nacional, de la que los progresistas habían hecho su brazo armado en las contiendas políticas frente a los conservadores[49].

---

[47] F. Puell de la Villa: "El reformismo militar...", pp. 171-172.

[48] M. Ballbé: *Orden público y militarismo en la España constitucional (1812-1983),* Madrid, 1985, pp. 99-100.

[49] Ídem., pp. 141 y ss.

Más tarde, durante el gobierno moderado de González Bravo, un Decreto de 28 de marzo de 1844 instituye la Guardia Civil con arreglo a un modelo policial, no militarista, inspirado en el del Trienio, que situaba al nuevo cuerpo bajo la dependencia inmediata del ministro de la Gobernación y de sus agentes. Varios días más tarde, ya bajo el gobierno del general Narváez, un segundo Decreto de 13 de mayo, sin derogar el de González Bravo lo deja "totalmente irreconocible"[50]. Se había hecho cargo de la organización de la Guardia Civil poco tiempo antes el general Francisco Javier Girón, segundo duque de Ahumada, cuyas propuestas, que suponían una militarización completa del cuerpo, una dependencia casi total del ministerio de la Guerra en detrimento del de Gobernación pero de facto una autonomía respecto a ambos, fueron el embrión, normativamente suavizado pero prácticamente aplicado, del citado Decreto de Narváez.

Este Decreto, completado con posterioridad con la publicación del Reglamento civil del cuerpo de 9 de octubre de 1844 y el militar del 15 del mismo mes, que establecía como reglamentación las Ordenanzas Generales del ejército, instituyó una Guardia Civil claramente militarizada. Su consolidación frente a la milicia radica en que se le encomendaron unas funciones manifiestamente de servicio público, como la seguridad en los caminos, que ésta nunca había llevado a cabo, por lo que su disolución por los conservadores en 1845 no dejó ningún vacío policial y su restauración con los progresistas en 1856 tampoco restó cometidos a la Guardia Civil.

Respecto a la enseñanza militar[51], quizá las novedades más destacables aportadas por el régimen constitucional sean el esfuerzo institucionalizador, comenzado ya desde Cádiz y desarrollado por Evaristo San Miguel, quien en 1842, siendo ministro de la Guerra bajo Espartero, creó el primer plan general de academias militares de nuestra historia[52]; y las tendencias unificadoras.

Durante todo el siglo existió una corriente de opinión favorable a la creación de una escuela militar unificada, capaz de dar una sólida formación común a todos los oficiales antes de que pasaran a especializarse en la academia propia de su arma. Una escuela de este tipo fue el Colegio General Militar, que funcionó entre 1825 y 1850 en Segovia aunque algunos años se trasladó a Toledo o a Madrid[53].

En 1882, siendo ministro de la Guerra, Martínez Campos fundó la Academia Militar General, con sede en Toledo, donde se impartía un programa común de

---

[50] D. López Garrido: *La Guardia Civil y los orígenes del Estado centralista,* Barcelona, 1982, p. 99, a quien seguimos en esta cuestión.

[51] Vid. especialmente la obra de Serafín de Sotto, conde de Clonard: *Memoria histórica de las Academias y Escuelas militares de España,* Madrid, 1847.

[52] M. Alonso Baquer: "Los pronunciamientos...", en: *Historia Social...,* p. 234, nota 31.

[53] J. Busquets: *El militar de carrera en España,* Barcelona, 1967, pp. 38 y ss.

tres años. Su primer objetivo era posiblemente facilitar la solidaridad en el seno del ejército evitando los distanciamientos entre las armas o cuerpos facultativos y las armas generales, ya que consideraba más importante la compenetración del espíritu entre todos los oficiales del ejército que el estatus de los cuerpos técnicos, orientación no compartida por éstos[54].

Debido en parte a su resistencia a aceptar un tipo de educación común que consideraban inadecuada para las armas facultativas y en parte a motivos de restricciones de presupuesto, López Martínez, en su calidad de ministro de la Guerra, clausuró la Academia General en 1893. En cierto modo constituyó una compensación a las recientes reformas del general Chinchilla de 1889, vertidas en la Ley Adicional a la de 1878, que habían recogido una parte de las proyectadas por Cassola y rechazadas por los cuerpos facultativos. La Academia General sólo volvería a ser restaurada, esta vez con sede en Zaragoza, durante la Dictadura de Primo de Rivera, en 1927.

4. La jurisdicción militar[55]

Desde el punto de vista doctrinal nace, al igual que otras jurisdicciones privilegiadas del ámbito europeo, en la Edad Media, como consecuencia del ejercicio por parte de ciertos grupos de personas de su derecho a ser juzgadas por sus iguales con arreglo a sus propios estatutos. La distinta condición de los diversos grupos de personas jurídicamente homogéneos determinará la existencia de diferentes conjuntos normativos personales y las correspondientes jurisdicciones encargadas de aplicarlos.

En el caso concreto de la jurisdicción que nos ocupa, la homogeneidad del grupo procede de su condición militar y por tanto el carácter privilegiado o especial de su estatuto o fuero le vendrá otorgado por las necesidades inherentes a la regulación de esa condición, es decir, de la actividad militar. Dado que esa actividad se desarrolla en unas circunstancias particulares que exigen la obediencia jerárquica, la disciplina, a su mantenimiento irá orientado el estatuto y la jurisdicción militar se organizará en aras de su mejor aplicación. Lo que implica una normativa de carácter penal, sancionadora, impuesta por los propios tribunales militares de manera rápida y eficaz, según reglas de procedimiento también contenidas en ella.

En España, la concreción de la normativa militar en materia de justicia se produce a finales del siglo XV, cuando se organizan los ejércitos permanentes[56], a

---

[54] C. Seco Serrano: *Militarismo y civilismo en la España contemporánea,* Madrid, 1984, p. 207.

[55] La base para su estudio son las ya citadas obras de Colón de Larreategui y de Bacardí, citadas en la historiografía.

[56] Al igual que en el resto de Europa (J. Gilissen: "Evolution actuelle de la justice militaire", en: *Recueils de la Société Internationale de Droit Pénal Militaire et de Droit de la guerre,* Bruselas, 1981, pp. 48-49).

través de las ordenanzas generales dictadas por los monarcas que, junto a disposiciones en materia de gobierno, incluyen las correspondientes a justicia. Las vigentes al instaurarse el régimen constitucional, las borbónicas de Carlos III de 1768, dedican, como ya se vio al estudiar las fuentes, uno de sus ocho tratados a las materias de justicia, incluyendo, recordamos, el contenido y los sujetos del fuero militar, los delitos competencia de la jurisdicción castrense, la organización y el procedimiento judiciales, y normas de derecho civil referentes a los testamentos.

Del análisis del ámbito de actuación de la jurisdicción militar en 1768 se infieren ciertas particularidades de la misma que nos alejan del sencillo y teórico esquema trazado para explicar su razón de ser, y nos acercan a contemplar su grado de evolución real con el transcurso del tiempo. Podemos compendiarlas en el rasgo más sobresaliente en cuanto a futuras repercusiones: la extensión de sus facultades en esferas sobre las que originariamente no tenía competencias.

En primer lugar, su actuación se extiende al conocimiento de causas no solamente penales, que son las que justifican su existencia en base al mantenimiento de la disciplina, sino también civiles en el caso de que los militares fueran demandados (Tit. I). En segundo lugar, se amplía a delitos no específicamente militares sino de alteración del orden público, lo que implica en esos supuestos la sujeción de los civiles a la jurisdicción militar (Tit. III). En tercer lugar, se ensancha sobre personas relacionadas con los militares pero que no tienen esa condición, como sus familiares y criados (Tit. I).

Las Ordenanzas de 1768 contemplan también algunos órganos judiciales militares que perduran hasta la actualidad. Tal es el caso del Auditor, jurista colaborador directo de los Capitanes Generales en sus funciones judiciales (Tit. VIII), de los Consejos de Guerra, como órganos colegiados (Tit. V), y del Consejo Supremo de Guerra, tribunal de ulterior instancia en determinados supuestos (Tit. VI y VII).

Al enfrentarse con esta jurisdicción militar, el régimen constitucional va a considerar su modificación necesaria bajo una doble perspectiva. General, en cuanto que el principio de la igualación de la condición jurídica de las personas, consustancial a la doctrina liberal, encajaba mal con la pervivencia de todas las jurisdicciones privilegiadas existentes, y en este sentido la cuestión de la militar se planteaba dentro de las reformas del conjunto de la administración de justicia. Particular, en cuanto que atendiendo sólo a la jurisdicción militar, su originaria función se había desnaturalizado creciendo desmesuradamente el ámbito de su competencia, con los inevitables abusos y situaciones de preeminencia a los que daba lugar.

El liberalismo adoptará una vía media cómoda y sobre todo favorable a sus intereses. Por una parte dejará subsistir la jurisdicción militar, por otra, reducirá su ámbito de actuación pero sólo en ciertos aspectos, los más atentatorios al principio de igualdad jurídica de todos los ciudadanos y menos susceptibles de ser utilizados por el poder, es decir, los correspondientes al fuero de los militares, que acabarán siendo reducidos a su propia persona en la esfera de lo penal, mientras que lo ampliará considerablemente por la vía política.

Desde un punto de vista normativo, los hitos más importantes de este proceso vienen señalados por la obra de Cádiz, la Ley Constitutiva del Ejército de 1821, el Decreto-Ley de Unificación de Fueros de 1868 y el Código de Justicia Militar de 1890.

La obra de Cádiz marca los puntos de partida sobre los que se va a ir desarrollando la actividad reformadora decimonónica en lo concerniente a la jurisdicción militar: su pervivencia y un primer pensamiento de integración de la sociedad militar, jurídicamente considerada, en la civil. Así, por ejemplo, un Decreto de Cortes de 1 de junio de 1812, para ir adaptando la jurisdicción militar a los principios básicos que ahora iban a informar a la ordinaria, creó el Tribunal Especial de Guerra y Marina, "a fin de no privar a los individuos que gocen fuero militar del beneficio de la tercera instancia que establece el artículo 285 de la Constitución", y que dicho Tribunal resolverá "en los mismos casos y en la propia forma que se observase en las Audiencias"[57].

La Ley Constitutiva del Ejército de 1821 incide en este mismo sentido de integración, al entender que el fuero militar carece ya de razón de ser puesto que las garantías generales que el sistema representativo ofrece a todos los ciudadanos lo mejoran y lo hacen por tanto innecesario. En base a esta concepción se redujo el conocimiento de los tribunales militares exclusivamente a las causas criminales seguidas contra militares por delitos de carácter puramente militar.

El Decreto-Ley de Unificación de Fueros de 1868 marcó, también bajo un prisma normativo, el punto álgido de la evolución al excluir del conocimiento de los tribunales militares los negocios civiles y criminales de carácter común de los aforados de guerra y marina de todas clases y de sus familiares y criados. Bien es verdad que con la excepción de los militares en activo, lo que rebaja considerablemente el efecto práctico de la supresión del fuero militar.

Por último, el Código de Justicia Militar de 1890, que recogió la legislación penal y de enjuiciamiento de carácter militar, evidencia no la restricción de la jurisdicción sino todo lo contrario, su ampliación en el aspecto penal, puesto que reconoce una amplísima competencia en materia criminal a los tribunales militares, sobre delitos militares y sobre los cometidos en establecimientos y lugares calificados de militares aunque fuesen de carácter común[58].

---

57 P. Casado Burbano: *Las Fuerzas Armadas...*, pp. 71-72.

58 Ídem. p. 81. Sobre lo mismo, N. González Deleito: "La evolución histórica de la jurisdicción penal militar en España", en: (*Revista Española de Derecho Militar,* 38 (1979).

Desde un punto de vista no ya normativo sino de práctica política, esta ampliación irá desarrollándose a través del recurso de los diferentes gobiernos a la jurisdicción militar como instrumento más eficaz y más expeditivo que la ordinaria para sancionar los atentados contra el orden público. Para la remisión de causas de índole política a la jurisdicción militar se emplearán, según las circunstancias y el momento histórico, dos técnicas jurídicas: la proclamación del estado de guerra en parte o en la totalidad del territorio, con la consiguiente implantación de la ley marcial, y la atribución legal a determinados delitos, de por sí políticos, de una naturaleza militar que los sometía a la jurisdicción castrense.

5. La cuestión de la obediencia debida[59]

Como corolario de esa necesidad de la estricta obediencia jerárquica exigida por las peculiares circunstancias en las que se desarrolla la actividad castrense, se plantea la cuestión de la responsabilidad que incumbe al sujeto que obedece por las consecuencias derivadas del cumplimiento del mandato.

Tradicionalmente se venía considerando que el obediente estaba exento de responsabilidad, con independencia de que ese mandato fuese conforme o contrario al ordenamiento jurídico vigente. El principio constitucional de supremacía de la ley, en cuanto expresión de la voluntad general, sobre el mandato del superior, expresión de una voluntad particular, lleva al pensamiento liberal a interrogarse sobre la posible colisión entre el obligado acatamiento de la ley general y la exigida obediencia impuesta por la legislación militar, que desde el punto de vista del subordinado significa la colisión entre dos deberes por uno de los cuales tiene que optar. Lo que plantea la cuestión de si es lícito eximir de responsabilidades a quien obedece órdenes contrarias a la legalidad general. No fue resuelta de la misma forma por parte de los primeros regímenes constitucionales europeos.

La Inglaterra de 1689 entendió que el principio hasta entonces vigente de obediencia ciega no podía invocarse como excusa ante una acusación de delito, pues las normas reguladoras del ejército no exceptuaban en ningún caso a oficiales y soldados de la aplicación de la ley ordinaria, por tanto tenían que dar preferencia al deber de su cumplimiento aun a riesgo de desobedecer a los superiores. Ante el dilema que se le presentaba al sujeto militar de ser inevitablemente sancionado por una u otra jurisdicción en el caso de colisión de deberes, la jurisprudencia obró

[59] Un planteamiento general en V. Bachelet: *Disciplina militare e ordinamento giuridico statale*, Milán, 1962. Igualmente J. Mª. Rodríguez Devesa: "La obediencia debida en el Derecho penal militar", en: *Revista Española de Derecho Militar*, 3 (1957).

con sentido común, resolviendo las causas que se le presentaban con arreglo al principio de la exención de responsabilidades por obediencia debida, salvo en aquellos casos en los que cualquier persona en su sano juicio habría reconocido que lo que se le ordenaba era delictivo[60].

Tras la experiencia inglesa, los revolucionarios franceses resolvieron mantener el principio de obediencia sin paliativos, menos por convencimiento doctrinal cuanto por temor práctico de que la posibilidad de análisis o enjuiciamiento de las órdenes de los superiores, implícita en la necesidad por parte del sujeto obediente de decidir si lo que se le ordenaba era o no delictivo, incitara y diera pie al nacimiento en el seno del ejército de corrientes de opinión y voluntades distintas y contrarias a las expresadas por la nación a través de la ley general. En definitiva, la cuestión de la estricta obediencia por parte del sujeto militar individual se insertaba en el más amplio contexto de la obediencia o sumisión general del ejército al poder del Estado, de donde el conocido y reiterado precepto en las constituciones francesas de que "ningún cuerpo armado puede ejercer el derecho de deliberar; la fuerza armada es esencialmente obediente".

En el caso español, la obediencia debida, aunque todavía no plasmada como eximente penal, estaba contemplada y castigada severamente su inobservancia en las Ordenanzas Militares de Carlos III, que la condicionaban no obstante a que lo ordenado se refiriese al servicio y fuera dictado por el cauce reglamentario, es decir, por los propios superiores y no indeterminadamente por cualquier autoridad.

El régimen constitucional inaugurado en Cádiz no introdujo variaciones respecto a lo contenido en las Ordenanzas, aunque en los debates previos a la aprobación de la carta magna se reconocía doctrinalmente la existencia de determinadas situaciones en las que en defensa de unos principios y normas de rango superior conculcados por la orden del superior cabía, e incluso debía producirse, la desobediencia. La formulación constitucional no respaldó la posición doctrinal en 1812, tal vez debido a la situación de guerra, poco adecuada para dictar medidas que pudieran favorecer la indisciplina. Sí lo hizo durante el Trienio Constitucional, plasmándose en la Ley Constitutiva del Ejército de 1821. Entre otras razones, porque la situación política era muy distinta y había que justificar de alguna manera la sublevación de 1820. En definitiva, la desobediencia militar subyacía implícitamente en el levantamiento armado de Riego.

Los ideólogos del movimiento insurreccional, en especial Evaristo San Miguel y Antonio Alcalá Galiano, quienes concretaron su pensamiento en un artículo

---

[60] P. Casado Burbano: *Iniciación...*, pp. 44-45.

explícitamente titulado *Consideraciones sobre la legitimidad de nuestra insurrección*[61], eran conscientes de que la sublevación, que se había arrogado la facultad de implantar un orden político distinto, carecía de apoyo legal y entrañaba una buena dosis de violencia jurídica, que sólo podía legitimarse como defensa de unos principios superiores establecidos por un poder originario que correspondía a la nación pero que de hecho los únicos que podían hacerlo efectivo eran los militares. La vulneración de esos principios justificaba la desobediencia militar para defenderlos. Existían por tanto límites a la obediencia debida, que en lo político venían marcados por el respeto a la constitución como ley fundamental del restaurado régimen liberal, lo que implicaba no sólo el derecho sino también el deber de desobedecer las órdenes que la conculcasen así como la obligación de emplear las armas para restablecer el orden jurídico-político quebrantado[62].

Este pensamiento es el que inspira los artículos 7 y 8 de la Ley Constitutiva del Ejército de 1821, que consagra el principio de desobediencia a determinadas órdenes anticonstitucionales: las que ofendan a la persona del rey, las que impidan la libre elección de diputados de Cortes y la reunión de éstas en las épocas y casos que previene la Constitución, las dirigidas a suspender o disolver las Cortes o la Diputación permanente de las mismas, y las encaminadas a embarazar de cualquier manera las sesiones o deliberaciones de las Cortes o de su Diputación permanente. Serán, como ya se vio al estudiar la normativa, artículos polémicos antes de su aprobación y negativamente valorados con posterioridad en cuanto legalizadores de la indisciplina. En cualquier caso tienen la virtud de instrumentar una tercera vía, distinta a la inglesa y a la francesa, que manteniendo el criterio tradicional en cuanto a la obediencia introduce en él ciertas excepciones para determinados supuestos precisos, concretos e inequívocos.

Estas excepciones a la regla general de la obediencia militar no tendrán continuidad, puesto que el régimen absolutista reinstaurado en 1823 negó validez a lo dispuesto durante el Trienio y los regímenes liberales que le sucedieron se despreocuparon de la cuestión, subsistiendo la antigua regulación contenida en las Ordenanzas Militares de Carlos III.

Cuando vuelve a suscitarse, en el proceso constituyente de 1869, es enmarcada en el más amplio contexto de la obediencia debida por parte de los funcionarios del Estado, aunque afecte de manera predominante a los de naturaleza militar. La Constitución va a admitir la desobediencia de una manera mucho más vaga y genérica que en

---

61 Publicado en *La Gaceta Patriótica del Ejército Nacional,* San Fernando, 25 de enero de 1820 (J. Cepeda Gómez: "El ejército destinado a Ultramar y la sublevación de 1820 en Andalucía", en: *Anuario de Historia Moderna y Contemporánea,* Granada, II (1976), pp. 286 y ss.).

62 P. Casado Burbano: *Las Fuerzas Armadas...,* pp. 193-194.

1821, puesto que no descarga de responsabilidad al subordinado obediente "en los casos de infracción manifiesta, clara y terminante de una prescripción constitucional", que en los demás es eximido siempre y cuando no ejerza autoridad (Art. 30).

Ya a finales del siglo XIX, los primeros Códigos penales, tanto el común como el militar, recogieron como regla general la circunstancia eximente de responsabilidad criminal a aplicar a aquéllos que obrasen en virtud de obediencia debida. La jurisprudencia y la doctrina la matizaron entendiendo que no podía ser aplicada cuando lo ordenado no cayera dentro de las atribuciones del superior, no tuviese relación con el servicio, fuese notoriamente ilícito o constituyese delito o falta.

6. El estatuto jurídico-político de los militares

El reconocimiento a los militares, al igual que al resto de sus compatriotas, de los derechos fundamentales, eje central de la doctrina liberal, se presenta en principio, desde el punto de vista que aquí hemos adoptado del engarce de la institución militar en el sistema político-institucional del Estado, como una faceta más, transcendental sin duda, del esfuerzo desarrollado a lo largo de todo el constitucionalismo decimonónico por integrarles en el nuevo modelo de sociedad que se opera de forma paralela a la inserción de la institución en el nuevo Estado.

Faceta que viene a añadirse a la ya vista de la reducción del ámbito del fuero militar, que está precedida por la supresión de las pruebas de nobleza para ingresar en el ejército, y que se completará con la contribución de todos los ciudadanos a la defensa militar.

La supresión de las pruebas de nobleza para ingresar en la carrera de las armas es el coherente resultado de la supresión, consustancial al régimen liberal, de los estamentos sociales, uno de los cuales, la nobleza, tenía el monopolio del acceso a la oficialidad militar, bien que en España para comienzos del siglo XIX fuera más teórico que práctico, sobre todo considerando que la Guerra de la Independencia requirió grandes contingentes de oficiales y de forma súbita, que la nobleza no pudo humanamente suministrar por lo que se dio el ascenso a personas de condición no nobiliar. Consecuentemente, por motivos de doctrina y de coherencia jurídica sí, pero también por mera razón práctica fue dispuesto, por Decreto de las Cortes de 17 de agosto de 1811, el libre acceso a todos los hijos de españoles honrados a los colegios y academias militares y su admisión en todos los cuerpos del ejército en clase de cadetes[63].

---

[63] Tuvo un precedente en la Constitución de Bayona de 1808, que en su artículo 140 disponía "...que jamás pueda exigirse la calidad de nobleza para los empleos civiles ni eclesiásticos, ni para los grados militares de mar y tierra. Los servicios y los talentos serán los únicos que proporcionen los ascensos".

Hubo resistencia al cumplimiento del decreto y para romperla se publicó, el 9 de marzo de 1813, uno nuevo prohibiendo la admisión de informaciones de nobleza y toda discriminación en unidades y centros militares[64]. Fue escasamente efectivo porque Fernando VII, a los pocos días de su regreso a España, restableció las pruebas de nobleza. Suprimidas de nuevo durante el Trienio Constitucional, que puso en vigor el Decreto de 1811, fueron otra vez reinstauradas al serlo el absolutismo en 1823, para ser definitivamente suprimidas en 1836[65].

En el contexto del proceso de inserción de lo militar en la sociedad civil el reconocimiento a los militares de los derechos fundamentales no contribuyó a su integración, sino paradójicamente a su diferenciación de la ciudadanía. Lo que realmente se produjo fue la creación de un estatuto jurídico distinto, que les restringía el ejercicio de los derechos y libertades políticas, al que gráficamente Hauriou calificó de "acantonamiento jurídico del ejército"[66], cuya justificación por parte del liberalismo se fundamentó en su recelo hacia las fuerzas armadas permanentes y en la misma idiosincrasia de éstas.

La desconfianza en cuanto a que el ejército no respete la función que constitucionalmente le corresponde dentro del Estado y se atribuya otras, conduce a la formulación de principios tales como el de "supremacía civil" y el de "neutralidad política". En base al primero, que predica el acatamiento y lealtad que los militares deben al poder político emanado de la voluntad popular, se considera necesario, por incompatible, limitarles aquellos derechos fundamentales y libertades susceptibles de hacer surgir en el seno del ejército corrientes o climas de opinión que pudieran generar una voluntad política distinta a la popular. Conforme al principio de "neutralidad política" de los militares debía restringírseles el ejercicio de aquellas libertades que les posibilitaran influir sobre sus subordinados o presionar en contra o a favor de una determinada opción política.

Por otra parte, se entiende procede limitar algunas de las libertades políticas que armonizan mal con las características estructurales del ejército, como por ejemplo la disciplina y la unidad, necesarias en aras de la eficiencia, y que podrían verse resentidas por los enfrentamientos y tensiones propias de los legítimos antagonismos entre las diferentes posiciones ideológicas[67].

En base a estas consideraciones, que son propias del pensamiento liberal en general, se construyó en la España decimonónica el estatuto jurídico-político de los militares[68], cuyos rasgos más sobresalientes es de interés señalar.

---

64 J. Cepeda Gómez: *La doctrina...*, pp. 26-27.

65 F. Fernández Basterreche: *El ejército español en el siglo XIX*, Madrid, 1978, p. 103.

66 *Príncipes...*, pp. 448 y ss.

67 P. Casado Burbano: *Iniciación...*, p. 124.

68 Vid. P. Casado Burbano: "Le statut juridique-politique des militaires en Espagne (1808-1936)", en: *Revue du Droit Pénal Militaire et du Droit de la guerre*, XVII-1 (1978).

Las restricciones se produjeron en la libertad de expresión, y en los derechos de petición, reunión y manifestación, asociación y sindicación. En lo que respecta al derecho de sufragio, los militares lo ejercieron con arreglo a las disposiciones generales en el caso del sufragio activo, y preferentemente en el del pasivo, puesto que durante ciertos períodos, en especial durante el régimen de 1845 y el de 1857, el sistema general de incompatibilidades que en principio debía incluirlos en su ámbito en cuanto empleados públicos de nombramiento del gobierno no les afectaba enteramente[69].

En cuanto a la libertad de expresión, sus limitaciones se contienen en la legislación de desarrollo de los preceptos constitucionales, que prohibe realizar a través de la prensa críticas, murmuraciones y polémicas sobre asuntos del servicio, así como que los militares funden o dirijan prensa periódica o sean redactores de periódicos políticos. El Código de Justicia Militar de 1890 recogerá estas prohibiciones y sancionará en general todo tipo de escritos, discusiones, emisión de opiniones y polémicas sobre cualquier materia cuya resolución corresponda al Estado[70].

El derecho de petición, reconocido en las Ordenanzas Militares de Carlos III, fue mantenido hasta que la Constitución de 1869 se lo retiró a los militares, individual y colectivamente, quedando en adelante restringido a lo relacionado con su instituto y con arreglo a las leyes de éste (Art. 20).

Los derechos de reunión y manifestación, por primera vez reconocidos a todos los ciudadanos a través de un Decreto de 1868[71], fue a los pocos días vedado su ejercicio a los militares por medio de una Orden procedente del ministerio de la Guerra y firmada por el general Prim, que prohibía que "las clases militares tomen parte en ninguna de las asociaciones o reuniones, más o menos públicas, impulsadas o dirigidas a la expresión de una idea o de un objeto político, sea el que fuere", fundándose en los principios de unidad de espíritu y acción de las fuerzas armadas, de disciplina y de independencia de las sugestiones de partidos y grupos[72]. Disposiciones posteriores fueron reiterando esta prohibición, con algunas excepciones en época electoral.

Los derechos de asociación y sindicación siguieron los mismos derroteros[73], con una legislación paralela a la del derecho de reunión y siempre presidida por criterios prohibitivos.

---

[69] En su libro *Incompatibilidades parlamentarias en España (1810-1936)*, editado en Valencia en 1974, M. Martínez Sospedra se ocupa ampliamente del caso de los militares.

[70] P. Casado Burbano: *Iniciación...*, p. 141.

[71] Fue plasmado en el artículo 17 de la Constitución de 1869.

[72] Citado por P. Casado Burbano: *Iniciación...*, p. 145.

[73] Ídem.

LA CODIFICACIÓN DEL DERECHO MILITAR EN EL SIGLO XIX

Javier Alvarado Planas
UNED

SUMARIO:

I. Características del derecho penal común en el Antiguo Régimen
1. Las dificultades creadas por la notable extensión del Fuero militar
2. La confusión y contradicción de las Ordenanzas Militares
3. El atraso de la legislación penal militar respecto a la común
II. La codificación del Derecho Penal Militar
III. Causas de la tardía codificación del Derecho Penal militar
1. La resistencia mental del estamento militar
2. La confrontación de pareceres en torno a la reforma de la legislación militar
3. La progresiva reducción de la jurisdicción militar
4. La abusiva remisión de los delitos políticos a la jurisdicción militar

I. CARACTERÍSTICAS DEL DERECHO PENAL COMÚN EN EL ANTIGUO RÉGIMEN

El estudio y crítica del derecho penal (penas y procedimientos) del Antiguo Régimen ha sido objeto de valiosos estudios [1]. Sus perfiles más característicos, magníficamente expuestos por Tomás y Valiente [2], son los siguientes: falta de imparcialidad del juez (instruye y a la vez sentencia en la misma causa, además participa económicamente en el reparto de las penas pecuniarias llegando a negociar con el reo una rebaja a cambio de que éste no recurra el fallo), no existe la presunción de inocencia de modo que el sistema probatorio está orientado a conseguir la condena del acusado (esto es especialmente claro en la tortura -medio de prueba y no de castigo- ; la confesión arrancada a su través es prueba decisiva, pero la declaración de inocencia bajo tortura no es vinculante). La inferioridad procesal del acusado se traducía, por ejemplo, en el secreto parcial de las actuaciones judiciales con su consiguiente indefensión. Las garantías procesales eran escasas no

---

[1] Fundamentalmente por F. Tomás y Valiente: *El Derecho Penal de la Monarquía Absoluta (siglos XVI-XVII-XVIII)*, Madrid, 1969, y en: *La tortura en España*, Barcelona, 1994, (recopilación de varios trabajos sobre el tema); C. Herrero Herrero: *La justicia penal española en la crisis del poder absoluto*, Madrid, 1989; José Luis Bermejo Cabrero: "Tormentos, apremios, cárceles y patíbulos a finales del Antiguo Régimen", en: *A.H.D.E.* nº 56, 1986, pp. 683-727; J.L. de las Heras: *La justicia penal de los Austrias en la Corona de Castilla*, Salamanca, 1991; M. P. Alonso Romero: *El Proceso Penal en Castilla (siglos XIII-XVIII)*, Salamanca, 1992; E. Gacto Fernández: "Aproximación a la Historia del Derecho Penal Español", en *Hispania: entre derechos propios y derechos nacionales*, nº 34/35 de los *Quaderni fiorentini per la storia del pensiero giuridico moderno*, Milán, 1990, pp. 501-530; M.I. Rodríguez Flores: *El perdón real en Castilla (siglos XIII-XVIII)*, Salamanca, 1971; R. Roldán Verdejo: *Los jueces de la Monarquía Absoluta*, Madrid, 1989; Enrique Pérez Villalba: *La administración de la justicia penal en Castilla y en la Corte a comienzos del siglo XVII*, Madrid, 1993, entre otros.

[2] F. Tomás y Valiente: *El Derecho Penal...*, op. cit., especialmente p. 199.

sólo por la evidente desigualdad ante la ley (por ejemplo, muchos delitos eran objeto de indulto mediante pago al Estado, lo que favorecía la impunidad de las clases pudientes), sino también por la inexistencia de un sistema de penas fijo y objetivo que dejaba a los jueces un excesivo margen de libertad para interpretar la ley o aplicar penas, etc.

El catálogo de penas se caracterizaba por su crueldad y desproporción en relación al delito cometido. Perduraba la ley del Talión para los guardas de presos respecto de la pena que correspondiera a quienes hubieran escapado (N. Rec. 4, 23, 12), al testigo falso (ley 83 de Toro), se cortaba la lengua al blasfemo (N. Rec. 8, 4, 5 y 7), etc. Se mantenía la trascendencia penal en algunos delitos: la infamia para los hijos del reo de crimen de lesa magestad (Partidas 7, 2, 2). Las formas de aplicar la pena capital eran diversas: vivicombustión, lapidación, decapitación, horca, aspamiento en rueda, despeñamiento, etc. (Partidas 7, 31, 6). Se contemplaba el *culeum* romano para el parricida (Partidas 7, 8, 12), etc.

El derecho penal contenido en la legislación militar[3] no era muy diferente al común. Los mecanismos y fases procesales contenidos en las Ordenanzas de Carlos III se diferenciaban, respecto al proceso civil, fundamentalmente en su carácter expeditivo. La tortura como medio de prueba de culpabilidad pero no de inocencia es igualmente contemplado (O.M. 8, 5, 49). Se multiplican los ejemplos de desigualdad en la aplicación de las penas en función del grado militar (es decir, de la clase social); el soldado que ofendiera (por ejemplo propinando una bofetada) a un sargento era castigado con la horca (O.M. 8, 10, 16), pero si se ofendía a un oficial, previamente se cortaba la mano derecha al reo (es una pena refleja o de Talión). Sin embargo si el ofensor era un oficial la pena consistía en "encierro por toda su vida en un castillo" (O.M. 8, 10, 119). Claramente reflejas eran las penas al blasfemo: sujeción a un poste con mordaza en la boca cuatro horas seguidas durante ocho días. Al reincidente se le atravesaba la lengua con un hierro candente (O.M. 8, 10, 1). En las delitos de tumulto de la tropa (por ejemplo para pedir mejora de alimentos) se echaba a suertes para diezmar a los amotinados, pero el primero que había alzado la voz era pasado por las armas (O.M. 8, 10, 29 y 39). Se contemplaba la pena de horca y descuartizamiento posterior al militar que profanase la sagrada forma o al ladrón homicida. Pero curiosamente la horca era seguida

[3] Esencialmente el contenido en las *Ordenanzas de S.M. para el régimen, disciplina, subordinación y servicio de sus exércitos,* imprenta de Pedro Marín, Madrid, 1768. Para el período que estudiamos es utilísima la obra de Antonio de Vallecillo: *Legislación Militar de España Antigua y Moderna,* 13 vols., Madrid, 1853-1856, actualizada por Ángel García Goño: *Ensayo de una compilación metódica de las disposiciones vigentes en Derecho penal Militar,* Madrid, 1883. También Alejandro de Bacardí: *Tratado del Derecho militar de España y sus Indias,* 3 vols., Madrid, 1849, que actualiza la obra de Félix Colón de Larreategui: *Juzgados militares de España y sus Indias,* Madrid, 1795.

de la incineración a quienes robasen objetos sagrados y a los sodomitas (O.M. 8, 10, 83). Las Ordenanzas Navales contemplaban penas semejantes además de las tradicionales de la Marina (por ejemplo la de ser pasado por la quilla).

Contrariamente a lo que pudiera pensarse, las penas contenidas en las Ordenanzas Militares no eran más duras que las civiles. Ya hemos mencionado que al reincidente de blasfemia la justicia militar le castigaba con la perforación de la lengua mediante un hierro candente. Pero el mismo delito era castigado por la justicia común con cien azotes y el seccionamiento de la lengua (N. Rec. 12, 5, 2). La sodomía era castigada con la muerte por ambas jurisdicciones, pero la civil era, si cabe, más cruel (vivicombustión) que la militar (horca e incineración del cadáver).

Como es sabido, la Ilustración, el liberalismo y, en el plano jurídico, el racionalismo, supusieron una lenta pero imparable reforma de las concepciones penales. El postulado revolucionario de la igualdad se tradujo en la paulatina supresión de los privilegios penales para la nobleza y de ciertas jurisdicciones especiales. La libertad implicó la limitación de la arbitrariedad de los jueces mediante leyes que determinasen las penas, así como el fortalecimiento de la seguridad jurídica mediante el principio de que no hay delito sin ley anterior que lo tipifique. Finalmente la fraternidad conllevó la humanización y dignificación, en lo que ello era posible, de las penas. Las reflexiones doctrinales y la reformas legislativas inundaron Europa[4] de la mano de autores italianos como Filangieri o Beccaria; franceses como Brissot de Varbille, Pastoret, Marat, Lacretelle, Servan, Bexon, Philiph de Piépape; alemanes como Feuerbach o españoles como Lardizabal.

En España las reformas legislativas en materia penal arrancan de la Constitución de 1812. En la jurisdicción civil la pena de horca fue abolida por Decreto de 24-1-1812 (en la jurisdicción militar la horca se sustituyó por la pena de garrote en 1832). La trascendencia penal se prohibía mediante el artículo 305 de la Constitución gaditana. También se suprimió, por Decreto de 17-8-1813, la pena de azotes por ser contraria al pudor y dignidad de hombres libres (su equivalente militar, la pena de baquetas, fue suprimida temporalmente en virtud de R.O. de 3-5-1821). La tortura también fue prohibida por R.C. de 25-7-1814, así como las esposas a brazos vueltos, grillos, prensa aplicada a los pulgares, etc. Nuevamente permitidas, fueron abolidas en 1848 (también en la jurisdicción militar). Finalmente, la argolla fue suprimida en 1870. A pesar de estos ejemplos de transformación (más lenta en la legislación militar) del sistema punitivo español, todavía nuestros Códigos Penales decimonónicos contenían penas claramente atrasadas. Los Códigos penales de 1848 y de 1870 aplicaban la pena del talión al falso testigo, al juez prevaricador o al

---

[4] Vid. las adiciones de Quintiliano Saldaña al *Tratado de Derecho Penal* de Franz von Liszt, Madrid, 1914, tomo I, pp. 407 y ss.

vigilante de presos negligente, admitían la trascendencia económico-penal a los herederos, o dictaban disposiciones que estimulaban al reo a suicidarse para permitir que su familia no perdiera la pensión. El texto de 1848 establecía un ceremonial macabro para aplicar la pena de muerte (artículos 89 a 91).

No obstante las deficiencias técnicas de los textos penales de ámbito civil, resultaban innegables los avances respecto al derecho penal militar. Son varios los factores que contribuyeron a iniciar el proceso de codificación del derecho militar. Entre los más importantes señalaremos los siguientes:

1º *Las dificultades creadas por la notable extensión del Fuero militar.* Ello aumentaba extraordinariamente las posibilidades de conflictos jurisdiccionales y cuestiones de competencia. Y es que el Fuero militar amparaba no sólo a todo militar, incluso retirado, sino también a su mujer, hijos y criados. Asimismo existían Fueros especiales para los militares de la Marina, los músicos, armeros, cirujanos, auditores, alcaydes de fortalezas, asentistas, productores y trabajadores de industrias relacionadas con el Ejército[5]. Ello era reflejo de una mentalidad que defiende los privilegios y distinciones como uno de los signos de *honor estamental.*

2º *La confusión y contradicción de las Ordenanzas Militares.* Una de las primeras manifestaciones favorables a la codificación del derecho penal militar se producían en 1850: "Son tantas las disposiciones especiales y de Gobierno que vagan por el caos militar y de tanta contradicción y heterogeneidad que no es posible armonizarlas" 6. Pocos años después otro autor denunciaba que "la justicia militar, confusa, atrasada y contradictoria en sí lleva camino de ser con el tiempo para el Ejército un castigo y para la sociedad un escándalo"[7]. Pero el Ministerio de la Guerra no tomó conciencia de ello hasta pasados varios años, concretamente su titular, Francisco Ceballos, con motivo de presentar en el Senado, en mayo de 1876, el proyecto de Código Penal Militar se hacía eco del aumento de normativa militar "hasta llegar a la más lamentable confusión por consecuencia de la multitud de órdenes dictadas para casos particulares, sin tener en cuenta lo antes prevenido para casos análogos y bajo la influencia de circunstancias diferentes y con distinto criterio sin que se haya legislado de una manera general estableciéndose doctrina homogénea"[8].

[5] A lo largo del siglo XIX se desarrollará una política de unificación de fueros y jurisdicciones militares. Tenemos ejemplos. Uno de ellos se refiere al proyecto de supresión de jurisdicción especial para la Administración militar mediante su pase a los juzgados militares de las respectivas Capitanías Generales. Aprobado por el Senado, tuvo entrada en las Cortes, en cuya sesión de 6-7-1865 se nombró una comisión para su estudio (Apéndice 2º al nº 124, p. 3845), aprobándose como Ley en la sesión de 10-7-1865 (Apéndice 1º al nº 127, p. 3922).

[6] Francisco Feliú de la Peña: *Fundamentos de un nuevo Código Militar*, Barcelona, 1850, p. 17.

[7] Isaac Núñez Arenas: *Exposición* dirigida a la Reina el 7-11-1855 solicitando se publicasen sus *Bases y motivos en que se funda la reforma del tratado de justicia para la nueva Ordenanza Militar*, Madrid, 1856, p. VIII.

[8] D.S. Senado, 18-5-1876, legislatura de 1876, Apéndice al nº 36.

3º *El atraso e incluso agravio de la legislación penal militar respecto a la civil.* El moderno derecho penal común ofrecía ya un sistema racional, objetivo y seguro de penas que eliminaban prácticamente el arbitrio judicial y, asimismo, se habían establecido castigos más benignos. Ello constituía una ostensible ventaja para los encausados en procesos penales comunes respecto a los sometidos a la jurisdicción militar, o dicho de otra manera; el Fuero militar era cada vez más gravoso y desfavorable. Se daban casos en los que, ante un mismo delito, mientras el derecho penal común castigaba con el arresto, las Ordenanzas Militares aplicaban la pena capital. Para paliar en parte tal disfuncionalidad, en tanto se discutía la reforma de la legislación penal militar, se dispuso la suavización de la penas mediante su equiparación con las de la legislación común. Así, algunas penas capitales se sustituyeron por las de cadena perpetua y en otros casos se dejaba al arbitrio judicial el conmutarla por otra (Ley de 15-9-1873 y R.D. de 5-4-1875). Lo que en definitiva perseguía la reforma era "una sanción penal más aceptable y progresiva que la establecida hace ciento dieciséis años" [9].

Hasta una fecha tan tardía como la de 1878 no aparece un Ministro criticando en las Cortes las Ordenanzas. Así, denunciará la "anormalidad que resultaba entre las penas de la ley militar y las del Código; el que delitos al parecer más graves se castigarían con arreglo al Código común más suavemente que otros menos graves que se castigarían por la ley militar" [10].

Sin embargo, a pesar de que a mediados del siglo XIX ya existía un clima propicio para la reforma de las Ordenanzas Militares, lo cierto es que el Código Penal Militar no fue sancionado hasta el año 1884. Varios fueron los motivos de este singular retraso.

---

[9] Antonio Ros de Olano, a la sazón Presidente de la Comisión de Codificación Militar, en el "Prólogo" al *Proyecto de Código Penal* de Javier de Ugarte, Madrid, 1885, p. VI.

[10] Pero el ejemplo que aducía el Ministro de Gracia y Justicia demostraba la verdadera preocupación del Gobierno: "Por ejemplo, se ha cometido hace poco un delito gravísimo y no quiero hablar sobre él porque está sujeto todavía a la acción de los tribunales. Pero entra el Rey en una ciudad de España y se comete un atentado contra su augusta persona; se le hiere con arma blanca o de fuego. ¿Puede haber delito más grave, es decir, puede cometerse contra ningún súbdito de una Nación delito más grave, delito más trascendental que este atentado contra la augusta persona del Rey, que es declarada sagrada e inviolable por la Constitución? No puede haberle. Pues sin embargo, si no hay más que lesiones que no constituyan delito frustrado de regicidio, como ha dicho muy bien el Sr. Gamazo, no tiene más que la pena de reclusión temporal a perpetua, según el número 3º del art. 159 del Código penal; pero si en ese mismo sitio estando en formación un oficial se comete ese mismo delito contra un subteniente o contra un capitán y se juzga por el tribunal militar, se le impone la pena capital... ¿Por qué? Porque un delito es juzgado con arreglo al Código, que castiga con más suavidad, y el otro tiene que ser castigado con el rigor de las leyes militares. El caso es monstruoso hasta cierto punto, porque el delito que se comete contra un oficial cuando está en facción o armado se castiga más severamente que el delito de lesa majestad que se comete contra el rey" (D.S.C. de 3-12-1878, nº 140, p. 3850).

II. LA CODIFICACIÓN DEL DERECHO PENAL MILITAR

La legislación penal militar vigente en los comienzos del constitucionalismo estaba contenida en el tratado VIII: *"De las materias de justicia"* de las Ordenanzas de Carlos III sancionada por Orden de 24-1-1769 [11] extensibles también a la Armada.

Tenemos constancia de algunos trabajos encaminados a reformar las Ordenanzas que, por diversos motivos, no llegaron a buen término [12]. La promulgación del Código Penal de 1848 y su reforma de 1850 estimuló, como ya hemos indicado, los trabajos [13] de reforma legislativa militar. Sabemos que a raíz de la aprobación

---

[11] Fueron fruto, en mi opinión, de un notable proceso de compilación y síntesis que las acerca más a nuestros modernos Códigos que a las Recopilaciones de la época. Entre sus fuentes hay que citar preceptos del Fuero Juzgo, Partidas, Ordenanzas de Juan I, de Carlos I para Castilla y de 1536 para Italia. Las llamadas Ordenanzas primeras de Flandes dadas por Alejandro Farnesio en 1587, las del Duque de Alba de 1555, 1567 y 1581. Las Ordenanzas de Nápoles de 1586, las de 1603 dadas por Felipe III, revisadas en 1611 y las de 1632 de Felipe IV. Las afrancesadas o segundas de Flandes de 18-12-1701 de Felipe V, la Ordenanza General de 10-4-1702, reformada el 28-9-1704, 30-12-1706, 12-1-1728 y 1762. También se utilizaron las Ordenanzas de la Armada naval de 1748 de Fernando VI, reformadas en 1793 y completadas en 1802 por la *Real Ordenanza Naval para el Servicio de los Baxeles de S.M.* Tenemos constancia de un intento de Felipe II de reconducir la jurisdicción militar a la ordinaria, pero el Duque de Alba le hizo ver que en tal caso "jamás se hará justicia, ni habrá sino demandas y respuestas y escritos, como los hay en la Audiencia". Vid sobre el tema L.A. Ribot García: "El Ejército de los Austrias. Aportaciones recientes y nuevas perspectivas", en: *Temas de Historia Militar,* tomo I, ponencia del 1º Congreso de Historia Militar, Zaragoza, 1982, p. 157 y ss. También José Moreno Casado: "Las Ordenanzas de Alejandro Farnesio de 1587", en *A.H.D.E.* 31 (1961), pp. 448 y ss.; Sebastián Montserrat Alsina, "El Ejército real y la jurisdicción de guerra: estado de la justicia militar en España durante el reinado de la Casa de Austria", en: *Revista Española de Derecho Militar,* enero-junio, nº 21, 1966. Y últimamente M. Gómez Ruiz: *El ejército de los Borbones,* 2 vols., Madrid, 1991.

[12] El 7-9-1822 se mandó crear en el Depósito de la Guerra una Sección (la 6ª) destinada exclusivamente a la reforma de la Ordenanza. El 10-1-1823 las Cortes crearon una *Comisión de Guerra* para que redactase un proyecto de reformas legislativas (D.S.C. de 10-1-1823, p. 1305), que fue presentado a la Cámara el 27-7-1823. Se imprimió en Cádiz (Imprenta Nacional) en ese mismo año con el título *Proyecto de Código Penal Militar presentado a las Cortes por su Comisión de Guerra.* A pesar de su título no es más que una pequeña propuesta de modificación de penas (Hay un ejemplar en el Archivo General Militar de Segovia, Sección 2ª, División 9ª, leg. 7). Las Cortes también encargaron en 1841 al Marqués de Rodil la elaboración de otro proyecto, que fue leído en 1842. Se formaron sendas Juntas en 1843 y 1845 sin que iniciaran sus trabajos. Una Junta de notables creada en 1847 presentó su trabajo al Ministro Blusser en 1853. En 1855 se creó una Junta Consultiva de Guerra de la que formaba parte Isaac Núñez Arenas quien, como hemos visto, elaboró un proyecto privado que sometió, infructuosamente, a la consideración de la Reina. Pueden verse datos dispersos de estas Juntas y Comisiones en *Enciclopedia Jurídica Española,* ed. F. Seix, Barcelona, 1911, voces "Codificación militar" y "Código Penal"; F. Muga López: "Antecedentes del Código Penal Militar de 1884: notas para la Historia de la codificación del Derecho Penal militar" en: *Revista Española de Derecho Militar,* nº 1, 1956 (enero-junio); Juan Francisco Lasso Gaite: *Crónica de la Codificación,* tomo 5º, vol. I, Madrid, 1970, p. 651 y ss.

[13] Incluso de proyectos privados entre los que cabe destacar el de Manuel LLorente: *Código Penal militar,* Madrid, 1850, que sigue literalmente el método del Código Penal común de 1848 con el fin de "asegurar a los

del texto penal común surgieron algunas dudas en la jurisdicción militar. Por los tribunales militares se consultaba al Consejo Supremo de la Guerra si en los delitos de conspiración habían de aplicar la Ley de 17-4-1821 o el nuevo Código Penal; si eran de aplicación las eximentes, agravantes y atenuantes de la ley penal común, o si, dado que en la legislación militar no se contemplaban las faltas, debían observarse en la jurisdicción militar las reglas del texto penal común para averiguar y castigar las faltas o, en su caso, a quien corresponde la competencia en los juicios de faltas. También se suscitaban dudas acerca de si debían los jueces militares fundamentar sus sentencias, etc. [14].

Por R.O. de 6-2-1865 se creaba en el Ministerio de la Guerra una Junta encargada de la reforma de las leyes penales y procesales militares que llegó a constituirse y a realizar algún trabajo pese a la escasa perspectiva de algunos de sus integrantes [15].

El Ministerio de Marina no tardaba en crear también la suya, por R.O. de 23-4-1864 (Gaceta de Madrid del 26-4-1864), en sustitución de la Junta de redacción de las Ordenanzas surgida el 10-2-1853, dotándola de "amplias facultades para formular el proyecto de ley penal que comprenda también la organización y competencia de los Tribunales militares de Marina y el procedimiento ante los mismos".

---

soldados la misma protección contra las arbitrariedades que gozan sus hijos ciudadanos" y, por tanto, reserva la pena capital a menos delitos, suprime los castigos corporales y se remite a la legislación común en caso de vacío legal. Francisco Feliú de la Peña fue autor de otro proyecto (*Fundamentos de un nuevo Código Militar*, Barcelona, 1850) en el que trataba no sólo cuestiones penales sino también procesales y de organización (A.G.M., Sección 2ª, División 9ª, leg. 7). Isaac Núñez Arenas presentó otro proyecto (*Bases y motivos...*, cit.) en el que defendía la limitación del fuero militar por considerarlo como "una excepción onerosa y no un privilegio que favorezca a los individuos que se hallan sujetos a él". Contiene la novedosa propuesta de exigir menores responsabilidades a la tropa y mandos subalternos y erradicar cierta inmunidad penal de los oficiales. Entre otros proyectos privados posteriores cabe citar el de Nicolás de la Peña Cuéllar: *Proyecto de Código Penal militar*, imprenta de Juan Colomer, 1880, o el de Antonio Guzmán: *Observaciones al proyecto de Código Penal militar y ensayo sobre una Ley de procedimiento criminal*, Valladolid, 1887.

[14] Hay un expediente de estas y otras incidencias en el Archivo General Militar de Segovia (en adelante A.G.M.), Sección 2ª, División 9ª, leg. 7.

[15] Estaba formada por el Teniente General Francisco Javier Ezpeleta (Presidente), el Mariscal de Campo José Makenna Muñoz, el Magistrado del Tribunal Supremo Evaristo de Castro Rojo, el Senador José María Huet, el Fiscal Militar del Tribunal Supremo Juan Gómez Landero, el Fiscal Togado Ramón Gil Ossorio y Eugenio Seijas Lozano (Secretario). La sesión de constitución fue el 4-3-1865 y en ella se acordó, a propuesta del Presidente, acometer la reforma procesal antes que la penal. Parece que ello se debió a la disparidad de criterios con que algunos vocales entendían su mandato: Gil Ossorio defendía la sustitución de las Ordenanzas Militares por un Código Penal Militar. Otros vocales pensaban que esto traspasaba las instrucciones contendidas en la *Exposición de Motivos* del Decreto creador de la Comisión redactado por el Ministro Fernández de Córdoba que sólo pretendía una reforma de las Ordenanzas reuniendo "en un solo cuerpo de leyes la multitud de disposiciones supletorias y aclaratorias del tratado VIII de las Ordenanzas" (A.G.M., Sección 2ª, División 9ª, leg. 7).

La R.O. justificaba la medida en que las Ordenanzas de 1748 "no están ya en armonía con el espíritu de la época" y la severidad excesiva de algunas de sus penas como "la de ser pasado bajo la quilla del navío, la de horca, tener atravesada la lengua por un hierro, la de mordaza, bebida discrecional de agua salada y azotes". A la Comisión formada por el Jefe de Escuadra Joaquín Gutiérrez Rubalcava y el Magistrado togado del Tribunal Supremo de la Guerra Rafael Limiana se encomendaba armonizar "en lo posible con la legislación general del Estado" el nuevo proyecto. La Comisión se inspiró en la legislación marítima de Inglaterra, Italia y Francia, así como en el Código Penal de 1850 para trabajar sobre la base de las Ordenanzas de 1748, las de Carlos III de 1768 y un proyecto de legislación penal para la Armada de 1803 (proyecto de Domingo Grandallana). Sus trabajos quedaron paralizados por la Revolución de 1868.

Por su parte, el Ministro de la Guerra, contrario a dejar en manos de un órgano colegiado la reforma de las Ordenanzas, optó por la vía rápida encomendando a una sola persona tal labor. Por R.O. de 15-10-1867 se encargaba al comandante Miguel de Sichar y Salas la elaboración de una compilación clara y precisa de la normativa penal del Ejército. A pesar de que en la citada R.O. nada se dice de formar un Código, Sichar prefirió dejar de lado las Ordenanzas y elaborar un verdadero Código sistemático, conciso e inspirado en la moderna ciencia penal del momento. Hay que mencionar que Sichar no era jurista sino un oficial del cuerpo de artillería familiarizado con el derecho gracias a su destino de Jefe del Negociado de Justicia de la Dirección General de Artillería. En 1861 ya había publicado en Madrid un texto jurídico militar (*Consejos de Guerra o Compilación de las disposiciones vigentes*), lo que le había proporcionado cierta fama en el Ministerio. En cualquier caso Sichar acabó su proyecto [16] y lo remitió al Ministro de la Guerra el 8-6-1868 quien, a su vez, el 19-11-1868 pidió el parecer del Consejo Supremo de Guerra y Marina.

La lentitud de los trabajos motivó que el general y diputado Pierrad presentase en la sesión de Cortes del día 29-4-1869 una proposición de Ley para formar una comisión de reforma de las Ordenanzas con el fin de ponerlas en "armonía con la ciencia moderna y la Constitución que se discute"[17]. Bajo esta inocente petición se escondía el secular recelo y conflicto entre el poder legislativo (partidario de

[16] Inspirado fundamentalmente en el Código Penal de 1850 y el Código Penal Militar francés. Trató solo la materia penal, pero no la procesal y orgánica. Vid. F. Muga: "Antecedentes...", cit., nº 2, p. 40 y ss.

[17] Apéndice 1º al nº 62. La propuesta se discutió el 4-6-1869. Pierrad citaba los malogrados trabajos de las Comisiones de 1811, 1815, 1821, 1835, 1838, 1841, 1843, 1845 y 1847 que intentaron poner solución a "un fárrago de reales órdenes, contradictorias entre sí" (D.S.C. de 4-6-1869, nº 90, p. 2512). En la sesión de 9-7-1869 volvió a interesarse por la reforma de las Ordenanzas preguntando al Ministro de la Guerra sobre las actividades de la Comisión de reforma de las Ordenanzas militares (nº 122, p. 3593).

crear comisiones políticas integradas por diputados) y el poder ejecutivo (imponiendo comisiones dependientes del Ministerio afectado e integradas por técnicos). En este caso, el Ministro de la Guerra consiguió una votación favorable a su propuesta consistente en esperar a que una comisión de generales dependientes del Ministerio concluyera en breve las reformas de modo que una vez presentadas al Congreso, podría formarse la comisión solicitada por Pierrad[18].

Una Orden de 12-11-1869 creaba una Junta (significativamente llamada "de Ordenanzas") encargada de estudiar el proyecto de Sichar, la cual emitió con fecha 11-4-1870[19] un juicio desfavorable. Detrás de esta negativa no estaban sólo los militares defensores de sus Ordenanzas, sino también intereses de los políticos septembrinos que buscaban marcar distancias con la etapa borbónica. En efecto, el informe justificaba el rechazo del proyecto Sichar "por ser las leyes vigentes emanación de los Gobiernos absolutos y porque de las Ordenanzas en que se consignan los deberes, atribuciones y derechos de todas y cada una de las clases del Ejército han de emanar precisamente y en armonía con su espíritu, los castigos correccionales, la justicia militar y la penalidad"[20]. Sin embargo, dada la escasa entidad de las objeciones que la Junta aducía en su informe, más bien parecía que todo se reducía a una cuestión de oportunidad política. Una R.O. de 17-7-1871 mandaba publicar el proyecto de Código Penal Militar (es decir, el proyecto de Sichar con las leves modificaciones de la Junta de Ordenanzas) para público conocimiento[21].

A todo esto, la jurisdicción militar estaba asimilando a marchas forzadas los cambios legislativos introducidos tras la promulgación de la Constitución de 1869 y el Código Penal de 1870[22], pero parece que sin la debida coherencia. Efectivamente, el diputado Rebullida preguntaba al Ministro de la Guerra sobre la situación de los procesados durante la revolución septembrina acusados de enfrentarse a la Guardia rural. El Marqués de Castillejos evadía el problema condicionando la solución a la reforma de las Ordenanzas militares en la que trabajaban varios generales[23]. Sin embargo, la actitud del Gobierno no era la de efectuar una reforma

---

[18] D.S.C. de 4-6-1869, nº 90, p. 2516.

[19] Hubo de apresurar sus trabajos ante las interpelaciones de miembros de las Cortes. El diputado Juan Pablo Soler había solicitado reiteradamente información al respecto del Ministro de la Guerra y Presidente del Consejo de Ministros, a la sazón Castillejos; D.S.C. de 19-2-1870, nº 222, p. 5921.

[20] A.G.M., Sección 2ª, División 9ª, leg. 7.

[21] A.G.M., Sección 2ª, División 9ª, leg. 7.

[22] Planteada la cuestión al Consejo Supremo de Guerra y Marina, se pretendía resolver las contradicciones de las vigentes Ordenanzas con leves modificaciones; vid. su informe de 22-11-1870 en A.G.M., Sección 2ª, División 9ª, leg. 7.

[23] D.S.C. de 30-4-1870, nº 270, pp. 7590-7591. No con mucha diligencia: un diputado, el general Lagunero, se interesó por ella en varias ocasiones e incluso llegó a pedir una lista de todos los integrantes que habían formado parte de dicha Junta en los últimos años (D.S.C. de 30-10-1872, nº 40, p. 968-969). El Ministro

total de las Ordenanzas militares (codificación), sino por el contrario, proceder a una mínima adaptación. Así, el 19-9-1873, Nicolás Salmerón firmaba, como Presidente de la República, una Ley 24 por la que, declarando "en todo su vigor las Ordenanzas generales del Ejército y Armada" (Gaceta de 21-9-1873), sustituía las penas de algunos delitos militares por penas comunes, y en otros delitos castigados exclusivamente con la pena de muerte, daba opción a incluir la de cadena perpetua. Sin embargo esta Ley citaba artículos de las Ordenanzas que ya estaban anteriormente derogados, lo que dejaba la duda de su nueva vigencia, y otros delitos quedaban sin pena como consecuencia del cambio de la pena militar por la común[25]. Un R. D. de 3-4-1875 trató de esclarecer las dudas e incidencias que la aplicación de las confusas Ordenanzas estaba creando. Algunos, incluso, habían interpretado que la Ley de 19-9-1873 había puesto en vigor las penas de baquetas, palos, amputación de mano, etc.[26]. El R.D. redactaba con más coherencia la citada Ley pero no había más opción que la de mantener el espíritu de las Ordenanzas Militares de 1768. Esta era una de las razones que impulsaron a acometer urgentemente la redacción de un proyecto de Código Penal militar. Así, un R.D. de 5-4-1875 ordenaba al Ministerio de la Guerra que acometiera tal empresa, lo que inició mediante una R.O. de 14-4-1875 que encomendaba su redacción al Consejo Supremo de Guerra y Marina[27]. El Consejo concluyó su informe-proyecto el 15-7-1875 elevándolo al Ministro, el cual ordenó su impresión y distribución a todas las autoridades militares para su valoración[28]. Esencialmente el proyecto era el de Sichar con los leves retoques de la Fiscalía y pequeños matices introducidos por el propio Consejo Supremo[29]. Algunas

---

de la Guerra contestó que esperaba presentar el proyecto de Código penal Militar en esa legislatura. Finalmente presentó la mencionada lista en la sesión del 12-12-1872 (nº 77, p. 2354). Habría sido muy útil examinar las sucesivas creaciones y supresiones de las juntas o comisiones de reforma de las Ordenanzas a través de los datos de la indicada lista, pero lamentablemente no la he localizado en el Archivo del Congreso de los Diputados ni en el Archivo General militar de Segovia.

24 La Junta de Ordenanzas fue disuelta el 11-5-1873. Pero al parecer se creó poco tiempo después una Comisión de Guerra que elaboró el proyecto de Ley que finalmente fue sancionado el 19-9-1873 (Archivo del Congreso de los Diputados, Serie General, leg. 175, nº 104).

25 Lo que motivó una circular aclaratoria del Consejo Supremo de Guerra y Marina (A.G.M., Sección 2ª, División 9ª, leg. 7).

26 Vid. la *Exposición de Motivos* al citado R.D. de 3-4-1873 publicado en la Gaceta de Madrid de 10-4-1875.

27 En el Consejo Supremo de Guerra y Marina se encontraba el proyecto de Sichar desde 1874 para su estudio e informe, tras haber pasado por la Fiscalía. Todo este proceso está documentado en el A.G.M., Sección 2ª, División 9ª, leg. 7.

28 Mediante una R.O. de 25-7-1875 (A.G.M., Sección 2ª, División 9ª, leg.7). Un ejemplar del proyecto del Consejo Supremo de Guerra y Marina se encuentra en el leg. 2.

29 El Consejo Supremo aludía al proyecto Sichar y al elaborado por los Fiscales togados como si fueran distintos, cuando este no era más que el de Sichar con ligeros matices. Certeramente opina F. Muga que "seguramente se aceptaba de mal grado que fuese un comandante de artillería quien presentase un proyecto de Código que llevaba camino de convertirse en Ley", en: *"Antecedentes..."*, cit., nº 2, p. 50.

modificaciones fueron luego incluidas en el Reglamento adicional al Proyecto, que fue concluido y elevado al Gobierno el 29-9-1875.

Tenemos documentada la autorización firmada por Alfonso XII el 16-4-1876 para que el Ministro de la Guerra, Francisco de Ceballos, sometiera el proyecto de Código Penal militar y el Reglamento a la deliberación de las Cámaras. Fue presentado al Senado el 18-5-1876 y, tras su aprobación, remitido a las Cortes en cuya sesión de 18-11-1876 se acordó el nombramiento de una Comisión de estudio[30] que no pudo concluir su trabajo debido al cambio de legislatura. En cualquier caso hay que observar que el Ministerio de la Guerra y los Comisionados por las Cortes trabajaban sobre el proyecto de Sichar editado en 1872[31], que se fue reproduciendo en sucesivas legislaturas desde 1876 a 1878. Precisamente con motivo de su discusión, el general y diputado Salamanca y Negrete denunciaba en la sesión de Cortes del 2-4-1878 el excesivo personalismo del proyecto, obra de una sola persona y convertido en oficial "cuando el autor llega a ser el jefe del negociado de Justicia en el Ministerio de la Guerra. Tengo derecho a decir esto, porque el Gobierno es el que lo ha dicho antes. Ahí está el preámbulo de la exposición de motivos que viene con el Código militar; no oiréis hablar más que del Sr. Sichart, que es el jefe del negociado, y que dice es hermosísimo, que es ilustrado y muy bueno"[32].

Frente a la lentitud del Código Penal, destaca la diligencia con que se sacaban adelante otro tipo de decretos. Con celeridad inusitada, el Ministro de la Guerra consiguió la aprobación de dos R.R.D.D. de 19 y 24-7-1876 reformando la organización de los tribunales y procedimientos militares[33]. El motivo esencial de la reforma era el de paliar los efectos de las reformas legislativas y judiciales efectuadas durante el sexenio revolucionario (concretamente los Decretos de 6 y 31 de diciembre de 1868 limitativos del fuero militar) que facultaban al reo en proceso militar a paralizar la ejecución de sentencia mediante recurso. El R.D. de 19-7-1875 pretendía fortalecer el respeto a los mandos otorgando ejecutoriedad a las sentencias de las autoridades militares. A tal fin se consideraba que en determinadas circunstancias (por ejemplo, en tiempo de guerra) y delitos (a excepción de los

---

[30] El proyecto de Código Penal militar está en el Apéndice 4º al nº 125. La Comisión formada por los diputados Reyna (Presidente), De Gabriel, Salamanca y Negrete, Azcárraga, Cantero y Nuñez de Prado (Secretario), se constituyó el 20-11-1876 (A.C.D., Serie General, leg. 199, nº 1 y D.S.C. de 20-11-1876, nº 127, p. 3576).

[31] Ante la petición de la Comisión de Cortes creada el 18-11-1876 dirigida al Ministerio de la Guerra interesando la entrega del Proyecto de Código Penal militar, este remitió un ejemplar del editado en 1872 aclarando que era el mismo que se había enviado a la Cámara (A.C.D., Serie General, leg. 199, nº 1).

[32] D.S.C. de 2-4-1878, nº 4, p. 749.

[33] Tras ser aprobado en el Senado, pasó a las Cortes en cuya sesión del día 20-11-1876 se nombró una Comisión formada por los diputados Reyna como Presidente y Núñez de Prado como Secretario (D.S.C., nº 127, p. 3576) que no terminó sus trabajos por concluir la legislatura. Vid. también A.G.M., Sección 2ª, División 9ª, leg. 2 y 7.

castigados con pena capital) los mandos militares eran la última instancia judicial[34]. La medida no era más que otro parche forzado por los acontecimientos. Todavía en 1877 se seguía discutiendo en las Cortes la reforma del fuero militar[35].

Pero el Código Penal Militar seguía sin ver la luz a pesar de que estaba prácticamente redactado[36] y disponía de las reformas procesales mínimas necesarias.

Un R.D. de 29-3-1880 creaba otra Comisión *ad hoc*[37] de tres militares y tres juristas con el objetivo de que "con estudio de los expedientes y utilizando todos los importantes trabajos hechos sobre la materia por el Consejo Supremo de Guerra y Marina, proponga los proyectos convenientes"[38]. Otro R.D. de la misma fecha nombraba a los integrantes de dicha Comisión: el Teniente General y ex-Presidente del Consejo Supremo de la Guerra, Antonio Ros de Olano (Presidente); Hilario Igón y de Rochert, Presidente de Sala del Tribunal Supremo y antiguo Ministro togado del extinguido Tribunal Supremo de Guerra y Marina, al Vicealmirante José Ramos Izquierdo, a Hilarión Sanz Ortiz, Consejero y Fiscal togado militar, a Carlos Apolinario Fernández de Sousa, Ministro togado y al Mariscal de Campo Juan Acebedo Pérez. Posteriormente se nombraron más comisionados: Manuel Salamanca Negrete, José Almirante, Emilio Ruiz Salaverría, Juan del Río, Luis de Tapia, Vicente Romero Girón y Pedro Blanco Blanco[39]. Aunque la Comisión iba a

---

[34] Gacetas de Madrid de 21 y 26 de julio de 1873. El origen inmediato de la medida era la necesidad de reforzar las facultades judiciales del Gobernador de Cuba frecuentemente aislado de la metrópoli por causa de la guerra: "los Gobernadores de las plazas sitiadas, responsables de la defensa e incomunicados con la Autoridad militar necesitan de la facultad de mandar ejecutar los fallos". Por ello se consideraba "autoridad competente para entender en las causas y aprobar los fallos del Consejo de guerra... En las plazas de guerra sitiadas o bloqueadas, el Gobernador de la plaza".

[35] D.S.C. de 28-6-1877, Ap. 5 al nº 50, p. 1330.

[36] Como hemos indicado, el proyecto era, en esencia, el propuesto por Sichar más ligeros añadidos de los Fiscales del Tribunal Supremo y del Consejo Supremo de Guerra y Marina. Durante la presidencia de Martínez Campos (marzo a diciembre de 1879) hubo algunas modificaciones formales consignadas en un informe de julio de 1879: *Explicación de las alteraciones introducidas en el proyecto de Código Penal militar presentado por el Gobierno anterior y su correspondencia con el que se somete a la deliberación de las Cortes*, A.G.M., Sección 2ª, División 9ª, leg. 8. También existe en dicho legajo una copia manuscrita del proyecto de Código Penal Militar.

[37] Inicialmente se creó *ad hoc, aun cuando* la Ley de Bases de 15-7-1882 (Gaceta de 19 del mismo mes), en su artículo 1º, la denomine por primera vez *Comisión de codificación militar.*

[38] *Exposición de Motivos* al citado R.D. (Gaceta de 30-3-1880). El R.D. dice así: "De conformidad con lo que Me ha expuesto el Ministro de la Guerra, y de acuerdo con el Consejo de Ministros, Vengo en disponer que por una Comisión compuesta por tres Generales y tres Jurisconsultos, nombrados 4 a propuesta del mismo, se preparen los proyectos convenientes para hacer las modificaciones necesarias en la organización de los Tribunales y procedimientos militares. Dado en Palacio a veintinueve de marzo de mil ochocientos ochenta.- ALFONSO.- El Ministro de la Guerra. José Ignacio de Echavarría".

[39] El 6-4-1880 tuvo lugar la primera reunión. Entre otras cuestiones se acordó pedir al Consejo de Guerra y Marina, a través del Ministro, un proyecto de Fuero de Guerra (organización y procedimiento); A.G.M, Sección 2ª, División 9ª, leg. 63.

trabajar exclusivamente en reformas legislativas del Ejército (no de la Armada) [40] relativas a organización y procedimiento, finalmente se optó por plantear la reforma de todas las materias de ambos cuerpos militares mediante la propuesta a las Cortes de una Ley de Bases.

Efectivamente, el 28-5-1881 el Ministro de la Guerra José Ignacio Echavarría, leía en las Cortes el proyecto de Ley de Bases para la codificación militar que, finalmente, fue aprobado en julio de 1882 siendo Ministro de la Guerra Martínez Campos [41]. La Ley de Bases de 15-7-1882 autorizaba al Gobierno para que "oyendo a la Comisión de Codificación militar, redacte y publique las leyes de organización, atribuciones y procedimientos de los Tribunales militares y los Códigos penales para el Ejército y Armada"[42]. De sus bases hemos de destacar la sexta, que remite a la jurisdicción ordinaria los delitos de desacato y atentado a autoridades no militares; la séptima, que incluye a la jurisdicción militar los delitos de insulto, atentado o desacato a autoridades militares, incluidas la Guardia civil y Carabineros (lo que confirmaba las disposiciones de la vigente Ley de Orden Público relativas al conocimiento de los delitos políticos por los jueces militares) y la octava que, dando una de cal y otra de arena, mandaba que "los Códigos penales, así del Ejército como de la Armada, además de inspirarse en los antiguos preceptos de las Ordenanzas poniéndolos en armonía con los adelantos de la ciencia del derecho, se adaptarán en lo posible a las prescripciones de la ley penal común".

El primer proyecto elaborado por la Comisión codificadora fue el de la Ley de organización y atribuciones de los tribunales de guerra (Ley de 14-12-1883 sustituida después por la de 10-3-1884). Posteriormente, el 2-7-1884, el Presidente de la Comisión de codificación militar remitía el proyecto de Código Penal al Gobierno, el cual, sin debatirlo en las Cortes ni en el Senado, conseguía la sanción regia el 17-11-1884 y su publicación en la Gaceta de Madrid de 21-11-1884 siendo Ministro

---

[40] El Ministerio de Marina exigió una representación de oficiales de la Armada en dicha Comisión a lo que el Ministro de la Guerra le replicó que la reforma legislativa afectaba sólo al Ejército; A.G.M., Sección 2ª, División 9ª, leg. 63.

[41] D.S.C., Legislatura 1881-82, Apéndice 22 al nº 167. La Comisión de Cortes creada para su estudio se constituyó el 29-5-1880 estaba integrada por Silvela, García López, Daban, Armas y Jaén, Porrúa, Salamanca y, como Secretario, Pérez Sanmillán. Hasta el 12-6-1880 realizó 11 sesiones (A.C.D., Serie General, leg. 200, nº 59). Tras el inicio de una nueva legislatura, el Ministro de la Guerra volvía a presentar el proyecto de Ley de Bases el 21-10-1881. En las Cortes se constituía otra Comisión el 14-12-1881 formada por Becerra, Fabié, Sánchez Mina, Cassola, Vivar, Salamanca y Bermúdez Reina. Antecedentes y dictamen de la Comisión en A.C.D., Serie General, leg. 208, nº 17.

[42] Ley de Bases de 15-7-1882, artículo 1º (Gaceta de Madrid de 19-7-1882) y D.S.C. del 15-7-1882, nº 167, p. 4987 y Apéndice 22.

de Guerra Jenaro de Quesada. El Ejército ya tenía su primer Código Penal y estaba en vías de disponer también de otro sobre organización y procedimientos[43].

Por su parte, el Ministerio de Marina había mantenido un conflicto con el de la Guerra al reivindicar plazas de vocales en la Comisión creada el 29-3-1880 para las reformas legislativas del Ejército y la Marina. El Ministro de la Guerra contestó al de la Armada demasiado tarde, suponemos que tratando de conseguir el primer Código para su Ministerio. Efectivamente el Ministro de la Guerra contestó el 19-10-1884 (cuando ya disponía del proyecto acabado y sabía de la disposición del resto del Gabinete a apoyarlo, lo que se consiguió el 17-11-1884) al de Marina que no se daba acceso a los Generales de la Armada porque la Comisión sólo estudiaba reformas legislativas del Ejército[44]. La promulgación del Código Penal del Ejército estimuló en el Ministerio de Marina la creación de una Comisión para hacer lo propio: El Ministro de Marina Juan de Antequera conseguía, por R.D. de 22-12-1884 (Gaceta de 23-12-1884) el nombramiento "de la junta que debe entender de la redacción de un Código penal marítimo" al amparo de la misma Ley de Bases de 15-7-1882, e integrada por el Vicealmirante de la Armada Manuel de la Pezuela Lobo; los Ministros Togados José Romero Villanueva y Mariano Pérez Luzaró, el Capitán de navío Evaristo Casariego García y el Capitán de fragata Ramón Auñón Villalón. Ese mismo día otro R.D. nombraba vocal de la Junta a Emilio Bravo Romero, Senador y Presidente de la Sala segunda del Tribunal Supremo. Promulgado el Código Penal de la Marina en virtud de R.D. de 24-8-1888[45], procedía el nombramiento de otro grupo de expertos para que acometieran la redacción de un proyecto de reforma de organización de Tribunales y de procedimiento criminal, lo que se llevó a cabo mediante R.D. de 5-2-1890 (Gaceta del dia siguiente). Por el citado R.D. se disolvía la Comisión codificadora del Ministerio de la Armada y se creaba otra encargada de redactar "el proyecto de Código penal para la Marina mercante y los de las leyes de Organización de los Tribunales y de Enjuiciamiento Criminal del ramo", cuya composición fue modificada (R.D. de 5-3-1891) y finalmente disuelta por R.D. 25-9-1900 (Gaceta del 28). Las deficiencias de método y criterio observadas en las Comisiones codificadoras de

[43] Una R.O. de 9-12-1884 creaba una Comisión encargada de la reforma de la legislación procesal penal militar. La urgencia de la cuestión se demuestra en otra R.O. de 18-2-1885 por la que el Ministro de la Guerra manda a la Comisión acelerar sus trabajos, atascados porque el Consejo Supremo no había evacuado una Consulta efectuada por la citada Comisión. Finalmente, el Presidente de la Comisión elevó al Ministro, con fecha 30-6-1886, el proyecto de Ley de Enjuiciamiento Criminal Militar, que fue promulgada por R.D. de 29-9-1886. Vid. A.G.M., Sección 2ª, División 9ª, leg. 15.

[44] A.G.M., Sección 2ª, División 9ª, leg. 63.

[45] En opinión de Quintiliano Saldaña era "la ley penal más antropológica y por lo tanto más científica vigente en España" al acoger un sistema de gradación de la penalidad (copiado del Proyecto de Código Penal de Silvela) y el sorprendente principio (artículo 12) de que la ignorancia de la ley excusa de su cumplimiento; vid. las *Adiciones* de Q. Saldaña a F. von Liszt: *Tratado de Derecho Penal*, cit., p. 497.

Guerra y Marina llevaron a la creación de una Comisión mixta (R.D. de 15-11-1895) que, incapaz de coordinar los trabajos de ambos Ministerios, fue disuelta el 19-2-1900.

Las innumerables incidencias acaecidas a consecuencia de la aplicación del Código Penal militar [46], así como el rechazo que la derogación de las Ordenanzas producía todavía entre los sectores más conservadores de la oficialidad, fue alentada por la oposición política para inquietar al Ministro, a la sazón el Marqués de Miravalles. El diputado Muñoz Vargas interpelaba al Ministro afirmando que "ya va siendo hora de revisarle, suspendiendo sus efectos, por personas menos científicas y más militares. El reciente caso de un Capitán muerto en Cuba por un soldado ha llamado extraordinariamente la atención de los Jefes del Ejército, porque no puede sufrir el criminal la pena sin que venga la causa a revisión del Consejo de Guerra, según previene el Código"[47]. Y en la sesión de Cortes de 16-6-1888 el diputado Pando volvía a pedir una reforma citando como ejemplo el caso de un Teniente coronel que llevaba ocho años sin sentencia firme o el de otro oficial que habiendo denunciado una insubordinación, no había conseguido nada, lo que, en su opinión, demostraba "la necesidad que hay de que cuanto antes procure se restablezca la justicia militar, que no es otra cosa sino la primera garantía del Ejército"[48].

Así las cosas, en virtud de una R.O. de 2-11-1887 se creaba una Comisión con el encargo de elaborar un proyecto de reforma legislativa en materia penal, criminal y de organización de los tribunales. Fue disuelta el 20-7-1888 tras concluir sus trabajos [49], aunque algunos de sus miembros fueron citados por el Senado en noviembre de 1889 para aclarar algunas dudas. El proyecto de Código de Justicia Militar (básicamente elaborado a partir de la Ley de organización de tribunales de 10-3-1884, el Código Penal de 17-11-1884 y Ley de Enjuiciamiento Criminal de 29-9-1886), que fue objeto de algunas mejoras en los debates parlamentarios, fue finalmente sancionado el 27-9-1890 siendo Ministro de la Guerra el general Marcelo de Azcárraga. El Código de Justicia Militar tampoco tuvo un nacimiento pacífico [50], aunque algún país extranjero se interesó expresamente por su sistemática y contenido [51].

---

[46] Constan informes proponiendo reformas al Código Penal Militar por parte de las Capitanías Generales de Extremadura, Islas Baleares, Galicia, Aragón, Valencia, Castilla La Nueva, Cataluña, Provincias Vascongadas y Cuba en A.G.M., Sección 2ª, División 9ª, leg. 10. Una de ellas se refería a los efectos del artículo 51 que, contrariamente a lo establecido en la legislación común, declaraba que la ignorancia de la ley eximía de su cumplimiento. Para contrarrestar los efectos demoledores de tal derecho usado de mala fe, Pedro Buesa Pisón redactó una *Cartilla penal para las clases de tropa* que había de ser obligatoriamente leída a los militares; antecedentes y copia de dicha cartilla en A.G.M., Sección 2ª, División 9ª, leg. 7.

[47] D.S.C. del 19-2-1885, nº 91, p. 2319.

[48] D.S.C. del 16-8-1888, nº 141, p. 4253.

[49] A.G.M., Sección 2ª, División 9ª, leg. 12.

[50] Constan diversas incidencias de su aplicación ya en 1891; A.G.M., Sección 2ª, División 9ª, leg. 12.

[51] En noviembre de 1893 el Senado italiano, con motivo de la discusión de un proyecto de Código Penal militar, solicitó información sobre la legislación penal militar por medio de la Embajada italiana en España; A.G.M., Sección 2ª, División 9ª, leg. 15.

III. CAUSAS DE LA TARDÍA CODIFICACIÓN DEL DERECHO PENAL MILITAR

Además de las resistencias mentales del estamento militar a cualquier modificación de la legislación militar, se añadía la falta de perspectiva de los diversos intentos reformadores. Sin embargo, en el retraso de las reformas legislativas militares pesaron mucho más los intereses de políticos y militares en prolongar una situación que les proporcionaba ventajas.

1º *La resistencia mental del estamento militar a una reforma legislativa que modificara sus Ordenanzas era previsible.* Tales intentos eran vistos como maniobras tendentes a limitar el Fuero militar y, en definitiva, los privilegios y señas de identidad que daban cohesión, disciplina y personalidad a un grupo relativamente cerrado. A pesar de las transformaciones sociales ocurridas en la oficialidad y una mayor permeabilidad hacia las clases más humildes, ello no afectó en absoluto su arraigado sentido del honor estamental y a determinadas prácticas de casta militar.

En el Antiguo Régimen las funciones de mando superior eran un privilegio de la nobleza de modo que el ascenso por méritos y la promoción de las clases medias se limitaba a los mandos intermedios. Tras la casi desaparición del Ejército español consecuencia de la invasión napoleónica, el sistema de ejércitos populares y la guerra de guerrillas promocionaron a la oficialidad a campesinos y plebeyos como Espoz y Mina (campesino) o Espartero (hijo de un humilde carretero). Pero el acceso de las clases humildes a la oficialidad, donde se prolongaban modos de vida aristocráticos, no sirvió para *popularizar* el Ejército. Los nuevos oficiales se afanaban en parecer y ser caballeros escondiendo "su pobreza tras una pantalla de prácticas aristocráticas" [52] con las que además se trataba de acentuar la *solidaridad militar*: vestuario específico, modo de vida propio, fuerte jerarquización,

---

[52] Gabriel Cardona: *El poder militar en la España contemporánea hasta la guerra civil*, Madrid, 1983, p. 5. Sobre el ejército en la época constitucional vid. también F. Fernández Bastarreche: *El Ejército español en el siglo XIX*, Madrid, 1978; Julio Busquets: *El militar de carrera en España*, Barcelona, 1967; J.L. Herrero: *El Ejército español del siglo XIX*, Madrid, 1975; Miguel Alonso Baquer: *El ejército en la sociedad española*, Madrid, 1971; E. Christiansen: *Los orígenes del poder militar en España. 1800-1854*, Madrid, 1973, especialmente p. 11 y ss., sobre la pervivencia de la mentalidad estamental en el ejército. Juan Sisinio Pérez Garzón: *Milicia Nacional y Revolución burguesa. El prototipo madrileño. 1808-1874*, Madrid, 1978; P. Casado Burbano: *Las Fuerzas Armadas en el inicio del constitucionalismo español*, Madrid, 1982. Abundante bibliografía desde el punto de vista de la sociología europea en la selección de monografías compiladas por Rafael Bañón y José Antonio Olmeda: *La institución militar en el Estado contemporáneo*, Madrid, 1985. Interesante conjunto de trabajos también en los tres primeros volúmenes de la *Historia Social de las Fuerzas Armadas Españolas*, Madrid, 1986-1989. Para el período que estudiamos vid. asimismo Carlos Seco Serrano: *Militarismo y civilismo en la España Contemporánea*, Madrid, 1984, pp. 23-217; José Cepeda Gómez: *El Ejército en la Política española (1787-1843)*, Madrid, 1990; Rafael Núñez Florencio: *Militarismo y antimilitarismo en España (1888-1906)*, Madrid, 1990, pp. 65-88.

valores morales en torno al honor y la guerra, en definitiva, elementos propios de un grupo cerrado.

Las dificultades para llegar al generalato, tras la saturación del escalafón de oficiales, llevó paulatinamente a ver en la guerra o el pronunciamiento un medio rápido de ascenso. A todo esto, la errática política de Fernando VII supuso, en última instancia, la necesidad de un cuadro de oficiales leales suficientemente gratificados para combatir las partidas y ejércitos ultrarrealistas, carlistas o apostólicos. Estos y otros factores llevaron a que el Ejército se constituyera en poder arbitral de la política española a partir de 1833 o, cuando menos, dispusieran de total autonomía en sus asuntos internos (por ejemplo en materia de legislación militar).

2º *La mayoría de los pareceres coincidían en la necesidad de reformar la legislación penal militar, pero no había unanimidad en la forma de llevarla a cabo.* Básicamente había tres posturas: los partidarios de la reforma global de las Ordenanzas Militares de Carlos III sin apartarse de su espíritu, es decir, redactar unas nuevas Ordenanzas sobre la base de las anteriores. Otra postura defendía la reforma parcial, concretamente del tratado VIII (sobre las materias de Justicia penal y procesal militar) dejando intacto el resto de las Ordenanzas. Finalmente, los defensores de la derogación de dichas Ordenanzas y su sustitución por un moderno Código Penal militar.

Hay que indicar que a pesar de la futilidad de las dos primeras posturas, fueron reiteradamente aducidas, entre otros motivos, como pretexto insincero e interesado -más que como razón de peso- para prolongar la utilización perversa de la jurisdicción militar. Una prueba de ello es que las razones o pretextos para su perduración se referían a la belleza de su lenguaje, la concisión de su estilo, el elevado ideal de algunos de sus artículos, etc.[53].

3º *La progresiva reducción de la jurisdicción militar, como medio de contener la influencia del Ejército en la sociedad civil,* fue uno de los objetivos de políticos continuadores del programa de los puritanos o administrativistas (como López Ballesteros, Javier de Burgos o Sanz de Andino), contrarios a la influencia de los militares en la política. En este sentido, la obsesión de la clase militar por impedir toda reforma de las Ordenanzas actuó, a la larga, en su perjuicio ya que dio tiempo a que toda una serie de leyes y decretos fueran concretando con mayor nitidez el principio de la unidad de fueros y ensanchando la jurisdicción civil *en perjuicio*

---

[53] Sobre esta cuestión vid. Faustino Muga López: *"Antecedentes..."*, cit., pp. 50 y 51. Uno de los "sólidos" argumentos aducidos para criticar los intentos de codificación se basaba en la incapacidad jurídico-política de las Cortes para derogar las *Ordenanzas* de Carlos III, dado que una Ley de Cortes no podía afectar a una Real Pragmática; vid. A. Vallecillo, cit., pp. 3-6. El argumento se insinuó todavía en las sesiones de Cortes de 2-4-1878, vid. más adelante nota 58.

de la jurisdicción militar. En efecto, todos los textos constitucionales del siglo XIX abogaban por la unificación de fueros y jurisdicciones: "El Código civil, el criminal y el de comercio serán unos mismos para toda la monarquía, sin perjuicio de las variaciones que por particulares circunstancias podrán hacer las Cortes".

Otro precepto señalaba la unidad jurisdiccional en estos términos: "En los negocios comunes, civiles y criminales no habrá más que un solo fuero para toda clase de personas". En otro lugar se insistía en que "unos mismos Códigos regirán en toda la Monarquía y en ellos no se establecerán más que un solo fuero para todos los españoles en los juicios comunes, civiles y criminales"; artículos 248 y 258 de la Constitución de 1812, artículos 63 y 64 de la Constitución de 1837, artículos 66 y 67 de la Constitución de 1845, artículo 91 de la Constitución de 1869 y artículo 75 de la de 1876.

Todo parecía presagiar la paulatina desaparición del fuero militar. La Constitución de 1812 fue la única que consignaba la excepción del fuero militar en su artículo 258: "los militares gozarán también de fuero particular en los términos que previniere la Ordenanza o en adelante previniere"[54]. No obstante la circunstancia de que los demás textos constitucionales no enuncien expresamente tal excepción no parece que fue en demérito del fuero militar sino más bien por considerarlo una obviedad.

La relación entre moderantismo político e inmovilismo militar explica el que precisamente las dos únicas normas limitativas del fuero militar hayan sido sancionadas en épocas "progresistas".

La primera es la Ley constitutiva del Ejército de 9-6-1821 (y su epígono; la Ley orgánica de la Armada de 27-12-1821) que al desarrollar el ámbito de aplicación del fuero militar excluyen las causas civiles de los militares (artículo 119: "queda abolido el fuero militar en todas las causas civiles"), así como las criminales que no se refieran a delitos militares (artículo 121: "se reduce, por consiguiente, el fuero militar a las causas criminales que versen sobre delitos militares"). Dicho de otro modo, la jurisdicción militar quedaba reducida a la materia penal.

La segunda disposición, el Decreto de unificación de fueros de 6-12-1868[55], a pesar de su tajante denominación no suprimió la jurisdicción militar sino las de Hacienda y Comercio, pero redujo notablemente los fueros de la Iglesia, el Ejército y la Marina. La limitación del fuero militar contenida en la exposición de motivos

---

[54] Argüelles justificaba tal medida con el manido argumento de que era "indispensable dejar a los militares aquella parte del fuero particular que sea necesaria para conservar la disciplina y subordinación de las tropas en el Ejército y la Armada", *Discurso preliminar a la Constitución de 1812*, ed. de Sánchez Agesta, Madrid, 1989, p. 100. Vid. Nicolás González Deleito: "La evolución histórica de la Jurisdicción penal militar en España", en *Revista Española de Derecho Militar*, julio-diciembre, 1979, nº 38.

[55] Comentarios al mismo en J. Felipe Higuera Guimerá: *Curso de Derecho Penal Militar Español*, vol. I, Barcelona, 1990, pp. 80 y ss.

al citado decreto se justificaba en que "la sociedad requiere medios más activos y severos para reprimir los excesos que, perpetrados por militares, tienen mayor gravedad cuanto más libre sea la constitución política". Con ello se pretendía que las Ordenanzas Militares se aplicasen únicamente a los militares *en activo*, pero no sólo en materias penales sino también en aquellas comunes expresamente contempladas en el decreto: "quedarán sujetos en los negocios comunes, civiles y criminales a la jurisdicción ordinaria; y la militar sólo será competente para conocer de los delitos meramente militares, y de los comunes y faltas que se expresan cuando sean cometidos por individuos del Ejército y la Marina que se hallen en activo servicio". A partir de este momento las Ordenanzas Militares de Carlos III quedaban parcialmente derogadas y se imponía una reforma legislativa en profundidad. Al decreto de unificación de fueros siguieron la Ley Orgánica del Poder Judicial de 1870 que deslindaba las competencias entre la jurisdicción civil y la militar, la reforma constitucional de 1876, la Ley constitutiva del Ejército de 1877 y otras disposiciones que desfasaban cada vez más la legislación penal militar.

¿Qué interés tenía el legislador en retrasar la codificación del derecho penal militar? Núñez Arenas, miembro de la Junta Consultiva de Guerra (encargada de elaborar un proyecto de legislación penal militar) y a la vez vocal de la Comisión General de Codificación, había planteado varias veces en dicha Comisión, con ocasión de discutir en 1855 unas reformas del Código Penal y de la Ley de Enjuiciamiento Criminal, la necesidad de respetar el fuero militar: "al agitarse en la Comisión de Códigos cuestiones del Ejército, hube de enmudecer por falta de autorización (del Gobierno) para emitir una opinión cualquiera". Y proseguía: "Ahora va a trabajar la Comisión de Códigos en la Ley de Enjuiciamiento Criminal y surgirá para mí otro nuevo conflicto si, como es de temer, pretenden sujetar a los Tribunales ordinarios los delitos comunes de los militares. Además, el castigo de los reos de alta traición, los deberes de los Senadores y Diputados para con la Ordenanza y la Constitución del Estado, los casos de desafuero, los delitos mixtos, la complicidad de los militares y paisanos, la ley de Orden público, la responsabilidad de los Generales en Jefes y otras cuestiones que la reforma necesita abarcar, ni son para esquivarlas, ni para ser resueltas por la Jurisdicción militar, ni sólo por la civil"[56]. La táctica denunciada por el vocal Núñez Arenas dio resultado en tanto en cuanto el legislador iba ensanchando la jurisdicción civil anticipándose a las reticencias de una clase militar embriagada por el prestigioso halo de las Ordenanzas Militares de Carlos III e incapaz de acometer una reforma profunda de las mismas. Esta estrategia también era denunciada por el general Salamanca y Negrete en 1878

[56] I. Núñez Arenas: *Bases y motivos...*, cit., pp. 3 y 4.

al criticar la paralización de toda reforma que impidiera la aplicación de las Ordenanzas en los delitos de orden público [57]. Como también denunciaba los peregrinos intentos de los Ministros de Gracia y Justicia, Guerra y Hacienda de bloquear la reforma de las Ordenanzas con el argumento de que, como fueron sancionadas por Carlos III, sólo al rey cabía modificarlas [58]. Se ha señalado [59] cómo las crecientes "invasiones" de la jurisdicción civil en la militar fueron un estímulo definitivo para que el Ministerio de la Guerra se decidiera a apoyar sin reservas la codificación militar.

4º *La abusiva remisión de los delitos políticos a la jurisdicción militar*, constante histórica durante la mayor parte del siglo XIX, fue otro factor que retrasó la codificación del derecho penal militar. Efectivamente, el conocimiento de los delitos contra el Orden público (entre las que se encontraban actividades políticas consideradas ilegales como las de reunión o asociación, opinión, imprenta, etc.) por las autoridades militares suponía un control, por no decir supresión, de toda oposición política al Gobierno de turno. La jurisdicción militar era más expedita, disciplinada y las penas mucho más severas que las comunes.

La Ley aplicable era la de 17-4-1821 sancionada, paradójicamente, durante el trienio liberal con el pretexto de reprimir partidas ultrarrealistas aunque se aplicó a toda oposición política. Facultaba a las autoridades civiles o militares a decretar la ley marcial y remitir los delitos políticos a los tribunales militares. La década absolutista endureció este sistema mediante la creación de Comisiones Militares provinciales. El sistema político surgido tras la Constitución de 1837 restableció la ley represora del trienio liberal que continuó durante la década moderada. En última instancia, la Ley de 1821 suponía: a)la represión de las libertades de reunión y opinión; b) la utilización del Ejército como policia interior, y c) la remisión de los delitos políticos a la jurisdicción militar. En suma, la eliminación de toda oposición política [60].

Ejemplo de esta concepción del orden público fueron los conflictos que acompañaron el nacimiento de la Guardia Civil. Creada por Decreto de 28-3-1844

---

[57] Criticaba los conflictos de jurisdicción ocasionados por la interferencia del fuero militar en la vida civil: "Si hubiérais emprendido el camino que nos condujera a ensanchar la legislación militar como habéis ensanchado la ley de procedimiento penal ordinario; si así como habéis dado el derecho de casación en lo civil hubiérais concedido en lo militar una apelación ante el Consejo Supremo o en otra parte, entonces podríais decir que habíais mejorado la legislación militar" (D.S.C. de 2-4-1878, nº 34, p. 756).

[58] Protestaba en las Cortes de que "eso no se ha dicho más que en tiempos del absolutismo... el rey es jefe del ejército, pero no puede legislar" (D.S.C. de 2-4-1878, nº 34, p. 758).

[59] F. Muga López: "Antecedentes...", cit., p. 46.

[60] El tema ha sido minuciosamente desarrollado por Manuel Ballbé: *Orden Público y militarismo en la España constitucional (1812-1983)*, Madrid, 1985.

"para evitar la intervención frecuente del Ejército... en el orden político" (Exp. de motivos) y dependiente del Ministerio de Gobernación, no del de la Guerra, se constituía en una verdadera policía civil. Sin embargo, este éxito del sector puritano o administrativista del Gobierno (de Javier de Burgos como Ministro bajo la presidencia de González Bravo) se esfumó con la llegada de Narváez y un "contradecreto" de 13-5-1844 y el Reglamento del Cuerpo de 9 y 15-10-1844 que le hacía depender también del Ministerio de la Guerra. Se establecía además que el Cuerpo se regiría por las Ordenanzas militares, es decir, que toda oposición verbal o física a un miembro de la Guardia Civil sería competencia de los tribunales militares.

El Código Penal de 1848 y la reforma de 1850 apoyaron este régimen de cosas dado que a tenor del artículo 7º "no están sujetos a las disposiciones de este Código los delitos militares". La Ley de 1821 siguió vigente hasta la promulgación de la primera Ley de Orden Público de 20-3-1867 que remitía igualmente el conocimiento de los delitos políticos a la jurisdicción militar (art. 7º). Pero había una novedad; los tribunales militares no podían imponer a los reos civiles otras penas que las contenidas en el Código Penal de 1850. La Ley de Orden Público de 23-4-1870, fruto del sexenio revolucionario, también contenía otra novedad; los delitos de alteración del Orden Público cometidos por civiles una vez decretado el estado de excepción (estado de guerra) serían conocidos por la jurisdicción común excepto si fueran sorprendidos portando armas, en cuyo caso correspondería a los tribunales militares[61].

En definitiva, la codificación del derecho penal militar estuvo detenida mientras el Gobierno de turno pudo remitir las causas criminales por alteración del Orden Público a la jurisdicción militar cuya sumariedad en el proceso y severidad en las penas proporcionaba mayores ventajas que la jurisdicción civil. Esta situación se mantuvo durante los primeros años de la Restauración borbónica, en la denominada "dictadura" de Cánovas y aún después. Salamanca y Negrete censuraba que el mantenimiento y aplicación de las Ordenanzas militares se relajara sólo "en beneficio sólo de los amigos, pero sí se cumple para los enemigos políticos"[62]. Linares Rivas protagonizó en las Cortes otro fundado ataque contra la perversa utilización que estaba haciendo el gobierno de la jurisdicción militar para aplicarla a los delitos

---

[61] Vid. Alicia Fiestas Loza: *Los delitos políticos (1808-1936)*, Salamanca, 1977, p. 227.

[62] D.S.C. de 2-4-1878, nº 34, p. 761. Todo ello -decía el diputado y general- so pretexto de garantizar la "Constitución interna" de España "que por lo visto no tiene más que un artículo que dice: D. Antonio Cánovas hará lo que le de la gana", y prosigue: "yo creí que la Constitución interna era una Constitución que quería significar que se componía de artículos invariables en todas las constituciones... Pues señores, me he encontrado con que no quería decir más que lo que he dicho antes: D. Antonio I por la gracia de Dios; se acabó la Constitución" (D.S.C. de 2-4-1878, nº 34, p. 758).

políticos. Criticaba la Circular de 7-10-1878 remitida por el Ministerio de la Guerra a las autoridades militares y otra parecida Circular, fechada dos días después, del Ministerio de Gracia y Justicia dirigida a los fiscales[63].

En cualquier caso, lo cierto es que los últimos pasos encaminados a la aprobación del Código Penal militar coincidieron con ciertas medidas legislativas que habían restringido considerablemente la aplicación de las Ordenanzas militares a los delitos políticos, bien sea limitando los supuestos de aplicación de la jurisdicción militar, bien sea estableciendo penas comunes para los civiles encausados en tribunales militares por causas de alteración del orden público.

---

[63] Decía Linares Rivas: "¿Sabe el Sr. Ministro de Gracia y Justicia lo que han hecho llevando todos los casos de resistencia, de insulto, de agresión a la Guardia Civil a ser sometidos a la jurisdicción militar? ¿Sabe S.S. cual va a ser la suerte del infeliz a quien arrebatan lo último que tiene en su casa para pagar la contribución, y exhala una queja contra la Guardia Civil que va a apremiarlo? ¿Sabe lo que sucederá si se le somete a un consejo de guerra y es juzgado por seis o siete capitanes muy ilustrados, pero que al fin son personas que no entienden de derecho? ¿Sabe S.S. lo que es el someter a un consejo de guerra a aquel que no haya obedecido una intimación hecha por la Guardia Civil para que vaya a declarar a un Juzgado?" (D.S.C. de 30-11-1878, nº 138, p. 3813).

EL EJÉRCITO ANTE LA AGITACIÓN SOCIAL EN ESPAÑA (1875-1914)

Rafael Núñez Florencio
Universidad Complutense (Madrid)

SUMARIO:

I. Mentalidad y opinión militar
II. Crisis del sistema político
III. Pueblo y Ejército
IV. ¿Qué tipo de represión?
V. Extirpar la raíz: la prensa revolucionaria
VI. Socialistas, anarquistas y separatistas
VII. De la comprensión a la represión

> Los términos en que ha de plantearse la lucha social futura, o ya casi presente, serán los mismos en que todas esas luchas se han planteado, desde las revoluciones locales de algunas repúblicas griegas, hasta la revolución francesa del siglo pasado, pues ésta revistió carácter social, bien que disfrazado bajo el aspecto puramente político. Y esos términos serán: a la una parte las clases que se llaman acomodadas: la nobleza, el capital, la burguesía, rica o pobre, lo mismo el que vive de sus rentas que quien perece sujeto a rudo trabajo intelectual y aun material; a la otra parte las clases obreras; en una palabra: a un lado la levita, al otro la blusa [1].

Es significativo este párrafo de *La Correspondencia militar* por la conjunción de varios factores de primer orden para entender la actitud militar hacia los movimientos revolucionarios. En primer lugar, como se habrá podido apreciar, resulta llamativa la rotundidad con que se asume la lucha de clases; la cuestión social no se analiza aquí desde la timorata perspectiva de la caridad, en la onda del tradicional paternalismo burgués, sino en unos términos que podrían ser asumidos por los mismos partidos y movimientos proletarios, incluso los más radicales.

En segundo lugar, complementariamente, lo que viene a decirse es que hay que dejarse de componendas y paños calientes, porque tarde o temprano la lucha se terminará resolviendo en el terreno en que se resuelven estos asuntos, o sea, en el de la fuerza. Y por si hay alguna duda acerca de todo lo que implica este término, poco después se habla específicamente de "soluciones violentas" y "destrucción del enemigo".

Y una vez delimitados claramente los combatientes, anunciado el combate, la pregunta inevitable es: ¿dónde estará el ejército?, ¿por quién tomará partido? Este pequeño ensayo trata precisamente de dar una respuesta; mejor dicho, trata de explicar cuál fue la respuesta del ejército, que resultó en cualquier caso más matizada,

---

1 "La tormenta", *La Correspondencia militar*, 5-IV-1892.

incluso más polifacética de lo que a primera vista pudiera pensarse. Tanto, que casi habría que hablar más de respuestas, en plural.

Pero, ya que hemos hablado de matices, bueno sería empezar por precisar más el propósito de este estudio. Quizás el mismo título, que es una simplificación, pueda prestarse a malinterpretaciones o inexactitudes. En realidad no se va a tratar tanto del ejército-institución como de las actitudes de los hombres que lo integran; no nos interesa tanto la práctica como la teoría, no nos vamos a detener tanto en el protagonismo militar como en cuestiones de pensamiento o ideología de los oficiales que componen las fuerzas armadas.

El tema de la continua intervención militar en la administración española y en la política de orden público en particular, ha sido abordado brillantemente por algunas obras suficientemente conocidas[2], y no es cuestión aquí, en estos breves límites, de insistir sobre ese mismo terreno. A nosotros nos interesa, si se nos permite la expresión, los aspectos *subjetivos* del problema, es decir, cómo enjuicia el ejército su participación en las tareas de orden público, qué piensa sobre los movimientos revolucionarios, cuál cree que es la mejor vía para enfrentarse a ellos, qué tipo de represión propugna, etc. Porque este último aspecto es el que queda relegado en obras como las citadas, que se detienen, como es comprensible, en los aspectos objetivos, legales, reales.

Y ello nos lleva a una precisión más. Al ser el ejército una institución muy especial en el conjunto del Estado, es lógico que surjan preguntas también muy específicas: ¿es el ejército mínimamente homogéneo para que pueda hablarse de una actitud militar, o dicho todavía en términos más amplios, una ideología o un pensamiento militar? Aun en el caso de que fuera así, ¿cuáles serían las fuentes representativas para establecer las líneas básicas de ese pensamiento? No se olvide que el ejército no es un partido político, que emite manifiestos o comunicados, que fija su posición continuamente sobre los más variados temas. Muy al contrario, el ejército ha sido considerado más bien, por decirlo con la expresión clásica de Alfred de Vigny, el "gran mudo". ¿Cómo, entonces, se puede fijar una opinión militar sobre -por ejemplo- los grandes temas políticos?

I. MENTALIDAD Y OPINIÓN MILITAR

Ninguna institución, como ningún grupo social, político, religioso, etc., es monolítico, y el ejército en este sentido no es una excepción. No se puede negar que

---

[2] Podríamos destacar aquí, entre otras, las obras de Manuel Ballbé (*Orden público y militarismo en la España constitucional, 1812-1983*, Madrid, 1983) y Joaquim Lleixà (*Cien años de militarismo en España*, Barcelona, 1986).

en las fuerzas armadas de la Restauración coexisten diversos sectores -ya se haga la distinción por guarniciones, cuerpos, armas, categorías, rango o grado de implicación política- que mantienen posiciones distintas, a veces totalmente irreductibles, sobre los más variados temas.

Por decirlo con ejemplos concretos, no era lo mismo pertenecer a los cuerpos elitistas, como Artillería o Estado Mayor, que ser un simple oficial de Infantería o Caballería. Del mismo modo, poco tenía que ver la influyente casta de los generales-políticos con los típicos oficiales de clase media en guarniciones de provincia. No razonaba lo mismo el burócrata acomodaticio que el jefe de un destacamento del ejército colonial, en el Rif, en Cuba, o en Filipinas.

A pesar de esa diversidad, que es -repetimos- consustancial a cualquier institución amplia, es posible hallar una "sensibilidad" militar, común a todas las gentes que visten (profesionalmente hablando) el uniforme de la fuerza armada. Es evidente que es necesario introducir muchas veces matizaciones, excepciones incluso, porque difícilmente se puede hallar una sola voz en temas trascendentales. Siempre hay voces discrepantes o discordantes. Pero es precisamente en esas grandes cuestiones, en esos temas trascendentales, donde se da con más frecuencia, no exactamente el acuerdo unánime, pero sí la convergencia de criterios y de opiniones.

Así, por tanto, cuando nos referimos en las páginas que siguen a la actitud, posición o ideología militar, estamos efectuando las generalizaciones indispensables, trazando el cuadro de lo que son corrientes mayoritarias, sin ignorar (al contrario, subrayándolo cuando sea preciso) las posibles discrepancias o las matizaciones de otros sectores minoritarios[3].

Como suele suceder en estos casos, la práctica ilumina todo mucho más diáfanamente que la teoría. Lo que es quizás objetable o poco claro sobre el papel, se convierte en evidencia irrefutable al analizar hechos concretos. En este estudio nos referimos a la actitud militar ante importantes cuestiones socio-políticas de la España en transición entre el siglo XIX y XX, no ante cuestiones internas específicas, donde los enfrentamientos corporativos podían ser más acentuados. Es decir, tratamos esos grandes temas a los que nos acabamos de referir, ante los que la familia militar se une como una piña: no en vano se considera que hay un enemigo común a todos ellos, llámese revolución, grupos subversivos, partidos obreros o agitación social. Ese enemigo común les hermana y les hace sentirse solidarios.

[3] He planteado estas cuestiones con más detenimiento y amplitud en otros lugares, tratando de hallar una respuesta a los diversos interrogantes, y a sus ramificaciones. Remito por tanto a lo ya expuesto en "Pensamiento militar y militarismo: Consideraciones metodológicas y conceptuales", en *Bulletin d'Histoire Contemporaine de l'Espagne*, nº 16, Burdeos, diciembre de 1992, pp. 29-49. Aquí nos limitamos pues, simplemente, a un brevísimo resumen.

No se olvide en definitiva algo que está en la base misma de la profesión militar, los factores elementales que uniformizan el cuerpo: dicho de un modo sencillo, la educación en idénticos valores e ideales, y la función común que desempeñan en tanto que miembros de un organismo que vela por el orden y la seguridad de la patria.

En realidad, difícilmente puede negarse desde una perspectiva de las ciencias sociales -llámese la historia, la sociología, la ciencia política o la psicología social- la existencia de una mentalidad militar, con sus rasgos específicos, claramente diferenciada de otras actitudes del resto de los grupos que conforman la sociedad[4]. De hecho, muchas veces -y esto es ya una simplificación exagerada que nosotros no asumimos- se habla de mentalidad militar *versus* mentalidad civil. La cuestión está más bien en cómo rastrear los rasgos que definen esa ideología militar, teniendo en cuenta la antes aludida especifidad de la milicia.

En ese sentido, se dice con frecuencia de un modo interesado que el ejército no tiene boca, que no opina, que se limita a cumplir las órdenes del poder político al que se subordina. Desde esta perspectiva, ni siquiera cuando el ejército interviene directamente en la política puede hablarse de militarismo, porque no es la institución militar en su conjunto la que toma el poder, sino una minoría de sus miembros; y si lo hace así, se insiste todavía, no es en beneficio del mismo ejército, sino para salvar a la patria amenazada por la debilidad del poder civil.

Una vez más apelamos a la realidad, a la constatación de los hechos, como mejor modo de deshacer esos planteamientos apriorísticos, ideológicos en el peor sentido de la palabra, es decir, producto de ideas preconcebidas, cuando no de prejuicios políticos, y alejados en cualquier caso del examen desapasionado de los acontecimientos. Porque cualquiera que se aproxime a la realidad del ejército español de la Restauración podrá comprobar inmediatamente que los militares, desde los más modestos a los más influyentes, opinan continuamente, opinan sobre las más variadas cuestiones, se manifiestan en un sentido u otro, y más aún, gritan, amenazan o pasan a la acción, cuando las cuestiones que se dilucidan les afectan gravemente[5].

---

[4] Cf. sobre las cuestiones de sociología militar la esclarecedora obra de Gwyn Harries-Jenkins y Charles C. Moskos Jr.: *Las fuerzas armadas y la sociedad* (Madrid, 1984), y también la compilación efectuada por Rafael Bañón y José Antonio Olmeda con el título de: *La institución militar en el Estado contemporáneo* (Madrid, 1985).

[5] Referencias interesantes a la mentalidad y opinión de los militares españoles en la época contemporánea, siempre desde una perspectiva más sociológica que política, en Jesús M. Paricio: *Para conocer a nuestros militares* (Madrid, 1983). También, por supuesto, en la clásica obra de J. Busquets: *El militar de carrera en España*, Madrid, 1984 (ed. revisada).

La llamada en la época prensa militar es un magnífico espejo en el que reconocer las aspiraciones, los temores, las frustraciones, los objetivos concretos o los horizontes difusos de los generales, jefes y oficiales de las fuerzas armadas. Allí están todos, allí se pronuncian todos, desde los más poderosos hasta los más humildes. En su conjunto, la prensa militar nos ofrece un panorama completísimo -y además una muestra al día- de lo que sentían y opinaban todos los miembros de la institución.

Como cualquier otra fuente, presenta una serie de problemas que el investigador tiene que sortear. También los periódicos militares, por ejemplo, se dejan llevar por las simpatías partidistas, o incluso se adscriben a uno u otro sector dentro de un mismo grupo político. Como suele suceder con todos los periódicos en todos los países y todas las épocas, a veces mienten, o para no ser tan radicales, tergiversan la realidad según sus preferencias o intereses. Pretenden no pocas veces hacer pasar por aspiraciones colectivas lo que no dejan de ser defensa mezquina de los privilegios de unos pocos. Y así sucesivamente. Pero, ¿qué publicación periódica no cae en los mismos vicios, defectos o errores? Nuestro análisis simplemente tendrá que separar el grano de la paja, a partir de un conocimiento profundo de las motivaciones, contenido y trayectoria de cada una de las publicaciones. Nos basta, pues, para corregir las desviaciones citadas con el análisis crítico de los datos obtenidos, la comparación con otros testimonios, o su complementación con otros materiales sobre las mismas cuestiones extraídos de fuentes distintas[6].

Una vez hecha esa labor de pulido, podremos afirmar sin el menor titubeo que la prensa militar es una fuente clave, absolutamente imprescindible, para el estudio de la mentalidad militar de la época. Sobre esa base podemos luego añadir los datos complementarios de conferencias, opiniones expresadas en tertulias de oficiales, discursos diversos, intervenciones en el Congreso y en el Senado, arengas, declaraciones, folletos, libros de historia o de ensayo, obras sobre la formación del soldado y textos de enseñanza de los diversos centros militares... Como puede apreciarse, los medios mediante los que podemos llegar a conocer la mentalidad militar son muchos y variados. Cuando tantos militares, de diversa procedencia y graduación, coinciden en los mismos puntos básicos, creemos que no es exagerado concluir que esos principios constituyen la opinión predominante del ejército.

Además, en la época a la que nos estamos refiriendo, hay una tendencia a que las divergencias internas se mantengan en la penumbra, sobre todo cuando puedan afectar a la consideración que merezca desde fuera la institución militar. En

[6] Uno de los más completos y sistemáticos estudios de la prensa militar en parte del período que aquí abarcamos es la Tesis de F.J. Vanaclocha: *La opinión militar española ante el sistema político (1874-1898)*, Univ. Complutense, Madrid, 1980.

unos momentos que se suelen juzgar críticos para el ejército y para el país en su conjunto, hay cada vez en mayor medida llamamientos a la unidad, a cerrar filas, a no dar ante el "exterior" una penosa imagen de división en el propio seno de las fuerzas armadas. Si encima se trataba directamente de cuestiones de orden público o, como se decía entonces, de agresiones contra el ejército por parte de algún sector político o de la sociedad civil, la citada tendencia se convierte en un movimiento reflejo frente a la amenaza exterior.

Quisiéramos terminar esta ya larga relación de precisiones de orden formal o metodológico, con una pequeña referencia a las fechas indicadas en el título. Es obvio que un estudio de estas características no puede quedar encorsetado en fechas precisas. Hemos tomado como punto de referencia convencional, que no precisa de mayor justificación, el comienzo de la Restauración canovista, porque es el momento en que el ejército español, absolutamente desengañado de la época de los pronunciamientos y de las agitaciones del Sexenio, parece tomar por primera vez una senda de moderación, dentro de una concepción política cada vez más conservadora.

1914 es en cambio un corte mucho más discutible, en la medida en que el hecho al que se hace referencia, la Primera Guerra Mundial, no tiene una relevancia extraordinaria en España. Pero queremos subrayar con ello que la situación del país en la segunda década del siglo es ya sustancialmente distinta en el aspecto del orden público que aquí nos ocupa. Sin ir más lejos, tres años más tarde, en torno a 1917, se van a desatar unas agitaciones que presentan ya un cariz muy distinto a las que aquí consideramos. El mismo ejército, minado por la aventura africanista, se va a fracturar definitivamente. Sus reacciones serán pues de otra índole. Es ya otro mundo, un mundo distinto, el auténtico siglo XX, en el que no pretendemos entrar.

II. LA CRISIS DEL SISTEMA POLÍTICO

En 1892, cuando ya se vislumbraba un aumento creciente de la conflictividad social, el tradicionalmente comedido *Boletín de Justicia militar*, defendía en un artículo publicado por uno de sus colaboradores habituales, la tesis de que el ejército era el único baluarte sólido ante las conmociones que se oteaban en el horizonte. Un ejército ideal, como un padre, justo, severo, insobornable:

> Siempre encontramos al ejército conteniendo las demasías de los rebeldes y aplicando serenamente el castigo con estricta sujección a las leyes y a la justicia, sin dejarse llevar de rigor exagerado, que pudiera traducirse en odiosa venganza, ni de pusilánime lenidad, que se interpretaría por blandura o cobardía[7].

---

[7] Joaquín de Estremera: "El ejército y la anarquía", II, *Boletín de Justicia militar*, 15-III-1892, pp. 2-4.

El ejército en su conjunto se había sentido identificado, tras varios decenios de agitaciones, con el régimen instaurado en 1875. Parecía que al fin llegaba la tranquilidad a un país que tenía el dudoso mérito de haber exportado el término de "pronunciamiento". A pesar del ostensible apoyo militar, o precisamente por ello, el propósito fundamental de Cánovas era apartar a las fuerzas armadas del ejercicio directo y cotidiano de los asuntos políticos. Se trataba con ello, al menos en teoría, de crear un ejército moderno, profesionalizado, libre de peligrosas implicaciones partidistas.

Es verdad que en cierto modo, más que utilizar en su provecho el poder, los más influyentes generales se vieron más o menos sutilmente utilizados por él, sobre todo cuando Cánovas estuvo a la cabeza del ejecutivo[8]. Contados generales desempeñaron la presidencia del gobierno (Jovellar, Martínez Campos, Azcárraga, López Domínguez), y ello durante un breve tiempo, meses solamente, y casi siempre a iniciativa de los propios políticos, en función de las necesidades partidistas de éstos.

Extraer de ahí la conclusión de que el ejército no intervenía en la política o estaba excluido de ella, sería como mínimo precipitado. En realidad las cosas eran mucho más complejas, porque en efecto, el ejército estaba al margen del juego político convencional, la política menuda o cotidiana, pero no de las grandes cuestiones. Sin olvidar, por otra parte, que los ministros de la Guerra eran siempre militares, y que todos los problemas relacionados con la defensa (entendida en un sentido amplísimo) era terreno vedado a los civiles[9].

El pacto implícito entre poder político y poder militar significaba, dicho en pocas palabras, que el gobierno podría gobernar sin grandes interferencias del ejército siempre que no intentara inmiscuirse en los asuntos que se consideraban propios de los militares; éstos a su vez renunciaban a la intervención política directa, teniendo en cambio mano libre en sus propios asuntos. El problema, dada la abusiva interpretación que desde las filas castrenses se quería dar a los "asuntos internos" era por tanto de delimitación: ¿hasta dónde podía llegar el poder civil en su facultad de legislar? ¿La política de defensa del país era un tema exclusivamente militar? ¿La cuestión de integridad del territorio, entendiendo por tal los levantamientos coloniales, era un asunto puramente de Guerra? ¿Quién debía diseñar la política de orden público? ¿Quién era competente para juzgar los motines y sublevaciones, la jurisdicción civil o la militar?

---

[8] Precisamente ello dio lugar a que en los comienzos de la década de los ochenta, los más prestigiosos generales del momento, entre ellos Martínez Campos, Pavía y Jovellar, abandonaran el Partido Conservador, para unirse a los fusionistas de Sagasta.

[9] He abordado extensamente el tema en mi obra *Militarismo y antimilitarismo en España (1888-1906)*, Madrid, 1990. Véase en especial capítulo I.

Este precario *modus vivendi* entre el poder civil y el ejército funcionó, aunque cada vez con más dificultades, desde la instauración del régimen en 1875 hasta finales de los años ochenta. El proyecto de reformas del general Cassola, breve ministro de la Guerra en uno de los gabinetes de Sagasta, vino a alterar las aguas de un modo irreversible. Muchos intereses creados, civiles y militares, se levantaron en contra de Cassola y en pro del mantenimiento del *statu quo*. Estalló todo el malestar acumulado en el seno de un ejército atrapado por una contradicción insoluble: era inoperante, ineficaz y con un escalafón sobrecargado, de modo que todo el mundo estaba de acuerdo en que no podía seguir así; pero nadie era capaz de coger el bisturí y cortar por lo sano, porque ello hería los intereses particularistas de todos los sectores que se beneficiaban de la situación.

En 1888, el Director general de Infantería, General Chinchilla, prohibía a los oficiales de su arma que siguieran haciendo manifestaciones políticas. Por la misma época se pronunciaba en el mismo sentido el general Cassola. Pocos años más tarde, dichas recomendaciones no sólo eran papel mojado, sino que la crítica militar al poder político era algo habitual, cotidiano, e iba alcanzando cotas cada vez más altas. La prensa militar de los años noventa pedía en unos tonos verdaderamente insultantes cambios o "caídas" de gobierno, tildando a los gobernantes que no eran de su agrado de "ladrones", "forajidos", "sanguijuelas", "putrefactos" y otras lindezas [10].

La debilidad del entramado político canovista en la década de los noventa ha sido subrayada por diversos analistas, hasta tal punto que esos mismos autores se han preguntado por qué el ejército no llega en esos momentos a barrer de un plumazo a un poder civil cuarteado, corrupto, incapaz [11]. Es verdad que los militares podían haber invocado la salvación de España en esos momentos de crisis para tomar el poder, y más aún cuando estalla la guerra, en Cuba primero, en las Filipinas más tarde.

No lo hicieron sin embargo, por varias razones estructurales, amén de una serie de factores coyunturales en los que no queremos ahora entrar: primero, eran conscientes en su conjunto de que ya había pasado definitivamente la época del aventurerismo romántico-liberal, de modo que el pronunciamiento clásico no tenía ya

---

[10] Hasta el moderado *Correo militar*, el más reposado entre los diarios militares de la época, se deja llevar por esta corriente. Véanse artículos como "El único camino" (23-VI-1894), en el que se pide a gritos la dictadura militar ("sí, señor, la dictadura militar, así como suena") como único remedio frente a la política putrefacta. Artículos y tono semejante en otros números anteriores, como 9-XI-1893 y 5-IV-1894. Esos mismos planteamientos están presentes en otros diarios militares a lo largo y ancho de los años noventa. Véase por ejemplo *La Correspondencia militar*. "¡Cuidado!" (4-VII-1899) y "Contra la anarquía" (8-XI-1899).

[11] Cf. los libros de Stanley G. Payne: *Ejército y Sociedad en la España liberal (1808-1936)*, Madrid, 1977, pp. 12-13; y José Ramón Alonso: *Historia política del Ejército español*, Madrid, 1974, pp. 437-463.

sentido; segundo, la propia guerra, paradójicamente, era un factor disuasivo, por cuanto absorbía todas las energías militares (y además la guerra no marchaba precisamente de modo brillante como para aparecer como "salvadores de la patria"); por último, el ejército comprende que es mucho más cómodo y eficaz actuar en la sombra, presionando al gobierno, para conseguir sus propios intereses con el menor desgaste posible. Esta filosofía va a tener una considerable influencia en la actitud militar hacia las agitaciones sociales.

Como parte de esa estrategia de erosión del poder político -comparativamente más fuerte sería así el ejército- los diversos órganos militares seguían vomitando descalificaciones radicales contra todas las instituciones civiles, con especial inquina hacia el parlamento y el sistema parlamentario. En este sentido, ha señalado con agudeza Headrick, el militarismo español sería sobre todo "una incrustación en el sistema de gobierno y, en parte, también, el producto de los defectos de dicho sistema" [12].

Alegatos tan descalificadores contra la clase dirigente sólo cobraban sentido si el ejército, el único elemento institucional sano, podía apoyarse en otro elemento no contaminado: tenía que haber algo o alguien que mereciera la pena salvar, descartados los políticos, o las clases rectoras en su conjunto, que nada merecían. Ese "alguien" no podía ser otro que el pueblo español. En medio de la anarquía moral del país, en medio de la decadencia nacional, sólo quedaban sanos pueblo y ejército. Ambos formaban la espina dorsal de la nación, vivero de todas las virtudes, quintaesencia de los más hondos valores patrióticos.

III. PUEBLO Y EJÉRCITO

¿Podía un ejército absolutamente crítico con el poder civil, y que deseaba al mismo tiempo identificarse con el pueblo (el alma de España, la raza), reprimir a éste siguiendo las órdenes de unos políticos a los que despreciaba? La respuesta podría ser sorprendente si siguiéramos las tesis de algunos artículos que aparecen en la prensa militar. Uno de los más significativos [13] sostiene que el ejército moderno no es aristocrático como en el pasado, ni tiene ya como misión defender al rey contra su pueblo: "es el pueblo mismo"; por tanto, el ejército no representa al capital sino al proletariado; si interviniera en los conflictos huelguísticos se vería obligado a inclinarse hacia el lado de los más débiles, porque en definitiva el ejército "siente con el obrero, piensa con el obrero y es el obrero".

---

[12] Daniel R. Headrick: *Ejército y política en España*, Madrid, 1981, p. 37.

[13] F. Luján: "El ejército y las huelgas", *La Correspondencia militar*, 5-IX-1906.

¿Eran estos los planteamientos mayoritarios en el seno de la institución castrense? Obviamente, no. Lo hemos citado como testimonio de lo antes apuntado acerca de la diversidad de voces en la familia militar, y el panorama tan completo, tan multiforme, que nos ofrece esa fuente preciosa que es la prensa militar. Pero no, estas manifestaciones tan sólo eran representativas de un pequeño sector de oficiales idealistas, que apuntándose a la corriente regeneracionista entonces en boga, desembocan en un radicalismo *sui generis*, más teórico que práctico, apartado de la realidad concreta [14].

En realidad el pueblo de los discursos oficiales, o la tan ensalzada raza española, eran conceptos vacuos. Este "buen ciudadano", este "buen español" que aparece en las arengas militares como elemento básico para conectar al ejército con el resto del país, no es un ser de carne y hueso, no es un hombre real, ni individual ni colectivamente considerado. Es tan utópico como el "buen salvaje" rousseauniano, y cumple una parecida función de mito.

Sólo con descender levemente a la cotidianeidad se podía comprobar que esta férrea unión entre el pueblo y el ejército tenía los eslabones de la cadena sospechosamente frágiles. Bastaba con que el pueblo dejara de ser un concepto, tomara forma, rostros, gritos... Que además de su loada laboriosidad, hiciese llegar sus quejas, sus reivindicaciones, sus aspiraciones. Entonces, decían los propios militares, se fragmentaba la unión entre el ejército y el pueblo, porque éste, en vez de seguir el recto camino, se dejaba llevar por agitadores; entonces, seguían diciendo, no hay más remedio que "ser severísimos", por más doloroso que resulte [15].

Bastaba tener en cuenta las coordenadas en que se movía la mentalidad militar [16] para llegar a la conclusión de que la supuesta comunión entre pueblo y ejército no podía ser más que una entelequia. ¿Cómo armonizar los ideales y valores militares, su sentido del orden, la jerarquización y disciplina, con un "pueblo" heterogéneo pero en su mayor parte sumido en la miseria, cuyos desórdenes e imperfecciones contrastaban vivamente con la rígida reglamentación del cuartel? Y ello sin contar las cuestiones ideológicas: un "pueblo" cada vez más proclive a la causa socialista o

---

[14] Abogaban algunos de esos oficiales por una "revolución desde arriba" (Escartín Lartiga), otros por fórmulas reformistas basadas en el mutualismo y el asociacionismo (Fanjul), y otros incluso, como el Capitán García Pérez, por la cooperación revolucionaria de socialismo y militarismo. La obra de este último, titulada así, *Militarismo y Socialismo* (Madrid, 1906), es particularmente curiosa en este aspecto. Es muy representativo también de esta tendencia "La escuela y el cuartel", *El Correo militar*, 18-X-1898.

[15] Un artículo enormemente representativo en este sentido es "El Ejército y el pueblo", *La Correspondencia militar*, 3-VII-1899. En una línea parecida (el ejército "faro tutelar", "guía supremo", frente al pueblo siempre propenso a "desviaciones"): "Atentados contra el ejército", *El Ejército español*, 20-IX-1904.

[16] Véase sobre esos aspectos G. Cardona: *El poder militar en la España contemporánea hasta la guerra civil*, Madrid, 1983, pp. 15-30.

anarquista, cada vez menos patriota y más internacionalista, incluso -¿por qué no decirlo?- cada vez más refractario a los valores militares, es decir, más antimilitarista.

El ejército temía la agitación de las masas, movidas por unas ideologías que por múltiples conceptos le resultaban tan extrañas como abominables. De ahí que la reacción militar ante el crecimiento de los conflictos sociales no sólo no fuera de comprensión, sino que se convirtiera pronto en todo lo contrario: una exigencia cada vez más firme al poder político de que atajase radicalmente, por la fuerza, esa situación. Por eso, las continuas acusaciones de falta de energía para imponer el orden, dirigidas a los políticos.

Todo ello se agravó en los años del cambio de siglo por las trágicas circunstancias en que se desenvolvía la vida social y política. La "amenaza separatista", sobre todo en Cataluña, vino a agravar más las tensiones existentes. Con respecto a este problema, que para el ejército era también exclusivamente una cuestión de orden público, los militares creyeron realmente que si se seguía con una política contemporizadora iban a surgir "nuevas Cubas", pero ahora en la propia geografía peninsular [17]. Por ello, cuando el poder político, en aras de la libertad de expresión, toleraba la propaganda catalanista, iba al mismo tiempo fomentando en las filas militares la convicción de que arreglaban con sus propios medios -a golpe de sable- los problemas, o las consecuencias serían peores. De ahí los asaltos a periódicos y la agitación que desembocó en la Ley de Jurisdicciones [18].

Por tanto, cabe decir que frente a las dos mayores amenazas para el orden social de la época -la subversión revolucionaria y el separatismo- el ejército nunca rehusó su concurso, nunca negó su participación ni nunca consideró que fueran problemas de exclusiva competencia del poder político. Antes al contrario, pensaban los militares que sólo una institución como el ejército, por su energía, su disciplina, su integridad moral, estaba capacitada para resolver esos conflictos. Ello no quiere decir sin embargo que los militares estuviesen dispuestos a asumir con beneplácito *cualquier tarea de orden público.* Consideraban que ésas eran misiones de la policía o, fundamentalmente, la Guardia Civil, y no del ejército, pues éste debía reservarse para las cuestiones decisivas, para los problemas trascendentales.

La torpeza -o la incapacidad- de los distintos gobiernos de la Restauración fue precisamente ésa, la de no hacer realidad la famosa frase de Cánovas: "El ejército

---

[17] *La Correspondencia militar*, 27 y 29-XI-1905. Véase también en la misma publicación el artículo "Peligros para la patria" (24-XII-1906). En general, la queja por la falta de firmeza del poder político ante la agitación social es una constante del período. Cf. por ejemplo "El país y la institución militar", en *La Unión militar*, 26-X-1903. Los artículos citados son representativos de una sensibilidad exacerbada que se manifiesta a diario en forma de incontables sueltos, noticias, comentarios, declaraciones, etc., que constituyen en conjunto una colección literalmente inabarcable.

[18] R. Lezcano: *La Ley de Jurisdicciones*, Madrid, 1978, pp. 43-68.

debe ser el invencible dique de las tentativas ilegales del proletariado". Dique invencible no es exactamente rompeolas, ni mucho menos primera barrera. La eficacia del sistema debía tener como base no desgastar al ejército, haciéndolo intervenir continuamente. Si el Estado hubiese creado unas fuerzas policiales eficaces no hubiera tenido que recurrir al ejército más que como último remedio. No es ningún descubrimiento que el ejército que interviene con frecuencia excesiva en la política interna, termina por pasar la cuenta.

Era además de esto mismo de lo que se quejaban los militares. No rechazaban su papel de mantenedores del orden público en última instancia, sino la burda utilización que los políticos hacían de la fuerza militar[19]. Claro que esta queja derivaba rápida y casi imperceptiblemente a otra, cuyas implicaciones eran ya diferentes, y mucho más graves: el ejército, como ya se ha dicho, se siente desde finales de los años ochenta y principio de la década de los noventa, cada vez más distanciado de los gobiernos de turno, sean de un signo u otro. "Distanciado" puede ser incluso un término suave para el malestar y la ebullición de los cuarteles. Por tanto, no es de extrañar que en el fondo, en lo tocante a las agitaciones sociales, el problema estaba más bien en la resistencia en el seno del ejército a protagonizar una política de orden público bajo la dirección civil. Se trataba en definitiva, una vez más, de una de las cuestiones medulares de todo el siglo XIX español, que la Restauración de 1875 había cerrado en falso: el problema de la subordinación militar al poder civil. Una cuestión que el ejército español no había terminado de digerir.

IV. ¿QUÉ TIPO DE REPRESIÓN?

Claro está que el problema tenía difícil remedio, visto desde la perspectiva militar. No podían recurrir a la pasividad, a la inacción frente a los ataques del "enemigo interior" (anarquistas, separatistas, movimiento revolucionario en general) ni permanecer impasibles antes las agitaciones sociales (huelgas, motines, asaltos, manifestaciones). Tampoco querían intervenir continuamente, apareciendo como represores inmisericordes del pueblo, ganándose con ello la fama de fuerza represiva por antonomasia. Y, por último, les molestaba estar al servicio de los políticos, sacar a éstos las "castañas del fuego", cuando pensaban que eran ellos quienes habían propiciado los problemas con su ineptitud o sus inmoralidades.

[19] En fechas relativamente separadas, como 1894 y 1903, se analiza el problema en términos casi idénticos: véase *El Correo militar*, 13-1V-1894, y *La Unión militar*, 13-X-1903. En éste ultimo periódico son también interesantes en el mismo sentido dos artículos del 30-X-1903: "Aprovéchese la lección" y "El ejército ante el conflicto".

Hay por ello en el ámbito militar, al abordar este asunto, un permanente mal humor, algo así como una murmuración entre dientes, asumiendo la represión porque no les queda más remedio, pero con un resentimiento poco disimulado hacia todos, hacia los de arriba por la "manipulación" de que eran objeto, y hacia los de abajo por su "traición" a los ideales patrióticos y nacionales.

Es evidente que según crece el número de conflictos sociales, el pensamiento militar se va haciendo más conservador. Pero el pensamiento conservador siempre ha oscilado ante los problemas de orden público entre la defensa exclusiva de la represión, y la conveniencia de una táctica más flexible, más eficaz a largo plazo; esta última no prescindiría de las medidas represivas (aplicadas, eso sí, selectivamente y con mesura), pero añadiría también otras medidas tendentes a mejorar las condiciones de vida de las masas, en un tono de paternalismo social muy propio de la época (*Rerum Novarum*)[20].

En el ámbito específicamente militar, son más abundantes las propuestas del primer tipo que las del segundo. Cuando se habla de justicia social, es para decir, básicamente, que ésta estriba sencillamente en la conformidad de cada uno con su situación y su destino. Un tal "teniente Vidrieras" sugiere en este sentido que la mejor medicina contra la agitación social son las leyes represivas aplicadas con imparcialidad. El justo medio consiste, según él, en desterrar la amargura de los míseros y la soberbia de los encumbrados mediante la aplicación estricta de la ley, para que éstos queden contentos y aquéllos resignados[21]. La dureza represiva es además defendida y justificada históricamente como el único método que a lo largo de los siglos ha demostrado su validez y eficacia para "extirpar los males sociales"[22].

Pero no basta hablar de represión en abstracto o de modo genérico. Demos un paso más, siguiendo siempre el razonamiento de los sectores castrenses. ¿Cuáles deben ser las características de la represión? ¿En qué debe consistir ésta exactamente? ¿Cómo se debe aplicar o dosificar? ¿Ha de atenerse la represión a la legalidad vigente, hay que cambiar ésta en función de las necesidades represivas, se deben hacer leyes de excepción? ¿Quién debe aplicar las leyes de orden público, los tribunales ordinarios o los consejos de Guerra?

Desde un punto de vista global, la represión ha de distinguirse por su energía, eficacia y discreción. No son términos baladíes; por el contrario, tienen un contenido y un significado preciso. Cuando se habla de energía, se quiere decir firmeza, contundencia, caiga quien caiga, con todas sus consecuencias. Es suficientemente

---

[20] Las obras de Fernando Cadalso y Gustavo Laiglesia representan muy bien una y otra tendencia: son, respectivamente, *El anarquismo y los medios de represión* (Madrid, 1896), y *Caracteres del anarquismo en la actualidad* (Barcelona, 1907).

[21] "El efecto por la causa", *La Correspondencia militar*, 2-VIII-1899.

[22] "Remedios contra el crimen", *El Ejército español*, 9-VI-1906.

significativo en este sentido que para los militares ninguna ley es suficientemente dura. Esto se repite incesamente, hasta la saciedad. La benevolencia, dicen, es juzgada por el enemigo como debilidad. Hay que perseguir a los transgresores de la ley como alimañas feroces, hasta sus propias guaridas, y exterminar hasta sus huellas y raíces[23].

La eficacia se entiende fundamentalmente como la aplicación de un castigo inmediato, sin proporcionar garantías de ningún tipo a los inculpados. Mejor no formar causas espectaculares, ni siquiera ejecuciones públicas, para no dar motivo a la aparición de mártires. La prensa militar se decanta por la aplicación de métodos expeditivos, por el "todo vale" con tal de exterminar al enemigo en el menor tiempo posible. En este sentido, cuando se produce la exacerbación del terrorismo anarquista, no se le ocurre a un periódico militar mejor solución que colgar "a unos centenares de anarquistas de las ramas de los árboles que hay en las Ramblas". No se crea que era un simple desahogo, porque en esos momentos, en otras obras de carácter teórico, más reposadas, algunos autores conservadores están pidiendo expresamente la aplicación de la ley del Talión, ojo por ojo y diente por diente. "Al exterminio hay que contestar con el exterminio"[24].

En tercer lugar, la discreción es una cualidad que se considera específica de la represión militar. A propósito por ejemplo de un consejo de Guerra formado contra un pequeño grupo anarquista catalán, se elogia desde el ámbito militar la "reserva observada", esa discreción que "tanto irrita y desespera a los periódicos sensacionalistas", acostumbrados a las indiscreciones de la justicia ordinaria[25].

La represión así caracterizada -enérgica, eficaz y discreta- ha de aplicarse de manera uniforme, esto es, sin distinciones de autoría, complicidad, encubrimiento, etc. Todos estos distingos les parecen a los analistas militares propios de leguleyos y picapleitos. En el caso de los anarquistas, por ejemplo, no hay mucho que hablar: todos son culpables sin más. Si no fuera por el número de veces que se repite esta tesis, estaríamos tentados de creer que tal monstruosidad jurídica era simplemente el resultado de la excitación del momento. Pero no hay tal. Porque este razonamiento se lleva hasta sus últimas consecuencias, de manera que se considera a los teóricos anarquistas, aquéllos que no han hecho más que escribir, tan culpables -o más- que los propios autores de atentados. "El pensamiento es la semilla -dicen- y el delito terrorista, el fruto". La cuestión de hallar al autor material de una explosión es secundaria, siguen razonando, porque por más que se halle y castigue a éste,

---

23 "Guardia civil. La dinamita en acción", en *El Ejército español*, 17-IX-1904. "La leyenda de Montjuich", *La Correspondencia militar*, 4-IX-1905.

24 "A escape y al vuelo", *El Eco militar*, 12-XI-1893. *La Correspondencia militar*, 2-VIII-1899. *El Ejército español*, 9-VI-1906. M. Polo y Peyrolón: *Anarquía fiera y mansa*, Valencia, 1908, pp. 50-57, y 73-77.

25 *El Correo militar*, 21 y 22-V-1894.

si se deja en libertad al autor moral, es como si se castigara al puñal o a la pistola en vez de al sujeto que los empuña[26].

Debido precisamente a ello, las frecuentes denuncias acerca de excesos represivos, malos tratos, irregularidades, condenas injustas, etc., carecen de sentido desde la órbita militar. ¿Cómo iban a admitir la existencia de errores o atropellos en el sistema represivo o judicial, si por definición *todos* los encausados eran culpables? De ahí la impaciencia de los sectores militares ante la petición que se hace desde la prensa civil, los partidos políticos o el parlamento, de garantías procesales. ¿Para qué hacían falta garantías?

De ahí también su desprecio de la justicia ordinaria -lenta, meticulosa- y no digamos ya del Jurado, que es sistemáticamente acusado de lenidad, cuando no de complicidad con los agitadores. No hay nada, se dice continuamente, como la justicia militar. Por eso la reivindicación más extendida en estos momentos es que todo, *absolutamente todo*, pase a la justicia militar: no ya sólo los atentados, algaradas, motines -que en su inmensa mayoría terminaban efectivamente en las manos militares-, sino incluso los propios *delitos de imprenta*, es decir, los ataques contra el ejército, sus símbolos y valores, sus miembros, la integridad de la patria, etc. No cejaron en su empeño hasta que finalmente lo consiguieron, en 1906, con la famosa *Ley de Jurisdicciones.*

V. EXTIRPAR LA RAÍZ: LA PRENSA REVOLUCIONARIA

Quizás sea en este aspecto, mejor que en ningún otro, donde pueda verse la especificidad de la actitud militar ante los problemas de orden público. Dentro de la mencionada perspectiva de represión generalizada contra todos los agitadores para extirpar de raíz la semilla, se encuadra la insistente petición de acabar con la prensa considerada subversiva. Es innegable que esta aspiración anida también en el pensamiento político conservador[27], pero es en el ambiente militar donde se refleja más insistentemente, con más vehemencia.

Ése fue precisamente uno de los principales caballos de batalla de la prensa militar contra sucesivos gobiernos que, hasta 1896, habían tenido una actitud dubitativa

---

[26] Incontables artículos con estos planteamientos. Como selección representativa, véase *El Correo militar*, 28-XII-1893, y 10-IV-1894. *La Correspondencia militar*, 5-IX-1905 y 17-VII-1906. *El Ejército español*, 2-VI-1906.

[27] De hecho, Gabriel Maura Gamazo, en su clásica obra sobre el período (*Historia crítica del reinado de Alfonso XIII durante su menoridad*, Barcelona, 1919), viene a confluir en lo mismo, señalando con notoria exageración: "La propaganda de las ideas, por extremas que fuesen, no tropezaban aquí con obstáculos legales ninguno".

frente a la cuestión de la legalidad o ilegalidad de la prensa radical, fundamentalmente anarquista[28]. Con la ley excepcional de 1896, no sólo pasaban directamente a la jurisdicción militar todos los atentados terroristas, sino que se perseguía hasta la erradicación completa toda la prensa subversiva, en el sentido que habían estado solicitando las fuerzas militares. De este modo prácticamente no quedó un solo periódico anarquista en la geografía española, ni siquiera aquéllos que pertenecían a sectores opuestos a las tácticas terroristas. Era la aplicación del principio mencionado: no había que hacer distingos, porque todos eran culpables.

¿Cuáles eran las razones profundas de ese clamor insistente contra la prensa obrera? No era, como se decía superficialmente, la incitación al atentado, porque la mayor parte de los periódicos revolucionarios eran refractarios a dicha táctica. En los casos en que sí amparaban, justificaban o aplaudían las acciones violentas, hubiera bastado con silenciar y perseguir a los proclives a ellas. Se trataba, pues, de otras causas, más complejas, enraizadas en el propio talante militar, en la mentalidad de los jefes y oficiales de las fuerzas armadas.

El militar no es un profesional que deba desarrollar una profunda conciencia crítica sobre su papel en la sociedad, la composición y constitución de ésta, etc. Muy al contrario, recibe la idea, que se convierte al internalizarla en un convencimiento arraigado, de que su misión es trascendental, casi sagrada. No tiene propensión a discutir este punto, todo lo contrario. El militar medio prefiere identificarse con un arquetipo, esa imagen del soldado providente y abnegado, valiente y generoso, defensor de la patria y de las esencias más puras de la nación. El militar se convierte así, por la propia especificidad de su formación, en lo opuesto al intelectual (de la misma manera que es lo contrario del agitador o del político). El militar está educado para la acción, para la eficacia, no para la especulación. El militar debe ser más firme que flexible, más autoritario que dubitativo, más impetuoso que reflexivo. El militar, en tanto que militar, no puede poner en cuestión una serie de valores y principios a los que ha jurado fidelidad; no hay excusa ni excepción posible, o todo el fundamento de la milicia se viene abajo.

Por eso, casi como acto reflejo, la mentalidad militar ante una ideología ajena, al examinar, desprueba; al analizar, rechaza. De ahí también que toda la pluralidad ideológica de la sociedad se vea reducida desde la perspectiva militar a un dilema: la defensa de los valores de los que es representante el ejército, o la crítica de éstos, siempre tildada, con razón o sin ella, de agitación subversiva. El concepto de tolerancia no tiene en este contexto demasiado sentido: ¿se puede, mejor dicho, se debe tolerar el error? O, en su forma más dramática, ¿se puede dejar campo libre a la

[28] Cf. como claro ejemplo de lo que decimos *El Correo militar*, 3-IV-1894.

propaganda subversiva cuando está en juego algo tan sagrado como el ser o no ser de la patria misma?

Sin apartarnos demasiado de ese enfoque, habría que señalar otras razones más concretas. La propaganda revolucionaria en sí era difícilmente soportable y digerible para la ideología militar. Desde dicha prensa se divulgaban ideas contrarias al orden existente, se propugnaba una completa transformación de la sociedad, se atacaban todos los valores vigentes, se vilipendiaba al ejército [29]... Es decir, no era ya por tanto una simple cuestión de disparidad de planteamientos con respecto a la milicia, sino un choque frontal, un ataque en toda regla a lo que representaba, defendía y aspiraba el ejército. En efecto, decían los portavoces militares, ¿qué podían decir de bueno los agitadores sobre los mantenedores del orden? Por tanto, sólo podían vomitar mentiras, descalificaciones, calumnias, insultos... Y ellos, los militares, no podían estar dispuestos a consentirlo.

Había además otra razón, si no tan palpable en carne viva como la anterior, sí quizás más profunda: el efecto pernicioso de la propaganda obrera en cuanto posible concienciadora de las masas incultas, sometidas a la miseria. En este terreno la opinión militar parece dar por sentado que ha perdido lo que podríamos llamar la batalla de la imagen. Las ideas y valores del ejército constituyen un valor supremo, pero parece imposible que tales ideas salgan del cerrado círculo militar e impregnen a la sociedad. Mucho menos, a las capas obreras, cuyo despego por la milicia es más que evidente.

Por tanto, ya que el ejército no puede, no es capaz de hacer llegar su verdad, que es *la verdad*, por lo menos tendrá que erradicar la confusión, el error, la mentira. En definitiva, se teme la capacidad proselitista de las ideas revolucionarias, socialistas y anarquistas, sobre todo cuando se desarrolla "entre gentes ignorantes", sin principios religiosos. Porque a todos estos miserables, en el sentido literal de la palabra, dicha prensa les presenta su miseria "como resultado de la opresión de todo aquél que vive en una posición más desahogada que ellos" [30]. ¿Hay que tener mala conciencia liberal por reprimir dichos errores? ¡En absoluto! Prohibiendo los libelos revolucionarios, dice otro periódico militar [31], no se conculca libertad alguna, porque ¿qué tiene que ver la democracia con esos "perros rabiosos"?

---

29 Desde las filas anarquistas se llamaba (infructuosamente) a la deserción, se decía que la guerra convencional era un residuo del estado salvaje, se comparaba al militar con un autómata y se afirmaba en definitiva que el ejército era una auténtica escuela... del crimen. Cf., aparte de la prensa, obras libertarias muy divulgadas en la época, como la *Psicología del militar profesional* de A. Hamon (Valencia, s.a.), el *Cuaderno manuscrito* de La Escuela Moderna (Barcelona, 1905), o la célebre *¡En guerra!*, de Charles Malato (Barcelona, 1906). También estaba en esta línea *¡Trabajador no votes! ¡Soldado no mates!*, de A. Girault (Barcelona, s.a.).

30 Palabras textuales de *La Correspondencia militar*, 14-VII-1906. Este mismo periódico dedica especial atención a la necesidad de silenciar a la prensa revolucionaria: cf. por ejemplo los diversos artículos dedicados al tema a lo largo de julio y agosto de 1906.

31 *El Correo militar*, 10-IV-1894.

VI. SOCIALISTAS, ANARQUISTAS Y SEPARATISTAS

Es verdad que cuando la prensa militar dirige con ese radicalismo y esa vehemencia su indignación hacia los agitadores sociales, se suele referir a los sectores más extremos del movimiento obrero o a los más exaltados del espectro político. Es decir, hablando en plata, contra anarquistas y catalanistas.

El anarquismo constituye desde comienzo de los años noventa el enemigo número uno en el ámbito al que nos estamos refiriendo. La táctica de la "propaganda por el hecho" (atentados realizados frecuentemente mediante explosivos) lleva el terror a la sociedad española de la Restauración, de la misma manera que había agitado al París de la *belle époque*[32]. El ejército se siente llamado, ante esa sacudida, a defender la sociedad. Él es el único que puede hacerlo, se lee con frecuencia en las páginas de los diarios militares[33].

A comienzos de siglo, después de la catástrofe del 98, que durante un tiempo ha polarizado toda la atención, resurge la actividad anarquista en forma de atentados. Pero ya no se le puede prestar una atención tan absorbente como en la última década. Porque, para "desgracia de España", ha surgido otro "cáncer", el separatismo. No ya el separatismo cubano, que a duras penas se ha podido digerir ("esos ingratos hijos de España de allende el océano"), sino el separatismo en el propio territorio peninsular.

Para la opinión militar, catalanismo es sinónimo de separatismo, sin que por lo general se acepten más matices. Pero también es verdad que los sectores más radicales del catalanismo están imprimiendo a sus reivindicaciones un tono suicida, atacando y zahiriendo al ejército donde más le duele (las campañas del célebre *¡Cu-Cut!*) y amenazando literalmente con hacer de Cataluña "otra Cuba".

De este modo, por razones en principio diferentes pero que luego convergían en lo esencial (la amenaza de la patria, bien en sus fundamentos mismos, bien en su integridad), anarquistas y catalanistas son los verdaderos enemigos de España y del ejército, los enemigos a los que es preciso no dar cuartel. En el caso de los primeros, sus ideas no son tales, sino simples aberraciones; los adeptos de la "secta" no son personas, sino alimañas. Por tanto, hay que erradicar las aberraciones y exterminar a las fieras. Nada más. Por lo que respecta a los segundos, los catalanistas[34],

---

[32] Cf. Jean Maitron: *Histoire du mouvement anarchiste en France (1880-1914)*, 2 vols., París, 1983.

[33] Un ejemplo, expresado con la retórica del momento: "todas las miradas y las esperanzas todas se cifraron en el ejército, sostén firmísimo del orden social y fuerza única con que los países civilizados cuentan para reprimir toda clase de atentados contra su reposo". "El ejército y los anarquistas", *El Correo militar*, 4-V-1894.

[34] Durante la época que tratamos el separatismo se identifica con el catalanismo. A medida que avanza el siglo hay más referencias a los "bizcaitarras", como en principio se conoce y es denominado el movimiento nacionalista vasco. Las actividades de Sabino Arana en la última década del siglo no han pasado totalmente inadvertidas, pero apenas se les da importancia, porque se toman como lo que son, acciones de individuos aislados. Por contra, el catalanismo aparece como una fuerza verdaderamente amenazadora.

nos encontramos por el contrario a personas aparentemente respetables, que comparten los principios civilizadores. Pero sus objetivos resultan -siguiendo siempre el razonamiento militar- tan monstruosos, que no es exagerado decir que son todavía peores que los primeros: pues aberrante es también destruir la patria, con el agravante de realizar tal crimen con la careta puesta, con doblez e hipocresía.

En definitiva, nada tiene de extraño que, según vaya en aumento la efervescencia regionalista o nacionalista en Cataluña, es decir, desde comienzos de siglo, las recetas exigidas por la prensa militar vayan también en la misma línea que hemos visto con respecto a los anarquistas: mano dura, concretada en la suspensión de garantías constitucionales, y métodos expeditivos. Cualquier alboroto debe ser cortado de raíz y "ahogado en sangre", para que sirva de escarmiento. Un ejemplo de lo que se entiende por todo ello: si los ciudadanos catalanes no cumplen sus deberes (alusión al *tancament de caixes*) se hará que los cumplan "a culatazos". Otro: todos los que den vivas a Cataluña y mueras a España, deben ser colgados de los árboles de las Ramblas[35].

Ese radicalismo contrasta con la tibia condena del socialismo, sobre todo del socialismo liderado por Pablo Iglesias, que se presenta a los ojos militares como una doctrina errónea, pero al menos no exenta de buen sentido y, sobre todo, lo que es más valorado, por una encomiable moderación tanto en la teoría como en la práctica. No era infrecuente que se publicaran en la prensa militar valoraciones comprensivas de determinados aspectos del socialismo. Incluso, como ya vimos, algunos oficiales abogaban por una suerte de cooperación entre socialismo y militarismo, pensando que aunque en principio tal colaboración resultara extraña, el futuro sería de ellos. Lo más normal sin embargo era un rechazo matizado: había un poso de razón en las reivindicaciones socialistas, pero... Desde la óptica militar no se podían asumir principios básicos del movimiento socialista como por ejemplo la lucha de clases[36].

Con ocasión de las conmemoraciones de los Primero de Mayo, desde el comienzo de la década de los noventa, se producen múltiples manifestaciones del tipo "hay un fondo de justicia en las aspiraciones obreras", pero siempre esta "comprensión" está tamizada por el temor a que la reivindicación pacífica devenga algarada, motín o revolución. Por si fuera poco, lo que resulta inaceptable, desde el punto de vista militar, es el internacionalismo del que hacen gala las organizaciones proletarias. Por ello, aprovechando la casual correlación de fechas,

---

[35] "Ha llegado el momento", *La Correspondencia militar*, 14-X-1899. "¡Patria... adelante!", *Ibidem*, 29-XI-1905.

[36] "La fiesta del trabajo", *El Correo militar*, 3-V-1892.

contraponen al Primero de Mayo, obrero e internacionalista, el patriótico Dos de Mayo, "fiesta de todos los españoles", sin distinción de clases sociales[37].

VII. DE LA COMPRENSIÓN A LA REPRESIÓN

> Quizás en ninguna otra época tan radical separación de clases, tanta miseria en las inferiores y tanto odio recíproco, entre unas y otras, como en nuestros días. Al fin y al cabo, el esclavo vivía en casa de su señor y formaba parte de su familia, a éste interesaba tenerlo nutrido y hasta educado (...). Hoy, las clases acomodadas (...) ven sólo de pasada y a distancia, en el fango del arroyo, a los desvalidos y menesterosos, los contemplan un momento con repugnancia y desprecio, pero al sentirse heridos por sus miradas llenas de envidias y odios, se indignan y quisieran exterminarlos, a ser posible, como si aquellos infelices no fueran los que amasan su fortuna[38].

Por más sorprendente que resulte, esas frases están escritas en una de las publicaciones militares del período que tratamos. Y tampoco sería exacto decir que constituyan, como ya hemos tenido ocasión de adelantar, algo absolutamente excepcional. Minoritario, indudablemente, pero no excepcional.

Esta vertiente "comprensiva" de la mentalidad militar con respecto a la cuestión social lleva también, inevitablemente, a un cierto distanciamiento de las soluciones meramente represivas. En muchas ocasiones, con ocasión de distintos conflictos sociales, el ejército sueña con un papel justiciero, en el estricto sentido del término: impartir justicia de un modo neutral, casi al modo salomónico. Ni los patronos tienen toda la razón, ni los obreros pueden salirse con la suya. El ejército, desde esta perspectiva, ha de limitar la ambición de los primeros y poner dique a los excesos de los segundos. El ejército sería en este caso como un gran juez, que aunaría el prestigio, la honradez, la fuerza y la imparcialidad.

Siguiendo esta línea de análisis, se llega a veces a planteamientos aún más sorprendentes (en este caso sí excepcionales), en la órbita de un populismo antiburgués de tintes absolutamente radicales. Así, tras una crítica sin paliativos de los ricos, de los poderosos, de los influyentes, que no sólo "abusan de sus derechos", sino que "aun pasan a ejecutar delitos y faltas", porque todo les está permitido, *La Correspondencia militar* pasa a justificar la revuelta de los desheredados en unos

---

37 *El Correo militar*, 3-V-1892.

38 *Boletín de Justicia militar*, 5-IV-1892, p. 2.

términos tan contundentes, que podrían confundirse con los habituales en las publicaciones libertarias. Una pequeña muestra:

> ¿Qué extraño es que, como consecuencia de ese estado de cosas, aparezcan en cerebros incultos exacerbados por la miseria, aspiraciones a cambios imposibles, cuando no aniquilación completa de un mundo que sólo les ofrece el espectáculo de la justicia imperante por doquier?[39]

En el fondo de las aspiraciones socialistas y anarquistas, se reconoce en algunas ocasiones, hay principios de justicia y equidad. El mal está en que se exageran esas aspiraciones, o se pretende imponerlas por la fuerza, la violencia o el terror. Pero es cierto el planteamiento que sirve de base a las doctrinas proletarias: la desigualdad social es una lacra de tal magnitud que no puede ser remediada con la caridad individual. Se necesitan reformas estructurales, medidas políticas, un cambio en la organización social. Quizás no exactamente en el sentido que solicitan los proletarios, porque la igualdad socialista es una quimera, pero sí al menos en el sentido de eliminar los grandes contrastes sociales. Sin todo ello, en definitiva, el ejército no puede mantener la disciplina social, porque la verdadera disciplina debe siempre tener como base la justicia.

Estos planteamientos aparecen de vez en cuando en la prensa militar. También en algunos discursos, en folletos, en libros. Son representativos de un determinado sector de la milicia -generalmente jóvenes oficiales- que abogaban porque el ejército representara otro papel, un papel bien diferente al que había desempeñado en el triste siglo XIX español. Estos jóvenes oficiales, imbuidos implícita o explícitamente del espíritu regeneracionista, se rebelaban contra la idea de un ejército al servicio de los poderosos, mantenedor del *statu quo*, celoso defensor de sus privilegios. Querían otro tipo de ejército.

La propuesta de estos oficiales era en el fondo más militarista que la de los propios generales comprometidos con el régimen, aunque era indudablemente un militarismo de distinto cuño. Aspiraban aquéllos a fundir ejército y pueblo, milicia y sociedad, y como el ejército les parecía en su constitución una sociedad perfecta (con sus reglamentos, su disciplina, etc.), aspiraban a militarizar la sociedad.

Su sueño era que la sociedad se pareciera cada más al ejército, hasta fundirse con él. No hace falta subrayar cuán equivocados estaban, qué lejos se encontraban sus análisis de la realidad de la España del momento. Una sociedad que precisamente en esos momentos se divorciaba de forma irreversible de la milicia. Los valores de la sociedad civil y de la sociedad militar se hacen en esta época tan

---

[39] "La injusticia social", *La Correspondencia militar*, 31-III-1892.

divergentes que el foso que al poco tiempo se abre entre ellos es absolutamente insalvable.

Propuestas, por tanto, por encima de todo, alejadas de la realidad. Porque, además, por si fuera poco, no era ése el sentir mayoritario de la institución. La inmensa mayoría de los miembros de la milicia estaban solicitando, como hemos tenido ocasión de ver, otro tipo de recetas para solucionar los problemas sociales. La mayor parte de los militares no estaban interesados en examinar unas doctrinas extrañas, y menos cuando los postulados teóricos de esas doctrinas se traducían en huelgas, manifestaciones, algaradas, motines, asaltos..., es decir, en fuegos que el ejército después tenía que apagar.

Si por algo estaba exasperado el militar medio era precisamente por lo que llamaba la falta de energía de los políticos civiles, la pusilanimidad del gobierno (fuera el gobierno que fuese). El sentido militar de la disciplina llevaba a considerar que la mejor receta para los conflictos sociales era imponer el orden, por las buenas o por las malas. ¿Cómo era posible que la fuerza armada se dejara, por ejemplo, apedrear por unos manifestantes sin intervenir? De esa pasividad, ordenada por el gobierno de turno, venían luego consecuencias catastróficas, porque las masas perdían el respeto al ejército, y un ejército sin honor ni respeto era, en la terminología de la época, el "ludibrio" de todos.

Independientemente de las opiniones y las actitudes, la propia realidad de los hechos se impuso, como no podía ser menos. Con mejor o peor gana de sus componentes, lo cierto es que la represión en España tuvo que ser asumida por el ejército. El Estado español de la Restauración no contaba con unas fuerzas policiales dignas de tal nombre. No existía en la práctica una policía civil. El principal cuerpo de orden público, la Guardia Civil, estaba militarizado, a pesar de su nombre. Era, por tanto, de hecho, otro cuerpo militar.

Pero los hechos iban aún más allá. Era el propio Estado el que ponía continuamente de manifiesto su dependencia con respecto al poder militar ante la menor eventualidad. Cada vez que se producía una alteración social, pequeña o grande, se suspendían las garantias constitucionales y se declaraba el Estado de Guerra. La autoridad civil resignaba el mando. Era el Capitán general el que hacía y deshacía. Era el ejército o la Guardia Civil quienes reprimían. Y por último era un Consejo de Guerra, la jurisdicción militar, quien veía la causa. ¿Qué más se puede añadir?

Llevados por la propia dinámica de los acontecimientos, los militares no tuvieron más remedio que acomodarse a la situación. La mayoría lo hizo a gusto, porque consideraban que ése debía ser, con algunos matices discrepantes, que ya señalamos, el papel del ejército. Apropiándose de un simbolismo característico de la época, los militares coincidían en que la fuerza armada debía desempeñar el doloroso papel de cirujano, extirpando los males que atenazaban a una sociedad enferma. Siguiendo el símil, de ahí mismo se derivaba la necesidad de actuar decididamente, con contundencia: no se extirpa un cáncer con paños calientes.

Las coordenadas políticas de España tras el 98 hicieron en cierto sentido a las fuerzas armadas más vulnerables, no ya sólo porque se sentían acosadas e injustamente responsabilizadas del Desatre, sino sobre todo porque estaban objetivamente cada vez más aisladas del resto de la sociedad española. En esas condiciones era todavía más difícil un replanteamiento de la situación descrita. Las agitaciones sociales y políticas aumentaron, y no sólo eso, sino que se hicieron cada vez más conscientemente antimilitaristas, y el ejército reaccionó contra ellas con creciente dureza, sin querer plantearse nada más.

MANUEL AZAÑA Y LOS MILITARES

Miguel Alonso Baquer
CESEDEN

SUMARIO:

I. Apologetas, críticos y realistas
II. ¿Monarquía?, siempre o nunca
III. El joven Azaña y el problema español

No sería demasiado difícil componer un libro que llevara por título *Azaña y los intelectuales* o *Azaña y los políticos* o *Azaña y los escritores.* Ni sería complicado darle la vuelta al título y ocuparse, respectivamente, de *los intelectuales...* Ángel Ganivet, Joaquín Costa, Ortega y Gasset, Gregorio Marañón, etc... *y Azaña*; *de los políticos...* Alcalá Zamora, Miguel Maura, Alejandro Lerroux, Indalecio Prieto, Juan Negrín... *y Azaña*, o de *los escritores...* Luis Araquistain, Giménez Caballero, Nicolás González Ruiz, Joaquín Arrarás, Pedro Saínz Rodríguez... *y Azaña.*

Y es que ni Azaña era persona que dejara indiferentes a los personajes de su tiempo aplicados al pensamiento, a la política o a la literatura, ni algunos de estos personajes, en la medida en que pudieron conocerle, han podido dejar tranquila la memoria del hombre que simbolizó de manera eminente el talante de la Segunda República.

Todos estos libros ya han sido escritos y comentados. Y se les ha juzgado por las últimas generaciones de muy diversa manera en muy distintos momentos. Lo que nunca se ha emprendido de manera monográfica es el análisis de la relación entre *Azaña y los militares* o entre *los militares y Azaña.*

I. APOLOGETAS, CRÍTICOS Y REALISTAS

Contamos con testimonios sobre la figura de Azaña desde las tres perspectivas habitualmente trazadas cuando se trata de describir a una personalidad histórica: la *perspectiva apologética* de los que nosotros llamaremos admiradores, Cipriano Rivas Cherif, Juan Marichal, José María Marco, Federico Bravo Morata, Eduardo Espín, Manuel Ramírez, Luis Arias, Santos Juliá, etc...; la *perspectiva crítica* de los que otros llaman denigradores, Nicolás González Ruiz, Joaquín Arrarás, Carlos Rojas, Víctor Alba hasta llegar, quizás, a Jesús Pabón, a Palacio Atard, a Ricardo de

La Cierva, a Emilio Romero, etc..., y la *perspectiva realista* de quienes podemos considerar observadores, Emiliano Aguado, Julián Marías, José Carlos Mainer, Lázaro Carreter, Juan Pablo Fusi, Ferrer Solá, Manuel Aragón, Seco Serrano, Javier Tusell, Jiménez Losantos, etc...

Las tres perspectivas han acompañado en todo momento a la figura de D. Manuel, pero no se han hecho públicas en la adecuada proporción. Después del cincuenta aniversario de su muerte (1940) en Montauban (Francia), la perspectiva que he llamado realista ha estado mejor representada que nunca, si bien en compañía del avance inequívoco de los apologetas y del retroceso neto de los críticos a quienes, con evidente exageración, se les sitúa ahora entre los denigradores de la memoria del político republicano.

Estamos atravesando una etapa en la que los estudiosos verdaderamente realistas pasan por críticos. Y en la que los apologetas se nos disfrazan de realistas. Escritores animados por el afán de denigrarle apenas aparecen y hay que pensar que, si alguna vez los hubo, lo fue en aras de personales circunstancias de irritación fáciles de comprender, -caso del comentarista católico de *El Debate* Nicolás González Ruiz o del publicista de la primera posguerra Joaquín Arrarás- cuyos libros quedan el del primero, en la hora del auge y el del segundo, en la de la decadencia del prestigio de D. Manuel.

Hasta aquí no he citado a ningún autor extranjero, pero adelantaré que, en líneas generales, los hispanistas aplicados al fenómeno de la Segunda República suelen reiterar posturas que, previamente, habían sido tomadas por historiadores españoles de una u otra tendencia. Lo que ocurre con sus obras tiene mucho que ver con el complejo de inferioridad de los lectores españoles, en virtud del cual cuanto aparece firmado por nombres extraños y rodeado de una metodología de apariencia científica es inmediatamente aceptado, en demérito del estudioso español que puso las bases de lo que luego nos llega como feliz ocurrencia de los extraños. Son, pues, muy fáciles de encontrar autores extranjeros ya encuadrados sin problema en la perspectiva realista. Nuestros lectores, respecto al problema de España, asimilan extranjería con imparcialidad.

No es que los escritores extranjeros sostengan posturas unánimes. Lo que ocurre es que, actualmente, resultan excluidos de las glosas los biógrafos extranjeros del entorno del general Franco, en quienes se supone un fuerte grado de hostilidad respecto a Azaña. Y así nos quedan como válidos para todos los efectos Hugh Thomas, Ramos-Oliveira, Jean Becarud, Franz Borkenau, Gabriel Jackson, Paul Preston, Raymond Carr, George Kamperfeldt, Michael Alpert, Carolyne P. Boyd, etc... Éstos, -y no otros- son hoy considerados los observadores realistas por fuerte que haya sido su propensión hacia la apologética del presidente de la República que perdió la Guerra Civil.

A mi juicio, realista sin sombra de dudas ha resultado ser la perspectiva elegida por Franco Meregalli en una obra de 1969, *Manuel Azaña*, aparecida en el volumen III de *Annali di Ca'Foscais*, Italia, muy próxima, por lo demás, a la actitud mantenida en muchas de sus obras por Stanley Payne. Como realistas, respecto al binomio Manuel Azaña-Francisco Franco, han terminado siendo las actitudes tomadas, tempranamente, por dos escritores militares, el jurídico del Ejército del Aire José María García Escudero y el también miembro del mismo Ejército, Ramón Salas Larrazábal, no demasiado distantes ambos, en este punto, de los testimonios de los militares profesionales que sirvieron a la Segunda República hasta su caída, como Vicente Rojo, Segismundo Casado, J. Pérez Salas e incluso Antonio Cordón, éste con muchas reservas, dada su filiación comunista.

En definitiva y de entrada, me parece que las actitudes más apologéticas y más denigratorias son precisamente aquellas donde no se recogen citas de autores extranjeros; pero tampoco de autores de condición militar, ya que el extranjero y el militar, según esta primera impresión, son los que mejor han sabido atenerse a unas pautas realistas de investigación.

No deberíamos confundir perspectiva realista con doctrina verdadera, pero sí tomar conciencia de que la labor de un historiador de las ideas sólo puede ser valiosa para el conocimiento de la verdad si tiene la gallardía de dejar muy clara su postura personal sobre los hechos. Todos, en teoría, piensan de sí mismos tener derecho a figurar entre los escritores bien centrados sobre la realidad; pero, en la práctica, respecto al tantas veces aludido binomio *España de Azaña* versus *España de Franco*, resulta claro que el fiel de la balanza raras veces se sostiene vertical. Cada obra publicada tiene un perfil dominante que no se oculta con operaciones hábiles de enmascaramiento a las que conviene denominar concesiones formales a la otra parte de las dos Españas, como gusta decir José María García Escudero.

He destacado como realistas las posturas de dos autores de condición militar, adquirida durante la contienda civil, García Escudero y Salas Larrazábal. Están, uno y otro, biográficamente intermedios entre los hombres de la generación de Añaza y mi propia generación. Diré, de pasada, para que el lector de estas notas pueda encuadrarme a mí mismo, que yo procedo de una estirpe castrense cuyos miembros nunca estuvieron en el epicentro de la confrontación de Azaña con los militares. Azaña era más joven que mi abuelo Luis Alonso Pérez, un coronel de Ingenieros que se acogió en 1931, sin resentimiento alguno, a sus leyes de retiro. Mi padre, Mariano Alonso Alonso, entonces capitán de Infantería, ingresó voluntariamente en lo que sería la primera promoción republicana de diplomados de E. M., -no del Cuerpo- de la Escuela Superior de Guerra y se formó en ella, exactamente, a lo largo del bienio azañista. Y yo, que nací en Madrid el 16 de marzo de 1932, soy más joven que García Escudero y Ramón Salas, en la misma medida que lo era mi padre en relación con Azaña. El choque frontal de Azaña con los generales del Ejército de D. Alfonso XIII no afectó, pues, visceralmente a ninguna de las tres generaciones a las que puedo y debo adherirme sentimentalmente. Tengo mi mente inclinada al empleo de una distancia adecuada para la observación.

Hoy pienso que el libro todavía *non nato*, ni siquiera en la línea abierta por García Escudero y Ramón Salas, *D. Manuel Azaña y los militares*, debería ser abordado con urgencia, incluso eludiendo la redacción inmediata de su natural contrapartida, *Los militares y Azaña*. Porque, en una medida todavía no reconocida por los apologetas, críticos o realistas, la biografía de Azaña quedaría con él mejor iluminada y se pondría luz a la polémica abierta por su personal iniciativa contra un corte transversal de los militares de su entorno generacional, que no era otro que el correspondiente a los generales nacidos algo después de que lo hiciera mi abuelo y algo antes de que naciera mi padre, es decir, a lo largo del último tercio del siglo XIX, como Berenguer, Kindelán, Franco y Rojo, pongo por caso. Y pienso que, por las razones que ya he insinuado, la tarea de escribirlo correspondería a algún militar de mi propia generación.

No quiero decir que todo deba reducirse a un combate desigual entre un hombre solo, Azaña, que se enfrenta con la élite de toda una Institución, y el Ejército. No es eso. Es que Azaña, de hecho, se sirvió estratégicamente de la naturaleza del problema militar de España, -de la función aparente del Ejército español en el marco de la Monarquía de Alfonso XIII- para conducir una maniobra política de aproximación indirecta que fuera capaz de generar una República.

Azaña nunca se desentendió del todo de su propia y personal estrategia, que fue, sin duda, una estrategia reduccionista. A su juicio, el Ejército de Alfonso XIII -la élite de ese Ejército- era el primer enemigo a batir. Fueron los generales monárquicos, sucesivamente noventaochistas y africanistas, el centro de gravedad de la acción reflexiva de Azaña y el punto de aplicación de su esfuerzo principal. Olvidar esta circunstancia es omitir una clave fundamental para explicar lo precario de la existencia de la Segunda República, la de D. Manuel Azaña.

II. ¿MONARQUÍA? SIEMPRE O NUNCA

Los militares monárquicos, naturalmente que están aludidos en los libros sobre Azaña de todos y cada uno de los escritores aquí citados, en contraste con los militares republicanos. Pero la cita de unos y otros tiene un carácter superficial, quizás debido a la escasa atención que Azaña prestaba al estilo militar de vida y a los problemas verdaderamente militares, que no de política general. El problema a Azaña se le redujo a buscar en ellos la respuesta a esta única pregunta: ¿Monarquía o

República? El "siempre" a la Monarquía y el "nunca" a la República, marcaron con absoluta precisión la máxima hostilidad de Azaña respecto a cada militar en concreto. Como sabemos, a D. Manuel se le reconoce por el "nunca" a la Monarquía y el "siempre" a la República, con absoluta precisión.

Cuando Azaña censure a Berenguer en 1922 por los defectos formales de la crónica sobre las Campañas del Rif y de Yebala, nos dejará la impresión de no haber captado el contenido de una sola de las páginas de D. Dámaso. Su crítica deriva hacia el estilo narrativo y nada nos ofrece sobre el acierto o el error del modo berengueriano de conducir las operaciones. Cuando Azaña, sin citar a Kindelán, tome distancia frente a todas las fidelidades monárquicas de 1930, lo hará desdeñando la inequívoca tendencia a la modernización técnica que D. Alfredo simbolizaba como ingeniero y como aviador. Cuando Azaña -ahora poniendo el nombre de Franco- se yerga contra el significado del general, acogido por la República en la Jefatura del Estado Mayor Central merced a los buenos oficios de Alejandro Lerroux y Diego Hidalgo en 1934, lo hará rechazando de raíz todos los méritos profesionales de D. Francisco, que eran compartidos por muchos oficiales sinceramente adheridos a la nueva situación. Y cuando, por fin Azaña, a principios de 1939, se vea en el trance de reconocer la derrota militar de la Segunda República acusará a Rojo, como Jefe -nos dice- del Ejército Popular de la República, de haber hecho imposible la ecuación República igual a España; República igual a Revolución y República igual a Paz. El "nunca" de Azaña a la Monarquía se transmite a todos los militares y salpica también a los militares que se habían entregado en cuerpo y alma a la República como D. Vicente Rojo.

Azaña, -he sugerido una cadena de cuatro nombres de militares regeneracionistas (Berenguer, Kindelán, Franco y Rojo)-, proclama un "nunca" a la Monarquía que presupone el "siempre" del primero de los cuatro generales, un "siempre" más firme en Berenguer que el que Azaña atribuyó, por ejemplo, a Martínez Anido, Sanjurjo o Primo de Rivera. No pudo alcanzar a vivir el triple juego que a su pregunta le iba a dar después de su muerte Kindelán, respondiendo ¿Monarquía? *Hoy*; Franco, anunciando ¿Monarquía? *Mañana*, y Rojo, dudando, pero repitiendo ¿Monarquía? *Ayer*.

La actitud de Azaña hacia los militares estuvo dominada por un problema político e histórico que era el de la Monarquía. No le viene de un problema militar puro, el de la función de las instituciones armadas para la defensa de España. El "nunca" azañista a la Monarquía, no obstante, pasaba por el cumplimiento de dos condiciones previas, la quiebra del Ejército permanente y la fundación de un sistema educativo que dejara sin función alguna a las Órdenes religiosas. Será Azaña quien al subrayar la urgencia del coronamiento de ambas condiciones precipite un acercamiento de la Iglesia al Ejército y del Ejército a la Iglesia, que era impensable, por ejemplo, en 1927 y que resultó fatal para el republicanismo. Pero, insisto, el problema militar para Azaña era sólo el elemento primario de una estrategia de aniquilamiento de la tradición monárquica.

No es que por parte de D. Manuel hubiera sólo con los militares, -o sólo con el clero- una incompatibilidad. También es fácil encontrar las incompatibilidades en las relaciones de Azaña con intelectuales, políticos y escritores. Es que la incompatibilidad de Azaña con el militar de carrera presumiblemente monárquico fue de un género diferente. Lo refleja incluso el trato de Manuel Azaña con los artilleros adheridos al republicanismo, -Juan Hernández Saravia y Arturo Menéndez, con los infantes inequívocamente republicanos Domingo Batet y Leopoldo Menéndez, con los jinetes de la Escolta Presidencial, como Segismundo Casado, con los aviadores de su Gabinete, como Ángel Riaño, con los titulados de E. M. como Enrique Ruiz Fornells (su Subsecretario después de haberlo sido de Berenguer) y con su ayudante Tomás Peire Cabaleiro. Este trato, en ocasiones afectuoso, nada ofrece de iluminador sobre los contenidos de la reforma militar. Azaña mantiene un *debate político* con los diputados y por separado un *combate militar* también con los generales formalmente adheridos a la promesa de fidelidad a la República. Nunca da la menor oportunidad para la apertura de un *juego estratégico* con participación militar en defensa de la forma republicana de Estado. Para D. Manuel Azaña todo militar español, si era miembro del corte generacional donde anidaban sus interlocutores, será sospechoso de conspirar a favor de una restauración monárquica, al menos en potencia.

Esta actitud recelosa de Azaña hacia el militar de carrera ha transcendido a los apologetas, a los críticos y a los observadores realistas de su gestión. Todos se reiteran en idénticas consideraciones sobre el sentido negativo de las reformas militares; aunque en lo técnico -no obstante- fueran indiscutibles e indiscutidas de hecho. Hasta Francisco Franco, años más tarde, en las conversaciones con su primo Franco-Salgado Araujo, repitió displicente que las reformas tenían que ser abordadas en el sentido impreso por Azaña. Todos los gobiernos posibles en el bienio 1930-1931 hubieran presentado leyes de retiro y restricciones de plantilla. Y es que el problema militar no estaba en la reducción negativa de los presupuestos del Ministerio del Ejército, reconvertido por Azaña en Ministerio de la Guerra. El problema de las reformas era, primariamente, el problema de que la positiva modernización posterior a ellas fuera realizada bien bajo el signo de la Monarquía o bien bajo el signo de la República.

Si los apologetas, los críticos y los realistas del entorno de Azaña hubieran investigado el verdadero estado de la cuestión militar española, -a favor de la profesionalidad, naturalmente, tras el éxito de la pacificación de Marruecos y en la desmilitarizada Europa entre las dos guerras-, se habrían detenido en las propuestas expresas en 1931 del comandante en activo de E. M. Epifanio Gascueña Gascón, favorables en extremo a la concepción azañista del aparato militar del Estado moderno; en las críticas del teniente coronel de Infantería, entonces retirado, Nazario Cebreiros Curieses, duramente condenatorias; en los discursos del militar y diputado radical Tomás Peire Cabaleiro, alternativamente tolerantes e intransigentes y, naturalmente, en los ataques sin misericordia del general de brigada de Infantería Emilio Mola Vidal, colocados bajo el rótulo de "la tragedia de las instituciones militares". Pero no lo han hecho. Para todos ellos, -como para el destino personal de D. Manuel- convertir el problema militar español en un dilema Monarquía-República fue una operación perturbadora que sólo podría terminar fraccionando al Ejército más drásticamente aún de lo que le habían fraccionado los junteros en 1917 y los primo-riveristas en 1923. Y fraccionar al Ejército es en todos los casos una mala política, para todos y cada uno de los regímenes políticos que se lo propongan.

Porque los militares españoles de los años treinta se habían desplazado, serenamente, lejos del problema constitucional de la forma de Estado. Querían, con muy pocas excepciones de ambos signos, que se emprendiera por el Gobierno una política sensata de modernización. Se aceptó por la mayoría un conjunto de medidas que, a su juicio, harían posible esa modernización, entre otras cosas, ya que lo dispuesto por el Ministro de la Guerra se parecía como un huevo a otro huevo a las propuestas de buena parte de los publicistas militares de principios de siglo, tan influidos como el propio Azaña por el pensamiento francés. No hubo ningún incidente grave por causa de la resistencia a las reformas militares. Los hubo a partir de agosto de 1932, -hora de la "sanjurjada"-, cuando la polaridad Monarquía-República fue transferida de nuevo hacia los cuarteles tanto desde el propio Gobierno como desde la oposición política a ese Gobierno, arrastrados ambos por la retórica azañista.

He hablado de García Escudero y de Salas Larrazábal como los dos iniciadores de mi acercamiento al contenido político, que no militar, de las reformas de Azaña, pero no he dicho todavía algo que también me afectó. En la Academia General Militar de Zaragoza, a mis dieciocho años de edad discutí, amablemente por cierto, con un buen grupo de compañeros las *Obras Completas* del general Mola. Y debo confesar que el sentido joseantoniano y falangista de muchos de ellos nunca hubiera permitido un saldo desfavorable en términos absolutos para Azaña. Y también que el sentido tradicional y militar del resto del grupo estaba naturalmente inclinado a emprender para la España de 1950 una operación similar de retiros anticipados. Ni Mola ni Azaña quedaron descalificados, sino, simplemente, incorporados como testimonios interesantes de una problemática de carácter técnico, que se quedó sin abordar antes de 1936.

Nada más incorporarme como primer destino a la vida madrileña, -en plena etapa de aplicación de la primera Ley de Reserva del Ministro del Ejército, Muñoz Grandes- tomé contacto con los libros de los hermanos Maura (Gabriel y Miguel), donde se expresaban con talante bien diverso, las causas de la caída de la Monarquía y el porqué de la proclamación de la República y no observé en ninguno de ambos hermanos base alguna para subrayar un protagonismo militar en el acontecimiento. Me hice, sucesivamente, con las historias de Melchor Fernández Almagro y de Jesús Pabón y con la biografía sobre Azaña de Emiliano Aguado, antes de hacer lo propio con textos de autor extranjero, entonces eufóricamente recibidos por los jóvenes universitarios, y llegué a la consecuencia del escaso relieve que para el desenlace trágico de la Segunda República debió tener el fenómeno inicial de las reformas militares de Azaña. La tragedia que el libro de Mola atribuía al abandono de las instituciones militares, que las *Memorias* de Azaña centraban en la malicia de las instituciones monárquicas, era otra tragedia, era la tragedia política de una España, sometida a un proceso revolucionario carente de sentido modernizador y que había, artificiosamente, delegado su porvenir en la toma de partido por parte de los mandos militares, que pudiera producirse.

Comprendí que leyendo y reflexionando sobre la literatura en torno a Azaña, -muy pronto tuve en mis manos los cuatro grandes tomos de Marichal años antes de que se vendieran en España (edición mejicana de 1966)- acabaría sabiendo miles de anécdotas de la historia de la Segunda República; pero muy pocas cosas acerca del problema militar propiamente dicho. El doble binomio del análisis *Los militares y Azaña* versus *Azaña y los militares*, no aparecía por ningún lado, ni ha aparecido entre 1980 y 1990 cuando las editoriales se lanzaron a publicar obras de urgencia alusivas al centenario de su nacimiento y al cincuentenario de su muerte.

Con Azaña, todavía hoy, se mezclan cuestiones de por sí autónomas. Al igual que la Iglesia resulta observada y condenada por él, sólo en tanto promonárquica *en sí*, el Ejército aparece censurado y temido sólo en tanto antirepublicano *per se*. Pero el análisis de la puesta a punto de una acción renovadora de las raíces de ambas instituciones, entonces viable, quedó descartado -por cuanto contradecía la razón de ser de la obra constituyente de D. Manuel Añaza- el necesario aplastamiento de las dos "castas", la *casta sacerdotal* y la *casta militar*. Azaña sólo quiso comprender a la Iglesia y al Ejército como las dos castas, ambas al servicio de una Monarquia tiránica, que deberían ser eliminadas desde el Estado para que existiera la República.

Lo más curioso de esta reducción estratégica radica en que Azaña no supo percibir el lugar desde donde se pondría en peligro a la Segunda República, que era -hoy lo sabemos- una buena parte de la sociedad española, ni militarista ni clerical en 1931 pero bastante dócil a la Iglesia y al Ejército a partir de 1939. Y así se ha llegado por fin a pensar, a la vista de los resultados, que no fueron buenas para la República ni la política religiosa, ni la política militar de Azaña. Pero este pensamiento se encuentra, curiosamente, en los mismos escritores que habían elogiado, sin tino, tanto el dictado de las reformas militares como el apartamiento oficial de la enseñanza religiosa impuestos en 1931 por el segundo Presidente provisional del Poder ejecutivo, que acababa de desplazar a D. Niceto, no por azar, ex-Ministro de la Guerra de un Gobierno liberal de D. Alfonso XIII.

Siempre será más fácil el conocimiento de la relación *Azaña y los militares* que el contrario, *Los militares y Azaña.* En el encuentro, Azaña mantuvo siempre la iniciativa. La recopilación de escritos militares alusivos al Ministro de la Guerra todavía hoy está muy lejos de verse coronada; pero disponemos de un inmenso glosario de anécdotas y de frases ingeniosas del intelectual, político y escritor que fue Azaña para medir la envergadura de su desdén hacia las personas de condición militar. En casi todas las glosas, la reforma militar aparece sacralizada. Los juicios, casi siempre favorables, se circunscriben al subrayado de fragmentos de los preámbulos de sus decretos y de sus proyectos de ley, de los discursos más polémicos y agresivos, de las arengas electoralistas y, finalmente, de las confesiones doloridas de su fracaso final. Incluso las cifras ofrecidas en las palabras del Ministro de la Guerra, las apreciaciones sobre la gravedad de la situación heredada de la Monarquía y de la Dictadura y las valoraciones sobre la hegemonía ejercida por el Ejército en todas las etapas de la Restauración, son tomadas por los glosadores como artículos de una fe dogmática. Azaña se autodefine como el único hombre de Estado que cambia las cosas del Ejército desde la época de Felipe V. Y se le cree todo cuanto dice. Azaña es el bien y la historia del Ejército de la Monarquía es el mal sin mezcla de bien alguno... para sus apologetas. Estoy refiriéndome, como ejemplo, al libro de Federico Bravo Morata.

Yo creo que conviene volver sobre el asunto, dando por supuesto que se ha investigado la relación de Azaña con los militares de su tiempo de modo parcial y perezoso. Sólo se ha escuchado la voz de Azaña. Se han dado por indiscutibles sus explicaciones. Y se ha terminado creyendo que los militares del 18 de julio se vengaron de Azaña para así retornar a una situación similar a la que Azaña encontró en 1931, cuando en realidad de lo que se vengaron era del hecho de haberles implicado en lo político mucho más gravemente aún que los junteros en 1917 y que los incitadores de Primo de Rivera en 1923.

III. EL JOVEN AZAÑA Y EL PROBLEMA ESPAÑOL

Hablaremos, pues, primero del joven Azaña y sólo de Azaña. Desglosaremos, a continuación, el proceso de alza y de declive del interés del Azaña maduro por el problema militar propiamente dicho, -absolutamente condicionado a la quiebra de la Monarquía-, y terminaremos apuntando las posibilidades de una verdadera reforma de las instituciones militares a cargo de la Segunda República, que fueron yuguladas, precisamente, por el evidente desinterés del reformador hacia los problemas de la defensa.

Para hablar del personaje podría acogerme al orden en que fuí teniendo acceso a sus biógrafos y comentaristas. El temprano libro de Ernesto Giménez Caballero, curiosamente, es de los últimos que he leído y el descalificador desde la izquierda, algo más tardío, de Victor Alba, que convertía a D. Manuel en el principal enterrador de la República, fue de los primeros.

No lo haré de este modo sino ateniéndome al hilo cronológico de las fechas de publicación para dejar ver, a su través, la evolución de los acontecimientos. Adelantaré, sin embargo, que Azaña nos da la impresión de contemplar a los militares de su tiempo, primero como si todos fueran leales a Berenguer, después fieles a Kindelán, generalmente como seguidores de Franco y finalmente como identificables con la mentalidad de Rojo. Las referencias de Azaña a Martínez Anido, a Barrera Luyando, a Primo de Rivera, a Cavalcanti, a Mola o a Goded, -entre sus adversarios-, y a sus amigos Saravia, Masquelet, los Menéndez o Batet carecen del valor representativo que debemos otorgarles a los cuatro militares de carrera por nosotros subrayados.

El ambiente familiar alcarreño (o mejor, alcalaíno) donde nace en 1880 Manuel Azaña Díaz -más miliciano que militar, más religioso que anticlerical- no anunciaba una herencia de resentimientos hacia las instituciones militares ni hacia el sistema tradicional de creencias religiosas. Huérfano de padres desde la primera edad, su internado en el colegio agustino de El Escorial, -fundamental para el análisis de una madrugadora quiebra en su fe- no permite ver sombras de antimilitarismo. Redimido a metálico, como tantos, para la prestación del servicio de las armas, dejará impoluta la esfera de unos posibles incidentes cuarteleros. En el joven licenciado en Derecho y afortunado opositor a una notable carrera del Estado, años antes del estallido de la Gran Guerra, nada parecía indicar una orientación crítica hacia el sector militar de la sociedad española.

Se ha insinuado por Nicolás González Ruiz la presencia de un fracaso, e incluso de una expulsión, en el propósito de ingreso en una Academia militar; pero no hubo tal cosa. Se ha formulado una acusación de homosexualidad reiterada en más de un panfleto, que hoy sabemos procedía del círculo teatral de actores que rodeaba a D. Jacinto Benavente y de ninguna manera de los militares. El retrato que nos ha legado en 1972 Emiliano Aguado, -bien entrelazado con el que debemos al cuñado de D. Manuel, Cipriano Rivas Cherif-, deja las cosas en su sitio:

"... solitario, enhiesto, desdeñoso, olímpico... burgués, intelectual y liberal... intelectual de pura cepa que no tiene en el Parlamento ni un solo interlocutor... un hombre que habla con la claridad de la razón, que nunca estuvo enteramente convencido de nada como buen intelectual... Todo lo que se quiera, menos sectario... alma patética refrenada por el decoro... se entrega a las dulzuras de la vida de señorito rico... no es de los que ahogan las penas en alcohol... Se advierte el vaho de un profundo sentido religioso del mundo y de la vida leyendo sus obras... de esos hombres que no conservan la fe de sus mayores ni han podido crearse su fe personal".

Nada hay en este fiel retrato que acuse una particular atención al problema militar de la Monarquía. Ni en el esbozo de imagen que Jesús Ferrer Sola extrae de la autobiografía *El Jardín de los Frailes*: "...un soberbio ejercicio de autoreconocimiento personal, un relato autobiográfico radicalmente intimista y una concepción de héroe solitario enfrentado a su propia realidad exterior". Ni tampoco en el inquietante boceto que debemos a Jorge Guillén:

"Azaña nos instruye sobre la evolución de un adolescente que pasa de lo religioso a lo incrédulo a través de una enseñanza clerical... Al desencanto de tipo religioso se corresponde la desilusión sobre los imperiales y católicos destinos de España... Es la crónica de una descreencia, pero no entendida como una negación del más allá, sino como un rechazo del más acá".

En el "rechazo azañista del *más acá*", -conviene retener la lúcida expresión de J. Guillén-, no aparece antes de 1914 nada que sugiera rechazo, sino desprecio, al ámbito castrense. Los militares españoles no ocupaban espacio alguno en la educación a favor de "los imperiales y católicos destinos de España". Apunta, eso sí, la posibilidad de una creciente polarización de su figura hacia la política que, con razón, escandalizará a Julio Caro Baroja.

"Azaña era un letrado con todas las ansias, vacilaciones y amarguras de un letrado triste. Un hombre hecho para la crítica literaria más que para la creación y de él se hizo un Robespierre. Es como si los franceses hubieran pensado alguna vez que André Gide podría ser un líder revolucionario".

La analogía de Azaña con Gide, un homosexual declarado, es, desde luego, malévola en grado sumo por parte de Caro Baroja; pero lo esencial para nuestro objeto sigue en pie. Ni una sombra de crítica al Ejército se insinúa en *La responsabilidad de las multitudes*, -memoria doctoral presentada en junio de 1900-, ni en *La libertad de asociación*, -conferencia pronunciada en la Academia de Jurisprudencia de

Madrid (1902)-, ni en lo último que Azaña proclama (antes de trasladarse a Francia, becado por la Junta de Ampliación de Estudios, el 24 de noviembre de 1911) que tituló *El problema español*, conferencia dictada en la Casa del Pueblo de su villa natal, Alcalá de Henares, el 4 de abril ante un auditorio de socialistas. La voluntad descristianizadora se entrevera, todavía, con un elogio de la fuerza.

> "Las empresas de los fuertes, cuando lo son de veras, se justifican por sí solas. Inglaterra no se ha tomado la molestia de justificar su posesión de Gibraltar... En las primeras páginas de la Biblia, se impone el trabajo al hombre como expiación y castigo. Pues bien, nuestra moral y toda la organización que apetecemos parte del supuesto contrario, el trabajo, la necesidad espiritual de trabajar, es el signo de superioridad más evidente, de fecundidad de la voluntad".

La clave intencional que describirá Ernesto Giménez Caballero en *Profecías Españolas* se había de hacer patente unas décadas después de la primera y decisiva estancia en París de D. Manuel. Pero la síntesis de D. Ernesto es correcta:

> "La República vino a España para sustituir la religión católica por la religión de la cultura. La cultura significa para la República española una escuela única, una universidad única, una prensa única que enlacen a España a los designios o ideales ginebrinos".

Azaña revivirá el pleno espíritu laicista, mejor que laico, de la *Tercera* República Francesa. "Los padres fundadores de la III República se dan por misión especial la formación de ciudadanos por medio de la escuela y la universidad. Su ideología es una pedagogía. Para ellos la democracia es, como decía Proudhon, una *demopedia*... Jules Ferry, generalísimo de esta campaña, ingeniero y símbolo de la descristianización de la enseñanza francesa "...había creído -escribe recientemente (1990) Jean Lacouture en *Jesuitas*- que era hábil concentrar la operación en primer lugar sobre los jesuitas, simulando no tocar a las demás congregaciones y no tomando ninguna medida contra el clero secular". Un espíritu -concluimos nosotros- que situaba, sin rubor, en plena ola ascendente, al ideal colonial francés como tarea del Ejército por el propio Ferry, por Combes y hasta por Jean Jaurés, además de por Clemenceau, como ha mostrado Raul Girardet.

Por un momento parece que el joven Azaña se va a incorporar (europeizándolo a la francesa) al regeneracionismo de dos españoles egregios de buena pluma, Ángel Ganivet y Joaquín Costa, en quienes también la descristianización de la enseñanza venía acompañada del elogio del expansionismo ultramarino, sea en brazos de los buques de la Armada o de las patrullas militares de exploración africana. Pero no será así. Ganivet y Costa son declarados por Azaña incompatibles con sus ideas.

"Ni Azaña ni sus condiscípulos, ni sus amigos muestran la menor preocupación por la guerra de Cuba... en octubre de 1898 ya se encuentra Azaña instalado en Madrid para preparar el doctorado en leyes".

Este desinterés por los problemas internacionales de España era lo que predominaba en el joven Azaña, que se empapaba en París del espíritu anticlerical de la Tercera República, sin recoger ni una sugerencia de los programas regeneradores de Ganivet -interiorista- y de Costa -expansionista-. En 1906 tampoco había de estar Azaña -un jurista- particularmente irritado por la promulgación, a instancias del liberal Segismundo Moret, de la Ley de Jurisdicciones, ni por la adhesión de España en la Conferencia de Algeciras a la idea colonial anglofrancesa, que reclamaba para ella la administración de un protectorado respecto al sultanato de Marruecos. Manuel Azaña no podía olvidar, mientras se sumergía en las raíces del jacobinismo francés, que se había sentido sucesivamente a gusto en las filas del *¡Maura, no!* orquestado por Moret desde 1907; contento con el abrazo, hostil a Canalejas, exhibido en el Frontón Central de Madrid (1911) de Melquiades Álvarez, un reformista, con Pablo Iglesias, un reformador; feliz en la órbita ateneísta del Conde de Romanones y de la Liga de Educación Política desde 1913 y exultante en la atmósfera de donde emergerá la Junta Nacional del Partido Reformista en evidente amistad con todo lo que significaba un médico internista como Gregorio Marañón en 1914, no un cirujano, como Joaquín Costa, fallecido poco antes.

Y es que será algo más tarde, -en 1916, sobre los campos de Verdun y Reims de la Gran Guerra-, cuando el equipo visitante ateneísta que encabeza D. Ramón Menéndez Pidal, bien escoltado de republicanos españoles, ponga en marcha las reflexiones de Azaña sobre *Los motivos de la germanofilia* (hechas públicas en 1917) y las observaciones sobre *Política militar francesa* (objeto de conferencias en el Ateneo de Madrid, posteriores al desenlace de la contienda); notablemente afectadas ambas por el dolorido pensamiento de sus dos compañeros de viaje al frente italiano en las vísperas del desastre de Caporetto, Miguel de Unamuno y Américo Castro. Es, entonces, cuando irrumpen en los escritos de Azaña las frases decisivas de una toma de posiciones adversa a los militares de su propio país, que no extiende su pluma a los militares de los países entonces aliados contra los Imperios Centrales, Francia, Inglaterra e Italia.

-abolir el sistema militar vigente es una cuestión de vida o muerte

-la guerra es un mal absoluto sin compensación posible, sin mezcla de bien alguno

En definitiva, el "rechazo del *más acá*" en D. Manuel Azaña es, primariamente y por vez primera, un rechazo del Ejército español que encubre estratégicamente otros dos rechazos del *más acá*, el político vigente -la Monarquía- y el religioso, latente -las Órdenes o Congregaciones-. Los encubre, sólo de momento, porque, cuando a lo largo de 1931 el proceso de reformas deje arrinconados a los militares fuera del poder republicano, le llegará la hora a Azaña para concentrar todos sus esfuerzos retóricos y dialécticos en los otros dos rechazos, -el de la Monarquía alfonsina y el de la Iglesia Católica-, también males absolutos "sin mezcla de bien alguno".

Y así la *Ponencia militar* del Partido Reformista, redactada por Azaña en el Congreso de 1918, se fundamentará en la sospecha de una relación directa e inconstitucional de Alfonso XIII con los altos mandos del Ejército, que todavía estaba muy lejos de producirse y que no se hubiera producido si el Gobierno Maura de concentración hubiera contado, entre otros, con el apoyo de D. Melquiades frente a las Juntas de Defensa. Azaña insinúa allí la definición, -procedente de Agustín Argüelles y del Conde de Toreno-, del Ejército como el enemigo número uno de la libertad, que hasta cinco años más tarde, en septiembre de 1923, no se atreverá a formular Unamuno, en línea con Blasco Ibáñez y con Pérez de Ayala, pero todavía no José Ortega y Gasset. Y lo que es más grave; allí se dará por sentado que no habrá más reforma válida que aquella que se polarice hacia el desarme del sector militar de la sociedad, dotado de alguna sombra de poder.

En abril de 1924 un artículo suyo en el semanario *España* se titulará "Cartas de España: la cuestión militar". Otros artículos, -me refiero a "Un año de Dictadura" (nº 189 de la revista de Buenos Aires *Nosotros*) y también, a su "Apelación a la República" (febrero de 1925) fijarán el ordenamiento estratégico para la acción que tendrá por etapas, "barrer el militarismo", "acabar con el infecto clericalismo" y "pulverizar el caciquismo".

Si Ortega esperó a que jurara y ejerciera sus cargos el Gobierno Berenguer de 1930 para hablar del "error Berenguer" y proclamar al punto su *¡Delenda est Monarquía!*, Azaña ciertamente le leyó la cartilla, con bastantes años de anticipación. Lo que había que destruir no era la imagen del espadón Primo de Rivera, -que es lo que habían propuesto desde fuera de España durante el Directorio, Unamuno, Blasco Ibáñez y Pérez de Ayala-, sino la posibilidad misma de una situación monárquica servida por el liberal D. Dámaso Berenguer. El "un, dos, tres, ¡Muera Berenguer!" que el pueblo de Madrid cantará en las cercanías de la Puerta del Sol el 14 de abril de 1931, Azaña lo había pronunciado mucho antes, exactamente durante las jornadas en las que D. Dámaso estaba procesado como consecuencia del Desastre de Annual de 1921.

EL EJÉRCITO DURANTE EL FRANQUISMO Y LA TRANSICIÓN

Julio Busquets
Universidad Autónoma (Barcelona)

SUMARIO:

I. La composición de la oficialidad profesional
II. Las tensiones internas
III. El aislamiento militar en la España franquista
IV. Una ideología conservadora y próxima a la extrema derecha
V. El Ejército como cantera política del Dictador
VI. Se inicia la transición
VII. Los ministros militares del inicio de la transición
VIII. La actividad legislativa en el ámbito de la defensa
IX. El control parlamentario
X. La reforma del escudo y la jura de la bandera
XI. Las nuevas Ordenanzas Militares
XII. La reforma del Código de Justicia Militar
XIII. Criterios que informaron la política militar durante la transición
XIV. Medidas concretas de la política militar

Un estudio sobre las Fuerzas Armadas puede hacerse desde dos puntos de vista: estructural, organizativo, etc..., o por el contrario, institucional y humano, y éste es el análisis que aquí se va a intentar, pues en este trabajo escrito para un curso de verano de la Facultad de Derecho de la UNED, lo que interesa es el conocimiento de los hombres que detentaron el poder militar y de las instituciones que hicieron posible que la dictadura se perpetrase durante cuarenta años. En consecuencia, aqui se van a analizar cinco cuestiones relacionadas con el personal militar: primera, la composición de la oficialidad profesional; segunda, sus tensiones internas; tercera, su grado de integración o de aislamiento del resto de la sociedad; cuarta, su ideología, y quinta, su participación en el poder político.

I. LA COMPOSICIÓN DE LA OFICIALIDAD PROFESIONAL

Cuando en abril del 39 acabó la guerra, Franco mandaba un Ejército de 1.020.500 hombres. Jamás, en toda la historia, España había contado con un Ejército mayor. Como es lógico, pronto comenzó la desmovilización y, en el verano del 39, las 61 divisiones existentes se redujeron a la mitad, mientras los restos del Ejército republicano eran encuadrados en 114 batallones de trabajadores del Servicio Militar de Colonias Penitenciarias. En mayo de 1940 se licenciaron los reemplazos de 1927, 28 y 29, pero la desmovilización no alcanzó a los que habían obtenido grados de suboficial u oficial, fundamentalmente a causa de la guerra mundial, secundariamente por temor a lo que Franco siempre llamó "el enemigo interior", es decir, los propios españoles.

Estos oficiales ingresados durante la guerra, a los que inicialmente no se permite desmovilizar, eran los "alféreces provisionales", que alcanzaron la cifra de 29.023 (con los de Marina y Aviación totalizan 30.311), de los que unos tres mil murieron en la guerra, 9.758 quedaron en el Ejército (10.709 contando los de Marina y Aviación) y el resto acabó reintegrándose a la vida civil. Muchos de ellos ingresaron en los distintos cuerpos de funcionarios civiles mediante unas simbólicas "oposiciones patrióticas", ocupando las vacantes que dejaron los funcionarios depurados por "rojos" que, al parecer, fueron casi 300.000.

Los funcionarios civiles no fueron los únicos depurados. A los militares republicanos les pasó también lo mismo.

En efecto, las depuraciones contra los militares que se negaron a sublevarse comenzaron con el mismo alzamiento, y fueron fusilados varios generales leales como Batet en Burgos, Romerales en Melilla, Núñez del Prado en Zaragoza, Campins en Granada, Caridad Pita en Galicia, etc., y un número relativamente importante de oficiales, entre ellos el propio primo hermano del dictador, teniente coronel de Aviación Lapuente Bahamonde, fusilado en El Hacho, etc., (lo que no debe hacer olvidar que el número de fusilados en el otro bando fue aún mayor). Otros fueron encarcelados, juzgados por procedimiento sumarísimo, condenados a largos años de cárcel y expulsados del Ejército.

En el BOE que publica la Junta de Defensa de Burgos, el 29 de agosto comienzan a aparecer las bajas de los condenados, que a partir del mes de octubre suelen ser condenados a penas muy elevadas: 25 o 30 años, cuando no a muerte. Los condenados son muchos y para agilizar el procedimiento, el 17 de noviembre del 36 (Franco ahora ya es jefe de Estado) se restablecen los Tribunales de Honor, que se volverán a usar (como en la época de Primo de Rivera) para expulsar del Ejército, de forma expeditiva, a aquellos que se presume son contrarios al régimen, aunque se carezca de pruebas, pues el Tribunal de Honor -como es sabido- sentencia por convicciones personales, por criterios morales (!). Además el decreto número 100, del 12 de diciembre del mismo año, crea las Juntas Superiores de Guerra y Marina, que quedan autorizadas a dar de baja (a expulsar) a los militares que consideren conveniente "sin que sea precisa la audiencia del interesado", no siendo derogada esta medieval y aberrante norma hasta la promulgación de la llamada "Ley Varela".

El 12 de julio de 1940, siendo ministro del Ejército Varela, se promulgó la ley, conocida con su nombre, por la que se facultaba a los tres ministros militares a "pasar a las escalas complementarias o similares o a la situación de retirados" a los militares de cualquier escala o graduación (artículo 1º) sin necesidad de condena por consejo de guerra, aunque sí, ahora ya, previa audiencia al interesado. Los depurados por esta vía, no jurídica sino gubernativa, carecían además de posibilidad de recurso alguno, hasta que en diciembre de 1943, siendo ministro el general Asensio, se estableció que podrían hacerlo "en trámite de súplica" ante el ministro militar respectivo. Asensio además fijó unas pensiones del 30, del 60 o del 90 por ciento, en función del número de años que llevasen en activo, pues con las disposiciones anteriores, los que perdían la carrera además quedaban privados de su pensión de jubilación. Por último, las víctimas de estas depuraciones no fueron sólo los miembros del Ejército republicano sino, en muchos casos, también fueron depurados militares que habían hecho la guerra con Franco, pero que no acababan de ser "del todo de fiar".

Actualmente resulta difícil saber el número de militares que fueron víctimas de todo este proceso depurador, habida cuenta de que se prolongó durante casi un decenio y tuvo muy distintas modalidades, desde los asesinados-desaparecidos de los primeros días, como el general Núñez del Prado, hasta los expulsados mediante Tribunal de Honor (secreto por su propia normativa) o a causa de las Comisiones Depuradoras antes citadas (que dicho sea entre paréntesis, en los centros de enseñanza militar siguieron existiendo hasta que cayó la dictadura). El teniente coronel González Yus calculó que los oficiales beneficiarios de las leyes de Amnistía promulgadas en la actual democracia, eran 1.216 (de los que 380 procedían de suboficial), siendo 1.321 los antiguos suboficiales, cifras éstas que habría que multiplicar por tres o por cuatro, habida cuenta del decrecimiento natural producido durante cuarenta años.

Simultáneamente por el decreto 109, del 13 de septiembre, se dispuso el reingreso de todos los militares que habían perdido la carrera por conspirar contra la República, siendo el primero el teniente coronel Esteban Infantes, que había sido expulsado como consecuencia de su protagonismo en la Sanjurjada; posteriormente, la ley Varela estableció que los tres ministros militares podrían reingresar a la situación de actividad "a los que el 18 de julio se hallasen en situación de retirados" (artículo 2º).

En resumen, como consecuencia de la sangrienta escisión que vivió España entre 1936 y 1939, el Ejército vio cercenar su ala izquierda durante la guerra y la primera posguerra, convirtiéndose en un Ejército al que podríamos calificar de seminacional, mientras se le incorporaban unos diez mil oficiales, que en muchos casos procedían de Falange o del Requeté, y por tanto tenían una ideología claramente antidemocrática.

Posteriormente, la segunda guerra mundial, la invasión del "maquis", el cerco internacional, etc., fueron razones, o quizá excusas, para no licenciar a algunos "provisionales" que deseaban hacerlo, y cuando en 1953 y 1958 se dieron ventajosas leyes de reserva, ya era algo tarde, pues contaban con más de 35 años, y a esta edad ya es difícil comenzar una nueva vida. Sin embargo, 4.296 de ellos se fueron. En 1969, a los 30 años de haber acabado la guerra, quedaban en las escalas activas de las cuatro armas del Ejército de Tierra 3.710 antiguos provisionales, frente a 6.848 oficiales ingresados en la Academia de Zaragoza después de la guerra. Pero los "provisionales", por su mayor edad y empleo, eran los que en aquellos años desempeñaban el mando y tenían una influencia decisiva en la institución, lo que no impedía que en un grupo profesional tan numeroso existiesen algunas tensiones.

II. LAS TENSIONES INTERNAS

La mayoría de los militares que se sublevaron con Franco (monárquicos unos, simplemente conservadores otros, falangistas unos pocos) no esperaban que al acabar la guerra, se impusiera el sistema de poder personal en que desembocó, y pronto comenzaron a sentirse frustrados, estafados en alguna manera. Y como, además, para los generales de los años cuarenta, Franco era un compañero, casi un igual, las voces discrepantes no tardaron en hacerse oír, aunque, claro está, el sistema político imperante impidió en todos los casos que la población llegase a tener conocimiento de estas tensiones internas.

En mi libro *Pronunciamientos y golpes de Estado en España* he detallado los enfrentamientos de Franco con Aranda, Queipo de Llano, Yagüe y Kindelán. Éste fue el que le puso en mayores aprietos. En marzo de 1940 consiguió que los capitanes generales integrados en el Consejo Superior del Ejército asumiesen un texto suyo, contrario a la Falange y a la entrada de España en la guerra mundial y, posteriormente, en septiembre de 1943, cuando la victoria de los aliados ya era perceptible, escribió una carta, en unión de otros siete tenientes generales (Orgaz, Dávila, Solchaga, Ponte, Monasterio, Saliquet y Varela), en la que se pedía la restauración monárquica.

A partir del 49 (arresto de Kindelán en el castillo de Guadalupe en Fuenterrabía) las tensiones desaparecen. Los grandes generales compañeros de Franco se han retirado ya, o asumen un papel subordinado, y en el Ejército, al menos aparentemente, no existen grietas hasta que Juan Bautista Sánchez, capitán general de Cataluña y monárquico juanista ferviente, se enfrenta con el dictador entre el 54 y el 57, año en el que murió en circunstancias extrañas cerca de la frontera, en Puigcerdá. A partir de aquella fecha los enfrentamientos, o más bien protestas, son muy esporádicos y tienen escasa importancia. Recordemos los de García Valiño y Rodrigo Cifuentes, más folklóricos que reales. Y es que en la última década, las tensiones ya no son entre Franco y sus compañeros que lo quieren destituir, como en la primera década, sino entre militares continuistas y aperturistas. Díez-Alegría, en unas declaraciones, explicó que su destitución fue "una maniobra de los llamados generales azules, representados por Pita da Veiga, Coloma y Cuadra Medina".

De las tensiones entre aperturistas y continuistas destacan tres: la primera fue generacional, entre "alféreces provisionales" y jóvenes oficiales de la posguerra, coincidiendo con el primer intento aperturista del régimen, protagonizado por Ruiz-Giménez entre 1954-1956. García Escudero (que con el tiempo llegaría a general jurídico) publicó en la revista *Incunable* un artículo titulado "Jóvenes y viejos en la Iglesia", hablando del enfrentamiento generacional eclesial. Un joven teniente, Miguel Alonso (con los años fue director general con Franco), publicó otro paralelo en *Reconquista,* que entonces era una revista claramente aperturista, con el título de "Antiguos y modernos en el Ejército". La superioridad intervino y nombró a Jorge Vigón (después sería ministro) director de la revista, y el aperturismo acabó. Mientras tanto, en 1955 se publicó el libro de Eduardo Crespo, titulado *Los alféreces provisionales,* que al parecer fue el catalizador que desencadenó un movimiento de unión que culminó tres años después, con el estilo triunfalista de la época, en Cerro Garabitas, el 1 de junio del 58. Y en aquella fecha nació la Hermandad, que llegó a contar con casi 16.000 afiliados. Poco después algunos antiguos colaboradores y simpatizantes de *Reconquista,* apartados por Vigón, pasaron a escribir en *Pensamiento y Acción,* revista católica y militar que dirigía el coronel Delgado Piñar en Barcelona, con tolerancia y aperturismo, hasta que en julio del 61 fue cerrada por el Gobierno, siendo arrestado y retirado del Ejército el citado coronel director.

La segunda tensión, protagonizada por los militares de posguerra, se produjo a raíz del Consejo de Guerra realizado en 1970 contra unos miembros de ETA. Se produjo una crispación en la Escuela de Aplicación de Caballería, donde un grupo de capitanes redactó un "manifiesto" de seis puntos, que en el fondo significaba una rotunda oposición al tímido intento aperturista del Primer Gobierno de Carrero. Al parecer, recogieron unas cien o doscientas firmas. Desde Barcelona, once oficiales contestamos firmando un "contramanifiesto" que llegó al entonces príncipe Juan Carlos y al general Díez-Alegría apoyando la apertura.

La tercera tensión la protagonizó la UMD (Unión Militar Democrática), organización formada exclusivamente por militares. La UMD la fundamos el 1 de septiembre de 1974, doce militares destinados en Barcelona (excepto dos que vinieron de Madrid). Llegó a tener casi doscientos miembros y se autodisolvió una semana después de las primeras elecciones democráticas, celebradas el 15 de junio del 77, por considerar que su objetivo (la restauración de la democracia) ya estaba cumplido, y que en el Ejército las sociedades secretas no tienen razón de ser (salvo en casos límite, como el que la hizo nacer). La acción más importante de la UMD tuvo lugar el 15 de febrero de 1975, cuando se logró que 28 jefes y oficiales reunidos en la Capitanía de Barcelona y que de alguna manera representábamos a toda la guarnición, pidieran la apertura. Su mayor contratiempo ocurrió el 29 de julio del mismo año, cuando se detuvo a nueve militares de Madrid (el comandante Otero y ocho capitanes) que fueron juzgados unos meses después y perdieron la carrera, excepto en dos casos. Posteriormente, hubo varias detenciones más y otros dos consejos de guerra, en los que perdieron la carrera otros dos capitanes (Domínguez y Herrero).

De todas formas, es preciso reconocer que los que discreparon o participaron en actividades antifranquistas fueron muy pocos militares. Incluso al final de la dictadura, cuando la mayoría de los ciudadanos ya estaban contra Franco, la mayoría de los militares le seguían siendo fieles. Y una de las causas de ello era el aislamiento en que vivían los oficiales.

III. EL AISLAMIENTO MILITAR EN LA ESPAÑA FRANQUISTA

El aislamiento de los militares existe en todas las sociedades porque es consecuencia de un "hecho objetivo": los militares forman "una capa social intermedia" en todos los países. Normalmente el oficial vive y trabaja aparte del resto de la sociedad y suele tener pocos contactos con otros profesionales, menos que los de cualquier otra profesión.

Al principio de la dictadura, aunque el aislamiento se debía a varias causas, muchas de ellas derivaban a su vez de un tronco común: la precariedad económica en la que el militar vivió hasta ya entrada la década de los 60, y que le forzó a aprovechar la casa militar (porque no podía pagar otra) o mandar a sus hijos a la AGM porque no podía pagar otra carrera. Pero esta realidad, que justifica las razones del aislamiento, no quita validez a las variadas manifestaciones del mismo que se señalan a continuación:

Primera, un elevado índice de autorreclutamiento (militares que son hijos de militares), que entre 1964 y 1968 se elevó al 79,6 por ciento en el Ejército de Tierra y al 56,2 por ciento en Aviación, y entre 1971 y 1975 al 82,4 por ciento en Marina.

Segunda, un elevado índice de endogamia social, que hacía que gran número de militares se casasen con hijas de compañeros de profesión.

Tercera, una educación distinta de la que recibía el resto de la sociedad, realizada en una estructura de gran presión social, en régimen de internado, con profesores que inculcaban al futuro militar unas inquietudes, criterios y valores muy conservadores y completamente distintos de los que se inculcaban en la Universidad o en cualquier otro tipo de instituciones pedagógicas.

Cuarta, un trabajo en el cuartel, que se realizaba de forma totalmente distinta al trabajo civil y sin contacto con el público, pues el soldado no se manifestaba como en su vida civil, en parte porque la relación jerárquica lo impedía, y en parte porque la vida en el cuartel es totalmente distinta de su existencia normal.

Quinta, la existencia de viviendas militares e incluso de barrios militares, malogró otra posibilidad de convivencia con el resto de la sociedad, al impulsar al oficial soltero a alojarse en residencias oficiales y al casado en pabellones o casas militares, en las que al acabar la dictadura, en 1976, vivían el 40,21 por ciento de los militares.

Sexta, la realización de muchas actividades de la vida separadas del resto de la sociedad (como consecuencia del antes señalado sueldo escaso) que forzaba a ahorrar en las cooperativas militares, farmacia militar, hospital militar, etc., y que llegó a la propia familia, ya que se crearon colonias de verano para los hijos de militares, residencias universitarias y, finalmente, centros de enseñanza primaria y secundaria, separados del resto de la sociedad, en los que el militar tenía más facilidad para encontrar plaza para sus hijos.

Séptima, una vida intelectual escasa, consecuencia de la educación memorística y acrítica recibida en las academias, que hacía que al militar, por citar un ejemplo, no le agradasen los mismos periódicos que al resto de los graduados universitarios, y así, en general, en vez de leer *Diario 16*, *La Vanguardia* o *El País*, como hacen los citados universitarios, leyese *El Alcázar*, *El Imparcial* y *Fuerza Nueva*, todo lo cual contribuiría a que los militares tuviesen a menudo criterios, ideologías y sistemas de valores distintos a los del resto de la sociedad y, en general, bastante más conservadores.

Octava, una elevada tasa de movilidad territorial, consecuencia de los traslados profesionales, por ascensos, diplomas, etc., (en sus 32 años de vida profesional, el militar tiene una media de 13 destinos), que a menudo impidió el arraigo local, forzando una relación social muy profesional, muy exclusivista y que repercutía en la ideología o mentalidad militar, pues en un país tan plural como es España, el desarraigo respecto a toda región o nacionalidad tiende a desarrollar un patriotismo español, ciertamente elevado, pero abstracto, desvinculado de todo arraigo local, con lo que en la práctica las adhesiones sentimentales del militar español son con España (como un todo abstracto) y con el Ejército.

El hecho sería irrelevante si España fuese un estado homogéneo y, en su interior no existiesen nacionalidades con peculiaridades propias, pero como estas se dan, este desarraigo creaba tensiones. Por ejemplo, la existencia de idiomas peculiares en seis Comunidades Autónomas, en algunas de las cuales, como Cataluña y Baleares, se usan constantemente en la vida diaria, creaba algunas veces roces debido a que, mientras la inmensa mayoría de los emigrantes se esforzaban en aprenderlos y hablarlos o al menos entenderlos al poco tiempo de llegar, los militares, a veces, incluso después de llevar muchos años allí, no sólo no lo hablaban sino que ni siquiera los entendían, y el aislamiento entonces se hacía especialmente tenso, y contribuía a desarrollar entre los militares actitudes antiautonómicas, que señalaban a las peculiaridades de las nacionalidades como algo contrario a la unidad de España, no porque de suyo fuese así sino porque ellos, en el fondo, desearían que fuese así, para poder justificar la desaparición del dichoso idioma, que les fastidiaba escuchar, porque no lo sabían hablar, e incluso, y eso es mucho más fastidioso, no lo conseguían entender. Y así el patriotismo español (en su peregrina versión centralista-castellanista) servía de cobertura justificativa de unas actitudes que detrás escondían la pereza de no haber querido aprender, la ignorancia de no saber, y la intolerancia de no ser capaz de comprender. Me estoy refiriendo, claro está, a actitudes que se daban en el anterior régimen, y ayudaban a la formación de la ideología, o mentalidad de los militares de aquella época.

Dicho en otras palabras, el nacionalismo es un ingrediente de la ideología conservadora, que hallamos a menudo en las FAS. En efecto, los oficiales profesan un fuerte patriotismo, lógico en una Institución creada para defender la nación. Y eso es positivo y debe ser así. Sin embargo crea ciertos problemas en los casos de Estados plurinacionales. En estos casos, en las FAS se suele desarrollar un patriotismo que tiende a identificar los valores del Estado con los de la nación hegemónica de la que proceden la mayoría de los mandos y de la que además se toma el idioma "oficial", que por razones de eficacia es el único usado en las FAS, contemplando con recelo los cambios conducentes a crear una organización política plurinacional. Y además sienten gran dolor y reaccionan con irritación ante la desmembración del Estado, o la amenaza de la misma, o incluso si ellos creen que tal amenaza existe, aunque objetivamente no sea así, como ocurría en España, durante la transición.

Quizá la causa de esta actitud esté en que al combinarse la movilidad territorial del militar con el afecto que el militar siente hacia su Institución, se produce una fuerte identificación con la misma y con el Estado que le da razón de existir, tendiéndose a ver como extraños y entorpecedores, otros entes territoriales menores (llámense Comunidades Autónomas o nacionalidades), con los que un militar que cambia muy frecuentemente de ciudad, difícilmente puede sentirse identificado. Y así, durante la transición, los militares "involucionistas", utilizaron la creación de las Comunidades Autónomas, como argumento para actuar contra la democracia.

No existía ningún riesgo de desmembración, pero el "argumento" se usaba para soliviantar a los militares.

IV. UNA IDEOLOGÍA CONSERVADORA Y PRÓXIMA A LA EXTREMA DERECHA

La ideología militar suele ser parecida en todos los ejércitos del mundo y varía poco con el transcurso del tiempo, quizá porque los cambios en la técnica militar, no alteran el carácter de la ética militar.

En efecto, la primera y más universal de las reglas de conducta militares es el deber de sacrificar hasta la vida en defensa del propio pueblo, asumir que "el soldado debe morir para que el ciudadano pueda vivir". Para lograrlo, se inculcan al combatiente unas normas de conducta como el valor, la disciplina, el compañerismo, la austeridad, etc..., que ya se practicaban hace 2.000 años en las "falanges" y "legiones" de Grecia y Roma. Pero la importancia y la belleza de esta milenaria ética militar, no nos debe impedir ver, que normalmente se adhieren a ella unos rasgos conservadores que, en los momentos de cambios políticos, predisponen a los militares a apoyar a los sectores más conservadores de la sociedad, frenando los cambios.

Este universalismo de la mentalidad militar conservadora, no excluye que en algunos momentos se haya desarrollado un progresismo militar; sin embargo, por regla general el militar es conservador, porque lo normal es que el militar sea un hombre de orden, respetuoso con el sistema político de su país y partidario de conservarlo, es decir un "conservador".

La ideología de cada clase o grupo social, y también la de cada profesión, es una consecuencia de su trabajo (una superestructura). En efecto, las personas, a través de su trabajo diario, desarrollan unos hábitos de pensamiento, que luego suelen aplicar a toda su actividad (por ejemplo el campesino es conservador, y el obrero urbano es renovador, etc...).

El trabajo del militar, para ser eficaz, requiere una potenciación de las pautas de conducta autoritarias, así como un culto maximizado de ciertos valores ideales que, en general, coinciden con la ideología conservadora. En la guerra, para la que todo Ejército existe y se prepara, el primer deber es luchar, lo que implica estar dispuesto a morir y matar, y esto sólo es posible con planteamientos rotundos, maniqueos, sin matices, que dividan a los hombres en buenos y malos, en amigos y enemigos. Y esta actitud maniquea, intransigente y un tanto fanática, es difícilmente compatible con la mentalidad de un hombre de izquierdas, que se presupone debe ser abierto, dialogante y tolerante.

En consecuencia, en las Fuerzas Armadas no se potencia el diálogo sino la obediencia, y así, al dar prioridad a la obediencia sobre la razón, o si se prefiere a la razón del jefe sobre la del propio individuo, aparece la "lógica militar" que puede ser poco lógica pero es la forma más usual de funcionamiento de un Ejército regular. En Inglaterra hay un refrán que dice: "There are three ways to get the things done: the right way, the wrong way and the military way", frase que me recuerda la de un compañero militar que bromeando decía que: "lo mismo que hay una lógica para los hombres y otra para las mujeres, hay también una para los civiles y otra para los militares".

Abundando sobre esta idea quisiera señalar que, en la paz, el adiestramiento para la guerra hace que los conceptos de jerarquía, energía, dureza, autoridad, orden, honor, valor, patriotismo, disciplina, etc., presidan la vida militar, y estos valores, sin ser exclusivos de la derecha, son especialmente mitificados por ella.

Por el contrario el sector renovador de la sociedad, la llamada izquierda suele incluir entre sus valores los de libertad, igualdad, paz, cogestión, etc., que no son posibles en la organización militar. En consecuencia tienden a coincidir la ideología militar con la de la derecha, por lo que, en general, los militares tienden a ser conservadores, o si se prefiere, más conservadores que los políticos contemporáneos de su propio país. Eso suele ser así, y es lógico y normal. Obviamente llamamos conservador al que tiende a conservar el sistema que existe en su país, y reformador al que intenta cambiarlo.

El problema aparece cuando las pautas de conducta adquiridas por el militar en su trabajo se proyectan sobre su vida política, para resolver cualquier problema civil, olvidando que la sociedad civil y las instituciones militares son distintas y deben gobernarse y resolver sus problemas empleando procedimientos diferentes. Entonces, cuando esto ocurre, cuando se quieren resolver los problemas de la nación por procedimientos militares, el pensamiento militar, inicialmente sólo conservador, se puede hacer negativo, disfuncional y a veces incluso reaccionario, al aparecer en el militar la tentación mesiánica de salvar al país, y en la transición española se vio en algunos casos.

Otra de las causas del conservadurismo militar, es la peculiaridad de la enseñanza militar, que tiene por objeto formar jefes de hombres, valientes y disciplinados, capaces de administrar la violencia para dar la máxima seguridad al país. Para inculcar estos hábitos de disciplina, resulta especialmente adecuado el aprendizaje memorístico, repetitivo, de contenidos, inculcados sin espíritu crítico, así como la instrucción inicial del combatiente, el "orden cerrado". A través de ella los soldados aprenden a hacer con singular perfección, y lo que es más importante, de forma automática, casi como un "acto reflejo", una serie de movimientos de armas, cuyo origen y utilidad bélica, estuvo en la "guerra de cuadros" desaparecida hace ya dos siglos. Y también el andar acompasado y rítmico de los desfiles, etc., de forma tal que al desarrollarse, a través de la instrucción el hábito de obedecer "automáticamente", esta actitud obediente se traslade a cualquier orden que se reciba, y por supuesto la de atacar a un enemigo, que en ese ataque nos puede hacer perder la vida.

Evidentemente, sobre esta base es mucho más fácil indoctrinar, es decir inculcar la "verdad oficial", que se espera que el militar crea, apoye y defienda, que formar, que educar. Y lo que a veces se impone es un código moral conservador, quiza anticuado. En resumen, una educación basada en actitudes maniqueas y rígidas, que obviamente propicia una mentalidad conservadora.

Además, en el Ejército de Franco ocurría algo anormal: aquel Ejército no tenía un conservadurismo normal y tenía una ideología política acentuadamente conservadora porque era consecuencia de una guerra civil, larga y cruel, en la que la izquierda democrática, liberal o socialista, fue vencida y exterminada. Esta circunstancia aumentó, comparativamente hablando, el conservadurismo o, mejor dicho, la beligerancia ideológica de los militares españoles, y los jóvenes oficiales que ingresaron en la posguerra, se impregnaron de este ambiente, asimilaron esta mentalidad. Pero además, después de la guerra civil, los militares más de izquierdas, que habían luchado en el bando republicano, fueron excluidos del Ejército, tal como ya se ha relatado al comienzo de este trabajo, al tratar de "la composición de la oficialidad".

En resumen, las pautas de comportamiento, los criterios y las actitudes de los militares españoles, estaban durante la dictadura lejos del resto del país y en general existía en España una mentalidad distinta entre los militares y los civiles. Por último, durante la etapa franquista el Ejército se identificó con el sistema político y en consecuencia adquirió una mentalidad no sólo acentuadamente conservadora, sino incluso antidemocrática, quedando el centro de gravedad político de las Fuerzas Armadas muy a la derecha del de la sociedad civil, y demasiado cerca de la extrema derecha. Y esta ideología permitió y propició la utilización política de que se habla a continuación.

V. EL EJÉRCITO COMO CANTERA POLÍTICA DEL DICTADOR

Franco utilizó a las Fuerzas Armadas como cantera política, en primer lugar porque allí estaban las personas que mejor conocía y en las que más confianza tenía y por lo tanto le era fácil elegir la persona que él consideraba adecuada al cometido que deseaba. Pero además había otra razón: los militares tenían una formación y mentalidad parecida a la suya, y en la que era fundamental la subordinación, la disciplina personal, el orden, etc., una serie de valores que serían la ideología básica del nuevo régimen y que, a menudo, no eran más que la proyección, sobre la sociedad civil, de los valores o virtudes militares, por todo lo cual los militares serían, en principio, colaboradores idóneos para su sistema político.

Recientemente han aparecido dos obras, *El personal político de Franco*, de C. Viver Pi-Sunyer, y *Elites políticas y centros de extracción en España*, de Miguel Jerez, que permiten conocer la clase política inicial de Franco. De la obra de Viver, que abarca la primera década franquista (1936-45), se deduce que de 1.614 cargos políticos estudiados, 506 (el 31,32 por ciento del total) fueron ocupados por 257 militares. En cuanto a la obra de Jerez, abarca un período algo mayor: 1938-57 (hasta que los tecnócratas comienzan la estabilización económica) y permite conocer que de 690 cargos estudiados, 256 fueron ocupados por militares, lo que equivale al 37,7 por ciento.

A continuación se va a analizar la presencia de las Fuerzas Armadas en el Ejecutivo y en el Legislativo.

En primer lugar, de los 114 ministros que tuvo Franco, 40 fueron militares, pero la presencia de las Fuerzas Armadas en sus Gobiernos fue mayor porque la duración en el cargo fue, en general, superior en los ministros militares que en los civiles (Carrero lo fue 23 años y ocho militares fueron ministros durante más de diez años).

En efecto, entre 1945-51 hay una mayoría numérica de militares en el Gobierno pero, si se descuentan los ministros sin cartera y se añade al general Franco que era jefe del Gobierno en aquella época (y cuya presencia aplastante no requiere comentario), se puede concluir que hasta 1965 la mayoría militar es clara en los gobiernos franquistas.

Los ministros militares, en general, ocuparon las carteras de los tres Ejércitos; sin embargo, fueron también militares todos los titulares de Gobernación hasta 1973 (si se exceptúan los dos años de Serrano Suñer). Desempeñaron esta cartera Martínez Anido, Galarza, Blas Pérez, Camilo Alonso y Garicano. Tres veces fueron militares los ministros de Asuntos Exteriores (Jordana dos veces y Beigbeder); cuatro los de Industria (Alarcón de Lastra, Planell y Suanzes dos veces); tres los del Movimiento (Muñoz Grandes, Solís y Fernández-Cuesta); dos los de Obras Públicas (Fernández Ladreda y Jorge Vigón); una el de Agricultura (Fernández-Cuesta) y una el de Trabajo (Solís). Por último, fueron también militares los tres vicepresidentes del Gobierno (Jordana, Muñoz Grandes y Carrero) y el primer jefe del Gobierno (Carrero).

En cuanto a los representantes provinciales del Gobierno, también fueron militares demasiado a menudo. Durante la primera década, 106 gobernadores civiles fueron militares. Concretamente, al acabar la guerra lo eran el 38 por ciento, descendiendo el porcentaje a un 20 por ciento o 22 por ciento en 1945, para mantenerse así durante quince años más.

Si del análisis del Poder Ejecutivo pasamos al Legislativo, observamos que la estructura orgánica de las Cortes franquistas concedía escaño a varios militares, por razón de su cargo (los tres ministros de los tres Ejércitos, el presidente del Consejo Supremo de Justicia Militar...), pero además muchos militares fueron procuradores de Cortes, por libre nombramiento del dictador. Joaquin Bardavío, en su *Estructura del poder en España*, señaló en 1969 a ocho militares a los que -junto a otros civiles- llamó los "procuradores de siempre" porque lo habían sido de todas las legislaturas (que ya eran nueve): Carrero, Muñoz Grandes, García Valiño, Camilo Alonso, Asensio, Correa Veglison, Blas Pérez y Fernández-Cuesta. Por último, los "generales azules" a menudo lograban escaño, a través de unas "peculiares" elecciones que celebraban unos reducidos colegios electorales de afiliados a Falange, para representar a las provincias en el Consejo Nacional del Movimiento.

Fueron procuradores 326 militares que acumularon, como repitieron, 995 actas para las diez legislaturas, es decir, hubo una media de cien (exactamente 99 y medio) militares en cada legislatura.

En resumen, el Ejército español, que se reestructura durante una traumática guerra civil, es después, durante cuarenta años, utilizado políticamente al servicio de la dictadura. Ciertamente, la gran masa de la oficialidad no participa en estas actividades políticas, pero al hacerlo sus dirigentes, y ser los Ejércitos instituciones jerárquicas, es inevitable que sus planteamientos políticos incidan en la oficialidad en alguna medida, y se produzca -al menos a los ojos del pueblo- cierto compromiso político entre el régimen y las Fuerzas Armadas. A éstas, la situación les causó grave daño, ya que perjudicó su prestigio.

A lo largo de los años, los pueblos cambian y la ideología de las gentes también. Durante los cuarenta largos años que duró la dictadura, muchos sectores sociales, que durante la guerra civil habian apoyado al franquismo, evolucionaron y fueron alejándose de él. Pero los militares por el contrario, en su gran mayoría, siguieron fieles a su caudillo, alejándose de su pueblo.

VI. SE INICIA LA TRANSICIÓN

El 20-N de 1975 murió el Dictador y se inició un proceso de siete años que transformó España en una democracia, de una forma lenta pero pacífica, aunque no ajena a sobresaltos y tensiones en algunas ocasiones protagonizadas por las FAS, que actuaron más como moderador, que como acelerador del proceso.

En mi opinión, la transición acabó el 28-10-82 día en que ganaron las elecciones los socialistas, y se inició un período de normalidad democrática. Considero adecuada esta fecha, por tres razones: primera, desde 1982 no se ha producido ningún intento de golpe de Estado; segunda, gobierna un grupo político que ya no procede del franquismo sino de la antigua oposición clandestina, y tercera, el gobierno actúa con la misma libertad, que en cualquier país plenamente democrático, y sin que pesen sobre él, las hipotecas políticas que se vieron obligados a soportar, por su debilidad congénita, los gobiernos centristas de la transición.

En efecto, en aquellos años siempre gobernó la UCD. Durante los cinco primeros (del 7-7-76 al 23-2-81) fue jefe de gobierno Adolfo Suárez, y fueron sus ministros de Defensa el teniente general Gutiérrez Mellado (que además fue vicepresidente) y Agustín Rodríguez Sahagún. Después durante el año y medio restante (del 26-2-81 al 28-10-82) siguió gobernando el partido centrista con Calvo Sotelo como jefe de gobierno y Alberto Oliart como ministro de Defensa.

Como es sabido, desde 1982, que ganó las elecciones, gobierna el partido socialista, y es jefe del Gobierno Felipe González, y han sido ministros de Defensa Narcís Serra, Julián García Vargas y Gustavo Suárez Pertierra.

VII. LOS MINISTROS MILITARES DEL INICIO DE LA TRANSICIÓN

Desde que murió el general Franco el 20-11-75 hasta las primeras elecciones democráticas celebradas el 15-6-77 no se promulgó ninguna ley militar. Se mantuvo el organigrama administrativo y político de la dictadura con sus tres Ministerios militares: del Ejército, de Marina y del Aire. Tampoco se cambió la organización del mando (sólo el Ejército de Tierra tenía once Capitanías o Regiones Militares), ni el despliegue de las unidades, realizado pensando en las ciudades como enemigo "interior", ni los servicios de información, orientados hacia la oposición democrática, ni el Código de Justicia Militar que hacía comparecer ante Consejos de Guerra a los ciudadanos que actuaban contra la dictadura, etc...

Inicialmente el Rey mantuvo el jefe de gobierno que heredara de Franco: Carlos Arias y tres de sus ministros, uno de los cuales era el de Marina, almirante Pita da Veiga. Pero a Arias se le impusieron la mayoría de los nuevos ministros incluidos tres militares (De Santiago en la vicepresidencia, Álvarez Arenas en Tierra y Franco Iribarnegaray en Aviación). El 7-7-76 el Rey sustituyó a Carlos Arias, por Adolfo Suárez, y éste el 21-9-76 nombró Vicepresidente de Defensa al Teniente General Gutiérrez Mellado.

Con Gutiérrez Mellado, comenzó la adecuación de las Fuerzas Armadas al nuevo orden democrático: Se abolieron las fiestas que celebraban el inicio (18-7-36), y final de la guerra civil (1-4-39); se prohibió a los militares, hasta entonces muy involucrados con el régimen dictatorial, participar en política, incluso candidatear en las elecciones (Decreto 10/77 de 8 de febrero), etc.; se rehabilitaron los nombres de algunos militares, que pese a ser franquistas, habían apoyado la apertura, como Aranda o Díez-Alegría, etc...

Tras las primeras elecciones libres, celebradas el 15 de junio del 77, Adolfo Suárez, reorganizó su gobierno y Gutiérrez Mellado, que ya era Vicepresidente para la Defensa, pasó a ser además Ministro de Defensa único, desapareciendo los antiguos ministros militares de los tres ejércitos, cuya presencia en el Gobierno dificultaba, o ralentizaba, el proceso de transición.

En efecto, el general De Santiago, siendo Ministro, protagonizó un incidente cuando se legalizaron los sindicatos. Y aún fue más grave el que se produjo a raíz de la legalización del PCE, el 9-4-77, "Sábado Santo Rojo". El almirante Pita da Veiga, único ministro de Franco que aún permanecía en el poder, dimitió dos días después y los demás almirantes se solidarizaron con él, haciéndose preciso llamar a un almirante retirado desde hacía años, Pery Junquera, para que interinamente se hiciera cargo del ministerio.

VIII. LA ACTIVIDAD LEGISLATIVA EN EL ÁMBITO DE LA DEFENSA

Al iniciarse la transición, había que resolver gran cantidad de problemas heredados de la dictadura: la rehabilitación de los militares que habían perdido la carrera por demócratas; la reprofesionalización o reconducción de las Fuerzas Armadas a sus cometidos tradicionales, liberándolas de tareas políticas, judiciales y policiales que les eran ajenas y que les habían sido impuestas por el anterior régimen político; la modernización de la administración militar, que implicaba el desarrollo de un ministerio de defensa único, integrado en la organización del Estado, y con una estructura análoga a los demás ministerios, etc...

Durante esta época, la labor del legislativo en la Política de Defensa, fue modesta. Se actuó poco. Se utilizó el Decreto del Gobierno, siempre que fue posible, ya que en tal situación, y en lo que a política militar respecta, es mejor utilizar el Decreto del Gobierno que la Ley del Parlamento por razones de urgencia y coste político. En efecto, había que actuar de forma eficaz y rápida, pues en una transición, en la que los militares van asumiendo lentamente la democracia, no conviene inquietarlos con debates que se pueden evitar y que al ser divulgados por la prensa, pueden dar lugar a crispaciones en los cuarteles, dado que los militares son excesivamente suspicaces, ante la crítica y ante la letra impresa.

En consecuencia, durante la transición se debatieron pocas leyes militares, y menos en la Comisión de Defensa: dos en la legislatura Constituyente (77-78) y algunas más en la primera legislatura ordinaria (79-82). En el último pleno de la legislatura constituyente, celebrado el 20 de diciembre de 1978, se aprobaron la ley de los Órganos Superiores de la Defensa Nacional y la de las Reales Ordenanzas. Durante la primera legislatura ordinaria se aprobaron unas pocas más entre las que destacan la de criterios básicos de la Defensa Nacional y la de dotaciones presupuestarias para las Fuerzas Armadas. Sin embargo las leyes que afectaban a la defensa y a las Fuerzas Armadas fueron algunas más.

La Mesa del Congreso, siempre que podía desviaba las leyes militares a otras Comisiones a fin de reducir la actividad de la Comisión de Defensa, evitando las citadas crispaciones. Por ejemplo: en la Comisión de Hacienda se dictaminó la prolongación de las potestades de la Junta de Acuartelamientos; en la Comisión de Presupuestos, las leyes en favor de las víctimas de la guerra, de dotaciones de armamento y material, de celadores de prisiones militares y obviamente cada año la del presupuesto de defensa; en la Comisión de Justicia, la reforma del Código Marcial; en la de Interior, la desmilitarización de la Policía Nacional; etc...

IX. EL CONTROL PARLAMENTARIO

El control sobre el Gobierno, y por tanto también sobre la política militar, se realiza mediante preguntas al Ministro de Defensa en el Pleno, en la Comisión o de respuesta escrita. Mediante comparecencias del propio ministro o de los mandos dependientes de él, y por último mediante visitas de los parlamentarios a los centros militares.

Actualmente las preguntas en el Pleno, se hacen todos los miércoles por la tarde, y el diputado interpelante y el ministro, ambos, tienen tasado su tiempo. Las preguntas se presentan por escrito un día antes, y se permite una segunda intervención a ambos: al diputado contestar los argumentos del ministro y a éste duplicar la respuesta al diputado. Sin embargo, en el período que estamos tratando, esta práctica parlamentaria aún no estaba regulada, y las preguntas eran muy esporádicas, especialmente al Ministro de Defensa.

En cuanto a las comparecencias del ministro de Defensa a petición propia ante la Comisión, se solían hacer, y en eso no ha cambiado la costumbre, después de tomar posesión del cargo, para explicar el proyecto político que se deseaba realizar: Gutiérrez Mellado compareció ante la Comisión de Defensa el 10 de enero de 1978. Hizo una exposición de la política de su ministerio, de duración normal y después fue contestando a los portavoces de los distintos grupos parlamentarios de uno en uno, durante tres horas. Como consecuencia de su comparecencia, la Comisión volvió a reunirse el 30 de marzo, en una sesión muy breve, para aprobar una resolución ritual, previamente consensuada por todos los grupos.

Gutiérrez Mellado volvió a comparecer tras cada uno de los dos grandes intentos involucionistas (Operación Galaxia y 23-F) para explicar lo ocurrido. Estas dos comparecencias fueron "a puerta cerrada", pero lo tratado se filtró a la prensa, posiblemente porque la juventud de la democracia española, hace que al pueblo y a los dirigentes políticos les cueste comprender que hay temas, sobre los que se ha de limitar la libertad de prensa.

Las comparecencias de los ministros Rodríguez Sahagún y Oliart fueron escasas. Y cuando se produjeron fueron generalmente penosas, no por falta de calidad, sino por la dificultad de diálogo. Los ministros, y años despues Narcís Serra haría lo mismo, pronunciaban larguísimos discursos, narcotizantes, apalizantes (a mi me recordaban la técnica de los dirigentes autoritarios del Este de Europa) y luego en los últimos minutos permitían unas pocas preguntas a una Comisión de diputados fatigados, atontados tras horas y horas de aburrida disertación. Durante los años 1979 y 80, fue presidente de la Comisión de Defensa Alberto Oliart, que actuó como maestro en este arte, ayudando así al ministro Rodríguez Sahagún, cuya primera comparecencia se prolongó durante dos sesiones (30-10-79 y 6-11-79), sin dar luego apenas tiempo a preguntar a la oposición. El 25-6-80 realizó otra comparecencia para tratar de la posible integración de España en la OTAN y el 1-4-81 hubo una sesión conjunta con la Comisión de Interior, para tratar de la lucha antiterrorista. Después, cuando Oliart fue ministro, sólo compareció en una ocasión, que también se prolongó dos días: el 28 y 29-4-82.

Distinto estilo tenían las comparecencias de las autoridades civiles y militares del Ministerio, ante la Comisión de Presupuestos, desde la que en aquellos años de transición difícil y delicada, intentábamos los diputados de la oposición controlar a las autoridades intermedias del ministerio, utilizando como pretexto, el gasto que forzosamente genera toda actividad de gestión política. Aprovechando el trámite de la aprobación de los presupuestos de 1982, comparecieron ante la Comisión de Presupuestos (14), el general Martínez Vara del Rey, Director General de Personal; Jesús Palacios, Secretario para Asuntos Económicos de la Defensa; el general García Ventura, de la Dirección General de Armamento, etc...

A continuación, y habida cuenta de que este trabajo esta inserto dentro de un ciclo organizado por una Facultad de Derecho, se va a tratar más pormenorizadamente, de algunas leyes militares que se aprobaron durante la transición y que tienen un especial interés desde una perspectiva jurídico-política.

X. LA REFORMA DEL ESCUDO Y LA JURA DE LA BANDERA

Para los militares, los signos externos (Banderas, uniformes, divisas, honores) tienen una gran importancia, pues la simbología tiene una especial fuerza legitimadora. Por ejemplo, el cambio de Bandera de las Unidades, sirvió para evidenciar a algunos mandos militares que se había producido un cambio medular y que había que asumirlo. Consecuentemente convenía adaptar la simbología militar y sus códigos éticos a la nueva situación democrática. Para ello se hicieron cuatro leyes que afectaron al Escudo, a la Jura de Bandera, a las Ordenanzas y al Código de Justicia Militar.

La Ley 33/81 de 5 de octubre dispuso la modificación del Escudo de España. Fue realizada por iniciativa y empeño personal de Luis Solana, al que muchos diputados socialistas criticamos en aquel momento, demostrando poca visión política, porque aquella ley, a la larga, y siendo ya Ministro de Defensa Narcís Serra, implicó el cambio de las Banderas de todas las unidades militares.

La Ley 79/80 de 24-12-80 de modificación de la fórmula de la Jura de Bandera, incluyendo la Jura de la Constitución, tuvo un efecto semejante al anterior. Fue consecuencia de una Proposición de Socialistes de Catalunya. Al gobierno no le agradaba que este tema fuese resuelto de acuerdo con la formula redactada por un grupo socialista y catalán, pero estaba dispuesto a asumir la esencia de nuestra propuesta que era utilizar la fórmula de la Jura, para que las sucesivas promociones militares jurasen acatar la Constitución.

El primer día que, en toda España, los soldados juraron Bandera con la nueva fórmula fue el domingo 22 de febrero del 81. Varios diputados asistimos a la ceremonia en los distintos campamentos militares. Recuerdo la fecha muy bien porque al día siguiente fue el 23-F.

XI. LAS NUEVAS ORDENANZAS MILITARES

La Ley 85/78 del 28-12-78, de las Reales Ordenanzas Militares supuso un gran avance en la adecuación a los tiempos de los derechos y deberes de los militares, porque las Ordenanzas vienen a ser un Estatuto del militar, y las que hasta entonces existían, eran excesivamente anticuadas: habían sido redactadas hacía ya dos siglos, por los militares ilustrados de la época de Carlos III.

Las nuevas Ordenanzas, fueron redactadas por un equipo de militares nombrados por Gutiérrez Mellado, a la sazón ministro de Defensa, que dirigió el general Galinsoga. El proyecto fue mejorado a través de las enmiendas presentadas por los parlamentarios, que corrigieron aquello que era incompatible con el nuevo orden constitucional. Por ejemplo: se suprimió algún artículo improcedente, como el 4, así como alguna alusión al confesionalismo religioso (artículo 15). Se matizó el sentido de la obediencia debida, modificándose varios artículos: 28, 34, 95... Se introdujo la conveniencia de la formación intelectual (artículo 44), el respeto por el trabajo manual (artículo 58) y la cita explícita de la Constitución en siete artículos, etc...

La modificación más importante, que introdujeron las nuevas ordenanzas, fue el establecimiento del límite de la obediencia debida, pues durante el franquismo se entendía la obediencia militar como una obediencia ilimitada. En las nuevas Ordenanzas, se cambió esta concepción, ajustándola a la jurisprudencia del Tribunal de Nuremberg, según la cual las órdenes que entrañan delito no deben ser obedecidas. El nuevo concepto de la obediencia figura en el articulo 34 de las Reales Ordenanzas, que personalmente defendí en el Pleno, y que se aprobó porque el recuerdo de la "Operación Galaxia", (primer intento involucionista dirigido por el teniente coronel Tejero, que fracasó), aún estaba fresco, y la UCD no tenía fuerza moral para oponerse.

XII. LA REFORMA DEL CÓDIGO DE JUSTICIA MILITAR

Dos años después, esta moderna concepción de la obediencia debida, fue incorporada al Código de Justicia Militar. Aunque la reforma se había acordado en los Pactos de La Moncloa, el compromiso se cumplió con tres años de retraso y tras vencer grandes resistencias. De entrada tardó mucho en aprobarse el oportuno Proyecto de Ley en Consejo de Ministros, y tras la aprobación tardó cuatro meses en recorrer el corto trayecto que separa la Moncloa de la carrera de San Jerónimo. Cuando al fin llegó al Congreso resultó que una "mano negra" había arrancado una hoja, con lo que la publicación en el "BOCG" se retrasó incomprensiblemente varios meses más, no apareciendo hasta el 15 de noviembre de 1978. A finales del 78 las Cortes se disolvieron y fueron convocadas elecciones. Y cuando se reunieron las nuevas Cortes, el Gobierno de UCD agotó el plazo para decidir si mantenía el proyecto de ley y cuando al fin lo hizo se atascó en la Comisión de Justicia y fue preciso el apoyo de Pío Cabanillas, presidente de la Comisión para que saliese adelante.

Esta reforma fue muy importante: acabó con la famosa ley de Jurisdicciones de 1906 (que permitía a los militares juzgar a los periodistas) y, además estableció la profesionalidad jurídica de los jueces, la creación de garantías procesales, la abolición del juicio sumarísimo en tiempo de paz, del ritual degradante en la ejecución de la pena de muerte, etc...

Pero lo más importante es que apuntaló la democracia. En efecto, tres meses después de su aprobación se produjo el mayor intento involucionista de la transición española: el 23-F. La abolición de la eximente de obediencia debida y la posibilidad de apelar al Tribunal Supremo, permitieron unas condenas que en caso contrario no se habrían producido, con el consiguiente desmoronamiento de la moral ciudadana y envalentonamiento de los golpistas.

La modificación en profundidad del Código Marcial, fue realizada posteriormente, por el gobierno socialista, a través de seis importantes leyes: Código Penal, Régimen Disciplinario, Organización de los Tribunales, Procesal, de Planta y de unificación de los Cuerpos Jurídicos, pero tratar de ellas, queda ya fuera del límite cronológico de este artículo, que es 1982.

XIII. CRITERIOS QUE INFORMARON LA POLÍTICA MILITAR DURANTE LA TRANSICIÓN

En resumen, la política militar realizada durante la transición de la dictadura a la democracia (1975-1982) estuvo presidida por unos criterios y unas medidas, o bloques de medidas, que se detallan a continuación:

1. Se graduaron las reformas, haciéndolas lentamente y distribuyéndolas a lo largo de los años, a fin de que pudiesen ser asumidas por los militares poco a poco. Inicialmente se realizaron sólo las imprescindibles para asentar la democracia, y se dejaron para el final las que afectaban a la estructura de las Fuerzas Armadas (por ejemplo las relativas a las reducciones de plantillas o de viviendas militares), y consecuentemente lesionaban los intereses del cuerpo de oficiales.

2. Se procuró no irritar a los militares, evitando todo lo que pudiese molestar. Cuidando incluso el léxico. Por ejemplo no se hablaba de "reforma militar", sino de "modernización".

3. Se evitó toda medida que pudiera ser interpretada por los militares como una agresión colectiva contra ellos, la mayoría de ellos o la Institución. En consecuencia, no se realizó ninguna depuración, antes al contrario, ya en 1977 se votó una amplia amnistía. Asimismo se respetaron los derechos personales (económicos, etc...) adquiridos durante el régimen anterior. En esta cuestión la línea política seguida en España ha sido distinta a la de algunos países latinoamericanos o del Este de Europa en los que existe empeño en depurar responsabilidades de los actos políticos cometidos al servicio del régimen anterior.

4. Se utilizó el Decreto del Gobierno, con preferencia a la Ley, siempre que fue posible, ya que en una transición, y en lo que respecta a política militar, es más conveniente gobernar que legislar, por razones de rapidez, eficacia y coste político. Y obviamente dentro de las acciones de gobierno, se puso especial énfasis en realizar una acertada política en el nombramiento de los altos mandos militares.

5. Se procuró apartar a las Fuerzas Armadas de las actividades políticas, policiales y judiciales que habían asumido durante la dictadura y reconducirlas a un trabajo exclusivamente profesional.

XIV. MEDIDAS CONCRETAS DE LA POLÍTICA MILITAR

Los principios antes enunciados se concretaron en varias normas que, en líneas generales, podemos englobar en seis grandes grupos:

1. Despolitizadoras: al comenzar la Transición, se despolitizó a las FAS, poniéndolas al servicio de toda la nación, a fin de asegurar su neutralidad. Se prohibió a los militares participar en actividades políticas, incluso asistir a mítines y manifestaciones, hacer declaraciones en la prensa y candidatear para ser elegidos diputados. La medida era necesaria porque se salía de una dictadura en la que se había involucrado a las FAS y porque las FAS no pueden ser de ningún partido, sino de toda la nación, y si un diputado sigue siendo militar, y además viste su uniforme, compromete a las FAS y daña a la institución militar, que debe ser neutral en las pugnas de los partidos.

2. Simbólicas (por la importancia que los símbolos tienen en la vida militar): fueron retiradas las antiguas Banderas (con el águila de Franco) y sustituidas por las nuevas. Además se modificaron las fechas de las principales fiestas militares.

3. Sobre la moral y la justicia militar: se aprobaron unas nuevas Ordenanzas Militares y se hizo una reforma del Código de Justicia Militar.

4. En la política de personal: finalizada la transición, y ya con el gobierno socialista, se creó una jubilación anticipada y pagada (llamada "Reserva Transitoria"), que posibilitó el retiro de casi el 25 % de los oficiales (unos 7.000), en cuatro años (1985-89). El proceso de reducción, fue completado con la disminución del número de alumnos que ingresan en las academias militares (que se redujo a casi la mitad), y por la reducción de la duración del servicio militar, que pasó a ser de dos años a nueve meses.

5. Transformaciones estructurales, realizadas también ya acabada la transición: se redujeron las Unidades y Regimientos y las Regiones Militares aproximadamente a la mitad. Por ejemplo, en el Ejército de Tierra las Regiones Militares pasaron de 11 a 5 y se modificó el despliegue de las unidades, pues durante la dictadura, tenía como objetivo fundamental la vigilancia del llamado "enemigo interior", que éramos los propios españoles demócratas y, en consecuencia, tenía las Unidades alrededor de las grandes ciudades en vez de tenerlas orientadas hacia las fronteras, para combatir al posible "enemigo exterior".

6. Se procedió a potenciar el Ministerio de Defensa, proveyéndole más competencias. Y al frente del nuevo Ministerio se puso una cúpula "civil", creándose así un organigrama y un equipo homologable con el de cualquier otro ministerio.

ÍNDICE

Presentación 7

Fernando de Arvizu
La Caballería como clase social y como forma de vida 11

Remedios Morán Martín
De la prestación militar general al inicio de la idea de Ejército permanente (Castilla: siglos XII-XIII) 23

Regina Mª Pérez Marcos
En los orígenes del Ejército moderno: Las Ordenanzas de Bujía de 1531 65

Enrique Villalba Pérez
Soldados y Justicia en la Corte (finales s. XVI-principios s. XVII) 101

Dolores M. Sánchez González
La Junta de Ejecución: el órgano rector de los destinos de la Monarquía 131

Antonio Álvarez de Morales
Los proyectos de reforma del Ejército del Conde de Aranda 151

Mª del Carmen Bolaños Mejías
Las Ordenanzas de Carlos III de 1768: el Derecho Militar en una sociedad estamental 161

Rosa Martínez Segarra
El Somatén catalán: génesis y evolución histórica 187

Javier García Martín
De un Ejército real a otro "nacional": jurisdicción y tribunales militares entre "Antiguo Régimen" y liberalismo doctrinario (1768-1906) 203

Lourdes Soria Sesé
La ordenación jurídica del Ejército español decimonónico 237

Javier Alvarado Planas
La codificación del Derecho Militar en el siglo XIX 277

Rafael Núñez Florencio
El Ejército ante la agitación social en España (1875-1914) 301

Miguel Alonso Baquer
Manuel Azaña y los militares 327

Julio Busquets
El Ejército durante el Franquismo y la Transición 343

Biblioteca Histórico-Jurídica
(títulos publicados)

1.- Dolores M. Sánchez González
El Deber de Consejo en el Estado Moderno
Las Juntas "ad-hoc" en España (1471-1665)

2.- Javier Alvarado Planas (Coord.)
Espacios y Fueros en Castilla-La Mancha
(Siglos XI-XV). Una perspectiva metodológica.

3.- Javier Alvarado Planas y Regina Mª Pérez Marcos (Coord.)
Estudios sobre Ejército, Política y Derecho en España
(Siglos XII-XX)